JN107489

大学入学
共通テスト
対応

30テーマ

世界史
問題集

編 石井栄二
　　仮屋園巌
　　光森佐和子

山川出版社

大学入学
共通テスト
対応

30テーマ

世界史

問題集

まえがき

　本書は通史部分26，テーマ史部分４の30項目からなり，過去に出題された問題ではなく，大学入学共通テストの形式による新たな創作問題をとおして，30テーマで世界史を完成させることをめざした問題集です。

　学習指導要領の改訂を踏まえ，長年実施されてきた大学入試センター試験にかえて，2021年から，大学入学共通テスト（以下「共通テスト」）が実施されています。出題内容やレベルは従来のセンター試験をある程度踏襲していますが，主流だった４文正誤問題は大幅に減少し，文献資料や地図，グラフなど，多様な資料を使用した問題で構成されています。そのうえ文献資料の年代，内容の比較，考えられる仮説について問うなど，資料を多面的・多角的に考察し，読解する力が求められる問題が多く出題されています。本問題集はこのような形式や傾向に対応しながら，世界史の学習を進めていくことをめざして作成されています。

▌▆ 本問題集の構成 ▆▌

- **通史部分**の26テーマは，従来からの出題形式である「正しいもの」「誤っているもの」を選ばせる設問を中心に，短文の正誤の組合せや穴埋め問題など，４〜８択の選択設問によって構成される「**知識問題編**」，共通テストで採用されている**文献資料，風刺画，地図，グラフなど，多様な資料を使用した問題**から構成される「**史資料問題編**」の２編からそれぞれ構成されています。
- 「諸地域世界の交流」「文化史」「宗教史」「時系列・同時代史」からなる**テーマ史部分**の４テーマは，**共通テスト形式に沿った史資料による実践的な演習問題**になっています。

　リード文で会話形式を用いるなど，本書の出題形式や設問数のバランスは共通テストに準じて作成されており，もちろん共通テストそのものの準備にも有効ですが，レベル的にはやや難易度の高い問題も含まれており，**私立大学や国公立二次試験の受験にも十分対応できる**構成になっています。

　また，本書は全ての設問に詳しい解説を施してあり，解答に直結する重要な部分はゴチックであらわしてあります。単に正誤の判定ができたというだけで満足していては，大学入試に対応する本当の力はつきません。問題を解き，解説で知識を確認していくと同時に，再度教科書を項目やテーマに沿ってしっかり読み込むことが大切です。

　本書の30項目をこの一連の作業でやり抜いたとき，教科書に書かれている世界史の全体像がはっきり見えてくるはずです。本書が皆さんの世界史学習に大いに役立つことを期待しています。

編　者

目　次

※史料の引用は，できるだけ必要な部分にとどめたが，前略・後略は特別には記さ
なかった。また，読みやすく書き改めたところもある。出典は文末または解答・
解説に示した。

先史の世界と古代オリエント

||| 知識問題編 |||

1 化石人類について述べた文として正しいものを，次の①～④のうちから一つ選べ。

① アウストラロピテクスは，骨や角で作った骨角器を用いていた。

② 猿人に属するクロマニョン人は，直立二足歩行をしていた。

③ ネアンデルタール人は，死者の埋葬をおこなっていた。

④ ジャワ原人は，ハンドアックスなどの磨製石器や火を使用していた。

2 次の図について述べた文として正しいものを，下の①～④のうちから一つ選べ。

① この絵は，旧人に属するネアンデルタール人によって描かれた。

② この絵のような洞穴絵画は，イタリアのアルタミラからも発見されている。

③ この絵は，農耕での穀物が豊作となるよう祈願して描かれた。

④ 牛・馬・鹿などが描かれたこの絵は，フランスのラスコーにある洞穴から発見された。

3 農耕の開始について述べた次の文 **a** と **b** の正誤の組合せとして正しいものを，下の①～④のうちから一つ選べ。

a 灌漑農業の開始は食料生産を増加させ，大河の流域での文明誕生を促した。

b 約9000年前に農耕が始まった頃，斧や鎌などの農具は金属器であった。

① **a**－正 **b**－正 ② **a**－正 **b**－誤

③ **a**－誤 **b**－正 ④ **a**－誤 **b**－誤

4 古代オリエントについて述べた文として正しいものを，次の①～④のうちから一つ選べ。

① メソポタミアでは，前6000年頃から都市文明が栄えた。

② ナイル川流域のエジプトでは，セム語系の人々が高度な文明を営んだ。

③ 宗教の権威によって統治する神権政治が出現した。

④ インダス川からメソポタミアにかけて，「肥沃な三日月地帯」が形成された。

5 古代メソポタミアについて述べた文として正しいものを，次の①～④のうちから一つ選べ。

① 太陰暦や，これに閏月を設けて補正した太陰太陽暦が作成された。

② 前9000年頃には，神官・戦士・職人・商人などの階級が生じていた。

③ メソポタミア一帯の宗教は一神教であった。

④ ドラヴィダ系やインド＝ヨーロッパ語系の遊牧民が都市国家を成立させた。

6 右の図に関連して述べた次の文章中の空欄 **ア** ～ **ウ** に入る語の組合せとして正しいものを，下の①～⑥のうちから一つ選べ。

この文字を創始した **ア** 人は，ウル・ウルクなどの都市国家を建設した。都市国家では， **イ** と呼ばれる聖塔に都市の神を祀り，王を中心として神官・役人・戦士などによる階級社会が成立したが，前24世紀頃にセム語系の

ウ 人に征服された。

	①	②	③	④	⑤	⑥
ア	ヒッタイト	シュメール	ミタンニ	シュメール	ミタンニ	ヒッタイト
イ	ジッグラト	アクロポリス	ピラミッド	ジッグラト	アクロポリス	ピラミッド
ウ	アムル	アッカド	カッシート	アッカド	カッシート	アムル

7 右の図はハンムラビ法典碑の一部である。この法典について述べた文として**誤っている**ものを，次の①～④のうちから一つ選べ。

① 全メソポタミアを統一したハンムラビ王によって発布された。
② 「目には目を，歯には歯を」の復讐法の原則に立っていた。
③ この法典の刑罰は，被害者の身分によってちがっていた。
④ この法典を発布した王朝は，メディアによって滅ぼされた。

8 次の文章中の空欄 ア と イ に入る語と文の組合せとして正しいものを，下の①～⑥のうちから一つ選べ。

　フェニキア人は， ア などの都市国家をつくって地中海貿易で繁栄した。北アフリカのカルタゴは， ア 出身のフェニキア人がつくった植民都市である。アラム人は， イ した。

ア　あ　シラクサ　　　い　ティルス　　　う　ミケーネ
イ　Ｘ　前1200年頃から，ダマスクスを中心とする内陸の中継貿易で活躍
　　Ｙ　前1500年頃にパレスチナを中心に定住したが，一部はエジプトに移住
① あ－Ｘ　　② あ－Ｙ　　③ い－Ｘ　　④ い－Ｙ　　⑤ う－Ｘ　　⑥ う－Ｙ

9 ユダヤ教成立の過程について，次の文 **a ～ d** が，年代の古いものから順に正しく配列されているものを，下の①～⑥のうちから一つ選べ。
a バビロン捕囚から，ユダヤ人が解放された。
b イスラエル王国が，アッシリアに滅ぼされた。
c ヘブライ人の王国が，ダヴィデ王とソロモン王の統治下で繁栄した。
d ユダ王国が，新バビロニアに征服された。
① ａ→ｂ→ｄ→ｃ　　② ｂ→ｃ→ａ→ｄ　　③ ｃ→ａ→ｂ→ｄ
④ ｃ→ｂ→ｄ→ａ　　⑤ ａ→ｃ→ｄ→ｂ　　⑥ ｄ→ｃ→ｂ→ａ

10 アッシリアと4王国の領域を示す次の地図について，（**A**）・（**B**）の設問に答えなさい。

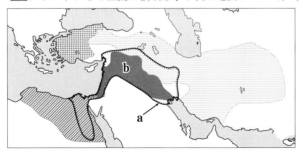

（**A**）地図中の **a** はアッシリアの最大領域を示す。アッシリアについて述べた文として正しいものを，次の①～④のうちから一つ選べ。
① 東西交易の利益を独占して栄えたが，ササン朝に倒された。
② 世界で初めての金属貨幣がつくられた。
③ 王は，国内を州に分け，各地に総督を派遣して直接統治した。

④ イラン人のキュロス2世が建国した。

（B）地図上の **b** について述べた文として正しいものを，次の①〜④のうちから一つ選べ。

① セム語系民族のカルデア人がバビロンを都として建国した。

② イラン人の王朝で，ゾロアスター教を国教に定めた。

③ 地中海貿易を独占し，シドン・ティルスなどの都市国家を建てた。

④ イスラエル王国を征服し，住民の多くをバビロンに連れ去った。

11 次の地図はアケメネス朝の領域を示す。地図中の **a** について述べた文として正しいものを，下の①〜④の
うちから一つ選べ。

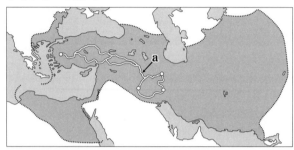

① **a** は，ペルシアの大運河を示す。

② **a** は，スサからサルデスまでをつなぐ河川を示す。

③ **a** は，「王の道」と呼ばれたペルシアの国道である。

④ **a** の建設に着手した王は，ホスロー1世である。

12 アケメネス朝の王について述べた文として波線部の正しいものを，次の①〜④のうちから一つ選べ。

① ダレイオス1世は，領域支配のため，各州に知事（サトラップ）をおいた。

② アッシュルバニパル王は，「王の目」「王の耳」と呼ばれる監察官を巡回させた。

③ ダレイオス3世は，ギリシアの諸ポリスと対立しペルシア戦争を開始した。

④ ネブカドネザル2世は，バビロンのユダヤ人を捕囚から解放した。

13 パルティアについて述べた文として正しいものを，次の①〜④のうちから一つ選べ。

① 遊牧イラン人の族長イスマーイール1世が建国した。

② 中国では安息という名で記録されている。

③ ペルセポリスに都をおいて，東西交易の利益で栄えた。

④ ニハーヴァンドの戦いで，アラブ軍に敗れ衰退した。

14 ゾロアスター教について述べた文として**誤っているもの**を，次の①〜④のうちから一つ選べ。

① ゾロアスターとは，この教えを創始した人物の名前に由来する。

② この世では，善神アフラ＝マズダと悪神アーリマンが闘争していると説いた。

③ 3世紀に成立したササン朝では，国教とされた。

④ 中国にも伝播し，景教と呼ばれた。

15 ササン朝について述べた文として正しいものを，次の①〜④のうちから一つ選べ。

① アレクサンドロス大王の東方遠征によって滅亡した。

② ホスロー1世は，中央アジアの遊牧民である匈奴に勝利した。

③ シャープール1世は，ローマの皇帝ヴァレリアヌスを捕虜とした。

④ 中央アジアの遊牧民であるスキタイの侵入を受けて衰退した。

16 イラン文明について述べた文として**誤っているもの**を，次の①〜④のうちから一つ選べ。

① イラン人が使用した古代ペルシア文字は，楔形文字を表音化したものであった。

② マニは，ゾロアスター教や仏教・道教を融合した宗教を創始した。

③ 日本の正倉院の漆胡瓶には，ササン朝の工芸の技術や様式がみられる。

④ 『アヴェスター』はゾロアスター教の教典である。

〓〓 史資料問題編 〓〓

第1問 次の**資料**に関する先生と生徒の会話文を読んで，下の問い(**問1〜3**)に答えよ。

資料 ヒッタイトにおける馬の調教(前15世紀)

……早朝になると，馬に馬具をつける。それから御者は馬を半ダンナ速歩させ，そして「三周り」，すなわち半ダンナ駆足させる。馬から馬具をはずすと，暖水で馬体を洗う。馬を川に連れて行って，5回馬体を水につける。……

(歴史学研究会編『世界史史料1』岩波書店)

先　生：馬の利用は前2千年紀の西アジアにさかのぼります。最初は戦車を引かせていました。

生徒A：馬力っていう言葉があるけど，農作業とかいろいろな場面で人間を助けてくれているよね。

生徒B：調教の方法がわかるまでは，乗るのも大変だったろうね。

先　生：アッシリアやアケメネス朝ペルシア，アレクサンドロスの帝国でも騎馬での戦いがおこなわれていました。前漢の武帝がフェルガナの汗血馬を求めた話は有名ですね。騎馬遊牧民が強い軍事力をもつことができたのは，　**ア**　ためと考えられます。

生徒A：**資料**のヒッタイトは，やはり軍事力に優れていたのですか。

先　生：ヒッタイトは，　**イ**　ました。**ウ**　器の製造に優れていたことも高い軍事力の確保につながりました。①カデシュの戦いでは，エジプトのファラオも戦車を操っています。近代に入り火器が発達すると，次第に馬は戦場で使われなくなりました。

生徒B：蒸気機関が発明されるまでは，馬が客車や貨車を引いていたって聞いたことがあります。

生徒A：大切な陸上の移動手段だったのよね。

先　生：古代ギリシアのオリンピアの祭典では戦車競技がおこなわれていました。ローマ帝国では，見世物として戦車競争が人々の人気を集めていたんですよ。

問1 空欄　**ア**・**イ**　に入る文の組合せとして正しいものを，下の①〜⑥のうちから一つ選べ。
ア あ　手綱や鞍，轡，鐙などの馬具の開発によって，機動力を確保できた
　　い　市民が重装歩兵として戦いに参加した
イ X　バビロンを攻撃して「バビロン捕囚」を終わらせ
　　Y　メソポタミアに遠征してバビロン第1王朝を滅ぼし
① あ－X　　② あ－Y　　③ い－X　　④ い－Y

問2 空欄　**ウ**　にあてはまる語句として正しいものを，次の①〜④のうちから一つ選べ。
① 金　　② 銀　　③ 鉄　　④ 石

問3 下線部①のできごとがおこった時代として正しいものを，次の①〜④のうちから選べ。
① 古王国時代　　② 中王国時代　　③ 新王国時代　　④ プトレマイオス朝の時代

年表

前3000年頃	王（ファラオ）による統一国家の形成
前27世紀	古王国時代が始まる
前21世紀	中王国時代が始まる
前16世紀	新王国時代が始まる
前1468年頃	トトメス3世の単独統治が始まる
	シリア・パレスチナの大部分を支配し，最大領域を実現
前1364年頃	a が即位する
前1347年頃	a が死去し， b が即位する

（前27世紀～前16世紀の区間に Ⅰ ）

図

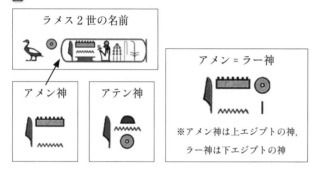

ラメス2世の名前

アメン神　アテン神

アメン＝ラー神

※アメン神は上エジプトの神，
ラー神は下エジプトの神

問1　**年表**中の Ⅰ の時期のエジプトについて述べた文として正しいものを，次の①～④のうちから一つ選べ。

① 文字は粘土板に，先端をとがらせた棒状のもので刻まれることが一般的であった。
② 中王国時代末期には，遊牧民エフタルが流入した。
③ 古王国時代には，クフ王がナイル川の流域にピラミッドを造営した。
④ ナイル川の氾濫の時期を知るために，太陰暦のみを用いた。

問2　**図**はエジプトのファラオと神の名称を神聖文字（ヒエログリフ）で示したものである。ラメス2世は「太陽神ラーのつくりし息子　アメン神に愛されし者」と呼ばれたため，アメン神を意味する神聖文字が付されている。神聖文字を用いた次の図の名称と，この文字を初めて解読した人物の組合せとして正しいものを，下の①～⑥のうちから一つ選べ。

① **名称**－ロゼッタ＝ストーン　　**人物**－シャンポリオン
② **名称**－『死者の書』　　**人物**－ローリンソン
③ **名称**－『リグ＝ヴェーダ』　　**人物**－シャンポリオン
④ **名称**－ロゼッタ＝ストーン　　**人物**－ローリンソン
⑤ **名称**－『死者の書』　　**人物**－シャンポリオン
⑥ **名称**－『リグ＝ヴェーダ』　　**人物**－ローリンソン

問3 **年表**中の a は在位中に次の**ア**から**イ**へと改名し，彼の死後即位した b は**ウ**から**エ**へと改名した。この間の事情を説明した文として正しいものを，図を参考にしながら下の①〜④のうちから一つ選べ。

① a はラー神のみを信仰することを強制したが， a の死後， b はアテン神の信仰を強制した。

② a は太陽神シャマシュの権威のもとに神権政治をおこない， b はアメン神を信仰した。

③ a はアテン神を信仰する改革をおこなったが， b はアメン神への信仰を復活させた。

④ a はアテン神への信仰をやめ，アメン神を信仰したが， b はアテン神を信仰した。

問4 **年表**中の a は在位中に遷都した。遷都後の都市の場所を地図中から選んで記号で答えよ。

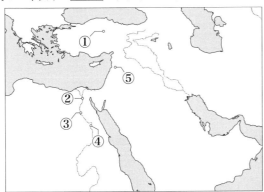

ギリシア世界

▌▌▌ 知識問題編 ▌▌▌

◤1◢ ギリシアの風土について述べた文として正しいものを，次の①〜④のうちから一つ選べ。

① 乾燥して寒冷な気候で，土地は遊牧に適した草原地帯である。

② 全土の大半が，夏は暑く乾燥し，冬に少量の雨が降る地中海性気候に属している。

③ 大河の流域で，定期的な増水を利用して早くから灌漑農業がおこなわれていた。

④ 1年を通じて気温が高く，雨量が多いため，穀物生産に適している。

◤2◢ クレタ文明について述べた文として**誤っているもの**を，次の①〜④のうちから一つ選べ。

① 壮大で複雑な構造の宮殿は，巨大な権力をもつ王の存在を示している。

② 前2000年頃に成立したこの文明では，すでに鉄器が使用されていた。

③ 海洋民族らしい，明るく開放的で，平和な文明であったと考えられている。

④ この文明で使用された線文字Aは，未解読である。

◤3◢ ミケーネ文明について述べた次の文**a**と**b**の正誤の組合せとして正しいものを，下の①〜④のうちから一つ選べ。

a この文明で使用されていた線文字Bは，エヴァンズによって解読された。

b ミケーネから発掘された巨大な城塞は，戦闘的で軍事的関心の高い文明の特徴を示している。

① **a**－正　　**b**－正　　　② **a**－正　　**b**－誤

③ **a**－誤　　**b**－正　　　④ **a**－誤　　**b**－誤

◤4◢ 次の文章中の空欄 ア と イ に入る語と語句の組合せとして正しいものを，下の①〜⑥のうちから一つ選べ。

　前8世紀半ばからギリシア人は大規模な植民活動を始め，地中海の全域と ア 沿岸に植民市を建設し，交易活動を活発化させた。交易では イ が用いられた。

ア 　**あ** 黒海　　　**い** 北海　　　**う** 紅海

イ 　**X** 　アラム文字をもとにつくられたソグド文字

　　　　Y 　フェニキア文字をもとにつくられたアルファベット

① 　**あ**－**X**　　　② 　**あ**－**Y**　　　③ 　**い**－**X**　　　④ 　**い**－**Y**　　　⑤ 　**う**－**X**　　　⑥ 　**う**－**Y**

◤5◢ ポリスの成立について述べた文として正しいものを，次の①〜④のうちから一つ選べ。

① 前3世紀頃から，ギリシア各地に人々が集住して形成された。

② ポリスでは，専制的権力をもつ王が貢納王政をおこなっていた。

③ アクロポリスは，市域の中心におかれ，砦であると同時に祭祀の場であった。

④ アゴラはポリスの周辺部におかれ，市民や奴隷が農業を営んだ。

◤6◢ ギリシア人の民族意識について述べた文として波線部の**誤っているもの**を，次の①〜④のうちから一つ選べ。

① 各ポリスは，重要事項の決定については<u>デルフォイ</u>の神託を参考にしていた。

② ギリシア人は異民族のことを<u>ペリオイコイ</u>と呼んだ。

③ 4年に一度開かれる<u>オリンピア</u>の祭典は，同一民族としての意識を高めた。

④ ギリシア人は自分たちを<u>ヘレネス</u>，国土をヘラスと呼んだ。

◤7◢ アレクサンドロス大王の事業について述べた文として正しいものを，次の①〜④のうちから一つ選べ。

① 各地にアレクサンドリア市を建設して，ギリシア人を入植させた。

② 東方遠征では，ガンジス川流域にまで進軍した。

③　大王の急死後，デマゴーゴスと呼ばれる部下の将軍たちがたがいに争った。

④　ザマの戦いで，アケメネス朝のダレイオス３世を打ち破った。

8 ヘレニズム時代の３王国を示す次の地図について，（**A**）・（**B**）の設問に答えなさい。

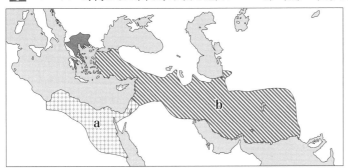

（**A**）地図中の **a** について述べた文として**誤っているもの**を，次の①〜④のうちから一つ選べ。

①　この王朝の女王クレオパトラは，オクタウィアヌスに敗れた。

②　この王朝期にはムセイオンと呼ばれる王立研究所が多くの学者を輩出した。

③　ヘレニズム時代は，アレクサンドロス大王の東方遠征からこの王朝の滅亡までの約300年間を指す。

④　この王朝の時代に，カイロにアズハル学院が設立された。

（**B**）地図中の **b** について述べた文として**正しいもの**を，次の①〜④のうちから一つ選べ。

①　前３世紀半ばに，この王朝からバクトリアが独立した。

②　この王朝は突厥と結んでエフタルを滅ぼした。

③　遊牧イラン人のアルサケスがササン朝を建国し，この王朝から自立した。

④　この王朝の支配下にあった遊牧トルコ人は，パルティアを建国した。

9 ギリシア文化について述べた文として波線部の正しいものを，次の①〜④のうちから一つ選べ。

①　ホメロスは，オリンボス12神らの神々と，人間との関わりを叙事詩にした。

②　トゥキディデスは『労働と日々』などの叙事詩を残した。

③　ヘシオドスは，ペルシア戦争史を『歴史』で著した。

④　ヘロドトスは，ペロポネソス戦争史を『歴史』で著した。

10 ギリシアの哲学について述べた文として正しいものを，次の①〜④のうちから一つ選べ。

①　ソクラテスは「万物の尺度は人間」と主張した。

②　イオニア地方では，ソフィストによってイオニア自然哲学が発達した。

③　「万学の祖」と呼ばれるアリストテレスは，イスラームの学問やヨーロッパ中世のスコラ学に影響を与えた。

④　プラトンは「無知の知」を説き，市民の誤解と反感を受けて処刑された。

11 次の文章中の空欄　**ア**　〜　**ウ**　に入る語の組合せとして正しいものを，下の①〜⑥のうちから一つ選べ。

　　古代ギリシアの自然哲学者たちは，万物の根源を追究した。「哲学の父」と呼ばれる　**ア**　は，「万物の根源は水」と考え，　**イ**　は「万物の根源は原子」とした。また，　**ウ**　は「万物の根源は数」と主張し，多くの定理を発見した。

	①	②	③	④	⑤	⑥
ア	ゼノン	タレス	プラトン	ゼノン	タレス	プラトン
イ	ヘラクレイトス	デモクリトス	アルキメデス	デモクリトス	アルキメデス	ヘラクレイトス
ウ	プトレマイオス	ピタゴラス	プリニウス	ピタゴラス	プリニウス	プトレマイオス

12 右の図について述べた次の文章中の空欄 ア ～ ウ に入る語の組合せとして正しいものを，下の①～⑥のうちから一つ選べ。

図のような劇場では， ア の『アガメムノン』や イ の『オイディプス王』といった悲劇や，ペロポネソス戦争を風刺した ウ の『女の平和』などの喜劇が頻繁に上演された。

	①	②	③	④	⑤	⑥
ア	アイスキュロス	サッフォー	アイスキュロス	サッフォー	アイスキュロス	サッフォー
イ	ソフォクレス	ソフォクレス	ソフォクレス	ポリビオス	ポリビオス	ポリビオス
ウ	プルタルコス	アリストファネス	アリストファネス	プルタルコス	プルタルコス	アリストファネス

13 右の図について述べた文として正しいものを，次の①～④のうちから一つ選べ。

① この像は，クノッソス宮殿の遺跡から発見された。
② この像はアテネのパルテノン神殿に安置されていた。
③ この像はヘレニズム時代の作品で，女性の理想美を表現している。
④ この像の作者は，フェイディアスである。

14 ヘレニズム時代の文化について述べた文として正しいものを，次の①～④のうちから一つ選べ。
① ポリスの枠にとらわれない生き方を理想とする世界市民主義(コスモポリタニズム)の思想がうまれた。
② エピクロスが，禁欲を重視するストア派を創始した。
③ ヒッポクラテスは，平面幾何学を大成した。
④ エラトステネスは太陽中心説を説いた。

■∥■ 史資料問題編 ■∥■

第1問 古代のアテネに関する資料1～4を読んで，下の問い(問1～4)に答えよ。

┌───┐
資料1

……すべての土地は少数の人々の権限のもとにあった。そして彼らが地代を支払わなかったならば，彼ら自身もこどもたちも〔奴隷として〕引き立てられたのである。 ア の時まで，すべての借財は身体を担保としていた。

(歴史学研究会編『世界史史料1』岩波書店)
└───┘

┌───┐
資料2

ペイシストラトスは統治に関して何事においても大衆を惑わすことなく，常に平和を保ち，静謐を維持した。それゆえ，人々は彼の イ 政は「クロノスの時代」(1)の生活であると褒め称えたのだった。なぜなら，後に彼の息子達が後を継ぐと，その統治ははるかに荒々しくなったからである。
(1)クロノスはゼウスの父で，その時代は理想的な時代であったと考えられていた。

(同上)
└───┘

資料3

大衆の指導者となっていた｜ウ｜は，……より多くの人々が国のあり方に参画できるよう，4部族の代わりに10部族へと振り分けた。……それから各部族から50人を出して，400人評議会の代わりに500人評議会を設けた。

(同上)

資料4

……成年に達した他の全アテナイ市民と外国人とは200隻の船に乗り込み，自己と他のギリシア人との自由のために｜エ｜を撃退すべきこと，ラケダイモン人(スパルタ人)，コリントス人，アイギナ人および危機をともにしようと欲する他の諸ポリスとともに。将軍たちは明日から始めて，アテナイに土地・家屋を所有しており，嫡子があり，しかも50歳に達していない者の中から各船に一人ずつ，計200名の三段櫂船船長を任命し，彼らに軍船をくじで割り当てるべきこと……

(同上)

問1　**資料1～3**は，古代アテネの民主政に関するものである。空欄｜ア｜～｜ウ｜にあてはまる語句の組合せとして正しいものを，下の①～⑥のうちから一つ選べ。

	①	②	③	④	⑤	⑥
ア	ソロン	ドラコン	クレイステネス	ソロン	ドラコン	クレイステネス
イ	僭主	貴族	君主	貴族	君主	僭主
ウ	クレイステネス	ソロン	ドラコン	ドラコン	クレイステネス	ソロン

問2　**資料4**はペルシア戦争に関する記録である。文中の空欄｜エ｜にあてはまる「異民族」を意味する語句と，戦争に関する説明の組合せとして正しいものを，下の①～⑥のうちから一つ選べ。

エ　　**あ**　クレーロス　　　**い**　シノイキスモス　　　**う**　バルバロイ

戦争に関する説明

X　アテネの無産市民は，三段櫂船の漕ぎ手として参戦した。

Y　黒海沿岸のギリシア人植民市が，アケメネス朝に対して反乱をおこしたことが発端である。

①　あ－X　　　②　あ－Y　　　③　い－X　　　④　い－Y　　　⑤　う－X　　　⑥　う－Y

問3　次の図はペルシア戦争後にアテネの中心部に建設された神殿である。この建築様式とアテネの位置の組合せとして正しいものを，下の①～④のうちから一つ選べ。

①　建築様式：ドーリア式　　位置：a　　　②　建築様式：イオニア式　　位置：b

③　建築様式：イオニア式　　位置：a　　　④　建築様式：ドーリア式　　位置：b

問4　ペルシア戦争について述べた次の文**あ～う**が，年代の古いものから順に正しく配列されているものを，下の①～⑥のうちから一つ選べ。

あ　プラタイアの戦いでギリシア連合軍が勝利した。

い　マラトンの戦いでアテネの重装歩兵の軍隊が勝利した。

　　う　サラミスの海戦でギリシア艦隊が勝利した。

① あ→い→う　　② あ→う→い　　③ い→あ→う

④ い→う→あ　　⑤ う→あ→い　　⑥ う→い→あ

第2問 アテネ，もしくはスパルタの人口構成を示した次の**グラフⅠ・Ⅱ**と，両ポリスのあいだで発生したある戦争に関する**資料1・2**を見て，下の問い(**問1〜3**)に答えなさい。

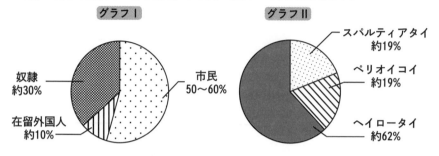

グラフⅠ
奴隷 約30%
在留外国人 約10%
市民 50〜60%

グラフⅡ
スパルティアタイ 約19%
ペリオイコイ 約19%
ヘイロータイ 約62%

┌───┐
│ **資料1**　アテネの民主政について(ペリクレスの演説より)
│
│ 　われわれがしたがう国制は，他国の制度に追随するものではなく，他人をまねするよりむしろわれわれ自身が人の模範なのである。われわれの国制は，少数者のためにではなく，多数者のために統治するがゆえに，その名を民主主義と呼ぶ。個々人の利害が衝突した場合，法律の面ではだれでも平等の権利に与る。……①敵方がまだ若いうちからすぐに，苦痛の多い教練によって勇武を追求するのに対して，われわれはのびのびと規制を受けずに生活しながら，同じ程度の危険に立ち向かってゆくことは敵に勝るとも劣らない。……
│
│ 　　　　　　　　　　　　　　　　　　　(歴史学研究会編『世界史史料1』岩波書店)
└───┘

┌───┐
│ **資料2**
│
│ 　初めのうちこそデロス同盟諸国は，独立自治を保ち共同の会議によって事を議決していたのであり，アテナイはそうした条件下で同盟諸国の盟主の地位にあった。だがペルシア戦争から②今回の戦争に到るまでのあいだに，アテナイは次のような多くのできごとに……直面することとなった。ペルシア人とのあいだに起こった紛争，アテナイ自身の同盟国の離叛，およびペロポネソス諸国がことある毎にいつでも介入してきたことである。
│
│ 　　　　　　　　　　　　　　　　　　　　　　　　　　　(同上)
└───┘

問1　**資料1**に関連して，ペリクレス時代のアテネの民主政について述べた文として正しいものを，次の①〜④のうちから一つ選べ。

①　民会には，奴隷・在留外人・女性は参加できなかった。

②　裁判は将軍に指名された陪審員が，投票で判決をくだした。

③　ペリクレスは，平民会で選出された護民官であった。

④　市民のうち富裕な者のみに，民会に参加する資格があった。

問2　生徒A〜Dは，**資料1**の下線部①のように「敵方」(スパルタ)が勇武を追求した背景について，人口構成のグラフをもとにパネルにまとめた。正しく説明しているものを，次の①〜④のうちから一つ選べ。

①　┌───┐
　　│ 生徒A：スパルタの人口構成はグラフⅠで，多くの市民が重装歩兵となって軍事力を強化した。
　　└───┘

②	生徒B：スパルタの人口構成はグラフⅡで，ペリオイコイやヘイロータイを統治するために，スパルティアタイがリュクルゴスの制と呼ばれる軍国主義的体制を形成した。

③	生徒C：スパルタの人口構成はグラフⅠで，市民は商工業に従事し，在留外国人と奴隷のみが兵士となった。

④	生徒D：スパルタの人口構成はグラフⅡで，ヘイロータイがスパルティアタイの反乱を防ぐために軍事力を強化した。

問3　下線部②の戦争について述べた文として正しいものを，次の①〜④のうちから一つ選べ。

① アテネを盟主とする全ギリシアと，マケドニアの戦いであった。

② スパルタはコリントス同盟の盟主として戦った。

③ スパルタは，アケメネス朝ペルシアと結んで戦い，アテネに勝利した。

④ アテネはペリクレスを戦争指導者として戦い，スパルタに勝利した。

ローマ世界とキリスト教

▌▌▌ 知識問題編 ▌▌▌

1 古代ローマの成立について述べた文として正しいものを，次の①〜④のうちから一つ選べ。

① ラテン人の一派によって，エルベ川流域に都市国家ローマが建設された。

② 都市国家ローマでは，前3世紀に王が追放され共和政が始まった。

③ ゲルマン人の一派であるノルマン人が，ローマを建設した。

④ ローマは，先住民エトルリア人の文化の影響をうけた。

2 次の文章中の空欄　ア　と　イ　に入る語句と文の組合せとして正しいものを，下の①〜⑥のうちから一つ選べ。

古代ギリシアのアテネでは，　ア　によって従来の慣習法が成文化され，法による秩序維持がはかられた。古代ローマでは，前5世紀に制定された　イ　。

ア　あ　トリボニアヌス　　　い　ソロン　　　う　ドラコン

イ　X　十二表法によって慣習法が初めて成文化された

　　Y　ホルテンシウス法によって，貴族が独占してきた法知識が市民にも広まった

① あ－X　　② あ－Y　　③ い－X　　④ い－Y　　⑤ う－X　　⑥ う－Y

3 平民と貴族の争いについて述べた文として波線部の**誤っているもの**を，次の①〜④のうちから一つ選べ。

① <u>プレブス</u>と呼ばれる平民は，重装歩兵として国防の重要な役割を担うようになり，貴族の政権独占に不満をもつようになっていった。

② <u>ホルテンシウス法</u>により，平民会の決議が元老院の認可なしに国法となることが定められた。

③ <u>リキニウス・セクスティウス法</u>により，コンスルのうち一人は平民から選ばれるようになった。

④ 護民官は<u>ディクタトル</u>と呼ばれ，元老院やコンスルの決定に拒否権を行使できた。

4 ローマの共和政について述べた文として**誤っているもの**を，次の①〜④のうちから一つ選べ。

① 任期1年・2名のコンスルは，行政・軍務など国政全般を主導した。

② ペリクレス時代のアテネのように，貧富の区別なく市民は政治に参加できた。

③ 「内乱の1世紀」には，元老院の伝統的支配を守ろうとする閥族派と，無産市民や騎士が支持する平民派との争いがはげしくなった。

④ 元老院を構成するのはパトリキと呼ばれる貴族だったが，富裕な平民ものちに加わり，新貴族(ノビレス)を構成して政権を独占した。

5 ローマの発展について述べた次の文a〜dが，年代の古いものから順に正しく配列されているものを，下の①〜⑥のうちから一つ選べ。

a　同盟市戦争が始まった。

b　イタリア半島が統一された。

c　王を追放して，都市国家ローマが共和政に移行した。

d　最初の属州としてシチリア島を獲得した。

① a→b→d→c　　② b→c→a→d　　③ c→b→d→a

④ c→d→b→a　　⑤ a→c→d→b　　⑥ d→b→c→a

6 ポエニ戦争について述べた文として**誤っているもの**を，次の①〜④のうちから一つ選べ。

① ローマは，北アフリカのカルタゴと前3世紀から3回にわたって戦った。

② カルタゴは，フェニキア人が建設した植民市であり，海洋交易によって栄えていた。

③ カルタゴ軍のハンニバルは，アルプスをこえてイタリアに侵入した。

④ ローマは，カルタゴの再侵攻に備えてデロス同盟を結成した。

7 ポエニ戦争後のローマについて述べた文として正しいものを，次の①～④のうちから一つ選べ。

① 戦争で農民が出征したため，農地が荒廃し，中小農民が増加した。

② 属州から安い穀物が大量に輸入されて，中小農民は没落した。

③ 奴隷を使った，コロナトゥスによる大規模な農業経営が始まった。

④ 元老院議員や騎士階層による大土地所有制（ラティフンディア）は，ポエニ戦争によって急速に衰退した。

8 共和政の動揺について述べた次の文 a ～ d が，年代の古いものから順に正しく配列されているものを，下の①～⑥のうちから一つ選べ。

a カエサルが独裁政治を始めた。

b 剣闘士がスパルタクスに率いられて反乱をおこした。

c 第2回三頭政治が始まった。

d グラックス兄弟が，相次いで護民官に選ばれた。

① a→b→d→c   ② b→c→a→d   ③ c→a→b→d

④ c→d→b→a   ⑤ d→b→a→c   ⑥ d→b→c→a

9 オクタウィアヌスについて述べた文として波線部の正しいものを，次の①～④のうちから一つ選べ。

① 第1回三頭政治に参加し，閥族派をおさえた。

② 前27年に，元老院からアウグストゥスの称号を与えられた。

③ 元老院など共和政の制度を尊重し，ドミナトゥスを開始した。

④ クレオパトラと結んだアントニウスを，プレヴェザの海戦で破り，エジプトを属州とした。

10 ローマ帝国の五賢帝について述べた次の文章中の空欄 ア ～ ウ に入る語の組合せとして正しいものを，下の①～⑥のうちから一つ選べ。

五賢帝のうち ア 帝は，帝国の領土を最大にした。マルクス＝アウレリウス＝アントニヌス帝は，ストア派の哲学者で， イ を著した。中国の史書 ウ に記録されている，ベトナムに使節を派遣した「大秦王安敦」は彼だと考えられている。

	①	②	③	④	⑤	⑥
ア	ハドリアヌス	トラヤヌス	ハドリアヌス	トラヤヌス	ハドリアヌス	トラヤヌス
イ	『自省録』	『幸福論』	『幸福論』	『自省録』	『幸福論』	『自省録』
ウ	『後漢書』	『史記』	『後漢書』	『史記』	『史記』	『後漢書』

11 ローマ帝国における政治の変革について述べた次の文 a と b の正誤の組合せとして正しいものを，下の①～④のうちから一つ選べ。

a カラカラ帝は，帝国の全自由人にローマ市民権を与えた。

b ディオクレティアヌス帝は，皇帝権力を絶対化して四帝分治制を開始した。

① a－正   b－正   ② a－正   b－誤

③ a－誤   b－正   ④ a－誤   b－誤

12 コンスタンティヌス帝について述べた文として正しいものを，次の①～④のうちから一つ選べ。

① 皇帝が官吏を使って専制支配する体制が整った。

② キリスト教の教義を統一するため，カルケドン公会議を開催した。

③ ヨーマンの移動を禁じ，下層民の身分や職業を世襲化した。

④ ルテティアに新たな首都を建設した。

13 ローマ帝国の衰退について述べた文として正しいものを，次の①～④のうちから一つ選べ。

① 5世紀には，短期間に多数の皇帝が即位しては殺害される，軍人皇帝の時代となった。

② ゲルマン人傭兵隊長オドアケルは，東ローマ皇帝を退位させた。

③ 4世紀には，ゲルマン人のうちの西ゴート人が，フン人の圧迫を受けて南下を始めた。
④ ディオクレティアヌス帝は，帝国を東西に分割して2子に分け与えた。

14 ローマの文化について述べた次の文**a**と**b**の正誤の組合せとして正しいものを，下の①〜④のうちから一つ選べ。
a ギリシアの弁論術はローマでも発達し，雄弁家キケロがあらわれた。
b ローマ帝国の公用語であるコイネーは，近代に至るまで国際的な言語として使用されていた。
① **a**−正　　**b**−正　　② **a**−正　　**b**−誤
③ **a**−誤　　**b**−正　　④ **a**−誤　　**b**−誤

15 ローマの文化について述べた文として正しいものを，次の①〜④のうちから一つ選べ。
① トリボニアヌスが『天球の回転について』を著し，地動説を唱えた。
② アルキメデスの天動説は，中世のヨーロッパ人の宇宙観に影響を与えた。
③ プトレマイオスは，『博物誌』を著した。
④ ギリシア人のストラボンは，『地理誌』を著した。

16 ローマの文学について述べた文として正しいものを，次の①〜④のうちから一つ選べ。
① ウェルギリウスはアウグストゥスの時代に『アエネイス』を執筆した。
② アウグスティヌスは，ギリシア・ローマの英雄的人物の生涯を描いた。
③ プルタルコスは，『告白録』『神の国』を著した。
④ 政体循環史観で知られるホラティウスは『歴史』を著した。

▌▌▌ 史資料問題編 ▌▌▌

第1問 次の文章は，古代ローマの社会を扱った授業の様子である。この文章と**資料1**を読んで，下の問い（問1〜7）に答えよ。

先　生：**資料1**は小プリニウスが残した書簡の一部です。大プリニウスは授業で紹介しましたね。彼の甥で，養子となった人物が小プリニウスです。同じ名前なので小をつけて呼ばれています。大プリニウスの著作は何でしたか。

生徒A：『　ア　』という本です。

先　生：そうです。彼は　イ　近郊の都市ポンペイを壊滅させた①ウェスウィウス火山の噴火を調査しようとして遭難死しました。

生徒A：**資料1**を読むと，ローマの人たちも旅行が好きだったように思えます。

生徒B：どんな旅行をしていたのか気になります。

先　生：そうですね。まず，商人たちはかなり遠くまで出かけていたようですよ。②ローマ帝国の国境を越えて珍しい商品を買い付けていました。コショウのような③アジアの物産も海上交易を通じて流通していました。任地に向かう役人と部下たち，徴税請負人，敵地や駐屯地に向かう軍人など公務で旅する人たちも④遠距離を移動していたようです。**資料2**は，小プリニウスがアナトリアの　ウ　に総督として派遣されていた時期に皇帝に宛てた書簡です。

生徒B：⑤経験したことや見聞したことを記録に残す人たちがいたおかげで，私たちも当時の様子がよく分かります。

生徒A：先生，どんなところが観光地だったのでしょうか。

先　生：ギリシアとエジプトは人気があったようですよ。

生徒A：⑥「ローマの平和」の時代だったらお金に余裕もあったのかも。

生徒B：どんなものでも見たいという好奇心は，小プリニウスも私たちも同じといえると思いました。

資料1 小プリニウス『書簡集』8・20
　私たちは，何かを見たくて旅に出て，海を渡ることもよくありますが，それがもし目の前にあると，

目もくれないのです。人間は元来，近くのものに無関心で，遠くのものを希求するように生まれついているためでしょうか。それとも，どんなものでも見たいという好奇心は，見る機会が容易に与えられると冷めてしまうためでしょうか。それとも……いつでも見られるものは，いつだって見られると考えて，先へ延ばすためでしょうか。

（樋脇博敏『古代ローマの生活』KADOKAWA）

問1　文章中の空欄　ア　～　ウ　に入る語の組合せとして正しいものを，下の①～⑥のうちから一つ選べ。

	①	②	③	④	⑤	⑥
ア	『地理誌』	『博物誌』	『告白録』	『地理誌』	『博物誌』	『地理誌』
イ	ネアポリス	メディオラヌム	ロンディニウム	ロンディニウム	ネアポリス	メディオラヌム
ウ	藩部	属州	軍管区	藩部	属州	軍管区

問2　下線部①に関連して，このできごとの翌年に右の図の建築物が完成した。これについて述べた文として正しいものを，次の①～④のうちから一つ選べ。

① アクロポリスと呼ばれ，都市中心部で祭祀の場として用いられた。
② 「パンと見世物」のうち，「見世物」を民衆に提供するために剣闘士の試合などがおこなわれた。
③ 一定のサイズの煉瓦を用いてつくられた沐浴場であった。
④ 上層部には水の通り道が，中間部には人や牛馬が通る道がつくられた。

問3　下線部②について，次の地図はローマ帝国の最大領域を示す。この地図に関連して述べた文aとbの正誤の組合せとして正しいものを，下の①～④のうちから一つ選べ。

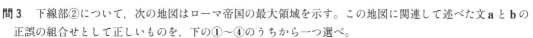

a　ローマ帝国の領域が最大になったのはトラヤヌス帝の時代である。
b　ローマ帝国は，東方で隣接するパルティアと領土をめぐって争った。
①　a－正　　b－正　　②　a－正　　b－誤
③　a－誤　　b－正　　④　a－誤　　b－誤

問4　下線部③に関連して，ローマの海上交易について述べた文として**誤っているもの**を，次の①～④のうちから一つ選べ。
①　イラワディ川下流のオケオ遺跡からは，ローマの金貨が出土している。
②　『エリュトゥラー海案内記』は紅海からインド洋にかけての地理についても記述している。
③　インドのサータヴァーハナ朝は，「海の道」を利用した海上交易で栄えた。
④　紅海からインド洋にかけては「ヒッパロスの風」を利用した貿易がおこなわれていた。

問5　下線部④に関連して，右の図はアッピア街道である。これについて述べた次の文**a**と**b**の正誤の組合せとして正しいものを，下の①〜④のうちから一つ選べ。

a　この街道は，ローマと南イタリアを結んでいる。
b　アレクサンドロス大王はこの街道を使用して東方遠征をおこなった。
①　**a**－正　　**b**－正　　　　②　**a**－正　　**b**－誤
③　**a**－誤　　**b**－正　　　　④　**a**－誤　　**b**－誤

問6　下線部⑤について，次の文章中の空欄　**ア**　と　**イ**　に入る語の組合せとして正しいものを，下の①〜⑥のうちから一つ選べ。

　　紀元前58年からの遠征でガリアを制圧した　**ア**　は，ガリア・ゲルマニアなどの社会を記述した『ガリア戦記』を著した。　**イ**　は，旅行者の報告や様々な資料を基に，ゲルマン人の風俗や地誌を『ゲルマニア』という著作にまとめた。
①　**ア**－カエサル　　**イ**－トゥキディデス　　②　**ア**－カエサル　　**イ**－タキトゥス
③　**ア**－リウィウス　　**イ**－トゥキディデス　　④　**ア**－リウィウス　　**イ**－タキトゥス

問7　下線部⑥の時期について述べた文として**誤っているもの**を，次の①〜④のうちから一つ選べ。
①　この時代は約200年間続き，とくに五賢帝の時代はローマの最盛期であった。
②　ブリタニアには，ケルト系民族の侵入を防ぐためにハドリアヌスの長城が建設された。
③　皇帝ウァレリアヌスが，ササン朝のシャープール1世と戦った。
④　フォルム(広場)やバシリカ(会堂)をもつローマ風都市が帝国各地に建設された。

第2問　ローマ帝国下のキリスト教に関する次の**資料2・3**を読み，下の問い(問1〜2)に答えよ。

> **資料2**　小プリニウスからトラヤヌス帝宛キリスト教徒裁判に関する請願(111年)
> ……私のところへキリスト教徒として告発されてきた者に対し，私は次のような処置をとりました。私は彼らに，キリスト教徒であるかどうか尋ねました。告白した者たちには，処刑を以て警告しながら，二度，そして三度と問い直しました。それでも固執する者に対しては，処刑に引き立てられるように命じました。なぜならば彼らが告発することが何であれ，強情と曲げられない頑固さは，確かに罰せられるべきであると私は疑わなかったからです。
>
> （歴史学研究会編『世界史史料1』岩波書店）

> **資料3**　トラヤヌス帝から小プリニウス宛キリスト教徒裁判に関する請願と訓令(111年)
> ……キリスト教徒として訴えられた者たちの件を審理するにあたり，君はなすべきことを正しくおこなった。……彼らは捜索されるべきではない。もし彼らが告発され，有罪とされたならば，彼らは罰せられるべきである。しかし自分がキリスト教徒であることを否定し，そのことを……我々の神々に礼拝することで明らかにした者は，……悔い改めから恩恵を獲得できる(放免される)……
>
> （同上）

問1　**資料2・3**の内容について述べた次の文**a**と**b**の正誤の組合せとして正しいものを，下の①〜④のうちから一つ選べ。
a　キリスト教徒として告発されても，ローマの神々を礼拝すれば放免された。
b　皇帝は，キリスト教徒と疑われる人物の捜索を小プリニウスに命じた。
①　**a**－正　　**b**－正　　　　②　**a**－正　　**b**－誤

③　**a** – 誤　　**b** – 正　　　④　**a** – 誤　　**b** – 誤

問2　**資料2・3**に関連して，キリスト教への弾圧の様子ならびにキリスト教の教義について述べた文の組合せとして正しいものを，下の①〜⑥のうちから一つ選べ。

弾圧の様子

あ　イエスは，ローマに対する反逆者とみなされて十字架刑に処された。

い　イエスの十二使徒の一人ペテロは，コンスタンティヌス帝の弾圧を受けて処刑された。

う　テオドシウス帝は，皇帝崇拝を拒否するキリスト教徒を迫害した。

教義

X　アタナシウスの説は，のちに三位一体説として確立した。

Y　ネストリウス派は異端とされた後，唐代の中国に伝わり回教と呼ばれた。

①　あ – X　　　②　あ – Y　　　③　い – X　　　④　い – Y　　　⑤　う – X　　　⑥　う – Y

4 インド文明と東南アジア

▌▌▌ 知識問題編 ▌▌▌

1 インドの風土について述べた文として正しいものを，次の①〜④のうちから一つ選べ。

① ガンジス川の下流域では，乾燥した気候のため，羊・牛などを家畜とする遊牧生活が発達した。

② 地中海から紅海，アラビア海を経て中国に至る「海の道」の途中に位置していた。

③ 現在インドの北西部には，ドラヴィダ系の人々が多く住んでいる。

④ カイバル峠はインド北東部に位置し，古くからインドと西アジアを結ぶ交通の要衝であった。

2 モエンジョ゠ダーロの遺跡について，（**A**）・（**B**）の設問に答えなさい。

 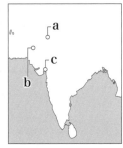

（**A**）この遺跡について述べた文として正しいものを，次の①〜④のうちから一つ選べ。

① 複雑な文様をもつ青銅器や，文字の刻まれた亀甲・獣骨が出土している。

② 沐浴場や穀物倉を備えていた。

③ 石造建築の技術に優れ，ピラミッド状の神殿がつくられた。

④ 印章などに記されたインダス文字は，すべて解読された。

（**B**）モエンジョ゠ダーロの遺跡の場所と，近接して流れる河川の名称の組合せとして正しいものを，次の①〜⑥のうちから一つ選べ。

① **遺跡** − **a** 河川−インダス川		② **遺跡** − **b** 河川−インダス川	
③ **遺跡** − **c** 河川−ティグリス川		④ **遺跡** − **a** 河川−ガンジス川	
⑤ **遺跡** − **b** 河川−ガンジス川		⑥ **遺跡** − **c** 河川−ガンジス川	

3 アーリヤ人の進入について述べた文として**誤っているもの**を，次の①〜④のうちから一つ選べ。

① アーリヤ人は，前1500年頃にパンジャーブ地方に進入した。

② アーリヤ人は，インド゠ヨーロッパ語系に分類される。

③ 『リグ゠ヴェーダ』から，アーリヤ人の唯一神信仰を知ることができる。

④ 前1000年をすぎると，アーリヤ人はガンジス川上流域へ移動を開始した。

4 グプタ朝について述べた文として波線部の正しいものを，次の①〜④のうちから一つ選べ。

① 4世紀に<u>バーブル</u>が建国した。

② 第3代チャンドラグプタ2世の時代に<u>南インド一帯</u>を統一した。

③ シヴァ神やヴィシュヌ神などを信仰する多神教の<u>ミトラ教</u>が社会に定着した。

④ バラモンの言葉である，<u>サンスクリット語</u>が公用語化された。

5 グプタ朝について述べた次の文**a**と**b**の正誤の組合せとして正しいものを，下の①〜④のうちから一つ選べ。

a 宮廷詩人カーリダーサが，戯曲『ラーマーヤナ』を著した。

b カビールが，不可触民への差別を批判し，カースト制を否定した。

① **a**−正　**b**−正　　② **a**−正　**b**−誤

③ **a**−誤　**b**−正　　④ **a**−誤　**b**−誤

6 次の文章中の空欄 ア ～ ウ に入る語の組合せとして正しいものを，下の①～⑥のうちから一つ選べ。

　　グプタ朝は，遊牧民 ア の進出などにより衰退し，6世紀半ばに滅亡した。その後， イ 王はヴァルダナ朝を建てて北インドを支配した。彼の死後，王朝は崩壊し， ウ と呼ばれるヒンドゥー諸勢力が各地に分立する時代となった。

	①	②	③	④	⑤	⑥
ア	スキタイ	ヒクソス	エフタル	スキタイ	ヒクソス	エフタル
イ	ハルシャ	チャンドラグプタ	ハルシャ	チャンドラグプタ	ハルシャ	チャンドラグプタ
ウ	ラージプート	スーフィー	ラージプート	スーフィー	ラージプート	スーフィー

7 バラモン教に関連して述べた文として**誤っているもの**を，次の①～④のうちから一つ選べ。
① バラモンは，ヴァルナ制の身分的観念の最上位に位置する。
② 聖典となる各種のヴェーダは，前1500年頃までのヴェーダ時代に編纂された。
③ 仏教は，ヴェーダの祭式やヴァルナ制を否定した。
④ ジャイナ教は，バラモン教を否定し，苦行と不殺生を説いた。

8 南インドについて述べた文として正しいものを，次の①～④のうちから一つ選べ。
① 紀元前後からアーリヤ人が，タミル語による文芸活動を盛んにおこなった。
② ドラヴィダ系の人々は，『エリュトゥラー海案内記』に南インド沿岸の交易について記録した。
③ チョーラ朝は，スリランカや東南アジアに軍事遠征をおこなった。
④ チョーラ朝は，中国の漢に商人使節を派遣した。

9 右の図について述べた次の文章中の空欄 ア と イ に入る語と語句の組合せとして正しいものを，下の①～⑥のうちから一つ選べ。

　　これは，8～9世紀の ア の時代に イ であり，この遺跡からは東南アジアのインド化の痕跡をみてとれる。

ア　あ　マジャパヒト王国　　　い　マタラム朝　　　う　シャイレンドラ朝
イ　X　ジャワ島の中部に建設された仏教遺跡
　　Y　スマトラ島の中部に建設されたヒンドゥー教遺跡
① あ－X　　② あ－Y　　③ い－X　　④ い－Y　　⑤ う－X　　⑥ う－Y

10 次の図について述べた次の文**a**と**b**の正誤の組合せとして正しいものを，下の①～④のうちから一つ選べ。

a　アンコールに都をおいたクメール人の王朝が，12世紀に造営した。
b　ヒンドゥー教と仏教の影響を受けている。
① **a**－正　　**b**－正　　　② **a**－正　　**b**－誤
③ **a**－誤　　**b**－正　　　④ **a**－誤　　**b**－誤

11 右の図について述べた文として**誤っているもの**を，次の①～④のうちから一つ選べ。

① これは青銅製の銅鼓で，権力の象徴であった。

② この青銅製の銅鼓は，中国南部から東南アジアの広い地域で発見されている。

③ この銅鼓と呼ばれる青銅器には，ローマやインドの神像が描かれている。

④ このような青銅器や鉄製農具を使用し，ベトナム北部を中心に栄えた文化をドンソン文化と呼ぶ。

12 次の図の金貨が発見された，オケオ遺跡の場所として正しいものを，地図中の①～④のうちから一つ選べ。

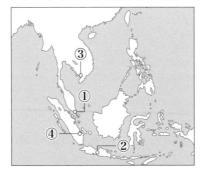

■■■ 史資料問題編 ■■■

第1問 次の年表と**資料**に関する下の問い（**問1～5**）に答えなさい。

前600年頃	北インドで16の国家が割拠する ⎫
前6世紀	アケメネス朝ペルシアがインダス川流域を征服する ⎬ Ⅰ
前327年	アレクサンドロス大王が西北インドに侵入する
前317年頃	マウリヤ朝が成立する……………………………… Ⅱ
前305年頃	セレウコス朝の軍隊がインドに侵入する…………… Ⅲ
前268年頃	資料の下線部①が即位する……………………… Ⅳ

年表中のⅣに関する資料

この法勅は，①デーヴァーナンピヤ・ピヤダシ王が命じて刻ませたものである。

ここ（領内）においては，いかなる生き物も殺して犠牲に供してはならない。……

デーヴァーナンピヤ・ピヤダシ王の領土のいたるところで，……2種の治療院が建てられた。人間のための治療院と動物のための治療院である。……

デーヴァーナンピヤ・ピヤダシ王の灌頂（かんじょう）即位8年に，カリンガ国が征服された。このカリンガでの戦争において，15万人がそこから捕虜として移送され，10万人がそこで殺され，またその幾倍かが死んだ。それ以後，……デーヴァーナンピヤは，　ア　の遵奉，　ア　への愛慕，および　ア　の教導に専念している。これはデーヴァーナンピヤがカリンガ国を征服したことに対する後悔なのである。

（歴史学研究会編『世界史史料2』岩波書店）

問1 年表中の**Ⅰ**の時期にうまれた新思想について述べた文として正しいものを，次の①～④のうちから一つ選べ。

① ジャイナ教は，バラモンを最高位とみなすヴァルナ制を肯定し，苦行と不殺生を強調した。

② ヴァルナごとの守るべき規範が『アヴェスター』にまとめられた。

③ ヴァルダマーナはブッダガヤの菩提樹の下で悟りをひらいた。

④ 絶対的な真理とその把握をめざすウパニシャッド哲学が成立した。

問2　年表中の**Ⅱ**に関する次の文章中の空欄　**イ**　と　**ウ**　に入る語の組合せとして正しいものを，下の①〜④のうちから一つ選べ。

　　　イ　は，ナンダ朝からマガダの王位を奪い，前王朝と同じ　**ウ**　に都をおくとともに，アレクサンドロスの死後の混乱状態にあったインダス川流域から，ギリシア勢力を一掃した。

① **イ**－バーブル　　　　　　**ウ**－カナウジ

② **イ**－バーブル　　　　　　**ウ**－パータリプトラ

③ **イ**－チャンドラグプタ　　**ウ**－カナウジ

④ **イ**－チャンドラグプタ　　**ウ**－パータリプトラ

問3　年表中の**Ⅲ**について述べた次の文**a**と**b**の正誤の組合せとして正しいものを，下の①〜④のうちから一つ選べ。

a　セレウコス朝は，ガンジス川流域やデカン高原の大半を支配下においた。

b　セレウコスは，アレクサンドロスの死後，その領土をめぐって争ったディアドコイの一人である。

① **a**－正　　**b**－正　　　　② **a**－正　　**b**－誤

③ **a**－誤　　**b**－正　　　　④ **a**－誤　　**b**－誤

問4　年表中の**Ⅳ**および**資料**の下線部①について述べた文として**誤っているもの**を，次の①〜④のうちから一つ選べ。

① この王は，仏典の結集や各地への仏教の布教をおこなった。

② この王の死後，マウリヤ朝は衰退した。

③ この王は，ジャワ島への仏教の布教をおこなった。

④ この王は，勅令を刻んだ石柱碑を各地に建てた。

問5　**資料**中の空欄　**ア**　に入る語として正しいものを，次の①〜④のうちから一つ選べ。

①　ダルマ　　　　②　トーラー　　　　③　アフラ＝マズダ　　　　④　ハディース

第2問　次の年表と**資料**に関する先生と生徒の会話を読んで，下の問い（問1〜4）に答えよ。

337年頃	現在の山西省に生まれる
399年	長安を発ち，西域諸国を経てインドに至る
412年	スリランカを出発，海路で帰国の途につく
422年頃	死去

資料　『大唐西域記』より

　　ブッダが悟りを開いた場所である金剛座は，ブッダガヤーの菩提樹の下にあるが，仏法の衰えとともに，砂や土で一面に覆われ見えなくなってしまった。ブッダの涅槃のあと，諸国の王たちが金剛座の位置をはっきりさせるため，南北の境界に二体の観音菩薩の像を東に向けて安置した。この地の老人の話によると，菩薩像の身体が埋もれて見えなくなるとき仏法は亡びるというが，今日，南隅の菩薩は胸の上まで埋まっている。

　　　　　　　　　　　　　　　　　　　　（山崎元一『世界の歴史3　古代インドの文明と社会』中央公論新社）

先　生：年表は，仏教を学ぶためにインドに渡った中国僧の法顕に関するものです。

生徒A：399年といえば，中国は　**X**　で，インドでは　**Y**　でした。

先　生：そうですね。彼は60歳を過ぎてから旅立ち，釈迦が生まれたルンビニーや悟りをひらいたブッダガヤなど①インド各地をめぐりました。

生徒B：命がけの旅行だったのではないでしょうか。

先　生：法顕は，敦煌の先には鳥も獣もいない，見渡す限りの砂漠の中を死者の白骨を目印に進むだけだ，

と記録しています。帰りの船では大暴風雨に見舞われて到着予定の広州を通り過ぎてしまい，山東半島に漂着しました。

先　生：資料は，同じくインドに渡ったある中国僧が著した『大唐西域記』の一部です。この僧がだれかわかりますか。

生徒C：この僧は　**A**　です。

先　生：正解です。それでは皆さん，この人物について調べてみましょう。

問1　文章中の　**X**　・　**Y**　に入る語句の組合せとして正しいものを，下の①～⑥のうちから一つ選べ。

X　あ　敦煌郡など河西4郡が設置された前漢の時代

　　　い　華北に五胡が侵入した魏晋南北朝の時代

　　　う　大運河が完成した隋の時代

Y　ア　チャンドラグプタ2世が支配するグプタ朝の時代

　　　イ　カニシカ王によって仏教が保護されていたクシャーナ朝の時代

　　　ウ　デリーを都とするロディー朝の時代

①　X－あ　　Y－ア　　　②　X－い　　Y－ア　　　③　X－う　　Y－イ

④　X－あ　　Y－イ　　　⑤　X－い　　Y－ウ　　　⑥　X－う　　Y－ア

問2　下線部①に関連して，法顕が訪れたマトゥラーでつくられていた仏像の**様式**について述べた次の文と図との組合せとして正しいものを，下の①～④のうちから一つ選べ。

様式　I　ギリシア彫刻の影響が強くみられる様式。

　　　　II　純インド的な特徴をもつ様式。

図　i　　　　　　　　ii

①　様式－I　　図－i　　　②　様式－I　　図－ii

③　様式－II　　図－i　　　④　様式－II　　図－ii

問3　仏教の発展について述べた文として**誤っているもの**を，次の①～④のうちから一つ選べ。

①　菩薩信仰では，自身の悟りよりも人々の救済が重視された。

②　竜樹（ナーガールジュナ）は，大乗仏教を理論化した。

③　中国では，大乗仏教よりも上座部仏教が広く普及した。

④　クシャーナ朝は，大乗仏教を保護した。

問4　生徒が調べた次のメモ1～3の正誤と，文章中の空欄　**A**　に入る人名の組合せとして正しいものを，下の①～⑥のうちから一つ選べ。

メモ1：Aは，ナーランダー僧院で学び，陸路帰国した後は長安で仏典の翻訳をおこなった。

メモ2：Aを保護したハルシャ王は北インドを統一したが，南インドはサータヴァーハナ朝によって支配されていた。

メモ3：Aが訪れたヴァルダナ朝期のインドで，ヒンドゥー教の法典『マヌ法典』が完成した。

人名　a　義浄　　　b　鳩摩羅什　　　c　玄奘

24

① メモ－1，2，3 はすべて正しい　　　人名－ b
② メモ－1，2 は正しい　　　　　　　人名－ c
③ メモ－2，3 は正しい　　　　　　　人名－ b
④ メモ－1 のみ正しい　　　　　　　　人名－ c
⑤ メモ－2 のみ正しい　　　　　　　　人名－ a
⑥ メモ－すべて誤っている　　　　　　人名－ a

中国の古代文明と南北アメリカ文明

▐▌■ 知識問題編 ■▐▌

1 右の図は黄土地帯を示す。これについて述べた文として**誤っているもの**を，次の①～④のうちから一つ選べ。

① 黄土は，内陸の高原・砂漠地帯から運ばれて堆積したものである。

② この地帯は1年を通じて雨が多く，水路網が発達した。

③ 前6000年頃までに，この地帯では雑穀を中心とする農耕が始まっていた。

④ この地帯を流れる黄河は氾濫をくりかえしたが，流域では農耕が発達した。

2 新石器時代について述べた文として正しいものを，次の①～④のうちから一つ選べ。

① 四川盆地の三星堆遺跡では，鉄製の独特な仮面が発掘された。

② 黄河中流域では，素焼きの赤地に文様を描いた，彩陶が製作された。

③ 黄河流域では，水稲耕作がおこなわれた。

④ 長江流域は雨量が多く，下流域の周口店の遺跡では稲作の痕跡がみられる。

3 右の図は殷の青銅器である。これに関連して述べた文として正しいものを，次の①～④のうちから一つ選べ。

① このような複雑な文様の青銅器は，多くが日常用であった。

② 殷王朝は，城郭都市である邑の連合体であった。

③ 河南省洛陽市にある殷墟からは，殷王の墓が発掘されている。

④ 殷墟からは，神意を占った記録を甲骨文字で石板に記したものが発見された。

4 次の文章中の空欄 **ア** ～ **ウ** に入る語の組合せとして正しいものを，下の①～⑥のうちから一つ選べ。

周は殷を滅ぼし， **ア** 流域に都をおいた。周では諸侯に地位と封土を与え，貢納と軍役を義務づける **イ** 制度がおこなわれた。この制度は，血縁関係にもとづくものであったため，父系の親族集団である **ウ** のまとまりが重んじられた。

	①	②	③	④	⑤	⑥
ア	長江	黄河	長江	黄河	長江	黄河
イ	封建	朝貢	朝貢	封建	朝貢	封建
ウ	宗族	郷紳	宗族	郷紳	郷紳	宗族

5 春秋時代について述べた文として正しいものを，次の①～④のうちから一つ選べ。

① 鉄器が広まったため，森林伐採が効率化して農地が増加した。

② 斉の桓公，晋の文公などの有力諸侯は藩鎮と呼ばれた。

③ 殷王の権威は存続しており，有力諸侯は尊王攘夷を唱えて覇権を争った。

④ 「春秋」の名称は，司馬光の著した歴史書に由来する。

6 次の地図は戦国時代の中国を示す。下の文章中の空欄 **ア** ～ **ウ** に入る記号の組合せとして正しいものを，下の①～⑥のうちから一つ選べ。

勢力の衰えた周は，前8世紀に都を東方に移し， **ア** の地域を支配した。「戦国の七雄」の一つである楚は，稲作に適した **イ** を，前4世紀に強大となった秦は **ウ** の地域を支配した。

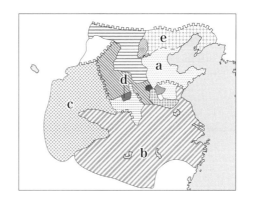

	①	②	③	④	⑤	⑥
ア	a	b	c	d	d	e
イ	c	d	e	b	c	a
ウ	d	e	a	c	b	b

7 次の図は青銅の貨幣である。これに関連して述べた文 **a** と **b** の正誤の組合せとして正しいものを，下の①〜④のうちから一つ選べ。

　a　秦の統一の結果，円形・方孔の形が中国貨幣の基本形となった。
　b　戦国時代には貨幣経済が発展し，身分よりも実力本位の傾向が強くなった。
　①　**a**－正　　**b**－正　　　　②　**a**－正　　**b**－誤
　③　**a**－誤　　**b**－正　　　　④　**a**－誤　　**b**－誤

8 諸子百家について述べた文として波線部の**誤っているもの**を，次の①〜④のうちから一つ選べ。
　①　道家は，自然のなかに宇宙の原理を求める無為自然を主張した。
　②　商鞅や韓非などの法家は，成文法による統治を説いた。
　③　蘇秦や張儀のように，各国の君主に外交を説いた人々を陰陽家という。
　④　墨家は，兼愛・非攻を主張し，儒家の仁を批判した。

9 秦について述べた文として正しいものを，次の①〜④のうちから一つ選べ。
　①　李斯は，前4世紀に変法を推進した。
　②　全国に中央から官吏を派遣し，直接統治する郡県制を実施した。
　③　秦王の孝公は中国統一に成功した後，始皇帝と名乗った。
　④　荘子は，君主を補佐する丞相という官職についた。

10 秦の時代のできごとについて述べた文として波線部の正しいものを，次の①〜④のうちから一つ選べ。
　①　思想統制のため，墨家の学者を穴に埋めて殺したとされる。
　②　「王侯将相いずくんぞ種あらんや」と唱えて黄巣・王仙芝が決起した。
　③　文字・度量衡・車軌の統一がおこなわれ，貨幣は銅銭の五銖銭に統一された。
　④　始皇帝の陵墓周辺には，兵士と馬をかたどった陶製の兵馬俑が埋められた。

11 秦の統治について述べた次の文 **a** と **b** の正誤の組合せとして正しいものを，下の①〜④のうちから一つ選べ。
　a　衛氏朝鮮を滅ぼして，朝鮮北部に楽浪などの4郡をおいた。
　b　華南に進出して，南海郡・桂林郡・象郡の3郡をおいた。
　①　**a**－正　　**b**－正　　　　②　**a**－正　　**b**－誤

③ **a**－誤　　**b**－正　　④ **a**－誤　　**b**－誤

12 儒学について述べた次の文章中の空欄　**ア**　と　**イ**　に入る書名と語句の組合せとして正しいものを，下の①〜④のうちから一つ選べ。

　孔子とその弟子の言行録である　**ア**　には，家族道徳の実践や徳治主義といった孔子の思想が示されている。彼の説を継承した孟子は，　**イ**　から王道政治を説いた。

① **ア**－『詩経』　　**イ**－人間の本性は善であるとする性善説の立場
② **ア**－『詩経』　　**イ**－人間の本性は悪であるとする性悪説の立場
③ **ア**－『論語』　　**イ**－人間の本性は善であるとする性善説の立場
④ **ア**－『論語』　　**イ**－人間の本性は悪であるとする性悪説の立場

13 次の図について述べた次の文章中の空欄　**ア**　と　**イ**　に入る語句の組合せとして正しいものを，下の①〜④のうちから一つ選べ。

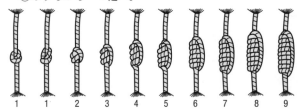

　古代のアメリカでは，　**ア**　を首都とするアステカ王国で文字が使用された。図のキープは，　**イ**　作成された。

① **ア**－マチュ＝ピチュ　　**イ**－インカ帝国で，情報を記録するために
② **ア**－マチュ＝ピチュ　　**イ**－マヤ文明が栄えたユカタン半島で，情報を記録するために
③ **ア**－テノチティトラン　　**イ**－インカ帝国で，情報を記録するために
④ **ア**－テノチティトラン　　**イ**－マヤ文明が栄えたユカタン半島で，情報を記録するために

14 次の地図はアメリカの古代文明の成立した地域を示している。写真の遺跡が建設された場所として正しいものを，地図中の①〜④のうちから一つ選べ。

|| ▌ **史資料問題編** ▌ ||

第1問 次の**資料1〜3**と前漢時代のアジアを示す地図に関する下の問い（**問1〜10**）に答えなさい。

資料1　『史記』西南夷列伝
　武帝は，滇王をさとし，漢に入朝させようとした。滇王は領民が数万人おり，……漢の意に従おうと

しなかった。前109年，武帝は巴蜀（四川省）の兵を繰り出し，……兵を率いて滇に迫った。滇王離難は，国を挙げて漢にくだり，漢の役人を置き漢に入朝したいと願った。そこでここを益州郡とし，滇王に王の印を賜い，長くその民の租税を免除した。

（『史記7　列伝三』筑摩書房）

資料2　　　　　　　　　　　**資料3**

先　生：**資料2**は中国の雲南省から出土した①前漢の時代の金印です。**資料3**は皆さんもよく知っている福岡県から出土した金印です。

生徒A：**資料3**の「漢の委の奴の国王」の印と**資料2**の印はとてもよく似ています。

先　生：**資料2**の印には「滇王之印」と刻まれています。**資料1**に記されているように，②漢の武帝が与えたものとされています。

生徒B：このような印は何のために与えられたのでしょうか。

先　生：皇帝が称号と印綬を与えることで　ア　ためです。奴国王は，③後漢の光武帝に認められたから金印をもらえたのですね。

生徒A：二つの印は大きさも同じなのですか。

先　生：どちらも一辺が2.3cm（当時の一寸）で金製，滇王之印は90グラム，奴国の印は109グラムです。漢は規則に則って，各種の印章を与えていました。④強力な匈奴の王には皇帝の印を意味する璽という言葉を使って，「匈奴単于璽」を与えていました。

生徒A：きっと気を遣っていたのね。

生徒B：つまむところは，何のかたちかな。穴は携帯用の紐を通すためと聞いたことがあります。

先　生：印鈕とよばれるつまみの部分は，どちらもらせん状にうねるヘビをかたどっています。皇帝の印は虎，皇太子や大臣たちは亀で，異民族にはラクダや羊，ヘビなどの印が与えられました。ヘビは，湿潤な稲作地帯に生息することから使用されたようです。⑤王朝に仕える官僚たちも印綬を授けられました。⑥漢字で記録し，印章を使う文化が，中国から周辺地域に広まっていったのですね。

生徒A：ところで先生，日本からハンコ文化はなくなるのでしょうか。

先　生：印章は，紀元前3000年ごろのメソポタミアに始まり，ローマ帝国や⑦中世ヨーロッパでも使用されました。日本でも戦国時代にハンコが流行したそうですよ。長い歴史をもつハンコの今後が気になりますね。

問1　下線部①に関連して，前漢の高祖についての説明と，前漢の都の名称ならびに地図中の位置の組合せとして正しいものを，下の①〜⑥のうちから一つ選べ。

高祖についての説明

あ　呉楚七国の乱を鎮圧した。

い　郡国制を採用した。

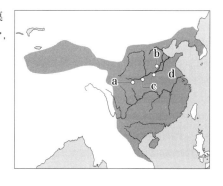

	①	②	③	④	⑤	⑥
説明	あ	い	あ	い	あ	い
都の名称	洛陽	開封	長安	洛陽	開封	長安
都の位置	a	b	c	d	a	c

問2 下線部②に関連して，武帝時代の外征と前漢の領域について述べた文として正しいものを，次の①～④のうちから一つ選べ。

① 西域のオアシス都市を支配して，敦煌郡など河西4郡をおいた。

② 高句麗を滅ぼして，楽浪郡など朝鮮4郡をおいた。

③ 大理国を征服し，南海郡など南海9郡をおいた。

④ 外征による財政難を解消するため，塩・桑の専売制を実施した。

問3 下線部②に関連して，武帝が西方に派遣した張騫について述べた文として正しいものを，次の①～④のうちから一つ選べ。

① 張騫の派遣によって，漢は安息と同盟関係を結ぶことができた。

② 当時，大月氏の西方に隣接していたのは，中国で「大秦国」と呼ばれた国であった。

③ 張騫は，絹と馬の交易をおこなう目的で派遣された使者である。

④ 張騫は，大月氏との同盟の結成をめざしていた。

問4 会話文中の空欄 ア に入る文として最も適当なものを，次の①～④のうちから一つ選べ。

① 周辺の民族が自由に来航して貿易することを承認する

② 周辺の民族の支配者を皇帝中心の秩序の中に位置づける

③ 周辺の民族の臣下となることを約束する

④ 周辺の民族に軍事力を提供させる

問5 下線部③の統治について，国内のできごとと対外関係について述べた文の組合せとして正しいものを，下の①～⑥のうちから一つ選べ。

国内のできごと

あ 劉秀は，黄巾の乱の後に豪族を率いて漢を復興した。

い 党錮の禁とよばれる官僚弾圧事件がおこり，政治的に混乱した。

対外関係

X 大秦王安敦の使者が，日南郡に到達した。

Y 西域都護に任命された岳飛が，西域の諸国を服属させた。

Z 倭の五王が後漢の皇帝に朝貢した。

① あ－X ② あ－Y ③ あ－Z ④ い－X ⑤ い－Y ⑥ い－Z

問6 下線部④に関連して述べた文として**誤っているもの**を，次の①～④のうちから一つ選べ。

① 戦国時代から，匈奴の侵入に備えて長城の建築がおこなわれていた。

② 秦は，北方の騎馬遊牧民である匈奴とたびたび衝突した。

③ 匈奴の遊牧国家は，前7世紀頃に南ロシアの草原地帯に成立した。

④ 匈奴の一部は，魏晋南北朝時代に西晋に侵入した。

問7 下線部④に関連して，次の年表に示した**a～d**の時期のうち，冒頓単于が匈奴の王であった時代として正しいものを，下の①～④のうちから一つ選べ。

周が成立する

武帝が即位する

赤眉の乱がおこる

① **a**　　② **b**　　③ **c**　　④ **d**

問8　下線部⑤に関連して，漢代の官吏登用法について述べた次の文 **a** と **b** の正誤の組合せとして正しいものを，下の①～④のうちから一つ選べ。

a　高級官職を独占した家柄の人々が門閥貴族となり，「上品に寒門なく，下品に勢族なし」と風刺された。
b　地方長官が優秀な人材を中央に推薦する制度が，武帝によって始められた。

① **a**－正　　**b**－正　　② **a**－正　　**b**－誤
③ **a**－誤　　**b**－正　　④ **a**－誤　　**b**－誤

問9　下線部⑥に関連して，漢代の文化について述べた文として正しいものを，次の①～④のうちから一つ選べ。

① 董仲舒の献策で，光武帝の時代に儒学が官学とされた。
② 後漢の宦官であった鄭玄は，製紙法を改良した。
③ 経典の字句解釈を重んずる訓詁学が重視され，『五経正義』が編纂された。
④ 前漢の時代に，司馬遷は紀伝体で『史記』を著した。

問10　下線部⑦に関連して，中世ヨーロッパで使用された印章として正しいものを，次の①～④のうちから一つ選べ。

①

②

③

④

6 中国の分裂と東アジア文化圏の形成

▍▍▍ 知識問題編 ▍▍▍

1 右の地図は三国時代の中国を示す。これについて述べた次の文 **a** と **b** の正誤の組合せとして正しいものを，下の①〜④のうちから一つ選べ。

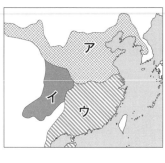

a アはもっとも有力で，孫権が建国した**イ**を滅ぼした。
b アの将軍司馬炎は，晋を建国し，280年には**ウ**を滅ぼした。

① **a**−正　　**b**−正　　② **a**−正　　**b**−誤
③ **a**−誤　　**b**−正　　④ **a**−誤　　**b**−誤

2 魏晋南北朝期の社会について述べた文として正しいものを，次の①〜④のうちから一つ選べ。
① 晋で発生した紅巾の乱は，五胡の侵入をまねいた。
② 華北からの人口流入によって，長江中・下流域の人口が急増した。
③ 鮮卑の拓跋氏は，江南に東晋を建国した。
④ 北魏の東西分裂後，西魏は北斉に，東魏は北周に取ってかわられた。

3 仏教の普及について述べた文として**誤っているもの**を，次の①〜④のうちから一つ選べ。
① 華北では，仏図澄や鳩摩羅什が渡来して，布教や経典の翻訳にあたった。
② インドから中国に渡来した達磨は，禅宗を確立した。
③ 寇謙之は，太武帝に仏教の国教化を進言した。
④ 中国では大乗仏教が流行した。

4 右の図について述べた文として正しいものを，次の①〜④のうちから一つ選べ。

① ガンダーラ様式・グプタ様式の流れをくむ雲崗の石仏である。
② 統一新羅時代に金城(慶州)に造営された仏像である。
③ 甘粛省のオアシス都市敦煌にある石窟寺院の仏像である。
④ 北魏から唐の時代にかけて制作された，竜門の仏像である。

5 右の図について述べた次の文章中の空欄 **ア** と **イ** に入る語と語句の組合せとして正しいものを，下の①〜⑥のうちから一つ選べ。

東晋の **ア** が描いたこの図は，宮廷女官の心得に描かれた挿絵であり，南朝の貴族文化を代表する作品である。また，当時の貴族たちのなかには， **イ** する清談を好む人々が多かった。

ア　あ　陶淵明　　い　謝霊運　　う　顧愷之
イ　X　儒教の経典に正しい注釈を加えることを重視
　　Y　世俗を離れた老荘思想の哲学を議論

① あ−X　　② あ−Y　　③ い−X
④ い−Y　　⑤ う−X　　⑥ う−Y

6 隋について述べた文として正しいものを，次の①〜④のうちから一つ選べ。
① 北周の軍人出身の楊堅は，都を大興城に定めて中国を統一した。

② 高句麗遠征では，煬帝が楽浪郡を滅亡させて都護府を設置した。

③ 九品中正を廃止して，科挙の制度をつくり皇帝自ら殿試に参加した。

④ 大運河は杭州・揚州・汴州といった都市と大都をつないでいた。

7 隋の滅亡から唐の成立・拡大について述べた文として波線部の正しいものを，次の①～④のうちから一つ選べ。

① 隋の文帝は，大運河建設や高句麗遠征の失敗によって臣下に殺害された。

② 唐の高宗は，隋を倒して唐を建国し，長安を都とした。

③ 唐の李淵は，儒学の五経の注釈書である『五経正義』を編纂させた。

④ 唐の第2代皇帝の太宗は，中国を統一した。

8 唐の官制について述べた文として波線部の**誤っているもの**を，次の①～④のうちから一つ選べ。

① 律・令・格・式のうち，律は行政法規を，式は律令の施行規則を示している。

② 中央には三省・六部・御史台をおき，地方は州県制で支配した。

③ 皇帝の意志を受けて詔勅などを起草するのは，中書省である。

④ 六部は尚書省に属していた。

9 唐の軍制について述べた次の文章中の空欄 ア と イ に入る語と語句の組合せとして正しいものを，下の①～⑥のうちから一つ選べ。

　西魏の時代に始まった ア を継承していたが，農民の没落で実施が困難になり，傭兵を用いる募兵制が採用されて， イ がおかれるようになった。

ア　　あ　府兵制　　　い　衛所制　　　う　限田法

イ　　X　辺境の民族に対して間接統治をするために理藩院

　　　　Y　辺境の防備のために節度使

① あ－X　　　② あ－Y　　　③ い－X　　　④ い－Y　　　⑤ う－X　　　⑥ う－Y

10 唐の対外関係について述べた文として正しいものを，次の①～④のうちから一つ選べ。

① ベトナムの北部を支配し，現在のホーチミンに安南都護府を設置した。

② 唐は征服地に都護府をおき，土地の有力者に統治を任せる羈縻政策をとった。

③ 日本からの留学生である阿倍仲麻呂は，高宗に重用された。

④ 太宗は，東匈奴の主力を服属させた。

11 唐の社会経済について述べた文として**誤っているもの**を，次の①～④のうちから一つ選べ。

① 高級官職を独占する貴族には，大土地所有が認められていた。

② ササン朝の滅亡後は，多くのイラン人が長安に移住しイラン系風俗が流行した。

③ 広州に設置された御史台では，海上交易の管理をおこなっていた。

④ ムスリム商人が，揚州や広州などの海港都市に来航した。

12 唐の衰退について述べた文として**誤っているもの**を，次の①～④のうちから一つ選べ。

① 安禄山と史思明は，755年に安史の乱をおこして長安を一時支配した。

② 唐軍は，タラス河畔でイスラーム勢力の軍隊に敗北した。

③ 行政・財政権をもつ，藩鎮と呼ばれる節度使が各地に割拠した。

④ 節度使となった趙匡胤は，907年に唐を滅ぼし後梁を建国した。

13 唐の宗教について述べた文として正しいものを，次の①～④のうちから一つ選べ。

① 回教の礼拝堂の多くは，ソグド人によって海港都市に建設された。

② ネストリウス派キリスト教は祆教と呼ばれた。

③ マウリヤ朝で成立したマニ教は，ウイグルで広く信仰された。

④ 長安にある「大秦景教流行中国碑」は，景教の中国伝来の様子を示している。

14 右の図に関連して述べた次の文章中の空欄 　ア　 ～ 　ウ　 に入る語の組合せとして正しいものを，下の①～⑥のうちから一つ選べ。

　この人物は，インドのナーランダー僧院で学んだ唐の僧侶である。帰国後は持ち帰った仏典を翻訳して長安の大慈恩寺の大雁塔に納めた。同じく唐の僧侶である 　ア　 は，広州を出発し東南アジア経由でインドに到達した。往復とも 　イ　 に滞在し，当地で仏教が厚く信仰されている様子を 　ウ　 に記録している。

	①	②	③	④	⑤	⑥
ア	法顕	鑑真	義浄	義浄	法顕	鑑真
イ	シュリーヴィジャヤ	アチェ王国	マジャパヒト王国	シュリーヴィジャヤ	マジャパヒト王国	アチェ王国
ウ	大唐西域記	南海寄帰内法伝	仏国記	南海寄帰内法伝	大唐西域記	仏国記

15 右の図について述べた次の文**a**と**b**の正誤の組合せとして正しいものを，下の①～④のうちから一つ選べ。

a これは，唐代の書家が，蘭亭の宴で詠まれた詩集の序文として書いたものである。

b これを書いた書家は，安史の乱の際に義勇軍を率いて反乱軍に抵抗した。

① **a**－正　　**b**－正　　　② **a**－正　　**b**－誤

③ **a**－誤　　**b**－正　　　④ **a**－誤　　**b**－誤

16 右の図について述べた下の文**a**と**b**の正誤の組合せとして正しいものを，下の①～④のうちから一つ選べ。

a 西方の文物を中国にもたらした，胡人と呼ばれる人々が表現されている。

b コバルトを顔料に使用して焼かれた磁器である。

① **a**－正　　**b**－正　　　② **a**－正　　**b**－誤

③ **a**－誤　　**b**－正　　　④ **a**－誤　　**b**－誤

||| 史資料問題編 |||

第1問 次の文章は，中国と隣接諸国の関係を扱った授業の様子である。これに関する下の問い（**問1～5**）に答えよ。

先　生：**資料1**の右の3人は外国の使節で，左の3人は接待をしている唐の役人といわれています。唐に使節を派遣していた国々について調べてみましたか。

生徒A：はい。**地図**中の 　ア　 の国は，唐に朝貢するだけでなく，日本にも使節を送っていました。

生徒B：**地図**中の 　イ　 の国は唐の支援を受けて朝鮮半島の統一に成功しました。

先　生：**地図**には日本と中国を結ぶ交通ルートも示されていますが，<u>①日本と中国はどのような関係を築いてきたのでしょうか。</u>

生徒A：金印をもらったあとは……，よく分かりません。調べて整理したいと思います。

生徒B：<u>②遣唐使の派遣などを通じて人々が交流し，中国の文化や制度が日本に伝わったんですよね。</u>

先　生：遣唐使の船には，僧侶も乗っていました。838年から847年まで唐に滞在した円仁の記録は，当時の
　　　　社会を知る貴重な資料となっているんですよ。（資料2）

資料1　章懐太子·墓壁画「礼賓図」

地図

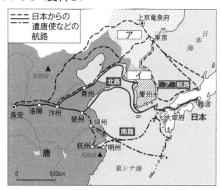

資料2　円仁『入唐求法巡礼行記』842年10月9日の記録より
　　国中のすべての僧尼の中で錬金術の心得のある者，呪術を理解する者，妖術を心得る者，③軍隊から
逃げ出した者，……または仏教の戒律を守らない者などはすべて俗生活に戻るよう強制される。もしも
僧尼が金銭，穀物，土地，その他の財産をもっているならば，これらは政府に納められなければならな
い。……もしも彼らが俗生活に戻ることを望むならば，……俗生活に戻るよう取りはからわれ，④年二
度の税金を払い，賦役に服さなければならない。
　　　　　　　　　　　　　　　　　（エドウィン＝O＝ライシャワー著，田村完誓訳『円仁　唐代中国への旅』講談社）

問1　地図中の　ア　を建国した人物と，地図中の　イ　について述べた文の組合せとして正しいものを，
　下の①～⑥のうちから一つ選べ。
　　　ア　を建国した人物　　あ　ソンツェン＝ガンポ　　い　大祚栄
　　　イ　の説明文
　X　この国では，インド系の文字をもとにチベット文字がつくられた。
　Y　この国では，仏教が保護され，都には仏国寺などの寺院が建立された。
　Z　この国は，唐の文物·制度を取り入れて「海東の盛国」といわれた。
　①　あ－X　　　　②　あ－Y　　　　③　あ－Z　　　　④　い－X　　　　⑤　い－Y　　　　⑥　い－Z

問2　下線部①について，B君は調べた結果を年表にまとめようとしている。次の文X・Y・Zが年代の古
　いものから順に正しく配列されているものを，下の①～⑥のうちから一つ選べ。
　X　白村江の戦いで日本が敗北した。
　Y　「倭の五王」が南朝に使いを送った。
　Z　邪馬台国の女王卑弥呼が魏に使いを送った。
　①　X→Y→Z　　　②　X→Z→Y　　　③　Y→X→Z
　④　Y→Z→X　　　⑤　Z→X→Y　　　⑥　Z→Y→X

問3　下線部②について述べた文として誤っているものを，次の①～④のうちから一つ選べ。
　①　佃戸制を模倣した班田収授法が施行された。
　②　唐の長安にならって，奈良の平城京が建設された。
　③　大化改新は，唐の律令制をもとに天皇を中心とする中央集権国家の建設をめざした。
　④　遣唐使として渡航した人々の中には，阿倍仲麻呂のように科挙に合格して官僚となる者もいた。

問4　資料2は円仁が記録した仏教弾圧の法令である。下線部③に関連して述べた次の文ウ・エの正誤の組
　合せとして正しいものを，下の①～④のうちから一つ選べ。

ウ 唐では，八旗と呼ばれる軍事・行政組織が編成された。

エ 唐では，府兵制がくずれると傭兵を用いる募兵制が採用された。

① ウ－正　　エ－正　　② ウ－正　　エ－誤

③ ウ－誤　　エ－正　　④ ウ－誤　　エ－誤

問5 下線部④の税制の名称として正しいものを，次の①〜④のうちから一つ選べ。

① 両税法　　② 租調庸制　　③ 一条鞭法　　④ 地丁銀制

第2問 次の**資料**を見て，下の問い(**問1〜4**)に答えよ。

> **資料1**
>
> 　……晋代の永嘉年間(307〜313年)にいたっても，〔洛陽の〕寺院は，まだ42を数えるだけであった。わがおおいなる魏(北魏)が天命を受け，皇帝の　**ア**　が洛陽に都を定めてから，仏教を篤く信じる者はさらに多くなり，仏の教えもますますさかんとなったのである。
>
> (歴史学研究会編『世界史史料3』岩波書店)

> **資料2**
>
> ・康国人(ソグド人)はみな賈(あきない)を善くし，男は年5歳となれば即ち書を学ばしめ，少しく解すれば即ち遣わして賈を学ばしむ。利を得ること多きをもって善しと為す。
>
> ・(ソグド人は)財の多きを貴しとなし，良民・賤民という差はない。……力田(農業)と逐利(商業)する者がまじり半ばしている。……
>
> (森安孝夫『興亡の世界史5　シルクロードと唐帝国』講談社)

> **資料3**
>
> 　突厥の可汗，ビルゲ(位716〜734)は，あるとき，城壁を築いて都市を建設し，仏寺・道観(道教の寺院)を建てたいと思った。すると，彼に仕えていた重臣トニュククはこう言って，彼を戒めた。「それはいけません。……突厥が中国によく抵抗できるのは，ほかでもなく，われわれ遊牧民族が，　**イ**　，強力なときには軍隊を進めて略奪するし，弱体な際には山や林のなかへ隠れひそみ，唐の軍隊がどれほど多くても，手の施しようがないからであります。……」
>
> (週刊朝日百科「世界の歴史」24)

> **資料4**
>
> 　時に回紇(ウイグル)は，①助けて西京(長安)を収めし功有り，代宗(位762〜779)は厚く之を遇す。中国と婚姻し，歳ごとに馬十万匹を送るに，酬いるに縑帛(けんぱく)百餘万匹を以てす。而して中国の財力は屈竭(くっかつ)し，歳ごとに馬の価を負う。
>
> (歴史学研究会編『世界史史料3』岩波書店)

問1 資料1の　**ア**　にあてはまる人物と，その政策の組合せとして正しいものを，下の①〜⑥のうちから一つ選べ。

アの人物　**あ** 康熙帝　　**い** 孝文帝

政策　**X** 民衆教化のために六諭を制定した。

　　　　Y 服装や姓名，言語の中国化をはかる漢化政策を推進した。

　　　　Z 三藩の乱を平定した。

①　あ－X　　②　あ－Y　　③　あ－Z　　④　い－X　　⑤　い－Y　　⑥　い－Z

問2　**資料2**の人々は，**資料3・4**で述べられている地域や隋・唐の領域にも進出して商業活動をおこなった。彼らの出身地域として適当な場所を，次の地図中の①〜④のうちから一つ選べ。

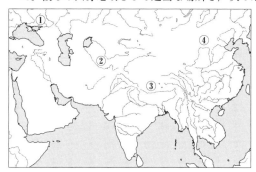

問3　**資料3**の空欄　**イ**　に入る文としてもっとも適当なものを，次の①〜④のうちから一つ選べ。
①　灌漑設備を整え
②　定着住居に住み
③　農業を日常の生業とし
④　水草のあるところにしたがって移動生活し

問4　**資料4**について，下線部①のできごとの説明と，**資料4**から読み取れることがらの組合せとして正しいものを，下の①〜④のうちから一つ選べ。
出来事の説明
あ　ウイグルは，安史の乱で皇帝に協力して反乱を平定した。
い　ウイグルは，唐の建国を助けた。
資料から読み取れることがら
X　遊牧国家は，唐の物産を入手するための取引をおこなっていた。
Y　唐は，遊牧国家に毎年馬を贈っていた。
①　あ－X　　②　あ－Y　　③　い－X　　④　い－Y

東アジアの勢力交替と宋・元

1 次の文a～dが，年代の古いものから順に正しく配列されているものを，下の①～⑥のうちから一つ選べ。

a 塩の密売商人が挙兵し，黄巣の乱が始まった。

b タラス河畔の戦いで，唐軍がイスラーム勢力に敗北した。

c 安禄山・史思明が安史の乱をおこした。

d 趙匡胤が宋（北宋）を建国した。

① a→b→d→c　　② b→c→a→d　　③ c→a→b→d

④ c→d→b→a　　⑤ a→c→d→b　　⑥ d→b→c→a

2 唐末から五代十国の時代について述べた文として**誤っているもの**を，次の①～④のうちから一つ選べ。

① 唐は，10世紀初めに節度使の石敬瑭に滅ぼされた。

② 土地を佃戸に貸して収入を得る新興の地主層が，しだいに経済力をのばした。

③ 後梁は，黄河と大運河を結ぶ水運の拠点である開封に都をおいた。

④ 貴族勢力は，戦乱の時代のなかで荘園を失って没落した。

3 北方民族について述べた次の文aとbの正誤の組合せとして正しいものを，下の①～④のうちから一つ選べ。

a 遼は，遊牧・狩猟民と農耕民を分けて統治する二重統治体制をしいた。

b モンゴル高原東南部を拠点とした契丹は，しだいに勢力を拡大して中国東北地方の高麗を滅ぼした。

① a－正　　b－正　　　② a－正　　b－誤

③ a－誤　　b－正　　　④ a－誤　　b－誤

4 次の文章中の空欄　ア　と　イ　に入る語と文の組合せとして正しいものを，下の①～④のうちから一つ選べ。

契丹（遼）は，五代の　ア　の建国を助けた代償として，燕雲十六州を領土に加えた。その後，中国主要部を統一した宋は，遼に領土をおびやかされ，遼と澶淵の盟と呼ばれる和議を結び，　イ　を約束した。

ア　　あ　後晋　　い　後唐

イ　　X　宋を兄，遼を弟とし，宋は毎年銀や絹を遼に贈ること

　　　Y　宋を臣下，遼を君主とし，宋は毎年銀や絹を遼に贈ること

① あ－X　　② あ－Y　　③ い－X　　④ い－Y

5 西夏について述べた文として**誤っているもの**を，次の①～④のうちから一つ選べ。

① 宋と慶暦の和約を結び，毎年絹や銀を宋に贈ることを取り決めた。

② 11世紀に李元昊が皇帝を称し，宋に対抗した。

③ チベット系タングートが建国した。

④ 1227年，チンギス＝カンの遠征軍によって滅ぼされた。

6 金について述べた文として**正しいもの**を，次の①～④のうちから一つ選べ。

① 孝文帝は，都を平城から洛陽に移し，漢化政策を推進した。

② クビライによって，1234年に征服された。

③ 部族制に基づく猛安・謀克という軍事社会組織を維持した。

④ 完顔阿骨打が，モンゴル系の女真を率いて建国した。

7 次の図は，科挙の合格発表の様子を示す。これに関連して述べた文として**誤っているもの**を，下の①～④のうちから一つ選べ。

① 宋代には，経済力のある新興地主層から多くの官僚が輩出された。

② 隋はそれまでの郷挙里選の制度をやめ，科挙により広く人材を集めた。

③ 『五経正義』は，科挙での儒学の解釈の基準を示すために孔穎達が編纂した。

④ 宋代には皇帝が自ら試験官となる，最終試験の殿試が始まった。

8 宋（北宋）の統治について述べた文として正しいものを，次の①〜④のうちから一つ選べ。

① 五代の後唐の将軍であった趙匡胤は，960年に宋を建国した。

② 北方民族の圧迫と軍隊の強化で防衛費が増大し，国家財政は窮乏化した。

③ 文治主義をとり，軍機処に欠員が出るたびに文官をあてた。

④ 都の開封は，都市計画にもとづき碁盤の目状に整然と建設された。

9 次の文章中の空欄 ア 〜 ウ に入る語の組合せとして正しいものを，下の①〜⑥のうちから一つ選べ。

北宋では，11世紀後半に第6代皇帝の ア が イ を宰相に起用し，新法と呼ばれる改革が始まった。 イ は，低利の貸付を定めた青苗法の制定などで農民や中小商工業者の生活の安定をはかった。しかし，急激な改革は保守派の反発をまねき，改革を支持する新法党と ウ を中心とする旧法党の対立が長く続いた。

	①	②	③	④	⑤	⑥
ア	徽宗	神宗	徽宗	神宗	徽宗	神宗
イ	王重陽	王重陽	王重陽	王安石	王安石	王安石
ウ	司馬光	張居正	張居正	張居正	司馬光	司馬光

10 次の文章中の空欄 ア 〜 ウ に入る語の組合せとして正しいものを，下の①〜⑥のうちから一つ選べ。

唐末以降，商業に関する規制が緩和され，全国的な物資の流通が活発化して貨幣経済が発展した。北宋の時代には，遠隔地との取引に便利な ア が紙幣として発行された。城壁の外や交通の要地には イ と呼ばれる商業の中心地が発生し， ウ という商人の同業組合もうまれた。

	①	②	③	④	⑤	⑥
ア	交子	布銭	交子	布銭	交子	布銭
イ	草市・鎮	会館・公所	草市・鎮	草市・鎮	会館・公所	会館・公所
ウ	行	行	作	行	作	作

11 11世紀後半の東アジアを示す次の地図について，**(A)**〜**(D)**の設問に答えなさい。

(A) 地図中の**a**について述べた文として**誤っているもの**を，次の①〜④のうちから一つ選べ。

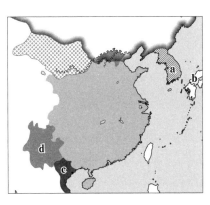

① 10世紀に，大祚栄が開城を都として建国した。

② 新羅を滅ぼして，朝鮮半島を統一した。

③ 宋の影響を受けて，独特の色調と技法をもつ青磁が制作された。

④ 仏教が盛んとなり，仏教経典を集成した『大蔵経』がつくられた。

（B）地図中の **b** について述べた文として**誤っているもの**を，次の①〜④のうちから一つ選べ。

① 9世紀末には遣唐使が停止され，律令体制の崩壊が進んだ。

② 平仮名の使用は，最初に宮廷や貴族の女性たちの間で広まった。

③ 平安時代には，中国文化に日本風の特色が加わった国風文化が栄えた。

④ 11世紀末には，源頼朝が鎌倉に武家政権を築いた。

（C）地図中の **c** について述べた文として正しいものを，次の①〜④のうちから一つ選べ。

① 11世紀初めに李氏が建国した。

② 首都はフエ（ユエ）におかれた。

③ 2世紀にチャム人が中心となって建国したチャンパーである。

④ この王朝は，元の侵攻で滅亡した。

（D）地図中の **d** について述べた文として正しいものを，次の①〜④のうちから一つ選べ。

① アラウンパヤーが建てた，コンバウン朝である。

② 南詔の滅亡後に建国した大理である。

③ 南詔の滅亡後に建国した吐蕃である。

④ 南越の滅亡後におかれた南海9郡である。

12 宋の社会と経済について述べた文として**誤っているもの**を，次の①〜④のうちから一つ選べ。

① 南宋の建国以来，江南の開発が進んだ。

② 長江中流域での米穀の生産力が増加し，「蘇湖熟すれば天下足る」といわれた。

③ 早稲種の占城稲が東南アジアから導入され，収穫が安定した。

④ 湿地帯の土地を堤防で囲み干拓した，囲田の造成が進んだ。

13 宋の南遷について述べた文として波線部の正しいものを，次の①〜④のうちから一つ選べ。

① 12世紀初め，<u>遼</u>は華北を占領し，北宋の都の開封を陥落させた。

② 北宋の上皇の徽宗と皇帝が，北方へ連れ去られた事件を<u>靖難の役</u>という。

③ 皇帝の弟の<u>高宗</u>は，江南に逃れて帝位につき，南宋を建国した。

④ 南宋の都の臨安は，現在の<u>広州</u>である。

14 宋の文化について述べた文として波線部の正しいものを，次の①〜④のうちから一つ選べ。

① 庶民文化が発展し，音曲にあわせてうたう<u>詞</u>が盛んにつくられた。

② <u>金属活字</u>が一般に普及し，これによる書物の出版があいついだ。

③ 文化の中心は，儒学の教養を身につけた<u>郷紳</u>と呼ばれる知識人であった。

④ 徽宗の描いた「桃鳩図」は，<u>文人画</u>の代表的な作品である。

15 宋代の思想について述べた文として**誤っているもの**を，次の①〜④のうちから一つ選べ。

① 『太極図説』を著した北宋の周敦頤は，宋学の祖とされている。

② 格物致知・大義名分論を説いた南宋の朱熹は，朱子学の祖とされている。

③ 『資治通鑑』は，戦国時代から五代末までを編年体で編纂した歴史書である。

④ 金の統治下にあった華北では，王守仁が全真教を開いた。

16 元代の文化について述べた文として正しいものを，次の①〜④のうちから一つ選べ。

① イスラームの天文学を学んだ李時珍が授時暦を作成した。

② 文化人のあいだで，世俗を超越した清談が流行した。

③ 都市の庶民文化が栄え，『西遊記』『金瓶梅』などの元曲がつくられた。

④ 元の宮廷の保護をうけて，チベット仏教が発展した。

第1問 元朝に関する次の**資料1・2**と図を見て，下の問い（**問1〜5**）に答えよ。

資料1 マルコ＝ポーロ『世界の記述』より

①カンバルクの町はその内外に，ほとんど信じることができないほど多数の家屋と人口とを擁している。場外にも城門と同じ数だけとても大きな街区が広がり，その数は12で，この場外の街区には場内より多くの人間が居住し，宿泊している。②それは例えば商人たちや旅行中の外国人であるが，その数は多く，彼らはあらゆる地方から大カーンに献上するため，ないし宮廷に売るために品物を運んできたのである。

（歴史学研究会編『世界史史料4』岩波書店）

資料2 ③イブン＝バットゥータ『大旅行記』より

シナ人は，ディナール〔金貨〕やディルハム〔銀貨〕を商売に使わない。上述したように，〔外国との取引で〕彼らの国に利益として得られたそうしたもの（金貨や銀貨）のすべてについて，彼らは鋳塊に溶かしてしまうためであり，〔それに代わって国内における〕④彼らの売り買いは，紙片によってのみ行われる。その1つひとつの紙片は手のひらほど〔の大きさ〕で，皇帝の印璽が押され，その紙片25枚が「バーリシュト」(1)と呼ばれ，われわれの〔国にある〕1ディーナール〔の価値〕に相当する。

(1)1バーリシュトは銀1錠（約2kgか）の価値に相当。

（家島彦一訳注『大旅行記7』平凡社・東洋文庫）

問1 **資料1**の下線部①は，右の図のように造営されていた。この町の名称と説明の組合せとして正しいものを，下の①〜④のうちから一つ選べ。

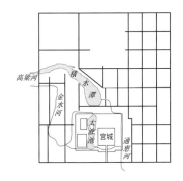

町の名称　　**あ** 泉州　　　**い** 大都
説明　　**X** 湖を通じて，大運河および海上交易路と結ばれていた。
　　　　　　Y 南宋の時代の都もこの町におかれた。

①　あ−X　　　②　あ−Y
③　い−X　　　④　い−Y

問2 **資料1**の下線部②に関連して，元を訪れた人物について述べた文として正しいものを，次の①〜④のうちから一つ選べ。
①　ルブルックは，ローマ教皇に派遣されて元を訪れた。
②　フランチェスコ会の修道士であるモンテ＝コルヴィノは，元で布教をおこなった。
③　ルイ9世は，修道士のプラノ＝カルピニを元に派遣した。
④　アダム＝シャールは，元を訪れて大砲の作り方を教えた。

問3 **資料2**の下線部③のようなイスラーム教徒も元を訪れた。これに関連して，次の文章中の空欄　**ア**　と　**イ**　に入る語の組合せとして正しいものを，下の①〜⑥のうちから一つ選べ。
　　元の中央官職はモンゴル人が独占し，　**ア**　と総称される中央アジア・西アジア出身の人々が財務官僚として重用された。もと　**イ**　の支配下にあった南人と呼ばれる人々が官界で活躍する機会は少なかった。
ア　　**あ** 漢人　　**い** 色目人
イ　　**X** 南宋　　　**Y** 金　　　**Z** 高麗
①　あ−X　　　②　あ−Y　　　③　あ−Z　　　④　い−X　　　⑤　い−Y　　　⑥　い−Z

問4 **資料2**の下線部③が元を訪れたのは，1345年頃と推定されている。14世紀後半におこった**a〜c**ので

きごとが年代の古い順から正しく配列されているものを，下の①〜⑥のうちから一つ選べ。

a　貧農出身の朱元璋が，皇帝に即位した。

b　李成桂が朝鮮を建国した。

c　紅巾の乱が始まった。

① a→b→c　　② b→c→a　　③ c→b→a

④ c→a→b　　⑤ a→c→b　　⑥ b→a→c

問5　資料2の下線部④に関連して，中国王朝の貨幣について述べた文として正しいものを，次の①〜④のうちから一つ選べ。

① 元の時代には，銅銭・金・銀に加えて，交鈔と呼ばれる紙幣が使用された。

② 金の時代には，飛銭と呼ばれる紙幣が発行された。

③ 宋の時代には，交子・会子と呼ばれる紙幣が発行され，銅銭は全く使用されなかった。

④ 唐の時代には，半両銭が発行された。

第2問　モンゴル帝国に関する次の**資料**と**地図・図**を見て，下の問い（**問1〜3**）に答えなさい。

> **資料**　マルコ＝ポーロ『世界の記述』より
>
> 　……都を発って25マイル進むと「イヤン」と呼ばれる宿駅につく。これは「馬の道」と言う意味である。……（大カーンの）使者が人家も宿屋もないへんぴな地域を通るときでも1日の行程が長くなりすぎないように配慮して……宿駅を造らせている。……馬であれ何であれ，使者に必要なものはすべて準備されているから，道を行き来する使者はどこでも不自由な思いをすることがない。
>
> （歴史学研究会編『世界史史料4』岩波書店）

地図

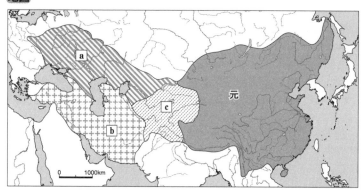

図

問1　**資料**に記述された制度の説明と，この制度を利用するための証明書（**図**）の名称の組合せとして正しいものを，下の①〜④のうちから一つ選べ。

制度の説明

あ　このような制度はジャムチと呼ばれ，元の領域の内部だけで機能していた。

い　この制度によって，迅速な情報伝達が可能になった。

証明書の名称

X　牌符　　　**Y**　勘合

① あ－X　　② あ－Y　　③ い－X　　④ い－Y

問2　**図**に関連して述べた文として正しいものを，次の①〜④のうちから一つ選べ。

① この図に書かれているパクパ文字は，チンギス＝カンの時代からモンゴル人に使用されていた。

② この図に書かれているウイグル文字は，アラム文字から派生した。

③　この図に書かれているウイグル文字は，満洲文字から派生した。

④　この図に書かれているパクパ文字は，マニ教の高僧が創案した。

問3　**地図**はモンゴル帝国の最大領域を示している。これに関する（A）〜（C）の設問に答えなさい。

（A）地図中の **a** について述べた文として**誤っているもの**を，次の①〜④のうちから一つ選べ。

①　この地域から15世紀にモスクワ大公国が自立した。

②　この地域には，かつてスキタイの遊牧国家があった。

③　この国を建国した人物は，ワールシュタットの戦いでドイツ・ポーランド連合軍を破った。

④　この国を建国した人物は，西夏を滅ぼした。

（B）地図中の **b** について述べた文として**誤っているもの**を，次の①〜④のうちから一つ選べ。

①　この国を建国した人物は，マムルーク朝を滅ぼした。

②　この国の宰相ラシード゠アッディーンは，ユーラシアの歴史書である『集史』を編纂した。

③　この国の第7代君主ガザン゠ハンは，イスラーム教に改宗した。

④　元からこの国に中国絵画が伝えられ，イランの細密画に影響を与えた。

（C）地図中の **c** について述べた次の文章中の空欄　**ア**　と　**イ**　に入る語の組合せとして正しいものを，下の①〜④のうちから一つ選べ。

　　この国は東西トルキスタンを領土としたが，14世紀に東西に分裂し，西チャガタイ゠ハン国の　**ア**　が新しい王朝を建てた。この新しい王朝の都は　**イ**　におかれ，トルコ゠イスラーム文化が発展した。

①　**ア**－ウルグ゠ベク　　**イ**－アルマリク

②　**ア**－ウルグ゠ベク　　**イ**－サマルカンド

③　**ア**－ティムール　　　**イ**－サマルカンド

④　**ア**－ティムール　　　**イ**－アルマリク

8 明・清と隣接諸地域

||| 知識問題編 |||

1 明初の政治について述べた文として波線部の**誤っているもの**を，次の①〜④のうちから一つ選べ。

① 儒教道徳を民衆に徹底するため，<u>六諭</u>を制定した。

② 全国的な人口調査をおこない，<u>賦役黄冊</u>と呼ばれる戸籍・租税台帳を作成した。

③ 一般の民戸とは別に，<u>八旗</u>の戸籍を設けて兵役を負担させた。

④ <u>里甲制</u>を定め，共同で租税の徴収や治安維持などにあたらせた。

2 明の官制について述べた次の文**a**と**b**の正誤の組合せとして正しいものを，下の①〜④のうちから一つ選べ。

a 門下省とその長官の丞相を廃止して，六部を皇帝に直属させた。

b 儒学を重視し，科挙の最終試験に殿試を創設した。

① **a**−正　**b**−正　　② **a**−正　**b**−誤

③ **a**−誤　**b**−正　　④ **a**−誤　**b**−誤

3 明代の経済・社会について述べた文として正しいものを，次の①〜④のうちから一つ選べ。

① 各種の税や徭役を銀に一本化して納入する一条鞭法が実施された。

② 人頭税を廃止し，土地税に一本化した。

③ 広州での外国貿易は，行商と呼ばれる特定の商人たちが独占していた。

④ 首都開封の繁栄の様子が，「清明上河図」に描かれた。

4 右の図について述べた次の文章中の空欄 ア と イ に入る語と文の組合せとして正しいものを，下の①〜⑥のうちから一つ選べ。

明代には，江西省の ア を中心に陶磁器が盛んに生産され，日本・アメリカ・ヨーロッパなどに輸出された。また，商品作物の生産増加にともない，穀倉地帯は長江中流域に移動し，「 イ 」と称された。

ア　あ　瑞金　　い　福州　　う　景徳鎮

イ　　X　湖広熟すれば天下足る

　　　Y　蘇湖熟すれば天下足る

① あ−X　　② あ−Y　　③ い−X

④ い−Y　　⑤ う−X　　⑥ う−Y

5 明代の文化について述べた文として正しいものを，次の①〜④のうちから一つ選べ。

① 李時珍は，石・草・虫などの薬効を解説した『天工開物』を著した。

② 木版印刷によって，『金瓶梅』などの小説の出版が増加した。

③ 宋応星は，産業技術を図解した『本草綱目』を著した。

④ 古今の図書を4種に分けて収集整理した，『四書大全』が完成した。

6 清朝成立期のできごとについて述べた文として正しいものを，次の①〜④のうちから一つ選べ。

① ヌルハチは，女真人を統一し，八旗や満洲文字を制定した。

② 都を西安から北京に移した。

③ 呉三桂ら3人の明の武将を東北地方に配置した。

④ 支配下の漢人男性に対してチベット仏教を強制した。

7 康熙帝の統治について述べた文として**誤っているもの**を，次の①〜④のうちから一つ選べ。

① ロシアとネルチンスク条約を結び，両国の国境を画定した。

② 三藩の乱を平定した。

③ 皇帝直属の諮問機関である軍機処を設置した。

④ 鄭氏を降伏させ，台湾を領土とした。

8 清朝の統治について述べた文として**誤っているもの**を，次の①〜④のうちから一つ選べ。

① 雍正帝の時期にキリスト教の布教を禁止した。

② 禁書や，文字の獄と呼ばれる言論・思想弾圧をおこなった。

③ 中央官庁の高官の定数を偶数とし，満洲人と漢人を同数任命した。

④ 満洲人で編制する緑営を設置し，治安維持などにあたらせた。

9 右の地図は，清代のアジアを示す。地図中の **a〜d** について述べた文として**誤っているもの**を，次の①〜④のうちから一つ選べ。

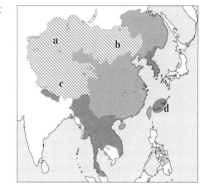

① **a** は，ジュンガルを滅ぼした雍正帝によって，回部とあわせて「新疆」と名付けられた。

② **b** はホンタイジによって征服された。

③ **c** は藩部となり，理藩院の監督を受けた。

④ **d** は清に朝貢すると同時に，薩摩藩に服属していた。

10 次の文章中の空欄 **ア** と **イ** に入る語の組合せとして正しいものを，下の①〜⑥のうちから一つ選べ。

明は朝貢貿易を **ア** するため，東南沿海では海禁政策をとった。清は台湾を領土とすると，海禁政策を **イ** し，海上貿易が発展した。

ア あ 抑制　　い 禁止　　　う 推進

イ X 強化　　Y 解除

① あ－X　　② あ－Y　　③ い－X　　④ い－Y　　⑤ う－X　　⑥ う－Y

11 次の文章中の空欄 **ア**〜**ウ** に入る語の組合せとして正しいものを，下の①〜⑥のうちから一つ選べ。

清の時代には，多くの銀が中国に流入し，国内商業が発展した。 **ア** は，中国の産品を求めるヨーロッパ船の来航を **イ** 1港に制限し， **ウ** という特定の商人組合に貿易を管理させた。

	①	②	③	④	⑤	⑥
ア	康熙帝	雍正帝	乾隆帝	康熙帝	雍正帝	乾隆帝
イ	広州	杭州	広州	杭州	広州	杭州
ウ	行商	市舶司	行商	市舶司	行商	市舶司

12 清代の経済・社会について述べた文として正しいものを，次の①〜④のうちから一つ選べ。

① アヘンの輸出が激増したため，日本銀やメキシコ銀が流入した。

② 17世紀初めに地丁銀制が導入された。

③ 禁令を犯して東南アジアに住み着いた人々が，南洋華僑のもとになった。

④ アフリカ原産のトウモロコシやサツマイモが，人口増加を支えた。

13 清代の学問について述べた文として正しいものを，次の①〜④のうちから一つ選べ。

① 儒学を正しく理解するため，経書に注釈を加える訓詁学が発達した。

② 顧憲成が，東林書院を拠点に宦官や高官を批判した。

③ 周敦頤が『太極図説』を著した。

④ 儒学の経典の校訂や言語学的研究をおこなう考証学が発展した。

14 清の勢力拡大について述べた次の文 a〜d が，年代の古いものから順に正しく配列されているものを，下の①〜⑥のうちから一つ選べ。

a ロシアとキャフタ条約を結んだ。

b ジュンガルを征服した。

c 朝鮮を服属させた。

d 清軍が山海関を経て北京に入城した。

① a→b→d→c　　② b→c→a→d　　③ c→a→b→d

④ c→d→a→b　　⑤ a→c→d→b　　⑥ d→b→c→a

15 右の図はラサのポタラ宮殿を示す。これに関連して述べた文として**誤っているもの**を，次の①〜④のうちから一つ選べ。

① この宮殿は，チベット仏教の大本山として使用されていた。

② 現在ラサは，中華人民共和国のチベット自治区に含まれる。

③ 清朝は，チベットを直轄領として支配し，チベット仏教を手厚く保護した。

④ チベット仏教の高僧の地位は，生まれ変わりによって受けつがれるとされる。

16 ダライ＝ラマについて述べた次の文 a と b の正誤の組合せとして正しいものを，下の①〜④のうちから一つ選べ。

a 清朝は，この称号をもつウイグル人の有力者を地方官として任用した。

b 黄帽派チベット仏教の指導者を指す称号である。

① a－正　　b－正　　② a－正　　b－誤

③ a－誤　　b－正　　④ a－誤　　b－誤

17 次の文章中の空欄 ア と イ に入る語の組合せとして正しいものを，下の①〜⑥のうちから一つ選べ。

　朝鮮は，清を ア とみなし，朝鮮こそが中国文化の継承者であるという意識をもった。このため朝鮮の支配層である イ は儒教の儀礼を重視した。

ア　あ 「中華」　　い 「夷狄」

イ　X 八旗　　Y 両班　　Z 形勢戸

① あ－X　　② あ－Y　　③ あ－Z　　④ い－X　　⑤ い－Y　　⑥ い－Z

18 朝鮮について述べた文として正しいものを，次の①〜④のうちから一つ選べ。

① 朝鮮の武将の李成桂は，亀船を用いて日本軍を破った。

② 朝鮮の世宗は，朝鮮の国字として訓民正音を制定した。

③ 朝鮮の都は，漢江に面した開城におかれた。

④ 対馬の宗氏は，朝鮮に向けて朝鮮通信使を派遣していた。

19 東南アジア諸王朝について述べた文として波線部の**誤っているもの**を，次の①〜④のうちから一つ選べ。

① マラッカ王国は1511年に<u>ポルトガル</u>に占領された。

② タイのアユタヤ朝は，15世紀にカンボジアの<u>アンコール朝</u>を滅ぼした。

③ マジャパヒト王国は，ジャワ島を中心に繁栄した<u>イスラーム国家</u>である。

④ アチェ王国は，<u>スマトラ島北部</u>に成立したイスラーム国家である。

第1問 明代に中国を訪れた，イエズス会士マテオ＝リッチに関する年表と**資料1～4**を見て，下の問い（**問1～8**）に答えよ。

1552年	イタリアで生まれる
1571年	イエズス会に入会
1578年	ゴア到着
1582年	マカオ到着
1583年	明朝支配下の中国に入る
1601年	北京に永住する許可を得る
1602年	「坤輿万国全図」を作成
1603年	『天主実義』を刊行
	□**A**□
1607年	『幾何原本』を刊行
1610年	死去

資料1

　洪武帝の死後，□**ア**□は王国を奪い取る決意を固めた。そして，北部諸省を易々と屈服させた後，大軍を率いてナンキーノ（南京）に向かい，武力と贈り物と甘言を用いて他の諸省を支配下におき，甥をナンキーノから追放して，自らこの王国全土の君主となった。

（マッテーオ＝リッチ著，川名公平訳，矢沢利彦注，平川祐弘解説『中国キリスト教布教史1』岩波書店）

資料2

　……すでにヴァリニャーノ神父がジャッポーネの貴人（天正遣欧使節）とともにジャッポーネへ渡る時期が来ていた。①カンバッコ（関白）というジャッポーネの君主がキリスト教に対する大規模な迫害を開始し，その結果，神父達全員にジャッポーネから出て行くように命令を出し，家を残らず取り上げ，それまでに建てられた教会を破壊しているという知らせが届いたからだ。……

（同上）

資料3

　……この数年のあいだ，ヨーロッパでは，スペイン国王とオランダ人のあいだにフランドル領の問題をめぐって大きな戦争があった。オランダ人はスペイン本国に打撃を与えられなかったので，このインディア諸国に危害を加えようと，こちらに多数の艦隊からなる大軍を派遣した。……この地域のポルトガル人の大半は商人で，その船は貨物船であり，兵士や武器の備えはあまりなかったために，わずか数年のうちに，多くの船がこの海賊たちの略奪を受け，個人や国庫や税関の損害は莫大なものになった……

（同上）

資料4

　チーナ人の世界には三つの異なる教えがあるに過ぎないという。すなわち，②文人の教え（儒教），シェキア（釈迦）の教え，……ラオヅ（老子）の教えである。

　文人の教えはチーナ古来の独自のものであり，したがって，これまでも，そして今日も，常にチーナの政治を握ってきた。……わたしたちは，これが確固たる教えではなく，正しくは，国家の正しい統治を目的として設けられたアカデミアにすぎない，という結論に達した。したがって，このアカデミアに

所属する者がキリスト教徒であることも，またそうなることも十分にありうる。というのも，本質的には何らカトリック信仰の本質に反するものを含まないし，またカトリック信仰はかれらの書物が訴える国家の安泰と平和の妨げになるどころか，むしろそれを助長するものだからだ。

（マッテーオ＝リッチ／アルヴァーロ＝セメード著，川名公平訳，矢沢利彦訳・注『中国キリスト教布教史2』岩波書店）

問1 **資料1**について，空欄 **ア** にあてはまる人名と，**資料1**で示されているできごとの名称，および **ア** の統治に関する説明の組合せとして正しいものを，下の①～⑥のうちから一つ選べ。

ア の統治に関する説明

X 張居正に財政再建のための改革を命じた。

Y 鄭和に南海諸国への遠征を命じ，明への朝貢をうながした。

Z 科挙での正しい儒教解釈を示すため，『四庫全書』や『五経正義』を編纂した。

	①	②	③	④	⑤	⑥
ア	永楽帝	万暦帝	永楽帝	永楽帝	万暦帝	万暦帝
できごと	靖康の変	党錮の禁	靖難の役	靖難の役	靖康の変	党錮の禁
ア の統治	X	Y	Z	Y	Z	X

問2 **資料2**のジャッポーネとは日本のことである。**資料2**の下線部①が示す人物として正しいものを，次の①～④のうちから選べ。

① 織田信長 ② 豊臣秀吉 ③ 徳川家康 ④ 徳川家光

問3 **資料2**に関連して，次の文章中の空欄 **ア** と **イ** に入る語の組合せとして正しいものを，下の①～④のうちから一つ選べ。

北虜南倭と呼ばれる北方の **ア** の侵入や，東南海岸での **イ** の活動が激化して，明は守勢に立たされた。北方では，長城の外に中国人が住んだり， **ア** 人が中国内地に侵入したりと諸民族の雑居が進んだ。

① ア－モンゴル イ－倭寇 ② ア－モンゴル イ－印僑
③ ア－ロシア イ－倭寇 ④ ア－ロシア イ－印僑

問4 **資料3**は年表中 **A** の時期にあたる記録である。**資料3**について述べた次の文aとbの正誤の組合せとして正しいものを，下の①～④のうちから一つ選べ。

a スペイン継承戦争について言及している。

b オランダ人は，当時スペインに併合されていたポルトガルの船を攻撃した。

① a－正 b－正 ② a－正 b－誤
③ a－誤 b－正 ④ a－誤 b－誤

問5 **資料4**の下線部②に関する次の文章中の空欄 **ア** と **イ** に入る語の組合せとして正しいものを，下の①～④のうちから一つ選べ。

明代には，南宋の朱熹によって大成された **ア** が官学とされた。王守仁は **ア** の知識重視の傾向を批判して「知行合一」を説き， **イ** を確立した。

① ア－考証学 イ－陽明学 ② ア－考証学 イ－訓詁学
③ ア－朱子学 イ－訓詁学 ④ ア－朱子学 イ－陽明学

問6 **資料4**に関する次の文章中の空欄 **ア** と **イ** に入る文と語の組合せとして正しいものを，下の①～⑥のうちから一つ選べ。

資料4で示された考え方は， **ア** ていたため，のちにローマ＝カトリック教会から批判されること

なった。ローマ=カトリック教会やイエズス会，ドミニコ会，フランシスコ会などの教団，清の皇帝が関わった，中国でのキリスト教の布教方法をめぐる宗教上の論争を　イ　と呼ぶ。

ア　**あ**　カトリックの信仰と，儒教との両立を認め

　　　い　中国の学問，文化を尊重して老子の教えをカトリックの教義に取り入れ

イ　**X**　普遍論争　　　**Y**　東方問題　　　**Z**　典礼問題

①　あ－X　　②　あ－Y　　③　あ－Z　　④　い－X　　⑤　い－Y　　⑥　い－Z

問7　**資料4**に関連して，中国でのイエズス会士の活動について述べた文として正しいものを，次の①～④のうちから一つ選べ。

①　カスティリオーネは，ヨーロッパの画法を紹介し，円明園の設計に加わった。

②　プラノ＝カルピニは，中国全図である「皇輿全覧図」の作製に協力した。

③　ルブルックは，エウクレイデスの『幾何学原本』を翻訳した。

④　ブーヴェは，世界地図の「坤輿万国全図」の作製にあたった。

問8　右の地図は，明代のアジアを示す。地図中の**a～d**について述べた文として**誤っているもの**を，次の①～④のうちから一つ選べ。

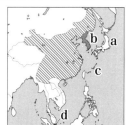

①　**a**の足利義満は，15世紀初めに明から「日本国王」に封ぜられて明と勘合貿易を始めた。

②　**b**は，1392年に成立して以来，明の制度を取り入れ，朱子学を振興した。

③　**c**は，13世紀初めに中山王によって統一され，明と朝貢貿易をおこなった。

④　**d**は，14世紀末頃に成立し，インド洋と東南アジアを中継する貿易拠点として成長した。

▌▌▌ 知識問題編 ▌▌▌

1 イスラーム教成立以前の西アジアを示す次の地図において，**a**・**b**の領域で示した国家に関する（A）・（B）の問いに答えなさい。

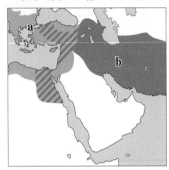

（A）地図中の **a** について述べた文として正しいものを，次の①〜④のうちから一つ選べ。

① 首都コンスタンティノープルの名称は，キリスト教を国教化した皇帝に由来する。

② ユスティニアヌス帝は，首都にハギア＝ソフィア聖堂を建てた。

③ イスラーム教成立以前，すでにこの地では軍管区制が実施されていた。

④ 4世紀にヴァンダル王国や東ゴート王国を滅ぼした。

（B）地図中の **b** について述べた文として**誤っているもの**を，次の①〜④のうちから一つ選べ。

① この王朝では，ゾロアスター教の教典『アヴェスター』が編纂された。

② この王朝のシャープール1世は，ローマ皇帝のウァレリアヌスを捕虜とした。

③ 3世紀にはゾロアスター教・仏教・キリスト教を融合したマニ教がおこった。

④ この王朝はトルコ系遊牧民のウイグルと結んでエフタルを滅ぼした。

2 ムハンマドについて述べた文として正しいものを，次の①〜④のうちから一つ選べ。

① クライシュ族の商人ムハンマドは，大商人による富の独占を奨励した。

② 死の直前に，アリーを後継者に指名してカリフとした。

③ 630年には，一神教の神殿であったカーバの偶像を破壊して聖殿とした。

④ ムハンマドは，メディナでムスリムの共同体「ウンマ」を建設した。

3 右の図はイスラーム教の聖典『コーラン』である。これについて述べた次の文章中の空欄　**ア**　と　**イ**　に入る語句と語の組合せとして正しいものを，下の①〜④のうちから一つ選べ。

　『コーラン』は，　**ア**　で，　**イ**　語で書かれている。第3代正統カリフのウスマーンの時代に，現在のかたちにまとめられたが，ここに示された教義から，ムスリムの信仰と行為の内容を簡潔にまとめたものが六信五行である。

ア　あ 預言者ムハンマドの征服活動を記録したもの

　　い 預言者ムハンマドに預けられた神の言葉

イ　X アラビア　　　　**Y** アラム

① **あ**-**X**　　　② **あ**-**Y**　　　③ **い**-**X**　　　④ **い**-**Y**

4 イスラーム世界の成立について述べた文として正しいものを，次の①〜④のうちから一つ選べ。

① ムハンマドの死後，イスラーム共同体は後継者（カリフ）を選出した。

② アリーの子孫だけが，共同体を指導する資格があると主張する人々をスンナ派という。

③ アブー＝バクル以降の4人のカリフは世襲であった。

④ アリーと敵対していたシリア総督ムアーウィヤはファーティマ朝を開いた。

5 ウマイヤ朝について述べた次の文 **a** と **b** の正誤の組合せとして正しいものを，下の①〜④のうちから一つ選べ。

a 都はかつてアラム人の内陸貿易で栄えたダマスクスにおかれた。

b イベリア半島にあったゲルマン人国家の西ゴート王国を滅ぼした。

① **a**－正　　**b**－正　　② **a**－正　　**b**－誤

③ **a**－誤　　**b**－正　　④ **a**－誤　　**b**－誤

6 ウマイヤ朝について述べた文として正しいものを，次の①〜④のうちから一つ選べ。

① トゥール・ポワティエ間の戦いでフランク王国に勝利した。

② 非イスラーム教徒に課されていた人頭税(ジズヤ)を廃止した。

③ アラブ人が支配者集団を形成し，特権を行使した。

④ 征服地の新改宗者は，人頭税であるジズヤを免除された。

7 アッバース朝について述べた文として波線部の**誤っているもの**を，次の①〜④のうちから一つ選べ。

① マワーリーと呼ばれる新改宗者も政府の要職につけた。

② 9世紀初め頃から，マムルークと呼ばれる奴隷出身の軍人が用いられるようになった。

③ 公用語はアラビア語であったが，民族による差別は禁止されていた。

④ 征服地に土地をもつアラブ人にも十分の一税が課せられた。

8 右の表はイスラーム暦を示す。これについて述べた次の文 **a** と **b** の正誤の組合せとして正しいものを，下の①〜④のうちから一つ選べ。

	月名	日数
第1月	ムハッラム	30
第2月	サファル	29
第3月	ラビー＝アルアッワル	30
第4月	ラビー＝アッサーニー	29
第5月	ジュマーダー＝アルウーラー	30
第6月	ジュマーダー＝アルアーヒラ	29
第7月	ラジャブ	30
第8月	シャーバーン	29
第9月	ラマダーン	30
第10月	シャッワール	29
第11月	ズール＝カーダ	30
第12月	ズール＝ヒッジャ	29

a イスラーム暦は，メッカからイェルサレムへのヒジュラがおこなわれた年を紀元元年とする。

b イスラーム暦は，純粋な太陰暦である。

① **a**－正　　**b**－正　　② **a**－正　　**b**－誤

③ **a**－誤　　**b**－正　　④ **a**－誤　　**b**－誤

9 イスラームの経済について述べた次の文章中の空欄　**ア**　と　**イ**　に入る文と語の組合せとして正しいものを，下の①〜⑥のうちから一つ選べ。

　ア　イクター制は，　**イ**　で始まった。セルジューク朝以降には，類似の制度が西アジアで広く実施された。

ア　**あ** 土地の徴税権を軍人・官僚に与え，俸給に見合う金額を直接，住民から徴税させる

　　　い 征服地から取り立てた租税をもとに，軍人・官僚に俸給を支払う

イ　**X** ガズナ朝　　　**Y** ブワイフ朝　　　**Z** 後ウマイヤ朝

① あ－X　　② あ－Y　　③ あ－Z　　④ い－X　　⑤ い－Y　　⑥ い－Z

10 後ウマイヤ朝について述べた文として正しいものを，次の①〜④のうちから一つ選べ。

① イベリア半島に逃れたハーシム家の一族が，756年に建国した。

② この王朝は，スンナ派信仰を擁護した。

③ 10世紀のハールーン＝アッラシードの時代に最盛期を迎えた。

④ 首都のトレドには，メスキータと呼ばれるモスクが建設された。

11 セルジューク朝について述べた文として**誤っているもの**を，次の①〜④のうちから一つ選べ。

① トルコ人奴隷のマムルークを採用し，強力な軍隊組織を整えた。

② アナトリアやシリアに進出して，ビザンツ帝国に侵入した。

③ バヤジット1世が，トルコ系遊牧民を率いて建国した。

④ 1055年には，ブワイフ朝を追放してバグダードに入城した。

12 アイユーブ朝について述べた文として**誤っているもの**を，次の①～④のうちから一つ選べ。

① サラディンは，ファーティマ朝を倒してエジプトを支配した。

② カーリミー商人と呼ばれる人々が東西交易に広く活躍した。

③ 十字軍を率いる神聖ローマ皇帝フリードリヒ2世と交渉し，イェルサレムを返還した。

④ リチャード1世らの率いる第3回十字軍と戦って，敗北した。

13 マムルーク朝について述べた文として**正しいもの**を，次の①～④のうちから一つ選べ。

① イスラーム教の聖地であるメッカ・メディナを保護下においた。

② ウマイヤ朝のカリフをカイロに擁立した。

③ オスマン帝国に敗北し，14世紀に滅亡した。

④ 第5代スルタンのバイバルスは，第3回十字軍を撃退した。

14 アフリカのイスラーム化について述べた次の文 **a** と **b** の正誤の組合せとして正しいものを，下の①～④のうちから一つ選べ。

a ザンベジ川流域のトンブクトゥは，岩塩と金の交易都市として栄えた。

b アフリカ東岸ではアラビア語の影響を受けたスワヒリ語が共通語となった。

① **a**－正 **b**－正 ② **a**－正 **b**－誤

③ **a**－誤 **b**－正 ④ **a**－誤 **b**－誤

███ **史資料問題編** ███

第1問 資料1～3に関する下の問い(問1～6)に答えなさい。

資料1 『使徒たちと諸王の歴史』より

　〔カリフは自ら〕都を建てる場所を選びに赴こうとした。……都は円形に形作られた。これはカリフが中央に座したときに，ある特定の場所が他の場所よりもカリフの近くにならないようにするためである。……都の門は，……4カ所に置かれた。都の周囲には二重の城壁が築かれ，内側の城壁が外側の城壁よりも厚かった。

（歴史学研究会編『世界史史料2』岩波書店）

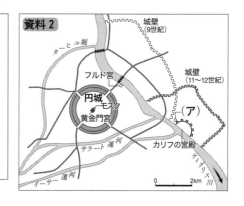

資料2

資料3

　激しい戦闘が昼も夜も繰り広げられ，ムハッラム月28日(1258年2月4日)の日の出の頃，モンゴル軍は市壁に上がった。……モンゴル軍は正午の礼拝の時までに都の人々からすべての胸壁を奪取した。……①〔モンゴル軍の〕帝王はカリフの館を調査しに行き，あらゆる場所を歩き回った。……カリフは配下の者に贈り物を差し出すよう命じた。帝王はすぐに差し出されたものをすべて側近たちやアミールたち，軍隊指揮官たちや列席者たちにふるまった。そして金の皿をカリフの前に置いて，「食べろ」と命じた。カリフは「食べられません」と答えた。帝王は言った。「ではどうして汝はこうした財宝をとっておいたのか。どうして軍隊指揮官たちに分け与えなかったのか。どうしてこれらの鉄の扉で矢じりを作らなかったのか。どうして②アム川の岸まで来なかったのか。そうしておけば，私は渡河することができなかったであろうに」と。カリフが「それが神の定めだったからです」と答えると，帝王は「汝の身にこれ

から起こることもまた神の定めである」と言って，その夜宿営地に帰還した。

（歴史学研究会編『世界史史料2』岩波書店）

問1 **資料1**は，**資料2**の造営に関する資料である。この地に都を建設した理由として**適当ではないもの**を，次の①～④のうちから一つ選べ。

① 大河の水運を利用して，都市の人々の食料を安定的に供給することが期待できたため。

② ムハンマドが，この地で初めてイスラーム共同体（ウンマ）を結成したため。

③ 東方へと領土が拡大したので，ダマスクスより東方に都を移したかったため。

④ 大河・運河の水運を利用することで，東西貿易の要衝となりえたため。

問2 **資料2**中の（**ア**）には，セルジューク朝の時代にイラン人宰相によって建設されたマドラサがあった。**資料1**のカリフの名前，**資料2**の都市名，**資料2**の**ア**のマドラサの名称の組合せとして正しいものを，下の①～⑥のうちから一つ選べ。

	①	②	③	④	⑤	⑥
カリフ	ムアーウィヤ	マンスール	マンスール	マンスール	ムアーウィヤ	ムアーウィヤ
都市	バグダード	ダマスクス	バスラ	バグダード	ダマスクス	バスラ
マドラサ	アズハル学院	ニザーミーヤ学院	ムセイオン	ニザーミーヤ学院	アズハル学院	ムセイオン

問3 **資料1**に関連して，この都市を建設したアッバース朝のできごと**a～c**が，年代の古いものから順に正しく配列されているものを，下の①～⑥のうちから一つ選べ。

a ブワイフ朝の支配者がカリフから大アミールの地位を与えられた。

b トゥグリル＝ベクがカリフからスルタンの称号を与えられた。

c タラス河畔の戦いで唐軍に勝利した。

① a→b→c ② b→c→a ③ c→a→b
④ c→b→a ⑤ a→c→b ⑥ b→a→c

問4 次の文は，**資料3**を読んで生徒が作成した質問票である。**資料3**の下線部①の帝王の名前と，質問票に対する答えとの組合せとして正しいものを，下の①～⑥のうちから一つ選べ。

生徒の質問票：アッバース朝が弱体化していった要因は何だろうか。

帝王の名前　**X** バトゥ　　**Y** フレグ　　**Z** カイドゥ

質問票に対する答え

あ マムルークと呼ばれるトルコ人の勢力が増大し，カリフの権力が低下したこと。

い アラブ人が特権をもつ体制が，イスラームの教えに反するとして批判が高まったこと。

① X－あ ② X－い ③ Y－あ ④ Y－い ⑤ Z－あ ⑥ Z－い

問5 **資料3**のあと，下線部①の帝王がこの地に建国した国家の名称として正しいものを，次の①～④のうちから一つ選べ。

① キプチャク＝ハン国 ② イル＝ハン国 ③ チャガタイ＝ハン国
④ ブハラ＝ハン国

問6 下線部②の川の周辺を統治した王朝として**誤っているもの**を，次の①～④のうちから一つ選べ。

① ファーティマ朝 ② サーマーン朝 ③ セルジューク朝 ④ ホラズム＝シャー朝

第2問 次の11世紀後半の地中海周辺の地図に関する，（**A**）～（**F**）の設問に答えなさい。

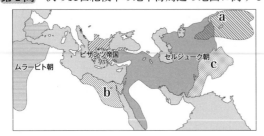

（**A**）地図中の **a** について述べた文として正しいものを，次の①～④のうちから一つ選べ。

① 10世紀にトルコ人が建国した，イスラーム王朝である。

② アッバース家から逃れた，ウマイヤ家の末裔が8世紀に建国した。

③ クルド人の武将が建てたスンナ派王朝であり，13世紀に滅亡した。

④ 9世紀にイラン系のムスリムが，西トルキスタンに建国した。

（**B**）地図中の **b** について述べた文として正しいものを，次の①～④のうちから一つ選べ。

① 10世紀に成立した，スンナ派の王朝である。

② この王朝の君主は，建国当初はアミールの称号を用いていた。

③ 969年にエジプトを征服して，ナイル川流域に首都カイロを造営した。

④ イスラーム教に改宗したベルベル人が建国した。

（**C**）地図中の **c** について述べた文として正しいものを，次の①～④のうちから一つ選べ。

① アフガニスタンを拠点としたイスラームの王朝である。

② フレグが建国し，第7代君主ガザン＝ハンの時にイスラーム教を国教とした。

③ ゴール朝のマムルーク出身のアイバクが建国した。

④ バーブルが，ロディー朝を滅ぼして建国したイスラーム王朝である。

（**D**）地図中のムラービト朝は，ニジェール川流域の黒人王国を攻撃した。ニジェール川流域のできごとを示す次の **a**～**d** が，年代の古いものから順に正しく配列されているものを，下の①～⑥のうちから一つ選べ。

a マリ王国のマンサ＝ムーサがメッカ巡礼をおこなった。

b ガーナ王国がサハラ縦断交易を保護して繁栄した。

c ベニン王国がイギリス領に組み込まれた。

d ソンガイ王国が滅亡した。

① a→b→d→c ② b→a→d→c ③ c→a→b→d

④ c→b→d→a ⑤ a→c→d→b ⑥ d→b→c→a

（**E**）11世紀後半，ヨーロッパではキリスト教会の東西分裂がおこった。東側のキリスト教会について述べた次の文 **a** と **b** の正誤の組合せとして正しいものを，下の①～④のうちから一つ選べ。

a 聖像禁止令で偶像崇拝は禁止されたが，のちにイコンへの崇拝は復活した。

b コンスタンティノープルの教会は，神聖ローマ皇帝と聖職叙任権闘争を繰り広げた。

① a－正 b－正 ② a－正 b－誤

③ a－誤 b－正 ④ a－誤 b－誤

（**F**）地図の時代にすでに建築されていたものを，次の①～③のうちから一つ選べ。

①  ②  ③

10　イスラーム文明とイスラーム世界の展開

▌▌▌ 知識問題編 ▌▌▌

■1 次の文章中の空欄 ア と イ に入る語と文の組合せとして正しいものを，下の①～⑥のうちから一つ選べ。

　イスラーム諸学を修めた知識人は ア と呼ばれ，『コーラン』やイスラーム法の解釈などを通じて，一般の信徒に対して影響力をもった。10世紀以降には，イスラーム法の外面的な秩序や形式への反発から， イ が盛んになった。

ア　　あ　マワーリー　　　　い　ズィンミー　　　　う　ウラマー

イ　　X　スーフィズムと呼ばれる，神との一体感を求める神秘主義

　　　　Y　バクティと呼ばれる，神に絶対的に帰依する信仰

① あ－X　　　② あ－Y　　　③ い－X　　　④ い－Y　　　⑤ う－X　　　⑥ う－Y

■2 イスラームの教育機関について述べた文として**誤っている**ものを，次の①～④のうちから一つ選べ。

① アズハル学院は，ファーティマ朝がカイロに創設したマドラサである。

② ニザーミーヤ学院は，宰相ニザーム＝アルムルクによって創設された。

③ セルジューク朝はファーティマ朝に対抗して，シーア派諸学の育成につとめた。

④ マドラサなどの公共施設の建設・運営はワクフでまかなわれることが多かった。

■3 イスラームの学問について述べた文として波線部の**誤っている**ものを，次の①～④のうちから一つ選べ。

① タバリーは，年代記形式の世界史『預言者たちと諸王の歴史』を編纂した。

② イブン＝シーナー（アヴィケンナ）は，『医学典範』を著した。

③ イブン＝バットゥータは『世界史序説』を著し，王朝興亡の歴史に法則性のあることを論じた。

④ ラシード＝アッディーンは，『集史』をペルシア語で著した。

■4 次の図はアラビア数字である（下段は現在のアラビア数字）。これに関連して述べた次の文 **a** と **b** の正誤の組合せとして正しいものを，下の①～④のうちから一つ選べ。

```
٠ ١ ٢ ٣ ٤ ٥ ٦ ٧ ٨ ٩ ١٠
0 1 2 3 4 5 6 7 8 9 10
```

a　アラビア数字やゼロの概念は，インドからアラブ世界に伝来した。

b　フワーリズミーは，「知恵の館」で研究し，代数学と三角法を開発した。

① **a**－正　　**b**－正　　　② **a**－正　　**b**－誤

③ **a**－誤　　**b**－正　　　④ **a**－誤　　**b**－誤

■5 イスラームの文学について述べた文として波線部の**誤っている**ものを，次の①～④のうちから一つ選べ。

① 『ルバイヤート』はサンスクリット語で編纂された説話文学である。

② イラン建国時からの神話などをつづった『シャー＝ナーメ』は，ガズナ朝の君主に捧げられた。

③ 『千夜一夜物語』にはインド・イラン・アラビア・ギリシアなどを起源とする説話が集大成されている。

④ 『（大）旅行記』は，モロッコから中国に至る旅行についてアラビア語で記録したものである。

■6 イスラーム圏の文化について述べた文として**誤っている**ものを，次の①～④のうちから一つ選べ。

① 神学者のガザーリーは，イスラーム信仰の基礎として神秘主義を取りいれた。

② タラス河畔の戦いの際に，後漢から製紙法がイスラーム世界に伝来した。

③ イブン＝ルシュド（アヴェロエス）はアリストテレス哲学を研究した。

④ 「知恵の館」では，ギリシア語文献がアラビア語に翻訳された。

7 次の文章中の空欄 ア と イ に入る語と文の組合せとして正しいものを，下の①～⑥のうちから一つ選べ。

　10世紀末から，アフガニスタンを拠点とするトルコ系の ア 朝などのイスラーム勢力が，インドへの進出を始めた。13世紀には イ ，これがインド初のイスラーム政権となった。

ア　　あ　ゴール　　　い　ガズナ　　　う　サーマーン

イ　　X　アイバクがデリーを都とする奴隷王朝を創始し

　　　 Y　バーブルがデリーを都とするムガル帝国を創始し

① あ－X　　② あ－Y　　③ い－X　　④ い－Y　　⑤ う－X　　⑥ う－Y

8 ティムール朝について述べた文として正しいものを，次の①～④のうちから一つ選べ。

① オスマン帝国への遠征途中にティムールは病死した。

② ヒンドゥー教的で神秘的傾向の強いラージプート絵画が描かれた。

③ オアシス都市として発展していたサマルカンドを首都とした。

④ ウマル＝ハイヤームが天文台を建設し，天文学・暦法が発達した。

9 サファヴィー朝について述べた文として正しいものを，次の①～④のうちから一つ選べ。

① アッバース1世は，アラビア半島のアデンからポルトガル人を駆逐した。

② 神秘主義教団の長イスマーイールは，スンナ派を国教とすることを宣言した。

③ アブー＝アルアッバースは新首都イスファハーンを建設した。

④ 王はペルシア語のシャーという称号を用い，民族意識の高揚につとめた。

10 ムガル帝国について述べた文として**誤っているもの**を，次の①～④のうちから一つ選べ。

① バーブルは，非ムスリムに課していたジズヤを廃止した。

② バーブルは，パーニーパットの戦いでロディー朝に勝利した。

③ アクバルは，支配階層の組織化をめざしてマンサブダール制を採用した。

④ アクバルは，都をアグラに移した。

11 アウラングゼーブ帝の治世について述べた文として正しいものを，次の①～④のうちから一つ選べ。

① 厳格なシーア派の立場から統治をおこなった。

② インド亜大陸は，南端を除いてほぼ全域がムガル帝国の領土となった。

③ ヒンドゥーとイスラーム両教徒を反目させるためベンガル分割令を発表した。

④ マガダ国のナンダ朝を倒して首都をパータリプトラにおいた。

12 ムガル帝国について述べた次の文 **a** と **b** の正誤の組合せとして正しいものを，下の①～④のうちから一つ選べ。

a　公用語のペルシア語とインドの地方語が融合し，ウルドゥー語が成立した。

b　カビールは，カースト制を否定するシク教の祖となった。

① **a**－正　　**b**－正　　② **a**－正　　**b**－誤

③ **a**－誤　　**b**－正　　④ **a**－誤　　**b**－誤

13 東南アジアのイスラーム化について述べた文として**誤っているもの**を，次の①～④のうちから一つ選べ。

① アチェ王国は，スマトラ島に成立したイスラーム王国である。

② 元軍は，ビルマのイスラーム政権であるパガン朝を滅ぼした。

③ マラッカ王国の王は，15世紀にイスラームに改宗した。

④ ジャワ島では，16世紀にイスラームのマタラム王国が成立した。

14 次の図について述べた次の文 **a** と **b** の正誤の組合せとして正しいものを，下の①～④のうちから一つ選べ。

a　宋代の中国商人は陶磁器や絹などをこの船で各地に輸出した。

b　スペインは，この船でメキシコ銀をアカプルコからマニラまで運んだ。

①　a－正　　　b－正　　　②　a－正　　　b－誤

③　a－誤　　　b－正　　　④　a－誤　　　b－誤

15 右の図について述べた次の文章中の空欄 **ア** ～ **ウ** に入る語の組合せとして正しいものを，下の①～⑥のうちから一つ選べ。

　元代の天文学・数学は，イスラーム文化の影響を受けた。 **ア** は図のような天文観測施設を建設し，この施設での観測記録を活用して **イ** を作成した。これは日本の天文学・暦学にも影響を与えた。また元代には，イスラーム世界からもたらされたコバルト顔料を用い， **ウ** と呼ばれる陶磁器がつくられた。

	①	②	③	④	⑤	⑥
ア	郭守敬	湯若望	徐光啓	郭守敬	湯若望	徐光啓
イ	貞享暦	授時暦	貞享暦	授時暦	貞享暦	授時暦
ウ	唐三彩	染付	唐三彩	染付	唐三彩	染付

■▌▌ 史資料問題編 ▌▌■

第1問　次の**資料1・2**を読んで，関連する下の問い（**問1～5**）に答えよ。

資料1

　①アブド＝アッラフマーン1世の治世には，コルドバのモスクの数は490に達していた。その後，その数は増えたのである。……〔歴史家〕イブン＝ハイヤーンは以下のように言っている。「モスクの数はイブン＝アビー＝アーミル(1)の時代が最大で1600軒あり，公衆浴場の数は900軒あった」。

(1)イブン＝アビー＝アーミルは10世紀末に宰相となった人物。

（歴史学研究会編『世界史史料2』岩波書店）

資料2

　「キリスト教徒の長官は，グラナダの②アルハンブラ宮殿と城砦に関して，彼ら（ムスリム郡の指導者たち）が提示した条件に同意し，それを守ることを約束し，キリスト教徒の契約の仕方に従い，誓いを行った。……③彼らはカスティーリャの支配者に対し，降伏の誓いの文書を書き送り……グラナダの王はアルハンブラ宮殿を明け渡した。……④キリスト教徒たちは〔アルハンブラ宮殿を〕占領したが，グラナダ住民の裏切りを恐れて，彼らの中から500人の名士を人質としてとった後，入城した」。

＜降伏の誓いの文書＞

・生命，家族・財産の安全，住居・家・居住地・所有地に残留すること

・シャリーアの実践，シャリーア以外の法の支配を受けないこと，モスク及びワクフ財の維持

・キリスト教徒がモスクにも，ムスリムの家にも侵入しないこと，キリスト教徒がムスリムを略奪しないこと

・イスラームに改宗したものがキリスト教徒に戻ることを強制されないこと……

（同上）

問1　**資料1**について，下線部①の人物は756年にイベリア半島に王朝をひらいた。これに関連して述べた

文として**誤っている**ものを，次の①〜④のうちから一つ選べ。

① この人物は，アッバース朝の成立時にイベリア半島に逃れて王朝をひらいた。

② この人物は，シーア派の一分派であるイスマーイール派を信仰した。

③ イベリア半島のゲルマン人国家西ゴート王国は，756年にはすでに滅亡していた。

④ この王朝のアブド＝アッラフマーン3世は，カリフを称した。

問2 **資料2**の下線部②について述べた文として正しいものを，次の①〜④のうちから一つ選べ。

① 宮殿には，アラベスクと呼ばれる装飾文様がみられる。

② 大きな窓にステンドグラスが使用され，高い尖塔が建てられた。

③ イベリア半島に現存する最古のモスクである。

④ ムアーウィヤの命令で建設された。

問3 **資料2**の下線部③について述べた次の文**a**と**b**の正誤の組合せとして正しいものを，下の①〜④のうちから一つ選べ。

a グラナダを支配するナスル朝の王が降伏し，国土回復運動（レコンキスタ）が完成した。

b カスティーリャとポルトガルが連合した結果，15世紀にスペイン王国が成立した。

① **a**－正　　　**b**－正　　　② **a**－正　　　**b**－誤

③ **a**－誤　　　**b**－正　　　④ **a**－誤　　　**b**－誤

問4 **資料2**の下線部④のできごとがおこった時期として正しいものを，下の①〜④のうちから一つ選べ。

| **a** |
| フランク王国のカール＝マルテルが，トゥール・ポワティエ間の戦いに勝利した |
| **b** |
| ムワッヒド朝がムラービト朝を滅ぼした |
| **c** |
| ヴァスコ＝ダ＝ガマが，リスボンから出航してインドに到達した |
| **d** |

① **a**　　　② **b**　　　③ **c**　　　④ **d**

問5 次の地図は**資料2**の下線部④のできごとがおこった時期のアジアを示している。これを見て，地図中の空欄　**ア**　〜　**ウ**　に入る語句の組合せとして正しいものを，下の①〜⑥のうちから一つ選べ。

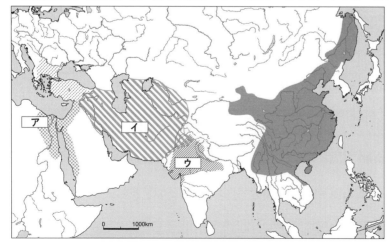

	①	②	③	④	⑤	⑥
ア	マムルーク朝	ブワイフ朝	アイユーブ朝	マムルーク朝	ブワイフ朝	アイユーブ朝
イ	ティムール朝	ティムール朝	チャガタイ=ハン国	ブハラ=ハン国	ブハラ=ハン国	チャガタイ=ハン国
ウ	デリー=スルタン朝	サファヴィー朝	デリー=スルタン朝	サファヴィー朝	ムガル帝国	ムガル帝国

第2問 次の**資料**に関する先生と生徒の会話を読んで，下の問い（**問1 ～ 3**）に答えよ。

資料 ユダヤ教徒追放令（1492年）

　1480年にトレドで開催したコルテス（身分制議会）において，われらはわれらの諸王国・領地のすべての市町村においてユダヤ教徒を隔離し，……この隔離によって事態が改善されるよう望んだ。……われらは，すべてのユダヤ教徒男女にわれらの諸王国から退去し，二度と帰還してはならないと命じることに同意する。

（歴史学研究会編『世界史史料5』岩波書店）

先　　生：この資料はイベリア半島で発布された法令です。当時，ユダヤ教徒やイスラーム教徒はキリスト教への改宗を強制されました。追放令が出されたため，オスマン帝国に移住したユダヤ教徒も多かったのです。

生徒A：オスマン帝国では宗教の違いは問題にならなかったのでしょうか。

生徒B：オスマン帝国は，たしかイスラーム教の聖地を支配していました。

生徒C：ユダヤ教徒たちは，たぶん商業で活躍していたのだと思います。

先　　生：オスマン帝国は，①14世紀からバルカン半島へ進出しましたが，キリスト教徒の子弟を強制的に集めて教育し，官僚や軍人とするしくみもありました。ではみなさん，オスマン帝国についてパネルにまとめてみましょう。

生徒Aのパネル：ユダヤ教徒たちは，税金を納めれば信仰を維持することができた。キリスト教徒やユダヤ教徒の宗教共同体であるミッレトには，自治も認められていた。

生徒Bのパネル：オスマン帝国は，建国した当初からユダヤ教・キリスト教・イスラーム教の聖地イェルサレムを支配していた。マムルーク朝を滅ぼしてからは，イスラーム教の聖地メッカとメディナもその保護下においた。

生徒Cのパネル：オスマン帝国内では，ユダヤ教徒などイスラーム教徒以外の商人も貿易に従事していた。オスマン帝国は貿易を保護・奨励し，ヨーロッパ諸国にカピチュレーションと呼ばれる通商特権を与えた。

問1　生徒たちがまとめた**パネル**の正誤について述べた文として最も適当なものを，次の①～④のうちから一つ選べ。

① Aさんのみが正しい。　　② BさんとCさんの二人が正しい。

③ AさんとCさんが正しい。　　④ 三人とも間違っている。

問2 次の地図と年表を見て，資料が発布された頃のオスマン帝国の都の場所と，その場所が都となった時期の組合せとして正しいものを，下の①～⑥のうちから一つ選べ。

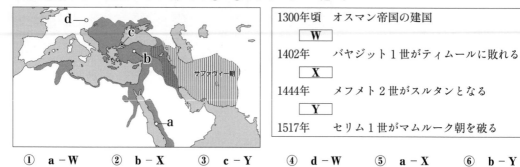

1300年頃	オスマン帝国の建国
W	
1402年	バヤジット1世がティムールに敗れる
X	
1444年	メフメト2世がスルタンとなる
Y	
1517年	セリム1世がマムルーク朝を破る

① a－W ② b－X ③ c－Y ④ d－W ⑤ a－X ⑥ b－Y

問3 会話文中の下線部①に関連して，オスマン帝国の軍隊について述べた次の文 **a** と **b** の正誤の組合せとして正しいものを，下の①～④のうちから一つ選べ。

a プレヴェザの海戦でスペイン・ヴェネツィアの連合艦隊を破った。

b スルタンは，軍人や官僚に土地の徴税権を与えるイクター制を実施した。

① a－正 b－正 ② a－正 b－誤

③ a－誤 b－正 ④ a－誤 b－誤

11 西・東ヨーロッパ世界の成立

■▌■ 知識問題編 ■▌■

1 大移動前のゲルマン人の様子について述べた文 **a** と **b** の正誤の組合せとして正しいものを，次の①〜④のうちから一つ選べ。

a 数十の部族に分かれ，重要な決定は成年男性自由人の全体集会である民会でおこなわれた。

b 原始ゲルマンの社会に関しては，カエサルの『ゲルマニア』によって詳しく知ることができる。

① **a** −正　　**b** −正　　　② **a** −正　　**b** −誤

③ **a** −誤　　**b** −正　　　④ **a** −誤　　**b** −誤

2 ゲルマン人の移動と西ヨーロッパについて述べた文として波線部の**誤っているもの**を，次の①〜④のうちから一つ選べ。

① フン人を率いるアッティラ王は<u>カタラウヌムの戦い</u>で敗北した。

② 西ゴート人はローマを略奪後，最終的に<u>イベリア半島</u>に建国した。

③ 大ブリテン島にわたって建国したのは<u>アングロ＝サクソン人</u>である。

④ ランゴバルド人は最終的に<u>北アフリカ</u>に移動して建国した。

3 フランク王国でおこったできごとについて述べた次の文 **a** 〜 **c** が，年代の古いものから順に正しく配列されているものを，下の①〜⑥のうちから一つ選べ。

a カール＝マルテルがトゥール・ポワティエ間の戦いでイスラーム軍を破った。

b ピピンがラヴェンナ地方を教皇に寄進した。

c クローヴィスがアタナシウス派に改宗した。

① **a** → **b** → **c**　　　② **a** → **c** → **b**　　　③ **b** → **a** → **c**

④ **b** → **c** → **a**　　　⑤ **c** → **a** → **b**　　　⑥ **c** → **b** → **a**

4 次の文章中の空欄 **ア** と **イ** に入る人名の組合せとして正しいものを，下の①〜④のうちから一つ選べ。

　6世紀末の教皇 **ア** 以来，ローマ教会はゲルマン人への布教を進めるなど，西ヨーロッパに勢力を拡大した。なかでもローマの司教は，使徒 **イ** の後継者を自任し，教皇として権威を高めるようになった。

① **ア** −グレゴリウス1世　　**イ** −ペテロ

② **ア** −ウルバヌス2世　　**イ** −パウロ

③ **ア** −グレゴリウス1世　　**イ** −パウロ

④ **ア** −ウルバヌス2世　　**イ** −ペテロ

5 カール大帝について述べた文として正しいものを，次の①〜④のうちから一つ選べ。

① 国内を郡と県に分け，中央から官吏を派遣して直接統治した。

② 東方においてアルタイ語系のマジャール人を撃退した。

③ 800年，ローマ教皇レオ3世は彼にローマ皇帝の帝冠を与えた。

④ 多くの学者を都パリの宮廷にまねき，文化を復興させた。

6 フランク王国の分裂後の状況について述べた文として**誤っているもの**を，次の①〜⑥のうちから**二つ選べ**。

① 西フランク（フランス）では，パリ伯ユーグ＝カペーが王位についた。

② 西フランク（フランス）の王はイタリア政策をおこない，本国をおろそかにした。

③ 東フランク（ドイツ）ではカロリング家が存続し，オットー1世が皇帝位を得た。

④ 東フランク（ドイツ）では皇帝位はドイツ王が兼ね，神聖ローマ帝国の起源となった。

⑤ イタリアではカロリング家が断絶し，イスラーム勢力の侵入などで国内は乱れた。

⑥ イタリアでは教皇領やヴェネツィアをはじめとする都市など諸勢力が分立した。

7 次の刺繍画について述べた文章中の空欄　ア　と　イ　に入る人名の組合せとして正しいものを，下の①〜④のうちから一つ選べ。

イングランドに成立していたアングロ＝サクソン王国では，9世紀末に　ア　大王が一時ノルマン人を撃退したが，1066年ノルマンディー公が王位を主張してせめこみ，　イ　として即位した。

① ア－アルフレッド　　イ－ウィリアム1世
② ア－エグバート　　　イ－クヌート王
③ ア－アルフレッド　　イ－クヌート王
④ ア－エグバート　　　イ－ウィリアム1世

8 ノルマン人（ヴァイキング）の活動について述べた次の文aとbの正誤の組合せとして正しいものを，下の①〜④のうちから一つ選べ。

a ロロに率いられた一派はのちにノヴゴロド国やキエフ公国を建てた。
b 地中海に遠征した一派はイタリア南部に両シチリア王国を建てた。

① **a**－正　　**b**－正　　② **a**－正　　**b**－誤
③ **a**－誤　　**b**－正　　④ **a**－誤　　**b**－誤

9 荘園制について述べた文として正しいものを，次の①〜④のうちから一つ選べ。

① 国王の役人は，荘園に入ったり課税したりすることができた。
② 農民は義務を果たせば，移動の自由は認められていた。
③ 農民は領主裁判権で裁かれ，結婚税・死亡税を納めるなど身分的束縛を受けた。
④ 荘園内におかれた教区教会は農民に負担をかけることはなかった。

10 封建社会の農民について述べた次の文章中の空欄　ア　と　イ　に入る語の組合せとして正しいものを，下の①〜④のうちから一つ選べ。

農民は農奴と呼ばれる不自由身分で，領主直営地の労働である　ア　と，自分の保有地から生産物を納める　イ　を領主に負った。

① ア－賦役　　イ－貢納　　② ア－軍事奉仕　　イ－賦役
③ ア－貢納　　イ－賦役　　④ ア－軍事奉仕　　イ－貢納

11 修道院運動とローマ＝カトリック教会の権威の高まりについて述べた文として**誤っているもの**を，次の①〜④のうちから一つ選べ。

① 南イタリアに開かれたベネディクト修道会の戒律が大きな影響を与えた。
② 教会の改革をめざす運動の中心になったのはクリュニー修道院である。
③ 聖職叙任権闘争はクレルモン宗教会議で妥協が成立した。
④ 教皇権は13世紀のインノケンティウス3世のとき絶頂に達した。

12 ビザンツ帝国は6世紀に地中海帝国の復興をはかり，北アフリカやイタリアのゲルマン諸国家をほろぼした。次の地図 **a**・**b** にあったゲルマン国家の組合せとして正しいものを，下の①〜④のうちから一つ選べ。

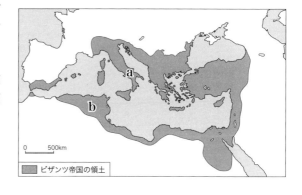

① **a**－ヴァンダル王国　　**b**－東ゴート王国
② **a**－ランゴバルド王国　**b**－西ゴート王国
③ **a**－西ゴート王国
　　b－ランゴバルド王国
④ **a**－東ゴート王国
　　b－ヴァンダル王国

13 ビザンツ帝国（東ローマ帝国）で起こったできごとについて述べた次の文 **a**〜**c** が，年代の古いものから順に正しく配列されているものを，下の①〜⑥のうちから一つ選べ。
a 軍役奉仕と引きかえに貴族に領地を与えるプロノイア制が導入された。
b イスラーム勢力の進出によりシリア・エジプトが奪われた。
c 第4回十字軍が首都をうばってラテン帝国を建てた。
①　**a**→**b**→**c**　　②　**a**→**c**→**b**　　③　**b**→**a**→**c**
④　**b**→**c**→**a**　　⑤　**c**→**a**→**b**　　⑥　**c**→**b**→**a**

14 ビザンツ文化の特色について述べた文として**誤っているもの**を，次の①〜④のうちから一つ選べ。
①　イコンと呼ばれるイエスや聖母などの聖像画が作製された。
②　ギリシアの文化遺産をうけついでイタリア＝ルネサンスに影響を与えた。
③　教会建築はモザイク壁画やドーム建築を特色とする。
④　キリスト教神学が学問の中心となり，普遍論争が盛んにおこなわれた。

15 中世ロシアについて述べた文として波線部の**誤っているもの**を，次の①〜④のうちから一つ選べ。
①　スウェーデン系ノルマン人の一派が最初に建国したのは<u>ノヴゴロド国</u>である。
②　キエフ公国は<u>カジミェシュ（カシミール）大王</u>のもとで繁栄した。
③　キエフ公国は<u>ギリシア正教</u>に改宗し，ビザンツ風の専制君主制を導入した。
④　13世紀にモンゴル軍が侵入して<u>キプチャク＝ハン国</u>を建てた。

16 モスクワ大公国について述べた次の文章中の空欄　**ア**　と　**イ**　に入る語の組合せとして正しいものを，下の①〜⑥のうちから一つ選べ。
　15世紀，モスクワ大公国が勢力をのばし，大公　**ア**　のときに東北ロシアを統一した。彼はビザンツ最後の皇帝の姪と結婚してローマ帝国の後継者をもって自任し，はじめて　**イ**　の称号を用いた。
①　**ア**－イヴァン4世　　**イ**－カエサル　　②　**ア**－イヴァン3世　　**イ**－カエサル
③　**ア**－イヴァン3世　　**イ**－ツァーリ　　④　**ア**－イヴァン4世　　**イ**－ツァーリ
⑤　**ア**－イヴァン4世　　**イ**－カイザー　　⑥　**ア**－イヴァン3世　　**イ**－カイザー

17 東ヨーロッパでは2つの国が合体して，16世紀にもっとも強大になった。次の地図a・bにあてはまる国家の組合せとして正しいものを，下の①～④のうちから一つ選べ。

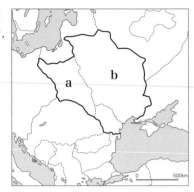

① a－ハンガリー　　b－セルビア
② a－ポーランド　　b－リトアニア
③ a－セルビア　　　b－ハンガリー
④ a－リトアニア　　b－ポーランド

18 東ヨーロッパに建国された国と民族について述べた次の文aとbの正誤の組合せとして正しいものを，下の①～④のうちから一つ選べ。
a　チェック人のベーメン王国はオスマン帝国の支配下に入った。
b　マジャール人のハンガリー王国はローマ＝カトリックを受け入れた。
① a－正　　b－正　　　　② a－正　　b－誤
③ a－誤　　b－正　　　　④ a－誤　　b－誤

19 バルカン半島で活躍した人々について述べた次の文章中の空欄　ア　・　イ　に入る語句の組合せとして正しいものを，下の①～④のうちから一つ選べ。
　バルカン半島に南下し，12世紀に独立して南スラヴ人の最大勢力となった　ア　人や，7世紀に帝国を建ててビザンツ帝国を圧迫した　イ　人のような非スラヴ系の諸民族が混交する世界が形成された。
① ア－ギリシア正教を受容したセルビア　　　　イ－ギリシア正教を受容したブルガール
② ア－ギリシア正教を受容したクロアティア　　イ－ギリシア正教を受容したルーマニア
③ ア－カトリックを受容したクロアティア　　　イ－カトリックを受容したブルガール
④ ア－カトリックを受容したセルビア　　　　　イ－カトリックを受容したルーマニア

▌▌▌ 史資料問題編 ▌▌▌

第1問　中世ヨーロッパの貨幣と社会・文化に関する授業における次の会話文を読み，下の問い（**問1～4**）に答えよ。

先　生：かつては西ヨーロッパ中世世界は「流通なき時代」と呼ばれ，封建社会という停滞した経済が強調されてきました。しかし，**図1**を見てください。これは9世紀後半に，フランク王国で発行された銀貨です。当時から貨幣流通が活発におこなわれていたことがわかりますね。

図1

生徒A：なぜ銀貨なのですか。
先　生：古代ローマ世界では，312年のコンスタンティヌス帝による貨幣改革以来，ソリドゥス金貨(solidus)が基軸通貨となっていました。①ビザンツ帝国は1453年の滅亡にいたるまでそれを継承しましたが，西ヨーロッパでも，　ア　朝フランク王国はこのローマ起源の貨幣制度を模倣していました。しかし　イ　朝時代には，大幅な改革が加えられて，1リブラ(libra)＝20ソリドゥス(solidus)＝240デナリウス(denarius)となり，中世ヨーロッパ世界の貨幣制度の出発点となりました。これら

は　ウ　語による名称であり，各国では以下の**表1**のように呼ばれていました。

表1

イングランド	1ポンド（pound）＝20シリング（shilling）＝240ペンス（penny, pence）
フランス	1リーヴル（livre）＝20スー（sou, sol）＝240ドゥニエ（denier）
ドイツ	1プフント（Pfund）＝20シリング（Schilling）＝240プフェニヒ（Pfennig）

※欧文の貨幣単位は，原則として単数形で表記

生徒B：イギリスのポンドは現在と同じですね。

生徒C：ソリドゥス金貨はどうなってしまったのでしょうか。

先　生：ソリドゥスは姿を消して，実際につくられた貨幣はほぼデナリウス銀貨だけで，これが西ヨーロッパ諸国の基軸通貨となりました。デナリウスよりも少額の場合は，銀貨を半分に割って使用し，リブラとソリドゥスは，現在の　エ　のように，計算上の単位としてのみ用いられていました。

生徒D：貨幣を割ってしまうとは驚きました。

問1　下線部①に関連して，ソリドゥスを基軸通貨とする貨幣経済を維持したビザンツ帝国の状況を述べた文として**誤っているもの**を，次の①〜④のうちから一つ選べ。

① 首都コンスタンティノープルは，陸海の貿易路の交点にあった。

② 皇帝はキリストの代理人としてコンスタンティノープル総主教を管理下においた。

③ ローマ帝政末期以来の官僚機構は維持されず，有力貴族や商人が皇帝を支えた。

④ 中国伝来の養蚕がおこなわれ，絹織物や宝石加工などの手工業が繁栄した。

問2　Eさんは，会話文中の空欄　ア　・　イ　に入る王朝の発展について，その歴史的要因に関する次の**メモ1**をつくった。メモ中の空欄　オ　・　カ　に入る文**a**〜**d**の組合せとして正しいものを，下の①〜⑧のうちから一つ選べ。

メモ1
- 　ア　朝がゲルマン民族の諸国家の中で発展したのは，　オ　ことが要因だと考えられる。
- 　イ　朝が西ヨーロッパの中世世界を確立したのは，　カ　ことが要因だと考えられる。

a 国王オットー1世がマジャール人を撃退した

b 国王カール1世がローマ教皇から戴冠された

c 国王クローヴィスがアタナシウス派に改宗した

d 国王シャルル2世が西フランク王に即位した

①	オ－a	カ－b	②	オ－a	カ－c	③	オ－b	カ－c
④	オ－b	カ－d	⑤	オ－c	カ－b	⑥	オ－c	カ－d
⑦	オ－d	カ－a	⑧	オ－d	カ－a			

問3　右の**図2**は，会話文中の空欄　ウ　に入る言語の文字が，　イ　朝時代に王権の努力により小文字体として整理されていったものである。　ウ　に入る言語と，この文芸運動の内容について述べた文との組合せとして正しいものを，下の①〜④のうちから一つ選べ。

言語　　**a** ギリシア語　　　**b** ラテン語

文芸運動の内容

あ 宮廷学校のあったアーヘンにアルクインらの学者がまねかれた。

い イスラーム世界を通じて入ったアリストテレスらの哲学が研究された。

図2

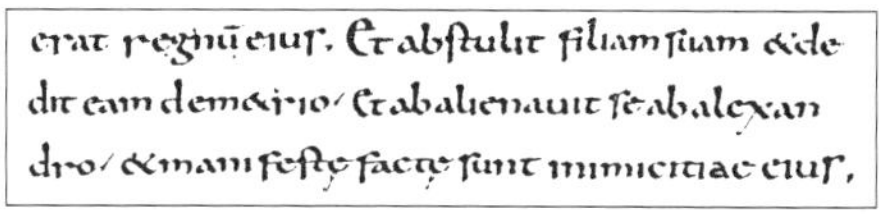

> erat regnū eiuſ. Et abſtulit filiam ſuam & dedit eam demario/ & abalienauit ſe ab alexandro/ & manifeſte factę ſunt inimicitiae eiuſ.

①	a－あ	②	a－い	③	b－あ	④	b－い

問4　会話文中の空欄　**エ**　に入る文として正しいものを，次の①〜④のうちから一つ選べ。

① ヨーロッパのユーロ　　　　　② 日本の銭や厘

③ アメリカ合衆国のドルやセント　④ 中国の元

第2問　中世西ヨーロッパに関する次の**資料1・2**を読み，下の問い（問1・2）に答えよ。

資料1

　それは，誠実と忠誠をあらわす表現によって次のように行なわれた，第1に，伯が完全に余の家臣になることを望むのかとたずね，聞かれた者はこう答えた「望みます」。そして〔伯とその者は〕握手をし，伯の両手によって包まれ，キスによって結びつけられた。第2に，伯の代弁者に対し，次のような言葉で誠実を誓った「私は，私の誠実さにかけて，これからはギョーム伯に対して誠実であることを，そして，善き誠実さにより，嘘偽りなく完全に遵守することを約束します」。

(ヨーロッパ中世史研究会編『西洋中世史料集』東京大学出版会，一部改変)

資料2

　私は尋ねるが，この繋ぎ解く普遍的な権能の授与において，自分は　**ア**　の権能から除かれていると，だれが考えようか。……至福なる教皇グレゴリウスも，使徒座の決定を敢えて破る王はその位から降ろされると定めた。……われわれがハインリヒを廃位し，破門したことを，だれが非難するだろうか。……しかし，要点に戻ろう。俗人，しかも神を知らない者たちによってつくられた地位は，全能の神の思慮が自らの栄誉のためにつくりそして慈悲深くも地上に与えた地位に従わないだろうか。

(歴史学研究会編『世界史史料5』岩波書店，一部改変)

問1　**資料1**に関連して述べた次の文**a**と**b**の正誤の組合せとして正しいものを，次の①〜④のうちから一つ選べ。

a　これは主君と家臣となる者とがおこなった儀式である。

b　このような誓いを守る義務は家臣のみが負った。

① **a**－正　　**b**－正　　　② **a**－正　　**b**－誤

③ **a**－誤　　**b**－正　　　④ **a**－誤　　**b**－誤

問2　**資料2**に関し，空欄　**ア**　にあてはまる語句と**資料2**から読み取れる事柄との組合せとして正しいものを，下の①〜④のうちから一つ選べ。

　ア　にあてはまる語句　　**a**　パウロ　　　　**b**　ペテロ

読み取れる事柄

あ　教皇グレゴリウスは，教会の決定に従わない人物は廃位されるとした。

い　ハインリヒは謝罪したが，破門は解かれなかった。

① **a**－あ　　　② **a**－い　　　③ **b**－あ　　　④ **b**－い

西ヨーロッパ中世世界の変容と文化

■■ 知識問題編 ■■

1 西ヨーロッパ世界の生産力の向上と拡大について述べた文として**誤っているもの**を，次の①〜④のうちから一つ選べ。

① 温和な気候のもと，荘園では三圃制が普及した。

② 鉄製農具や有輪犂を牛馬に引かせる農法が普及した。

③ ライン川以東への東方植民が展開された。

④ イベリア半島のサンチャゴ゠デ゠コンポステラなどへの巡礼が流行した。

2 十字軍の開始について述べた次の文章中の空欄　**ア**　と　**イ**　に入る語の組合せとして正しいものを，下の①〜④のうちから一つ選べ。

　　11世紀に聖地イェルサレムを支配下においた　**ア**　朝がビザンツ帝国をもおびやかすと，救援の要請を受けた教皇　**イ**　は1095年クレルモン宗教会議を招集し，聖地回復の聖戦をおこすことを提唱した。

① **ア**－セルジューク　　**イ**－ボニファティウス8世

② **ア**－サファヴィー　　**イ**－ウルバヌス2世

③ **ア**－セルジューク　　**イ**－ウルバヌス2世

④ **ア**－サファヴィー　　**イ**－ボニファティウス8世

3 十字軍の過程でおきたできごとについて述べた次の文 a 〜 c が，年代の古いものから順に正しく配列されているものを，下の①〜⑥のうちから一つ選べ。

a ラテン帝国が建てられた。

b アイユーブ朝のサラーフ゠アッディーン（サラディン）と戦った。

c イェルサレム王国が建てられた。

① a→b→c　　② a→c→b　　③ b→a→c

④ b→c→a　　⑤ c→a→b　　⑥ c→b→a

4 十字軍について述べた文として正しいものを，次の①〜④のうちから一つ選べ。

① 十字軍は一貫して国王や諸侯，民衆の純粋な宗教的情熱でおこなわれた。

② 十字軍の輸送などにより，イタリアの諸都市は繁栄した。

③ 遠征の失敗により，指揮した国王の権威は揺らぎ始めた。

④ 遠征により，西ヨーロッパとビザンツ帝国やイスラーム世界との交流は途絶えた。

5 遠隔地貿易について述べた文として波線部の**誤っているもの**を，次の①〜④のうちから一つ選べ。

① 地中海商業圏では東方貿易によって<u>ジェノヴァ</u>などの港市が繁栄した。

② フランスの<u>シャンパーニュ地方</u>は内陸通商路の定期市で繁栄した。

③ フランドル地方では<u>ブリュージュ</u>などの都市が毛織物生産で繁栄した。

④ ハンザ同盟は盟主<u>ハンブルク</u>の都市法を共有する組織として繁栄した。

6 中世ヨーロッパの都市について述べた文として正しいものを，次の①〜④のうちから一つ選べ。

① 11〜12世紀以降うまれた西ヨーロッパの自治都市は，ほぼ同じ自治権を獲得した。

② 北イタリア諸都市は，コムーネと呼ばれる一種の都市国家となった。

③ 各都市は自らの自治権を最優先し，共通の利害で行動することはなかった。

④ フランスでは国王から特許状を得て自治権を獲得し，諸侯と同じ地位に立った。

7 中世都市のギルドについて述べた次の文 a と b の正誤の組合せとして正しいものを，下の①〜④のうちから一つ選べ。

a 同職ギルドの独占と争った商人ギルドが，市政への参加を勝ちとった。

b ギルドは新しい技術の開発競争に積極的で，のちの産業革命の原動力となった。

① **a**－正　　**b**－正　　② **a**－正　　**b**－誤

③ **a**－誤　　**b**－正　　④ **a**－誤　　**b**－誤

8 西ヨーロッパの自治都市について述べた文として正しいものを，次の①～④のうちから一つ選べ。

① 自治都市は周囲を城壁で囲み，農奴が都市に移住することはなかった。

② 手工業経営者の親方と職人や徒弟との関係は，市民的平等が原則であった。

③ アウクスブルクのフッガー家はその資金力で皇帝の地位も左右した。

④ ヴェネツィアの富豪メディチ家は，一族からローマ教皇を輩出した。

9 封建社会の変化について述べた文として正しいものを，次の①～④のうちから一つ選べ。

① 貨幣経済の浸透に対応するため，領主は直営地における賦役を強化した。

② 14世紀には気候の寒冷化，凶作や飢饉，黒死病の流行などで農業人口が減少した。

③ ドイツや東欧では，農民が農奴身分から自営農民に成長していった。

④ 騎士は大砲や銃の使用が普及することで，その地位を高めていった。

10 ローマ教皇権の衰退のなかでおこったできごとについて述べた次の文 **a**～**c** が，年代の古いものから順に正しく配列されているものを，下の①～⑥のうちから一つ選べ。

a 教皇庁が南フランスのアヴィニョンに移された。

b 教皇ボニファティウス 8 世がフランス王フィリップ 4 世によりとらえられた。

c 教会大分裂(大シスマ)がおきた。

① **a**→**b**→**c**　　② **a**→**c**→**b**　　③ **b**→**a**→**c**

④ **b**→**c**→**a**　　⑤ **c**→**a**→**b**　　⑥ **c**→**b**→**a**

11 15世紀前半，ベーメン(ボヘミア)において教会の現状を批判する運動がおきたが，これについて述べた文として波線部が**誤っているもの**を，次の①～④のうちから一つ選べ。

① 聖書を信仰の最高の権威とするイギリスの<u>ウィクリフ</u>の説に共鳴しておきた。

② 神聖ローマ皇帝はこの混乱を収拾するために<u>トリエント公会議</u>を開いた。

③ この運動の中心となったプラハ大学の<u>フス</u>は火刑に処せられた。

④ 反乱は宗教問題だけでなく，<u>チェコ民族運動</u>と結びついた。

12 次の資料とこれについて述べた文章中の空欄 　**ア**　 と 　**イ**　 に入る語の組合せとして正しいものを，下の①～④のうちから一つ選べ。

「第12条　いかなる軍役免除金また御用金も，王国の全体の協議によるのでなければ，朕の王国において課せられるべきではない」。これはイギリス国王 　**ア**　 のたびかさなる失政に対して，1215年，貴族が結束して王に認めさせた 　**イ**　 である。

① **ア**－ジョン　　　　**イ**－権利の請願

② **ア**－ジョン　　　　**イ**－大憲章(マグナ゠カルタ)

③ **ア**－ヘンリ 2 世　　**イ**－権利の請願

④ **ア**－ヘンリ 2 世　　**イ**－大憲章(マグナ゠カルタ)

13 イギリスとフランスにおける身分制議会について述べた文として正しいものを，次の①～④のうちから一つ選べ。

① イギリス議会はシモン゠ド゠モンフォールの反乱を契機として成立した。

② フランス国王フィリップ 2 世はローマ教皇との争いから全国三部会を招集した。

③ イギリス議会は1295年の模範議会において，上下院のしくみが確立した。

④　フランスの全国三部会は王族・貴族・平民の代表者からなる。

14 右の地図は15世紀後半のイベリア半島を示したものである。この地図について述べた文として正しいものを，次の①～④のうちから一つ選べ。

①　Aの王女はイサベルである。
②　BとDの国が統合されてスペイン王国となった。
③　Cの都はコルドバである。
④　Dのジョアン2世がインド航路の開拓を援助した。

15 次の図はドイツ(神聖ローマ帝国)の七選帝侯を示したものである。これに関連して述べた文として正しいものを，次の①～④のうちから一つ選べ。

①　七選帝侯は，シュタウフェン朝の皇帝のもとで定められた。
②　カール5世が，「金印勅書」を発布した。
③　七選帝侯は，3人の大司教と4人の世俗君主から構成された。
④　皇帝はハプスブルク家から出されるようになり，帝国の統一が達成された。

16 中世のヨーロッパ諸地域について述べた文として波線部の正しいものを，次の①～④のうちから一つ選べ。
①　15世紀末に<u>ベルギー</u>がハプスブルク家の支配から事実上の独立を達成した。
②　北欧3国は<u>ノルウェー女王</u>の主導によりカルマル同盟を結んだ。
③　ウラル語系のフィン人は13世紀に<u>スウェーデン</u>によって征服，合併された。
④　イタリア諸都市の内部では<u>ゲルフ</u>と呼ばれた皇帝党の人々と教皇党が争った。

17 修道院について述べた次の文章中の空欄　**ア**　～　**ウ**　に入る語の組合せとして正しいものを，下の①～⑥のうちから一つ選べ。
　　6世紀にイタリアのモンテ＝カシノに開かれた　**ア**　修道会は，厳しい戒律を修道士に課し，「祈り，働け」をモットーとした。また，大開墾運動の先頭に立ったのは　**イ**　修道会であり，13世紀にイタリアのアッシジでうまれた　**ウ**　修道会などの托鉢修道会は，民衆のなかに入って布教をおこなった。

	①	②	③	④	⑤	⑥
ア	ベネディクト	フランチェスコ	シトー	ドミニコ	ベネディクト	フランチェスコ
イ	ドミニコ	ベネディクト	ドミニコ	フランチェスコ	シトー	シトー
ウ	フランチェスコ	ドミニコ	ベネディクト	シトー	フランチェスコ	ドミニコ

18 次の図a～cの建築と，その建築様式の組合せとして正しいものを，下の①～④のうちから一つ選べ。

a　　b　　c

①　**a**－ビザンツ様式　　**b**－ロマネスク様式　　**c**－ゴシック様式
②　**a**－ゴシック様式　　**b**－ビザンツ様式　　**c**－ロマネスク様式
③　**a**－ロマネスク様式　　**b**－ゴシック様式　　**c**－ビザンツ様式
④　**a**－ゴシック様式　　**b**－ロマネスク様式　　**c**－ビザンツ様式

19 中世西ヨーロッパの文化について述べた文として正しいものを，次の①〜④のうちから一つ選べ。

① 学問の国際的共通語はギリシア語であった。

② 大学の教授や都市の知識人などが学問を支えた。

③ 最古の大学といわれるボローニャ大学は，法学で有名である。

④ 12世紀ルネサンスでは，ギリシアの古典を直接アラビア語で学んだ。

20 ヨーロッパ中世の学問について，人物と業績の組合せとして正しいものを，次の①〜④のうちから一つ選べ。

① アルクイン－スコラ学
② アンセルムス－『神学大全』

③ トマス＝アクィナス－自然科学
④ アベラール－唯名論

21 騎士道文学について述べた次の文 a と b の正誤の組合せとして正しいものを，下の①〜④のうちから一つ選べ。

a 『ローランの歌』は口語で表現されたドイツ中世文学の代表的作品である。

b 『アーサー王物語』はイギリスのケルト伝説から発展した。

① a－正　　b－正　　② a－正　　b－誤

③ a－誤　　b－正　　④ a－誤　　b－誤

▮▮▮ 史資料問題編 ▮▮▮

第1問　次の地図は西ヨーロッパ地域を表している。また，この地図中の矢印は，中世世界における内外での拡大を示したものである。この地図および矢印 c の事跡に関する**資料1**について，下の問い（**問1〜4**）に答えよ。

地図

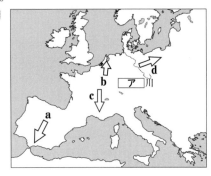

資料1　ピエール・ド・セルネー「アルビジョワ史」より

　死と契約を結び，みずからの死を省みないトゥールーズ伯（南フランスの諸侯）のような人に対して，苦痛がたまたま彼に理性を与えたとしても，恥辱に曇るその表情が神の名を求め始めても，われわれと教会と神に満足がゆくまで責めを加え続けるとよい。彼とその共犯者を主の幕屋から狩りたてよ。彼らをその土地から追い払え，そこではカトリック住民が除去された異端の住民にとってかわるため，そして汝らの正統信仰の教義に従って聖性と正義のうちに神の御前に奉仕するために。

（ジョルジュ・デュビィ著，池田健二・杉崎泰一郎訳『ヨーロッパの中世──芸術と社会』藤原書店）

問1　矢印 **a・b** に関連して述べた次の文 X と Y の正誤の組合せとして正しいものを，下の①〜④のうちから一つ選べ。

X　矢印 a は，イベリア半島における修道院の大開墾運動を示している。

Y　矢印 b は，オランダの農地拡大をめざした干拓事業を示している。

① X－正　　Y－正　　② X－正　　Y－誤

③ X－誤　　Y－正　　④ X－誤　　Y－誤

問2 矢印 **c** の事跡とこの征服活動を達成した人物の組合せとして正しいものを，次の①〜④のうちから一つ選べ。

① 国土回復運動－フェルナンド
② 国土回復運動－ルイ9世
③ アルビジョワ十字軍－フェルナンド
④ アルビジョワ十字軍－ルイ9世

問3 矢印 **c** の活動にはどのような背景があると考えられるか。**資料1**を参照して，考えられる背景として最も適当なものを，次の①〜④のうちから一つ選べ。

① カペー家は婚姻政策による南フランスとの共存を求めていた。
② ハプスブルク家は婚姻政策による南フランスとの共存を求めていた。
③ カペー家は南フランスへの領土拡大を求めていた。
④ ハプスブルク家は南フランスへの領土拡大を求めていた。

問4 矢印 **d** は，地図中の □**ア**□ 川を超えて人々が植民運動をおこなったことを示している。□**ア**□ に入る川の名称と，この運動によって □**ア**□ 川の東側の地域におきた社会・経済の変化について述べた文との組合せとして正しいものを，下の①〜⑧のうちから一つ選べ。

川の名称

a ライン　　　**b** エルベ

社会・経済の変化

あ 13世紀にポーランド人がバルト海地域に騎士団国家を建てた。
い 西欧諸国に穀物を輸出するための農場領主制が広まった。
う 14世紀にリトアニア人がロシアと結んでヤゲウォ朝を建てた。
え 開墾された農地に多くの独立自営農民がうまれていった。

① **a**－**あ**　　② **a**－**い**　　③ **a**－**う**　　④ **a**－**え**
⑤ **b**－**あ**　　⑥ **b**－**い**　　⑦ **b**－**う**　　⑧ **b**－**え**

第2問 中世イングランドの羊毛・毛織物輸出に関する授業の中で，次の**グラフ1**を参考にして，その変化や背景を調べてパネルにまとめるように指示された。この**グラフ1**と以下の図版に関して，次の問い（**問1・2**）に答えよ。

グラフ1

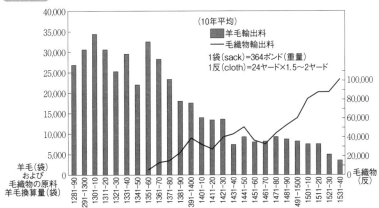

（出典：A. R. Bridbury, *Economic Growth: England in the Later Middle Ages*, London, 1962, p. 32;
E. King, *England 1175-1425*, London, 1979, p. 89.）

問1 先生の指示によって**グラフ1**から生徒たちがつくったパネルのうち**適当でない**ものを，次の①〜④のうちから一つ選べ。

①	②
イングランドは，13世紀には高品質の羊毛生産地として知られ，毛織物工業地域であったフランドルなどに原料羊毛を供給していました。	イングランドの羊毛輸出量は，14世紀初頭に最高額に達していましたが，それ以降は減少傾向になりました。
③	④
14世紀後半以降，主として都市部における大規模な機械制毛織物工場の発展により，原料羊毛輸出国から毛織物輸出国に転換しました。	毛織物輸出量は，その関税記録が始まる1350年代以降，着実に増加し，1430年代に原料羊毛換算で羊毛輸出量を上回りました。

問2　14世紀から16世紀のイングランド（イギリス）とフランスでは，百年戦争など大きな変化がおこった。当時のイギリスとフランスについて述べた文と，その様子を表した図版との組合せとして正しいものを，下の①～④のうちから一つ選べ。

a　ジャンヌ＝ダルクはイギリス軍によって包囲されていたオルレアンを解放し，シャルル7世の元に向かった。

b　ワット＝タイラーはロンドンにおいてイギリス国王にせまって百年戦争の中止を認めさせることに成功した。

あ

い

①　**a － あ**　　②　**a － い**　　③　**b － あ**　　④　**b － い**

近世ヨーロッパ世界の形成

■|■ 知識問題編 ■|■

1 大航海時代の幕開けについて述べた次の文章中の空欄 ── ア ── 〜 ── ウ ── に入る語句の組合せとして正しいものを，下の①〜⑥のうちから一つ選べ。

　　ヨーロッパでは十字軍以来，マルコ＝ポーロの ── ア ── の刺激を受けて，アジアの富や文化へのあこがれが強まっていた。一方肉食の普及によりアジア特産の ── イ ── の需要が高まったが，その貿易は ── ウ ── 諸都市の商人に独占されていた。あらたな財源を求める君主たち，特に国土回復運動のなかでイスラーム教徒と戦ってきたポルトガルやスペインは，さらなる領土の拡大とキリスト教布教に熱心であった。

	①	②	③	④	⑤	⑥
ア	『大旅行記』	『世界の記述』	『大旅行記』	『世界の記述』	『大旅行記』	『世界の記述』
イ	金	金	陶磁器	陶磁器	香辛料	香辛料
ウ	フランドル	イタリア	フランドル	イタリア	フランドル	イタリア

2 次の地図は，ヨーロッパ人による航海と探検を示したものである。これについて述べた文として正しいものを，次の①〜④のうちから一つ選べ。

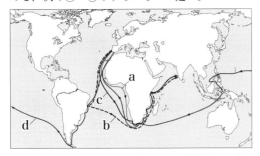

① **a** のバルトロメウ＝ディアスは「航海王子」エンリケの命令で航海に出た。
② **b** のカブラルはブラジルへ漂着し，ここをポルトガルの領土とした。
③ **c** のヴァスコ＝ダ＝ガマはインドのゴアに到達した。
④ **d** のマゼランはポルトガル王の命令で航海に出た。

3 コロンブスの航海とスペインのアメリカ大陸征服について述べた文として波線部の**誤っているもの**を，次の①〜⑦のうちから**二つ**選べ。
① コロンブスはスペイン女王イサベルにより派遣された。
② コロンブスの航海は，フィレンツェの天文学者トスカネリの説にもとづいておこなわれた。
③ コロンブスは，到達したバハマ諸島の島をハイチと命名した。
④ アメリカの名称はアメリゴ＝ヴェスプッチに由来する。
⑤ アステカ王国を滅ぼしたスペイン人はピサロである。
⑥ アステカの都テノチティトランは現在のメキシコシティに位置する。
⑦ インカ帝国はクスコを中心に優れた石造建築を残した。

4 次の資料を読み，この報告で先住民インディオ（インディアン）の酷使と征服の実態を批判した修道士の名前として正しいものを，下の①〜④のうちから一つ選べ。

> 　……キリスト教徒たちがそれほど多くの人びとをあやめ，破滅させることになった原因はただひとつ，ひたすら彼らが黄金を手に入れるのを最終目的と考え，できる限り短時日で財を築こうとし，身分不相応な高い地位に就こうとしたことにある。……

① バルボア　　② ザビエル　　③ フランチェスコ　　④ ラス＝カサス

5 次の文章中の空欄 ア と イ に入る語の組合せとして正しいものを，下の①～④のうちから一つ選べ。

　　大航海時代の到来とともに商品の種類・取引額が拡大し，ヨーロッパ遠隔地貿易の中心は地中海から大西洋にのぞむ国々へ移動した。これを ア という。また，ラテンアメリカの銀山から大量の銀が流入してヨーロッパの物価が2～3倍に上昇したが，この物価騰貴は イ と呼ばれる。

① 　ア－流通革命　　イ－価格革命　　　② 　ア－商業革命　　イ－生活革命

③ 　ア－流通革命　　イ－生活革命　　　④ 　ア－商業革命　　イ－価格革命

6 大航海時代による世界の一体化が，ヨーロッパ世界にもたらした影響について述べた文**a**と**b**の正誤の組合せとして正しいものを，下の①～④のうちから一つ選べ。

a 　大西洋にのぞむネーデルラントやフランス，イギリスは経済的先進地域となった。

b 　ドイツ東部地域では，ラティフンディアと呼ばれる農場領主制が広まった。

① 　**a**－正　　　**b**－正　　　② 　**a**－正　　　**b**－誤

③ 　**a**－誤　　　**b**－正　　　④ 　**a**－誤　　　**b**－誤

7 ルネサンスについて述べた文として正しいものを，次の①～④のうちから一つ選べ。

① 　理性による偏見の打破や現実社会における幸福の増大が主張された。

② 　イタリアやネーデルラントにおいてはやくから展開した。

③ 　既存の政治・教会・社会体制を厳しく批判する精神を支えた。

④ 　ヨーロッパ各国の農民や都市民衆にも広く受け入れられていった。

8 次の資料を読み，この著作で政治を宗教・道徳から切り離して近代的な政治観を示した人物と，この著作の背景となった事件の組合せとして正しいものを，下の①～④のうちから一つ選べ。

> 　　現代の経験によれば，信義を顧慮せず，術策によって人々の心を混乱させる君主がむしろ大事業をなしとげている。……したがって，君主は，野獣と人間を使いわけることが必要である。……

① 　ジョン＝ロック－名誉革命　　　　② 　モンテーニュ－ユグノー戦争

③ 　ルター－シュマルカルデン戦争　　④ 　マキァヴェリ－イタリア戦争

9 次の図**a**～**d**について述べた文として**誤っているもの**を，下の①～④のうちから一つ選べ。

a 　　**b**

c 　　**d**

① 　**a**は，ルネサンス三巨匠の一人とされるラファエロの作品である。

② 　**b**は，フィレンツェで活躍したボッティチェリの代表作である。

③ 　**c**は，ルネサンス様式の祖とされるジョットの作品である。

④ 　**d**は，ドイツを代表する画家デューラーの作品である。

10 ルネサンスの文芸について述べた文として正しいものを，次の①～④のうちから一つ選べ。

① フィレンツェ生まれのダンテは，『神曲』をラテン語で著した。

② ボッカチオは近代小説の先駆的な作品『デカメロン』を著した。

③ イギリスのラブレーは『カンタベリ物語』で時代を風刺した。

④ モンテーニュは『パンセ（瞑想録）』で随筆文学を確立した。

11 ルネサンスの文芸・美術について，作者とその作品の組合せとして**誤っているもの**を，次の①～④のうちから一つ選べ。

① セルバンテス－『ドン＝キホーテ』

② シェークスピア－『ハムレット』

③ レオナルド＝ダ＝ヴィンチ－最後の審判

④ ミケランジェロ－ダヴィデ像

12 右の肖像画に描かれたエラスムスに関連して述べた文として**誤っているもの**を，次の①～④のうちから一つ選べ。

① ネーデルラント出身の人文主義者である。

② この肖像画は，友人のホルバインが描いたものである。

③ 主著『愚神礼賛』でプロテスタント教会設立を主導した。

④ 彼の友人トマス＝モアは『ユートピア』を著した。

13 ルネサンス期の科学と技術革新に関連して述べた文として**誤っているもの**を，次の①～④のうちから一つ選べ。

① 地動説を唱えたコペルニクスは火刑となった。

② 羅針盤は中国からイスラーム世界を経由して伝わった。

③ 鉄砲や大砲などの火器の発達により，騎士階層が没落した。

④ 活版印刷術を改良したのは，ドイツのグーテンベルクである。

14 アウクスブルクの和議について述べた文**a**と**b**の正誤の組み合わせとして正しいものを，次の①～④のうちから一つ選べ。

a カトリックとルター派との対立はシュマルカルデン戦争に発展していた。

b 和議によって諸侯はルター派とカルヴァン派を採用できることになった。

① **a**－正　　**b**－正　　　② **a**－正　　**b**－誤

③ **a**－誤　　**b**－正　　　④ **a**－誤　　**b**－誤

15 カルヴァンに関連して述べた文として正しいものを，次の①～⑥のうちから**二つ選べ**。

① カルヴァン派諸侯は，領邦教会制を採用し，領内の教会の首長となって教会を運営した。

② カルヴァン派は，魂が救済されるか否かはあらかじめ神によって決定されているとした。

③ カルヴァン派は，労働は利益獲得が最大の目的であるとする職業倫理を唱えた。

④ カルヴァンは，チューリヒを中心に一種の神権政治をおこなった。

⑤ カルヴァン派は，フランスではプレスビテリアンと呼ばれた。

⑥ カルヴァン派は，オランダではゴイセンと呼ばれた。

16 イギリスにおける宗教改革で起こったできごとについて述べた次の文**a**～**c**が，年代の古いものから順に正しく配列されているものを，下の①～⑥のうちから一つ選べ。

a エリザベス１世が統一法を制定した。

b ヘンリ８世が国王至上法（首長法）を制定した。

c ピューリタンと呼ばれる人々が宗教革命の徹底化を求めた。

① a→b→c   ② a→c→b   ③ b→a→c
④ b→c→a   ⑤ c→a→b   ⑥ c→b→a

17 イエズス会に関連して述べた文として正しいものを，次の①～④のうちから一つ選べ。

① イエズス会を結成したイグナティウス＝ロヨラは，イタリア出身である。
② イエズス会は，宗教改革を進める中心的な組織に発展した。
③ ザビエルは，インドを経て日本に初めてキリスト教を伝えた。
④ イエズス会はフランチェスコ会と同じく，托鉢修道会の一つである。

18 諸地域の宗教改革に関連して述べた文として**誤っているもの**を，次の①～④のうちから一つ選べ。

① カトリック教会の海外布教活動は世界的な通商・植民活動と密接に関係していた。
② トリエント公会議で，ローマ教皇の至上権の再確認がおこなわれた。
③ 「プロテスタント」の呼称はカルヴァンが国王に出した抗議文に由来する。
④ 「魔女狩り」は，宗教対立を背景に異端迫害としておこなわれたことが多かった。

■‖ **史資料問題編** ‖■

第1問 ヨーロッパを中心とした「大航海時代」に関して，下の問い（**問1・2**）に答えよ。

問1 **地図1**は，スペインで刊行された書物『新しい世界』に収録された地図の一部である。この地図から推察して，作成された時期として最も適当なものを，下の①～④のうちから一つ選べ。

 地図1

① 14世紀末   ② 15世紀初頭   ③ 16世紀初頭   ④ 17世紀末

問2 次の**地図2・3**は地中海地域を表している。この地図中の線は，ヴェネツィアの商船団の活動航路（簡素化のため出発点はアドリア海の出口）を年度ごとに示したものである。ヴェネツィアの商船団の活動航路が，**地図2**から**地図3**に変化した背景を説明している文として最も適当なものを，次の①～④のうちから一つ選べ。

地図2   **地図3**

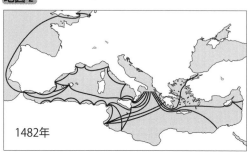 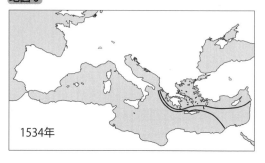

① オスマン帝国の大国化により，貿易は地中海東岸で十分となった。

② 内陸を結ぶ交通網が整備され，海路による商船の活動が衰えた。

③ 商業の中心地が，地中海を中心とした東方貿易から大西洋貿易に移った。

④ アメリカ大陸から大量の銀が流入し，物価の高騰が商業の衰退をもたらした。

第2問 ドイツの宗教改革について述べた次の文章を読み，下の問い（**問1〜3**）に答えよ。

　ザクセン選帝侯フリードリヒの死後，ルターは彼に次のような称賛の詩を贈った。「予は正当にフリードリヒ（平和の人）と呼ばれ，多くの悪しき企みに抗し，偉大なる理性，忍耐，幸運によって，国土に平和を守り抜いた。予は大建造物で国土を飾り，　**ア**　に大学を創設した。そこから神の言葉が広がり，各地に偉大な事績がなされた。教皇の王国はくずれ，正しき信仰は復活した。」

　領邦君主と宗教改革者の不思議な交流であったが，それはまたドイツの悲劇の発端でもあった。平和なドイツの統一というフリードリヒの理想は，その後初の宗教戦争となった　**イ**　戦争の中で潰えさり，ルターが①農民戦争に抗してとった　**ウ**　は，領邦諸侯たちの権力政治の道具として利用され，ドイツの歴史はとめどのない権力抗争と分裂の道をたどってゆくことになった。

（前間良爾・週刊朝日百科「世界の歴史」68，一部改変）

問1 文章中の空欄　**ア**　と　**イ**　に入る語の組合せとして正しいものを，次の①〜④のうちから一つ選べ。

① **ア**－ヴィッテンベルク　　**イ**－ユグノー

② **ア**－ヴィッテンベルク　　**イ**－シュマルカルデン

③ **ア**－マクデブルク　　**イ**－ユグノー

④ **ア**－マクデブルク　　**イ**－シュマルカルデン

問2 次の**資料1**は，ザクセン選帝侯の領地であった町の人々に，下線部①の戦争への参加を呼びかけるものである。**資料1**と本文から，　**ウ**　に入る**ルターの主張**として最も適切なものを，下の①〜④のうちから一つ選べ。

> **資料1**
>
> 　時は今だ。悪人どもは犬のようにおびえきっている。……さあ，かかれ，火が熱しているうちに。諸君の剣を冷やすな，鈍らせるな！　……奴らの塔を突き倒せ！　奴らが生きている限り，諸君が人間への恐れを脱することは不可能だ。奴らが諸君を支配している限り，諸君に神の話をすることは出来ない。
>
> 背神の徒と戦う神の僕トーマス＝ミュンツァー
（歴史学研究会編『世界史史料5』岩波書店）

① 教皇を倒すべきであるという主張

② 教皇には服従すべきであるという主張

③ 君主を倒すべきであるという主張

④ 君主には服従すべきという主張

問3 次の**資料2**は，ルターがその主張を初めて公表した文章である。資料中の空欄　**エ**　に入る語と，その前後のルターの行動との組合せとして正しいものを，下の①〜④のうちから一つ選べ。

> **資料2**
>
> 　もし，教皇が教会をたてるというような瑣末な理由で，いともけがらわしい金銭を集めるため，無数の霊魂を救うならば，なぜあらゆることのうち，もっとも正しい目的である，いとも聖なる慈愛と霊魂の大いなる必要のために，　**エ**　から〔霊魂〕を救い出さないのであろうか。

（江上波夫監修『新訳世界史史料・名言集』山川出版社）

エ　**a**　天国　　　**b**　煉獄

ルターの行動

あ　ルターは贖宥状を批判したが，教皇の権威を当初から否定したわけではない。

い　ルターは，聖書はあくまで正確なラテン語で読むべきであると主張した。

①　**a－あ**　　　②　**a－い**　　　③　**b－あ**　　　④　**b－い**

第3問　次の**資料3**は，1532年に出版されたフランス・ルネサンスを代表するラブレーの代表作『ガルガンチュアとパンタグリュエルの物語』の一部である。ここでは父ガルガンチュアがパリ大学に学ぶ息子パンタグリュエルに与えた勉学の指針が述べられている。これを読み，ルネサンスに関する下の問い（**問1・2**）に答えよ。

資料3　ラブレー『ガルガンチュアとパンタグリュエルの物語』（1532年）

　君がさまざまな言語を完璧に習得することを父は切に願っている。クゥインテリヤヌス(1)が説いたように，第一にギリシア語だ。第二にラテン語，さらには聖書解読のためのヘブライ語，またカルデア語もアラビア語も同じように習得しなさい。……民法は，優れた原典を暗記し，哲理と照らし合わせて考えてほしい。①自然の事象に関する知識については，君が好奇心をもって没頭してほしいと父は願っている。……要するに，父は君に計りがたいほどの大いなる知を望んでいるのだ。

(1)『弁論家の教育』で知られる古代ローマの修辞学者・教育者。

（歴史学研究会編『世界史史料5』岩波書店）

問1　**資料3**から読み解ける，ルネサンス期の学問の特色として**誤っているもの**を，次の①〜④のうちから一つ選べ。

①　ラテン語よりギリシア語を重んじた。

②　聖書の解読を重んじた。

③　古典古代の原典からの学びを重んじた。

④　科学の専門的分野の研究を重んじた。

問2　**資料3**中の下線部①に関連して，水の流れや自然現象にも強い関心を持ち，右に示した人体の解剖でも詳細なスケッチを残した人物は誰か。正しいものを，次の①〜④のうちから一つ選べ。

①　ミケランジェロ　　　　②　デューラー

③　レオナルド＝ダ＝ヴィンチ　　　④　ファン＝アイク兄弟

ヨーロッパ主権国家体制

1 次の資料を読み，この資料で示された戦争とその後の主権国家体制の確立に関連して述べた文として正しいものを，下の①〜④のうちから一つ選べ。

> シャルル王の軍隊の一部がアルプスを越え，次いで，王自身が残りの軍隊を率いてイタリアに到来した。とてつもない数の騎兵，歩兵，砲兵であったが，正確な数を私は知らない。……
>
> (歴史学研究会編『世界史史料5』岩波書店)

① この戦争は神聖ローマ皇帝のイタリア侵入をきっかけにおこった。
② 神聖ローマ皇帝カール5世に対抗したフランス王はフィリップ4世である。
③ ハプスブルク家とヴァロワ家の対立が国際関係の軸となっていた。
④ 講和条約としてウェストファリア条約が結ばれて戦争は終結した。

2 16世紀スペインの興隆について述べた文として**誤っているもの**を，次の①〜④のうちから一つ選べ。
① スペイン＝ハプスブルク家のカルロス1世は神聖ローマ皇帝を兼ねた。
② ラテンアメリカからの銀の流入と毛織物産業の発展は，広範な国民を豊かにした。
③ フェリペ2世は，1571年のレパントの海戦でオスマン帝国の海軍を破った。
④ スペイン王はポルトガルの王位を兼ね，同君連合を形成した。

3 オランダ独立の過程でおきたできごとについて述べた次の文a〜cが，年代の古いものから順に正しく配列されているものを，下の①〜⑥のうちから一つ選べ。
a スペインの無敵艦隊(アルマダ)が敗北した。
b ネーデルラント連邦共和国が独立を宣言した。
c オラニエ公ウィレムを指導者として同盟が結成された。
① a→b→c ② a→c→b ③ b→a→c
④ b→c→a ⑤ c→a→b ⑥ c→b→a

4 エリザベス1世期の外交について述べた文として**誤っているもの**を，次の①〜④のうちから一つ選べ。
① オランダ独立戦争やユグノー戦争では，プロテスタント側を支援した。
② オランダに続いて東インド会社を設立した。
③ 北アメリカ東部地域への植民を試みた。
④ 派遣した航海者ドレークは世界周航を達成した。

5 イギリスの絶対王政期について述べた文として正しいものを，次の①〜④のうちから一つ選べ。
① 王権はヘンリ7世に始まるステュアート朝のもとで強化されていった。
② 15世紀末以降，「囲い込み」により農業革命が推進された。
③ ヨーマンとよばれる地主階級が地方行政と国王を支えた。
④ 宗教改革や税制度まで，政策は議会の立法を通して実現された。

6 フランスの政治家リシュリューについて述べた文として正しいものを，次の①〜④のうちから一つ選べ。
① 貴族の支持を得るために議会(全国三部会)を開催した。
② 高等法院の貴族を中心としたフロンドの乱を鎮圧した。
③ アカデミー＝フランセーズを創設した。
④ 三十年戦争に際してはカトリック側にたって介入した。

7 右の地図を参照しながら，ウェストファリア条約の内容とその後の情勢について述べた文として**誤っているもの**を，次の①〜④のうちから一つ選べ。

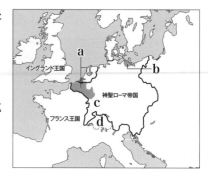

① **a**のオランダとベルギーは正式に独立を認められた。
② **b**の西ポンメルンを獲得したスウェーデンは「バルト帝国」を成立させた。
③ **c**のアルザスはフランスが獲得した。
④ **d**のスイスは正式に独立を認められた。

8 東ヨーロッパについて述べた次の文**a**と**b**の正誤の組合せとして正しいものを，下の①〜④のうちから一つ選べ。
a プロイセンは，ロマノフ家の支配下にあったブランデンブルク選帝侯国が，プロイセン公国と結びついて成立した。
b モスクワ大公国のイヴァン4世は専制政治の基礎を固め，イェルマークが占領したシベリアの一部も領土に組み入れた。
① **a**－正　**b**－正　　② **a**－正　**b**－誤
③ **a**－誤　**b**－正　　④ **a**－誤　**b**－誤

9 エルベ川以東の地域で15〜16世紀以来，農民支配を強化し，地方行政を担当して君主の権力を支えた領主貴族層として正しいものを，次の①〜④のうちから一つ選べ。
① シュラフタ　　　② コサック　　　③ ジェントリ　　　④ ユンカー

10 次の文章中の空欄　**ア**　と　**イ**　に入る語の組合せとして正しいものを，下の①〜④のうちから一つ選べ。
　　近世のヨーロッパ各国では，貿易の管理や産業の育成など，国家が経済に直接介入して自国を豊かにする　**ア**　主義と呼ばれる経済政策がおこなわれた。フランスでは財務総監　**イ**　が東インド会社を再建し，国内の商工業を育成した。
① **ア**－重農　**イ**－コルベール　　② **ア**－重商　**イ**－コルベール
③ **ア**－重商　**イ**－テュルゴー　　④ **ア**－重農　**イ**－テュルゴー

11 ピューリタン革命に至る過程でおきたできごとについて述べた次の文**a**〜**d**が，年代の古いものから順に正しく配列されているものを，下の①〜⑥のうちから一つ選べ。
a 権利の請願が議会で可決された。
b ジェームズ1世が即位した。
c チャールズ1世が即位した。
d 国王は招集した議会を解散し，以後11年間開かなかった。
① a→b→c→d　　② a→c→d→b　　③ b→a→d→c
④ b→c→a→d　　⑤ c→a→d→b　　⑥ c→b→d→a

12 右の肖像画に描かれたクロムウェルについて述べた文として正しいものを，次の①〜④のうちから一つ選べ。

① 長老派のリーダーであった。
② アイルランドを征服して土地の没収を強行した。
③ 航海法の発布によってフランスとの戦争がおこった。
④ 終身の執政官に就任して軍事独裁体制を築いた。

13 イギリス議会政治の確立について述べた文として正しいものを，次の①〜④のうちから一つ選べ。
① チャールズ2世の専制に対して，議会は人身保護法を制定した。
② ジェームズ2世の即位を容認する議会内の党派をホイッグ党という。
③ ジェームズ2世は亡命先のフランスから帰国し，王政復古をはたした。
④ ウィリアム3世とメアリ2世は議会が作成した権利の章典を受け入れて即位した。

14 ルイ14世について述べた文として正しいものを，次の①〜④のうちから一つ選べ。
① 近隣のオランダやネーデルラントとの融和につとめた。
② 王権神授説を奉じながらも貴族の支持を得るため，全国三部会を招集した。
③ 孫であるフェリペ5世のスペイン王位継承を各国に認めさせた。
④ 商工業を重視してナントの王令(勅令)を厳格に守った。

15 スペイン継承戦争について述べた文として波線部の**誤っているもの**を，次の①〜④のうちから一つ選べ。
① 戦争の講和条約は<u>ユトレヒト条約</u>と呼ばれる。
② イギリスはスペインから<u>ジブラルタル</u>を獲得した。
③ フランスはスペインと合同して<u>同君連合</u>を形成した。
④ <u>プロイセン</u>は神聖ローマ皇帝をたすけて王国に昇格した。

16 フリードリヒ2世について述べた文として正しいものを，次の①〜④のうちから一つ選べ。
① プロイセン王国の初代の国王として絶対王政の基礎をつくりあげた。
② 「朕は国家なり」と称した啓蒙専制主義の君主である。
③ ユンカーの勢力を押さえつけて，農民解放を実現した。
④ ヴォルテールらのフランス啓蒙思想の影響から，「上からの近代化」を進めた。

17 18世紀のオーストリアに関連して述べた文として正しいものを，次の①〜④のうちから一つ選べ。
① オーストリア継承戦争でマリア゠テレジアを支援した国はイギリスである。
② オーストリア継承戦争でプロイセンにベーメンを奪われた。
③ マリア゠テレジアは「外交革命」とよばれた提携でスペインと結んだ。
④ ヨーゼフ2世の宗教寛容令や農奴解放は，貴族や地域社会に支持された。

18 ポーランドについて述べた次の文**a**と**b**の正誤の組合せとして正しいものを，下の①〜④のうちから一つ選べ。
a ヤゲウォ朝の断絶後は，貴族による選挙王政がとられた。
b 抵抗運動の指導者コシューシコは国王に選ばれた。
① **a**−正　　**b**−正　　　② **a**−正　　**b**−誤
③ **a**−誤　　**b**−正　　　④ **a**−誤　　**b**−誤

19 右の地図は18世紀後半におこったポーランド分割を表したものである。**A**〜**C**の地域はそれぞれどの国がうばったものか，組合せとして正しいものを，次の①〜⑥のうちから一つ選べ。

	①	②	③	④	⑤	⑥
プロイセン	A	A	B	B	C	C
オーストリア	B	C	C	A	A	B
ロシア	C	B	A	C	B	A

第1回分割 (1772年)	第2回分割 (1793年)	第3回分割 (1795年)	
			A
			B
			C

20 ロシアのピョートル1世の業績について述べた文として正しいものを，次の①〜④のうちから一つ選べ。

① オスマン帝国を圧迫してクリミア半島を奪った。

② デンマークとの間に北方戦争をおこした。

③ バルト海沿岸に新首都ペテルブルクを建設した。

④ 中国の清朝との間でアイグン条約を結んだ。

21 次の文章中の空欄 ア と イ に入る人名の組合せとして正しいものを，下の①〜④のうちから一つ選べ。

18世紀後半，ロシアの女帝エカチェリーナ2世は日本に使節 ア を送った。また， イ の農民反乱後は貴族層と妥協し，農奴制を強化した。

① ア−レザノフ　　イ−ステンカ＝ラージン

② ア−ラクスマン　イ−プガチョフ

③ ア−レザノフ　　イ−プガチョフ

④ ア−ラクスマン　イ−ステンカ＝ラージン

■■■ 史資料問題編 ■■■

第1問 16〜17世紀におけるフランスとドイツの状況について述べた次の文章A・Bを読み，下の問い（問1〜4）に答えなさい。

A この時期，フランスにおいては王位継承や貴族の勢力争いを背景に，1562年から過酷な宗教戦争がおこなわれていた。次の**地図1・2**は戦争時の交戦場所を示したものである。王位継承問題は，1589年に改革派の首領であったブルボン家のアンリ4世が即位したことで一応の決着をみた。**資料1**はそのアンリ4世によって発布された「和平王令」の一部である。

地図1

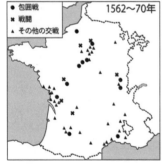

地図2

（フェルナン・ブローデル『物質文明・経済・資本主義――15〜18世紀 Ⅲ−1』みすず書房より作成）

資料1

第6条　わが臣民の間に争乱や対立の原因をいっさい残さないように，いわゆる①「改革派」の者たちが，尋問されたり，迫害されたり，暴行されたり，自らの良心に反して宗教に関する強制を受けたりすることなく，余の王国と余に服する地域のいずれの都市にでも土地にでも住み，滞在することを許す。彼らはまた，この勅令に従い行動している限り，彼らが住もうと欲する家屋や土地で，宗教を理由として追及されることはない。

（歴史学研究会編『世界史史料5』岩波書店）

問1 **地図1・2**および**資料1**を参照し，当時のフランスの状況を説明している文として**誤っている**ものを，次の①〜④のうちから一つ選べ。

① 戦争は1562年の開始からしばらくはほぼ全土でおこなわれていた。

② 戦争は「改革派」と呼ばれたユグノー勢力の台頭が背景にある。

③ 戦争の後半はおもに北部を戦場として展開した。

④ 戦争はアンリ4世の即位によるブルボン朝成立から収束に向かった。

問2 **資料1**の王令の名称ともなっている発布された都市の名称，**資料1**から読み取れる事柄との組合せとして正しいものを，下の①～④のうちから一つ選べ。

都市名　　**a** リヨン　　　　**b** ナント

読み取れる事柄

あ　この王令により，信仰する宗派による差別がほぼ撤廃された。

い　この王令により，王自身も改革派の信仰を続けることになった。

① **a－あ**　　② **a－い**　　③ **b－あ**　　④ **b－い**

B　この時期のドイツは，三十年戦争と呼ばれる大規模な戦乱がおこるなど，「17世紀の危機」と呼ばれる社会・経済的混乱の渦中にあった。その遠因として，**資料2**に示した，　ア　で結ばれた宗教和議があげられる。

> **資料2**
> 第3条　　ア　信仰告白の宗教，信仰，教会慣習，諸規則，諸儀式に関して，もしそれらが諸侯領，諸邦，諸領地内でしっかりと建てられていたり，あるいは，再建されるならば，良心や意志に反して強制を加えたり，法律やそのほかの方法で苦しめたり，卑しめりしてはならない。
> 第5条　　しかしながら，前述の②二つの宗教に帰服していないすべてのほかの者は，この和議に含まれず，完全に除外される。
>
> （歴史学研究会編『世界史史料5』岩波書店）

問3 **資料1**の下線部①と**資料2**の下線部②はおもに同じ宗派の人々を指している。文中の空欄　ア　にあてはまる都市の名称とこの宗派の組合せとして正しいものを，次の①～④のうちから一つ選べ。

① アウクスブルク－ルター派

② アウクスブルク－カルヴァン派

③ ヴォルムス－ルター派

④ ヴォルムス－カルヴァン派

問4 **資料1・2**を参照し，フランスやドイツにおける宗教と国家との関係について述べた文として最も適当なものを，次の①～④のうちから一つ選べ。

① **資料1**の王令が発布された背景には，宗教問題よりも国家統一を優先すべきと考える人々の増加があった。

② **資料1**の王令は以後フランスの国家原則として重視され，フランス革命に至るまで守られ続けた。

③ **資料2**の和議によって，ドイツの各領邦に住む人々は自らどちらかの宗教を選択するようになった。

④ **資料2**の和議は，三十年戦争の終結後に結ばれたウェストファリア条約によって選択の原則が破棄された。

主権国家の形成期にうまれた絶対王政を牽引したのは，当初はイベリア半島のスペインであった。しかし，16世紀後半になると，スペインから独立をはたしたオランダと，スペインの侵攻を防いだイギリスという新教徒の国家が覇権を奪うこととなった。次の**資料1～3**を読み，以下の問い（**問1・2**）に答えよ。

資料1　バルト海に入る船舶の年平均数

期　　間	ハンザ都市			オランダ	全諸国総計
	ハンブルク	ブレーメン	リューベック		
1539-48	153	97	39	619	1,279
1562-69	150	52	81	2,256	3,365
1574-83	28	66	171	2,266	4,462
1584-93	105	59	150	2,768	5,179
1594-1603	97	89	146	3,024	5,241

（出典：Wilson, C. and G. Parker, ed., *An Introduction to the Sources of European Economic History 1500-1800*, vol. 1, Western Europe, Weidenfeld & Nicolson, 1977, p. 207.　ただし，Wiskemann, Hamburg und die Welthandelspolitik von den Aufängen bis zur Gegenwart, Hamburg, 1929, S. 61. より）

資料2　オランダ略年表

1568　諸州の反乱開始（独立戦争）

1579　北部7州，ユトレヒト同盟結成

1585　イングランド，オランダ援助決定　→　「無敵艦隊」大敗（1588）

1600　ニーウポールトの戦いでオランダ勝利

1602　オランダ東インド会社設立

1609　12年間の休戦協定締結：事実上の独立達成

資料3

　1651年12月1日以後，アジア・アフリカ・アメリカのいずれかの地方，それらに属する島々，それらの地方の通常の地図や海図に記入・記載されている島々において栽培され，生産され，製造されたいかなる商品も，真にまちがいなくわが共和国またはその植民地の人々を所有者または正当な船主として彼らに属し，また船長と船員の大部分がわが共和国の国民であるような船以外の船によって，わが共和国やアイルランド，あるいはわが共和国に所属し，わが共和国が所有する他の地域・島々・植民地・属領に，輸入されたり搬入されたりしてはならない。

（江上波夫監修『新訳世界史史料・名言集』山川出版社）

問1　**資料1・2**から読み解くことができるオランダの状況として**誤っているもの**を，次の①～④のうちから一つ選べ。

①　1539～48年以降，ハンザ3大都市の総計よりも，常に多くの船舶がバルト海に入った。

②　独立戦争を開始する直前の1562～69年の時期に，バルト海への船舶数が激増している。

③　「無敵艦隊」が大敗した時期に，バルト海への船舶の全諸国総計に占める割合が最高になっている。

④　東インド会社設立の時期には，全諸国総計の60％近い船舶がバルト海に入っていた。

問2　**資料3**はイングランド（イギリス）で発布された法令の一部である。この時期のイングランドの状況について述べた文として最も適当なものを，次の①～④のうちから一つ選べ。

①　スコットランド出身の国王が王権神授説による強権政治をおこなっていた。

②　共和政のもとで，スコットランドやアイルランドに軍事行動をおこなっていた。

③　権利の章典が制定され，議会主権にもとづく立憲王政をおこなっていた。

④　スコットランドと合同して大ブリテン王国となっていた。

15 ヨーロッパ諸国の海外進出と17〜18世紀の文化と社会

|| 知識問題編 ||

1 ポルトガルのアジア市場進出について述べた文として**誤っているもの**を，次の①〜⑤のうちから**二つ選べ**。

① 16世紀初めにインド西岸のカリカットを占領し，アジア貿易の根拠地とした。

② モルッカ諸島などを支配下におき，ムスリム商人と香辛料貿易を争った。

③ 16世紀中頃マカオに居住権を獲得し，対中国貿易の拠点とした。

④ 16世紀平戸に来航し，17世紀前半まで日本と通商関係をもった。

⑤ アンボイナ事件でイギリス勢力を東南アジア諸島部から駆逐した。

2 スリランカ(セイロン島)とマラッカは16世紀初頭からヨーロッパ諸国の進出を受けた。この両地域を支配した国家 **a〜c** が，年代の古いものから順に正しく配列されているものを，下の①〜⑥のうちから一つ選べ。

a オランダ   **b** ポルトガル   **c** イギリス

① a→b→c   ② a→c→b   ③ b→a→c

④ b→c→a   ⑤ c→a→b   ⑥ c→b→a

3 スペインのアジア進出について述べた次の文 **a** と **b** の正誤の組合せとして正しいものを，下の①〜④のうちから一つ選べ。

a フェリペ5世の時代にフィリピンを領有した。

b メキシコとマニラを結んでアジア貿易を展開した。

① a−正   b−正   ② a−正   b−誤

③ a−誤   b−正   ④ a−誤   b−誤

4 右の地図について，イギリスがインド経営の基地としたマドラス(現チェンナイ)・ボンベイ(現ムンバイ)・カルカッタ(現コルカタ)の位置として**誤っているもの**を，次の①〜④のうちから一つ選べ。

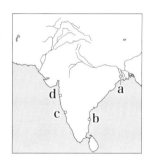

① a   ② b   ③ c   ④ d

5 イギリスとフランスのインド進出について述べた次の文章中の空欄 **ア** 〜 **ウ** に入る語句の組合せとして正しいものを，下の①〜⑥のうちから一つ選べ。

フランスは東インド会社を再建し，ポンディシェリ・ **ア** を基地としてイギリスと対抗した。七年戦争の際，インドでは，イギリス東インド会社の傭兵軍を率いた **イ** が，フランスと地方政権の連合軍を1757年の **ウ** の戦いでうち破り，イギリス領インドの基礎を築いた。

① **ア**−デリー   **イ**−デュプレクス   **ウ**−パーニーパット

② **ア**−ジャイプル   **イ**−クライヴ   **ウ**−カーナティック

③ **ア**−シャンデルナゴル   **イ**−コルベール   **ウ**−プラッシー

④ **ア**−デリー   **イ**−コルベール   **ウ**−パーニーパット

⑤ **ア**−ジャイプル   **イ**−デュプレクス   **ウ**−カーナティック

⑥ **ア**−シャンデルナゴル   **イ**−クライヴ   **ウ**−プラッシー

6 北アメリカにおける植民地争奪について述べた文として波線部の**誤っているもの**を，次の①〜④のうちから一つ選べ。

① オランダは西インド会社を設立し，<u>ニューネーデルラント</u>植民地を建設した。

② フランスはカナダへ進出し，ケベック植民地を建設した。

③ イギリスは最初の植民地ジョージアを建設し，13植民地の基礎を築いた。

④ イギリスはニューアムステルダムを奪い，ニューヨークと改称した。

7 次の年表に示した**a～d**の時期のうち，イギリスからピューリタンの一団（ピルグリム＝ファーザーズ）が帆船のメイフラワー号でアメリカにわたった時期として正しいものを，下の①～④のうちから一つ選べ。

a
1607年　ヴァージニア植民地が成立する
b
1626年　ニューアムステルダムが建てられる
c
1682年　フランス，ルイジアナを領有する
d

① a 　　② b 　　③ c 　　④ d

8 右の地図は大西洋をめぐる三角貿易の概念図である。ここから発展した近代分業システムについて述べた次の文**a**と**b**の正誤の組合せとして正しいものを，下の①～④のうちから一つ選べ。

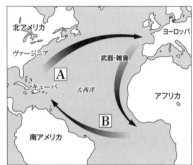

a Ａを生産するプランテーションの発展により，Ｂの貿易は縮小した。

b この貿易の展開により，アフリカの西海岸地方では植民活動が盛んにおこなわれた。

① **a**－正　　　　**b**－正

② **a**－正　　　　**b**－誤

③ **a**－誤　　　　**b**－正

④ **a**－誤　　　　**b**－誤

9 北アメリカにおけるイギリス・フランスの植民地争奪の戦争について述べた文として正しいものを，次の①～④のうちから一つ選べ。

① フレンチ＝インディアン戦争はオーストリア継承戦争と並行しておこなわれた。

② スペイン継承戦争の結果，イギリスはニューネーデルラント植民地を奪った。

③ フランスは1763年のパリ条約で，北アメリカにおけるほぼすべての領土を失った。

④ イギリスは1763年のパリ条約で，ミシシッピ川以西のルイジアナを獲得した。

10 右の肖像画は科学革命の時代を代表する自然科学者ニュートンである。彼の事績について述べた文として**誤っているもの**を，次の①～④のうちから一つ選べ。

① 物体の運動に関する万有引力の法則を発見した。

② 主著『方法序説』で近代物理学の基礎を築いた。

③ イギリス王立協会の会長をつとめた。

④ 微積分法を確立し，光のスペクトルを探究した。

11 17～18世紀ヨーロッパの自然科学について述べた文として波線部の正しいものを，次の①～④のうちから一つ選べ。

① 星雲説を発展させて宇宙の進化を唱えたのはラヴォワジェである。

② 燃焼理論と質量保存の法則を確立した化学者はラプラースである。

③ 気体力学の基礎を確立し，近代化学の父とされるのはボイルである。

④ 地動説から惑星の運動法則を発見したのはライプニッツである。

12 哲学思想について述べた次の文章中の空欄　ア　～　ウ　に入る語の組合せとして正しいものを，下の①～④のうちから一つ選べ。

　　事実の観察を重んじ，そこから一般法則を導く　ア　法による経験論はおもにイギリスで発達したが，「われ思う，ゆえにわれあり」という言葉で知られるフランスの　イ　は，数学的な論証法を用いる　ウ　法によって合理論を打ち立てた。

① ア－帰納　　イ－フランシス＝ベーコン　　ウ－演繹

② ア－演繹　　イ－フランシス＝ベーコン　　ウ－帰納

③ ア－演繹　　イ－デカルト　　　　　　　　ウ－帰納

④ ア－帰納　　イ－デカルト　　　　　　　　ウ－演繹

13 思想家と言葉，著作の３つの組合せとして正しいものを，次の①～④のうちから一つ選べ。

① ケネー－「神の見えざる手」－『諸国民の富（国富論）』

② アダム＝スミス－「なすにまかせよ」－『経済表』

③ パスカル－「人間は考える葦である」－『パンセ（瞑想録）』

④ ホッブズ－「万人の万人に対する闘い」－『統治二論』（『市民政府二論』）

14 次の資料は，ある啓蒙思想家の著作の一部である。この著者の名前と，啓蒙思想について説明した文との組合せとして正しいものを，下の①～⑥のうちから一つ選べ。

> 　　もし同一の人間，あるいは貴族にせよ人民にせよそのうちの主だった者より成る同一団体が，これらの三権，すなわち，法を制定する権限，公けの決定を執行する権限，犯罪や個人間の紛争を裁く権限を，併せ行使するようなことがあれば，すべては失われよう。
>
> 　　　　　　　　　　　　　　　　　　　　（江上波夫監修『新訳世界史史料・名言集』山川出版社）

著者　　あ　ルソー　　　　い　モンテスキュー

説明　　a　ヴォルテールは『哲学書簡』でプロイセンやロシアの制度を賛美した。

　　　　b　合理的な知を重んじる啓蒙思想はイギリスがその中心となった。

　　　　c　ディドロを中心に啓蒙思想の集大成である『百科全書』が出版された。

① あ－a　　　② あ－b　　　③ あ－c

④ い－a　　　⑤ い－b　　　⑥ い－c

15 人間の認識能力を疑い，イギリスの経験論と大陸の合理論を統合してドイツ観念論を確立した哲学者として正しいものを，次の①～④のうちから一つ選べ。

① カント　　　② スピノザ　　　③ ライプニッツ　　　④ ヘーゲル

16 17世紀はフランス古典主義文学の全盛時代であったが，その中で喜劇を代表する人物を，次の①～④のうちから一つ選べ。

① ルーベンス　　　② ラシーヌ　　　③ コルネイユ　　　④ モリエール

17 次の文章中の空欄　ア　と　イ　に入る語句の組合せとして正しいものを，下の①～④のうちから一つ選べ。

　　18世紀は音楽の面でも大きな進展がみられた。ドイツでは，オルガン奏者としても知られ，多くの管弦楽曲を残して近代音楽の創始者と呼ばれる　ア　があらわれ，古典派音楽はオーストリアの　イ　のオペラや交響曲で確立された。

① **ア**－バッハ　　**イ**－モーツァルト　　② **ア**－ハイドン　　**イ**－ヘンデル

③ **ア**－バッハ　　**イ**－ヘンデル　　④ **ア**－ハイドン　　**イ**－モーツァルト

18 イギリスでは18世紀に市民小説の名作が残されるなど，新聞・雑誌といった出版業が発達した。次の文**a**と**b**の正誤の組合せとして正しいものを，下の①～④のうちから一つ選べ。

a 海洋冒険小説『ロビンソン＝クルーソー』で国民的作家と呼ばれたのはディケンズである。

b 空想旅行記『ガリヴァー旅行記』を著したのはスウィフトである。

① **a**－正　　**b**－正　　② **a**－正　　**b**－誤

③ **a**－誤　　**b**－正　　④ **a**－誤　　**b**－誤

19 右の図は18世紀初めのロンドンのコーヒーハウスの様子である。このような生活文化に関連して述べた次の文**a**と**b**の正誤の組合せとして正しいものを，下の①～④のうちから一つ選べ。

a コーヒーハウスやクラブには限られた貴族がメンバーとして集まっていた。

b フランスではカフェやサロンが，文芸活動や情報交換の場であった。

① **a**－正　　**b**－正　　② **a**－正　　**b**－誤

③ **a**－誤　　**b**－正　　④ **a**－誤　　**b**－誤

▌▐ 史資料問題編 ▐▌

第1問 ヨーロッパ諸国の海外進出について述べた次の文章**A**・**B**を読み，下の問い（**問1～3**）に答えよ。

A 今日，「江戸時代において砂糖は庶民の口には入らない貴重品であった」とか「輸入された砂糖はすべて船で大坂に運ばれた」という理解が通説になっている。日本では17世紀から18世紀初期にかけて福建省から琉球・奄美に黒砂糖の製法が伝えられて生産が始まったが，白砂糖や氷砂糖は，18世紀末の寛政年間に国産白砂糖が上方市場に登場するまで，長崎に来航する中国本土や東南アジアからの唐船と　**ア**　の東インド会社船による輸入に依存していた。長崎貿易により輸入された砂糖は国内商人に落札された後，船で大坂道修町の薬種問屋，さらに堺筋町の砂糖仲買によって江戸をはじめとする全国に運ばれていたという。17世紀に台湾やジャワ島へ多くの中国人資本・技術・労働力が移転したことにより，江戸時代半ばには砂糖の輸入額は輸入品仕入高のおよそ30％に達している。出島商館の帳簿によれば，　**ア**　東インド会社船による砂糖の輸入は年間500トンから1000トンに達し，ピークは宝暦9（1759）年の約1375トンであった。

（八百啓介「江戸時代の砂糖食文化」独立行政法人農畜産業振興機構ホームページ，一部改変）

> **山田さんの質問票**：現地の商人や中国人と競合した16・17世紀のヨーロッパ人は，どのような形で東南アジアの交易世界に入り込んでいったのでしょうか。

問1 問題文を参照しながら，上の**山田さんの質問票**に対する答えとして最も適当なものを，次の①～④のうちから一つ選べ。

① 東南アジアをキリスト教化した後に交易に参加する形であった。

② ヨーロッパの工業製品を販売することによって利益を得る形であった。

③ 圧倒的な軍事力で中国人勢力を駆逐しながら参加していく形であった。

④ すでに活況を呈していたアジアの域内貿易に参加する形であった。

問2 文章中の空欄　**ア**　に入る国名と，　**ア**　の国が根拠地とした場所の組合せとして正しいものを，次の①～⑥のうちから一つ選べ。

国名	**あ** オランダ	**い** イギリス				
根拠地とした場所	**a** マニラ	**b** バタヴィア		**c** マカオ		
① あ-a	② あ-b	③ あ-c	④ い-a	⑤ い-b	⑥ い-c

B 18世紀のヨーロッパ国際政治は，イギリスとフランスとの争いが基調となっており，両国の抗争は近世ヨーロッパ諸国の覇権争いの最終段階をなした。この抗争は北アメリカ大陸やインドなどに拡大し，その勝者が植民地帝国の基礎を築くこととなった。次の**資料1**は，18世紀フランスの対外貿易額の推移を示したものである。

資料1

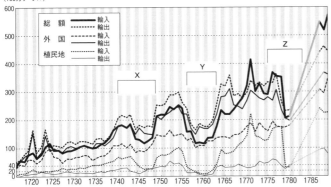

(注) フランス国立文書館所蔵の *La Balance du Commerce* の年次統計 (ただし，1781〜86年の資料は欠落) より加工・作成。
(出典：Labrousse, E., et al., *Histoire Économique et Social de la France, 1660-1789*, tom 2, Presses Universitaires de France, 1970, p. 502.)

問3 グラフ中の**X・Y・Z**の時期には，貿易額の減少がみられる。その原因や背景について述べた文として適当なものを，次の①〜⑥のうちから**二つ**選べ。

① **X**の時期には，スペインの王位継承戦争に敗北して北米の植民地を失った。
② **X**の時期には，インドの南部ではカーナティック戦争がおこなわれた。
③ **Y**の時期には，外交革命でオーストリア継承戦争に参戦していた。
④ **Y**の時期には，北米でフレンチ = インディアン戦争がおこなわれた。
⑤ **Z**の時期には，インドのベンガルでプラッシーの戦いがおこなわれた。
⑥ **Z**の時期には，インドシナ南部を植民地とした。

第2問 17〜18世紀のヨーロッパの文化に関する次の**資料1〜3**を読み，下の問い(**問1〜4**)に答えよ。

資料1

　今のドイツは，かつてのフランソワ1世治下のフランスのようなものです。文芸の趣味がようやく普及し始めたところです。リシュリューやマザランの時代のように，自然が真の天才たちを誕生させるまでには，しばらく待たねばなりますまい。……ヴォルテールと同時代を生きられたことは，私にとって慰めです。これにまさる幸せはありません。あなたが困難に耐え，常に機嫌よく生きられんことを，そしてとりわけ，　**ア**　宮の孤老フリードリヒを忘れられないことを。　　　　敬具　1775年7月24日
　　　　　　　　　　　　　　　　　　　　　　　　　　　　　　(『ヨーロッパの歴史』東京書籍，一部改変)

資料2

　スペイン人と我々　**イ**　人との論争は次の諸類にまで及んだ。広大で限りのない海洋は一王国の専有物でありうるか，これ以上大きいものはないのではないか？　一国家が他国に対して物を売ることや交換すること，および他国と外交関係を結ぶことを禁じる権利があるだろうか？　……明らかな不正が長い間に特殊な権利を生じさせたのだろうか。

資料3

　最初の熱病に襲われて以来，エクセターは大きな被害を受けた。今まで健康そのものだった屈強な男たちが，次々に死んだ。……しかしこの頃では，ものを示したりして患者と意思の疎通を図ることができるようになり，患者に生きる力を再び与えることに成功している。この熱病は，天然痘の軽いものと結びついている。

（同上）

問1　**資料1**は，ある君主が啓蒙思想家ヴォルテールにあてた書簡である。文章中の空欄　**ア**　に入る宮殿の名称と，この建築物と同じ美術様式に分類される絵画の組合せとして正しいものを，次の①～⑥のうちから一つ選べ。

宮殿　**あ**　ヴェルサイユ宮殿　　　**い**　サンスーシ宮殿

絵画　**a**　　　　　　　　　**b**　　　　　　　　　**c**

①　あ－a　　　②　あ－b　　　③　あ－c　　　④　い－a　　　⑤　い－b　　　⑥　い－c

問2　18世紀には，現世における幸福を増大させようとする啓蒙思想や社会の動きが広まったが，その影響とは関係がないと思われるものを，次の①～④のうちから一つ選べ。

①　アダム＝スミスが『諸国民の富（国富論）』を著して経済学を創始した。

②　ヨーロッパ諸国で博物館や植物園が建てられるようになった。

③　ロンドン・パリのカフェやサロンで出版物が読まれ，世論の形成を促した。

④　パリには最初のデパートが建てられ，近代都市文化が普及していった。

問3　**資料2**の論文は，17世紀初頭に　**イ**　の国の法学者・外交官である人物によって，海洋の自由の原理を擁護するために書かれたものである。空欄　**イ**　に入る国名として正しいものを，次の①～④のうちから一つ選べ。

①　イギリス　　　②　オランダ　　　③　フランス　　　④　ポルトガル

問4　**資料3**は，当時流行していた疫病の様子が書かれた書簡であり，右の図には予防接種をおこなっているところが描かれている。予防接種の創始者として正しいものを，次の①～④のうちから一つ選べ。

①　ジェンナー　　　②　パストゥール

③　ラプラース　　　④　コッホ

16 近代ヨーロッパ・アメリカ世界の成立

■|■ 知識問題編 ■|■

1 18世紀，他の国に先駆けてイギリスで産業革命がおこった理由について述べた文として**誤っているもの**を，次の①〜④のうちから一つ選べ。

① 大西洋の三角貿易と国内の商工業の発達により，資本が蓄積されていた。
② オランダ・フランスとの覇権をめぐる戦争に勝利し，広大な海外市場を確保していた。
③ 囲い込みで広げた農地を利用した三圃制農法が国内に普及していた。
④ 石炭・鉄鉱石などの資源にめぐまれ，機械工学などの進歩が著しかった。

2 産業革命期の技術革新に関連する次の年表の空欄 **ア** 〜 **ウ** に入る語の組合せとして正しいものを，下の①〜⑥のうちから一つ選べ。

1733年	**ア** による飛び杼の発明
1779年	クロンプトンによる **イ** の発明
1785年	**ウ** による力織機の発明

	①	②	③	④	⑤	⑥
ア	アークライト	カートライト	ジョン＝ケイ	ハーグリーヴズ	ハーグリーヴズ	ジョン＝ケイ
イ	ジェニー紡績機	ミュール紡績機	水力紡績機	水力紡績機	ジェニー紡績機	ミュール紡績機
ウ	ハーグリーヴズ	アークライト	ハーグリーヴズ	カートライト	アークライト	カートライト

3 右の地図は産業革命期のイギリスを示す。これに関連して述べた次の文**a**と**b**の正誤の組合せとして正しいものを，下の①〜④のうちから一つ選べ。

a 産業革命は綿工業の分野で，**ア**のバーミンガムを中心に始まった。
b 蒸気機関車による旅客鉄道は，**イ**と**ウ**の都市の間で開通した。

① **a**－正　　**b**－正　　② **a**－正　　**b**－誤
③ **a**－誤　　**b**－正　　④ **a**－誤　　**b**－誤

4 産業革命期の技術・交通の発達について述べた文として正しいものを，次の①〜④のうちから一つ選べ。

① コークス製鉄法はダービーによって開発された。
② 外輪式蒸気船を発明したフルトンはイギリス人である。
③ ワットは蒸気機関車を実用化した。
④ アメリカ人ニューコメンは綿繰り機を発明した。

5 北アメリカ大陸の大西洋岸にイギリス人が建設した植民地について述べた文として正しいものを，次の①〜④のうちから一つ選べ。

① あわせて13の植民地が成立し，一つの連邦を形成していた。
② すべての植民地は，信仰の自由を求めて移住したピューリタンによって建設された。
③ 北部では，黒人奴隷を使用したタバコや米のプランテーションが拡大した。
④ それぞれの植民地では，植民地議会などある程度の自治制度が認められた。

6 次のアメリカ独立革命に関する年表に示した**a**〜**d**の時期のうち，フランスが参戦したり，ロシアなどによる武装中立同盟が結成された時期として正しいものを，下の①〜④のうちから一つ選べ。

```
┌──────────────────────────────────────────────┐
│        ┌───────┐                               │
│        │   a   │                               │
│  1774年      第1回大陸会議が開催される          │
│        ┌───────┐                               │
│        │   b   │                               │
│  1776年      独立宣言が発表される               │
│        ┌───────┐                               │
│        │   c   │                               │
│  1781年      ヨークタウンの戦いで植民地側が勝利する │
│        ┌───────┐                               │
│        │   d   │                               │
└──────────────────────────────────────────────┘
```

① **a**　　② **b**　　③ **c**　　④ **d**

7 次の**資料a・b**について，資料名と著作者あるいは起草した人物の名前と，資料のあたえた影響について述べた文の組合せとして最も適当なものを，下の①〜⑧のうちから一つ選べ。

> 資料a　われわれはつぎのことが自明の真理であると信ずる。すべての人は平等につくられ，神によって，一定のゆずることのできない権利を与えられていること。そのなかには生命，自由，そして幸福の追求が含まれていること。

> 資料b　私は，はっきりと積極的に，そして良心的に次のことを確信している。それはイギリスから分離独立することがこの大陸の真の利益であって，それ以外のすべてのことは一時的なつぎはぎ細工に過ぎず，決して永続的な幸福をもたらさないということである。

資料名と著作・起草者
あ　**a**－『コモン＝センス』－ペイン
い　**a**－アメリカ独立宣言－ジェファソン
う　**b**－『コモン＝センス』－ジェファソン
え　**b**－アメリカ独立宣言－ペイン

影響
X　**資料a**により共和政に移行する正当性を主張し，支持者のいない王政を批判した。
Y　**資料b**により多様だった植民地の世論をまとめ，独立戦争に向かうことになった。

①　あ－X　　②　い－X　　③　う－X　　④　え－X
⑤　あ－Y　　⑥　い－Y　　⑦　う－Y　　⑧　え－Y

8 アメリカ独立戦争について述べた文として波線部の正しいものを，次の①〜④のうちから一つ選べ。
①　1774年，<u>第1回大陸会議でワシントンが総司令官に選出された</u>。
②　1775年，最初の武力衝突は<u>ヨークタウン</u>でおこった。
③　武装中立同盟はロシアの<u>ピョートル1世</u>が提唱した。
④　<u>ラ＝ファイエットやコシューシコ</u>は独立軍に参加した。

9 アメリカ合衆国の成立に関連して述べた文として正しいものを，次の①〜④のうちから一つ選べ。
①　1787年，ワシントンで憲法制定会議が開かれ，合衆国憲法がつくられた。
②　連邦議会では，各州2名の代表からなる下院が条約の批准権をもった。
③　合衆国憲法を支持する連邦派と，これに批判的な州権派(反連邦派)の対立が続いた。
④　合衆国憲法では黒人奴隷や先住民の人権にも配慮がなされた。

10 革命前夜のフランスの状況について述べた次の文**a**と**b**の正誤の組合せとして正しいものを，下の①〜④のうちから一つ選べ。

a　ブルジョワ(有産市民)層は富を蓄えるにつれ，旧制度を支持していった。

b　国王は財政の再建のためにスイスの銀行家テュルゴら改革派を登用した。

① 　a－正　　　b－正　　　　② 　a－正　　　b－誤

③ 　a－誤　　　b－正　　　　④ 　a－誤　　　b－誤

11 フランス革命の勃発について述べた次の文a～cが，年代の古いものから順に正しく配列されているものを，下の①～⑥のうちから一つ選べ。

a　バスティーユ牢獄が攻撃された。

b　国民議会が憲法制定を目的に掲げた。

c　ヴェルサイユで全国三部会が開かれた。

① 　a→b→c　　　　② 　a→c→b　　　　③ 　b→a→c

④ 　b→c→a　　　　⑤ 　c→a→b　　　　⑥ 　c→b→a

12 フランス革命の推移について述べた文として正しいものを，次の①～⑥のうちから**二つ**選べ。

① 　オーストリアはピルニッツ宣言で，ルイ16世の救援を各国君主に呼びかけた。

② 　立憲君主派のフイヤン派政権は革命に敵対的なオーストリアに宣戦した。

③ 　フランス西部では王党派の指導により農民のヴァルミーの反乱がおこった。

④ 　イギリス首相ウォルポールは，第1回対仏大同盟の結成を提唱した。

⑤ 　国民公会ではジロンド派が追放され，ジャコバン派が独裁政治をおこなった。

⑥ 　ロベスピエールはブリュメール18日のクーデタで失脚した。

13 ジャコバン派の革命政権の政策として**誤っているもの**を，次の①～④のうちから一つ選べ。

① 　公安委員会への権力集中　　　② 　理性崇拝の宗教の導入

③ 　義勇兵による国民軍創設　　　④ 　革命暦の制定

14 総裁政府とナポレオンの政策に関連して述べた文として正しいものを，次の①～④のうちから一つ選べ。

① 　総裁政府期には，王政復古をねらうバブーフらが政府転覆を計画する事件がおきた。

② 　ナポレオンのイタリア遠征により，第1回対仏大同盟は解体した。

③ 　統領政府は信仰の自由を守るため，ローマ教皇と厳しく対立した。

④ 　オーストリアとの間でアミアンの和約を結び，第2回対仏大同盟は解体した。

15 ナポレオンの政策について述べた次の文aとbの正誤の組合せとして正しいものを，下の①～④のうちから一つ選べ。

a　フランス銀行を解体して財政を改革し，商工業の自由化を進めた。

b　私有財産の不可侵など，革命の成果を普及・定着させる民法典を公布した。

① 　a－正　　　b－正　　　　② 　a－正　　　b－誤

③ 　a－誤　　　b－正　　　　④ 　a－誤　　　b－誤

16 ナポレオンによるヨーロッパの支配とおもな戦場を示す次の地図について，(**A**)・(**B**)の設問に答えなさい。

(**A**)ア～エの地域に関連して述べた文として**誤っているもの**を，次の①～④のうちから一つ選べ。

① 　**ア**ではナポレオンの兄が王となったが，反乱がおきた。

② 　**イ**は領土の縮小した神聖ローマ帝国である。

③ 　**ウ**ではシュタイン・ハルデンベルクの改革がおこなわれた。

④ 　**エ**はティルジット条約で建てられたワルシャワ大公国である。

(**B**)次の文aとbにあてはまる戦場(**A**～**C**)の組合せとして正しいものを，下の①～⑥のうちから一つ選べ。

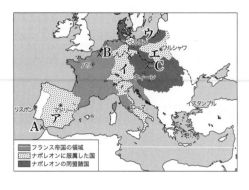

a　この戦いの敗北でナポレオンの「百日天下」は終わった。
b　ネルソン率いるイギリス海軍がフランス海軍を破った。

① a－A　　b－B　　② a－B　　b－C
③ a－C　　b－A　　④ a－B　　b－A
⑤ a－C　　b－B　　⑥ a－A　　b－C

17 ナポレオンの没落について述べた次の文a〜cが，年代の古いものから順に正しく配列されているものを，下の①〜⑥のうちから一つ選べ。

a　諸国民戦争（ライプツィヒの戦い）がおこなわれた。
b　ロシア遠征がおこなわれた。
c　ルイ18世が即位した。

① a→b→c　　② a→c→b　　③ b→a→c
④ b→c→a　　⑤ c→a→b　　⑥ c→b→a

▉▉ 史資料問題編 ▉▉

第1問　次の**資料**1〜3はフランス革命時における法令や布告であり，古いものから時系列順に並んでいる。これらの資料に関する下の問い（**問**1〜3）に答えよ。

資料1　封建制廃止令（1789年8月11日）
第1条　　ア　は封建制を完全に廃棄し，封建的ならびに貢租的な諸権利・諸義務のうち，物的または人的マンモルト（農奴身分規定）および人的隷属にもとづくものおよびそれらを表わすものは無償で廃止され，その他のすべては買い戻しうるものとされること，買い戻しの価格および様式は国民議会によって定められることを布告する。ただし，当該諸権利のうちこの法令によって廃止されないものは，償還が行なわれるまで引きつづき徴収される。

（河野健二編『資料フランス革命』岩波書店）

資料2　布告　祖国は危機にあり（1792年7月11日）
　多数の軍勢が，わが国の国境へ進んできている。自由を憎んでいる者どもがすべて，われらの憲法にたいして武器をとっている。市民諸君，祖国は危機にあり。現在もっているもっとも貴重なものを守るために，最初に進軍する名誉を担う人々こそフランス人であり自由であることが，永久に記憶されるように。

（同上）

資料3　最高価格法（1793年9月29日）
第1条　　イ　が生活必需品と判断し，その最高価格を固定すべきであると考える品目は次の通りである。肉，塩づけ肉およびベーコン，バター，オリーブ油，家畜，塩づけ魚，ブドウ酒，……，石炭，ろうそく，ランプ用油，塩，……鉄，鋳鉄，鉛，……，麻，亜麻，羊毛，織物，……。

（同上）

問1 資料1・2の法令・布告が出された直前の状況について述べた文**a**と**b**の正誤の組合せとして正しいものを，下の①〜④のうちから一つ選べ。

a 資料1：バスティーユ牢獄が襲撃され，全国に農民蜂起が拡大していた。

b 資料2：イギリス首相ピットにより第1回対仏大同盟が結成された。

① **a**－正　　　**b**－正　　　② **a**－正　　　**b**－誤

③ **a**－誤　　　**b**－正　　　④ **a**－誤　　　**b**－誤

問2 資料中の空欄　**ア**　・　**イ**　に入る組織の名称と，資料3の法令に関する説明との組合せとして正しいものを，下の①〜⑧のうちから一つ選べ。

組織

あ **ア**－国民公会　　**イ**－国民議会　　　**い** **ア**－立法議会　　**イ**－国民議会

う **ア**－国民議会　　**イ**－立法議会　　　**え** **ア**－国民議会　　**イ**－国民公会

説明

X この法令は物価高騰をおさえる目的であったが，流通は滞り，工場の閉鎖もあいついだ。

Y この法令は商工業の有産階級によって提案され，市民の支持を獲得した。

① **あ**－X　　② **あ**－Y　　③ **い**－X　　④ **い**－Y

⑤ **う**－X　　⑥ **う**－Y　　⑦ **え**－X　　⑧ **え**－Y

問3 次に示す**図1**は，国王ルイ16世と王妃マリ＝アントワネットが国外逃亡を試みた事件の風刺画である。この事件は資料1〜3のどの時期におきたものか，正しいものを，次の①〜④のうちから一つ選べ。

図1

① 資料1の前

② 資料1と資料2の間

③ 資料2と資料3の間

④ 資料3の後

第2問 アメリカ合衆国独立への過程について，次の**地図・資料**に関する下の問い（**問1・2**）に答えよ。

地図1

イギリス
スペイン
フランス

地図2

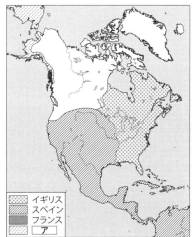

イギリス
スペイン
フランス
ア

資料1 1745〜76年におけるアメリカ植民地の対イギリス貿易差額

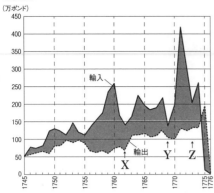

（出典：Faulkner, H. U., *American Economic History*, 5th ed., p.123.）

問1 **地図1・2**を参照しながら，**地図2**の空欄 ア に入る国名と，ヨーロッパ諸国のアメリカ大陸における勢力圏の変化について適切に述べた文の組合せとして正しいものを，下の①〜④のうちから一つ選べ。

国名 **a** ロシア **b** カナダ

変化について

あ 1763年のパリ条約でスペインはフロリダとキューバを失ったが，その後テキサスやカリフォルニアなどの地域に領土を拡大させた。

い 1763年のパリ条約でフランスは北アメリカのほぼすべての領土を失ったが，サン＝ドマングと呼ばれたハイチは残った。

① **a－あ** ② **a－い** ③ **b－あ** ④ **b－い**

問2 **資料1**のグラフの矢印**X〜Z**に関して作成された①〜④のパネルのうち，**適当でない**ものを一つ選べ。

①
> 矢印**X**の時期は，スペインとのフロリダをめぐる戦闘にまで拡大したフレンチ＝インディアン戦争が終結に向かったため，イギリスは重商主義的政策を緩め，輸出・輸入とも増大に転じた。

②
> 矢印**Y**の時期は，財務大臣がペンキや紙といった生活必需品に課税を拡大したために，アメリカ植民地の各地でイギリス商品の不買運動が始まり，輸入は落ち込んだ。

③
> 矢印**Z**の時期は，財務大臣が強硬に進めた関税が撤廃されて輸入が大きく伸びたが，イギリス議会で茶法が制定されたため，反発はボストン茶会事件で表面化し，輸入は激減している。

④
> 矢印**Z**の時期から数年後，アメリカ植民地では独立を求める戦闘が始まり，貿易事業自体が停止したため，輸出・輸入とも大きく減少した。

ヨーロッパ近代国民国家の発展

▌▌▌ 知識問題編 ▌▌▌

1 ウィーン会議について述べた文として正しいものを，次の①〜④のうちから一つ選べ。

① 会議の基本原則はイギリス外相タレーランの唱えた正統主義であった。

② 会議の議長となったのは，オーストリアのメッテルニヒであった。

③ オスマン帝国を含むヨーロッパ各国が会議に出席した。

④ 会議では各国の自由主義とナショナリズムを支援する列強体制が成立した。

2 右の地図はウィーン会議後のヨーロッパを示したものである。議定書の内容について述べた文として**誤っ**ているものを，次の①〜④のうちから一つ選べ。

① **a** の地域は立憲王国となったオランダが獲得した。

② **b** の地域はプロイセンが獲得し，工業地帯として発展した。

③ **c** の地域はロシア皇帝が王を兼ね，事実上ロシア領となった。

④ **d** の地域はヴェネツィア共和国などが分立した。

3 ウィーン体制を支えたヨーロッパ列強の動向について述べた文として正しいものを，次の①〜④のうちから一つ選べ。

① ロシア皇帝ニコライ1世は神聖同盟を提唱した。

② イギリスのカニング外相は，ラテンアメリカの独立運動を抑圧した。

③ ウィーン体制維持のため，ロシアやイギリスなどは四国同盟を結成した。

④ 1818年，四国同盟にプロイセンが加わって五国同盟となった。

4 ウィーン体制成立後におきた自由主義的改革を求める動きと，その動きがおこった国家との組合せとして正しいものを，次の①〜④のうちから一つ選べ。

① ブルシェンシャフトによる改革要求－ドイツ

② 自由主義憲法を掲げた立憲革命－ロシア

③ 秘密結社カルボナリの蜂起－スペイン

④ 貴族の青年将校によるデカブリストの乱－イタリア

5 右の絵画に描かれたフランスの状況について述べた文として正しいものを，次の①〜④のうちから一つ選べ。

① このときの国王はルイ18世である。

② 国民の不満をそらす目的でモロッコに出兵した。

③ 未招集の議会を解散したことから，ヴェルサイユで革命がおこった。

④ オルレアン家のルイ＝フィリップが王に迎えられた。

6 七月革命がおよぼした影響について述べた文として正しいものを，次の①〜④のうちから一つ選べ。

① ポーランドではロシアからの独立運動がおこり，共和国が成立した。

② ベルギーではオランダからの独立運動がおこり，立憲王国が成立した。

③ ドイツ各地で蜂起が発生し，プロイセンでは憲法が発布された。

④ イタリアでは青年イタリアが反乱をおこしたが，鎮圧された。

7 次の文章は，イギリスの外交について述べたものである。文章中の空欄 **ア** に入る国名と，その自由主義政策について説明した文**あ**～**え**のうちで**誤っているもの**との組合せを，次の①～⑧のうちから一つ選べ。

　　イギリスはウィーン体制下で，フランス・ロシアとともに， **ア** の独立運動を支援し，経済的には自由貿易体制の構築をめざし，様々な政策が議会をとおして法制化されていった。

国家の名称　　**a**　ポーランド　　　　**b**　ギリシア

自由主義政策

あ　東インド会社の中国貿易独占権が1834年に廃止された。

い　安価な穀物の輸入を禁止する穀物法が1846年に廃止された。

う　穀物法の廃止にはオコネル（オコンネル）ら反穀物法同盟の運動が大きな影響を与えた。

え　1849年に航海法が廃止され，イギリスの自由貿易体制が確立した。

① **a**－**あ**　　　② **a**－**い**　　　③ **a**－**う**　　　④ **a**－**え**

⑤ **b**－**あ**　　　⑥ **b**－**い**　　　⑦ **b**－**う**　　　⑧ **b**－**え**

8 社会主義思想の展開について述べた文として**誤っているもの**を，次の①～④のうちから一つ選べ。

① 1810年代，イギリスでおきた機械うちこわし運動はラダイト運動と呼ばれる。

② ロバート＝オーウェンは児童労働者の保護をめざす工場法の制定に努力した。

③ サン＝シモンはあらゆる政治的権威を否定する無政府主義の礎を築いた。

④ マルクスとエンゲルスは『共産党宣言』で労働者の国際的団結を説いた。

9 1848年にフランスでおきたできごとについて述べた次の文 **a**～**d** が，年代の古いものから順に正しく配列されているものを，下の①～⑥のうちから一つ選べ。

a　選挙権拡大を求める運動が高揚した。

b　ルイ＝フィリップが亡命した。

c　ルイ＝ナポレオンが大統領に当選した。

d　臨時政府により国立作業場が設置された。

① **a**→**b**→**c**→**d**　　　② **a**→**b**→**d**→**c**　　　③ **a**→**c**→**d**→**b**

④ **b**→**d**→**a**→**c**　　　⑤ **c**→**a**→**d**→**b**　　　⑥ **c**→**b**→**d**→**a**

10 次の文章中の空欄 **ア** と **イ** に入る語の組合せとして正しいものを，下の①～④のうちから一つ選べ。

　　二月革命はその後ドイツ・オーストリアにも波及し，三月革命となった。ドイツでは統一国家達成と憲法制定のため，諸邦の自由主義者らが **ア** 国民議会に結集した。また， **イ** ではコシュートを指導者とする政権が建てられた。

① **ア**－フランクフルト　　**イ**－ベーメン　　　② **ア**－フランクフルト　　**イ**－ハンガリー

③ **ア**－ベルリン　　　　　**イ**－ベーメン　　　④ **ア**－ベルリン　　　　　**イ**－ハンガリー

11 クリミア戦争とロシアについて述べた文として波線部の**誤っているもの**を，次の①～④のうちから一つ選べ。

① 戦争の背景には皇帝ニコライ1世の南下政策があった。

② ロシアは，オスマン帝国内のギリシア正教徒の保護を理由に開戦した。

③ イギリス・フランス・プロイセンはオスマン帝国を支援した。

④ ロシアは敗れ，1856年にパリ条約が結ばれた。

12 ロシアの改革について述べた文として正しいものを，次の①～④のうちから一つ選べ。

① 1861年の農奴解放令により，多くの自営農民がうまれた。

② ロシアの急進的な改革の担い手はおもに農村の富裕階級であった。

③ 農村に入り込んだナロードニキは広く農民の支持を受けた。

④ 皇帝アレクサンドル2世はテロによって暗殺された。

13 イタリアの統一運動を示す次の地図について，(A)～(C)の設問に答えなさい。

(A)次の文章中の空欄 　ア　 と 　イ　 に入る語の組合せとして正しいものを，下の①～④のうちから一つ選べ。

　「青年イタリア」の指導者 　ア　 が参加したローマ共和国がフランス軍に倒されると，まもなく王位についたヴィットーリオ＝エマヌエーレ２世のもと，自由主義者の 　イ　 が首相となって近代化を推進したサルデーニャ王国が，統一運動の主役となった。

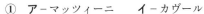

① 　ア－マッツィーニ　　　イ－カヴール
② 　ア－ガリバルディ　　　イ－カヴール
③ 　ア－カヴール　　　　　イ－マッツィーニ
④ 　ア－マッツィーニ　　　イ－ガリバルディ

(B)地図中の北イタリア地域**A**～**D**を，サルデーニャ王国および成立したイタリア王国が征服・併合した順に正しく配列されているものを，次の①～⑥のうちから一つ選べ。

① 　A→B→C→D　　　② 　A→C→D→B　　　③ 　B→A→D→C
④ 　B→D→A→C　　　⑤ 　C→D→A→B　　　⑥ 　C→B→D→A

(C)次の文**a**・**b**にあてはまる地域の組合せとして正しいものを，下の①～④のうちから一つ選べ。
　a　1860年，この地域をフランスにゆずることで中部イタリアを併合した。
　b　これらの地域は「未回収のイタリア」と呼ばれた。

① 　a－ア・イ　　　b－ウ・エ　　　② 　a－ア・ウ　　　b－イ・エ
③ 　a－イ・ウ　　　b－ア・エ　　　④ 　a－イ・エ　　　b－ア・ウ

14 次の資料を読み，この演説をおこなっている人物について述べた文**a**と**b**の正誤の組合せとして正しいものを，下の①～④のうちから一つ選べ。

　ウィーン〔会議〕の諸条約によるプロイセンの国境は，健全な国家の営みのためには好都合なものではありません。現下の大問題が決せられるのは，演説や多数決によってではなく，まさに鉄と血によってなのであります。

　a　彼はプロイセン王ヴィルヘルム２世から首相に任じられ，この演説をおこなった。
　b　彼はドイツ統一後，すみやかに南ドイツで有力なカトリック教徒と和解した。
① 　**a**－正　　**b**－正　　　② 　**a**－正　　**b**－誤
③ 　**a**－誤　　**b**－正　　　④ 　**a**－誤　　**b**－誤

15 ドイツ統一の過程でおきたできごとについて述べた次の文**a**～**d**が，年代の古いものから順に正しく配列されているものを，下の①～⑥のうちから一つ選べ。
　a　プロイセン＝オーストリア(普墺)戦争がおこった。
　b　ドイツ＝フランス(独仏)戦争(プロイセン＝フランス戦争)がおこった。
　c　デンマーク戦争がおこった。
　d　北ドイツ連邦が成立した。
① 　a→b→c→d　　　② 　a→c→d→b　　　③ 　b→a→d→c
④ 　b→d→a→c　　　⑤ 　c→a→d→b　　　⑥ 　c→b→d→a

16 19世紀後半のビスマルク外交とヨーロッパの国際関係について述べた文として正しいものを，次の①～④のうちから一つ選べ。
① 　ドイツはオーストリア・イギリスと三帝同盟を結んだ。
② 　バルカン半島ではロシアがパン＝ゲルマン主義を利用して勢力拡大をはかった。
③ 　ドイツはオーストリア・フランスと三国同盟を結んだ。

④　三帝同盟が消滅した後，ドイツはロシアとの間に再保障条約を結んだ。

17 右の地図は1878年のベルリン条約後のバルカン地域を示したものである。
これに関連して述べた文として**誤っているもの**を，次の①〜④のうちから
一つ選べ。

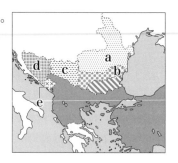

①　**d**の地域でおきた農民反乱がロシア＝トルコ戦争の原因となった。
②　**b**はロシアの保護下の自治国となった。
③　**a・c・e**の各国の独立が認められた。
④　**d**はオーストリアの占領と行政権が認められた。

18 19世紀の国際的な運動について述べた文として**誤っているもの**を，次の①〜④のうちから一つ選べ。
①　デュナンの発案によりジュネーヴで赤十字条約が締結された。
②　マルクスらによりロンドンで第１インターナショナルが結成された。
③　ヴィクトリア女王治下，第１回万国博覧会がロンドンで開催された。
④　クーベルタンの尽力によりパリで第１回国際オリンピック大会が開かれた。

▌▐▖ 史資料問題編 ▗▐▌

第１問　19世紀ヨーロッパ諸国の動向について述べた次の文章**A〜C**を読み，下の問い（問１〜７）に答えよ。

A　次の**図1**は，19世紀前半，木綿工業の分野で産業革命を先行させていたイギリスの資本家（左側）たちに
絡め取られているドイツ（右側）をあらわした風刺画である。この糸をはさみで切ろうとしている人物が掲げ
ている主張が，**資料1**に示したものである。この　**ア**　の提言で創設された組織により，　**イ**　が進んだ。
　ウ　を唱えた彼の主張は，イギリスで主張されていた自由主義経済学に対して，歴史学派経済学と呼ばれ
る。

> **資料1**
>
> 　ドイツ内の38の関税と通行税の境界線は，あたかも血液を他の部分に流れなくするために人体を部分
> ごとに止血してしまっているかのように，ドイツ内の交通を麻痺させてしまっている。……われわれは
> ドイツ内部の関税と通行税を撤廃し　**エ**　全体にひとつの関税線を作ることによってのみ，ドイツの商
> 業と営業の身分，および生業にたずさわる身分全体を再び救済しうる，ということを，高貴なる　**エ**
> 議会に確信していただくために，十分理由を説明してきたと思う。
>
> （歴史学研究会編『世界史史料6』岩波書店）

問1　**資料1**中の空欄　**ア**　に入る人物の名前と，ウィーン議定書によって成立した組織　**エ**　の名称の組
合せとして正しいものを，次の①〜④のうちから一つ選べ。
　①　**ア**−フィヒテ　　**エ**−ドイツ連邦　　②　**ア**−フィヒテ　　**エ**−ライン同盟
　③　**ア**−リスト　　　**エ**−ドイツ連邦　　④　**ア**−リスト　　　**エ**−ライン同盟

問2　**資料1**を参照し，空欄　**イ**　と　**ウ**　に入る文の組合せとして最も適当なものを，次の①〜④のうちから一つ選べ。

① **イ**－プロイセンを中心とした経済的統一　　　**ウ**－国家による産業の保護育成
② **イ**－プロイセンを中心とした軍事・政治的統一　**ウ**－国家による富国強兵
③ **イ**－オーストリアを中心とした経済的統一　　　**ウ**－国家による産業の保護育成
④ **イ**－オーストリアを中心とした軍事・政治的統一　**ウ**－国家による富国強兵

B　次の**資料2**は，19世紀後半にクーデタにより権力を獲得した政治家の演説である。この，政治家は「2人の病人」と題された**図2**の風刺画の中で，椅子に座るローマ教皇(左側)と　**オ**　の指導者(右側)の世話を軍服を身につけておこなっている。

資料2

　帝政とは平和なのです。なぜなら，フランスがそう望むからです。そしてフランスが満ち足りているときには，世界は平穏なのです。栄光は遺産として確かに受け継がれますが，戦争はそうではありません。……しかしながら，私は　**カ**　と同じように多くの征服を成し遂げねばならないのです。　**カ**　と同様に私が望むのは，体制にはむかう諸党派を征服して和解へと導くことであり，誰にとって無益な方へと逸れていってしまう敵対的な分流を，人民がかたちづくる大きな本流へと戻してやることです。

(歴史学研究会編『世界史史料6』岩波書店)

図2

THE TWO SICK MEN.

問3　文章中の空欄　**オ**　に入る国名と，**資料2**の空欄　**カ**　に入る人物の名前の組合せとして正しいものを，次の①〜④のうちから一つ選べ。

① **オ**－オスマン帝国　　**カ**－ナポレオン1世　　② **オ**－エジプト　　**カ**－ナポレオン1世
③ **オ**－オスマン帝国　　**カ**－ルイ14世　　　　④ **オ**－エジプト　　**カ**－ルイ14世

問4　**資料2**・**図2**から読み取れる，この政治家がめざした「国家」とはどのようなものであったと考えられるか。最も適当なものを，次の①〜④のうちから一つ選べ。

① ローマ教会や産業界を無視し，宗教・経済にとらわれない国家に変えようとした。
② ローマ教会と皇帝権力の一致をめざした専制国家に変えようとした。
③ 過去の英雄の名声を利用して党派を超えた国民の統合をはかろうとした。
④ 過去の英雄と同じように，戦争によってヨーロッパ全土を征服しようとした。

C　次の**資料3**は19世紀のイギリス経済の指標である。この時代のイギリスは，地主の利益を守るために1815年に制定された　**キ**　に対する反対運動に代表されるように，　**ク**　を推進する産業資本家の発言権が強まり，世界経済の覇権を握るまでの発展をとげた。

ナポレオン戦争後のイギリスのマクロ経済指標

	1818年	1864年	1875年	1891年	増減率(%) (1891/18年)
国債残高(億ポンド)	8.4	8.16	7.66	6.82	−19
国民所得(億ポンド)	4	8.14	12	16	300
一人当たり国民所得(ポンド)	23.11	27.8	36.7	42.2	83
人口(万人)	1700	2970	3300	3800	124
物価指数	160	105	96	72	−55
国債残高／国民所得 (%)	210	100	64	43	(変化幅)−167

(出典:E. L. ハーグリーヴズ『イギリス国債史』新評論より作成)

問5 文章中の空欄 キ に入る法律と,空欄 ク に入る経済理論の組合せとして正しいものを,次の①～④のうちから一つ選べ。

① キ－審査法　ク－保護貿易　② キ－審査法　ク－自由貿易

③ キ－穀物法　ク－保護貿易　④ キ－穀物法　ク－自由貿易

問6 次の文は**資料3**にある1818年から1891年までの期間のイギリスについて述べたものである。文中の コ に入る政治家の名前と,**資料3**から読み取れる内容を記した文**a～d**の組合せとして正しいものを,下の①～⑧のうちから一つ選べ。

19世紀のイギリスでは議会改革が最大の政治課題であり,自由党の コ が主導した1884年の第3回選挙法改正により,農村労働者など大半の成人男性が選挙権を獲得した。また,様々な外交政策や内政改革も議会をとおしておこなわれ,典型的な議会政党政治がおこなわれた。

コの政治家 あ ディズレーリ　い グラッドストン

資料3の内容

a 経済規模の拡大にともなって,国債の残高は増加した。

b 一人当たりの国民所得は3倍を超す大きな伸びを記録した。

c 人口は2倍を超す伸びを記録し,国民所得の伸び率と比例している。

d 所得が伸びているのに対して物価指数は下がり,国民生活は豊かになった。

① あ－a　② あ－b　③ あ－c　④ あ－d

⑤ い－a　⑥ い－b　⑦ い－c　⑧ い－d

問7 イギリスの発展のなかで,この時期に次の**資料4**のような事態となった地域として正しいものを,下の①～④のうちから一つ選べ。

飢饉はそのあらゆる恐ろしさを見せつけて凄まじいほど存在している! 熱病がわき上がり,この哀れなものにふりかかる。四肢と胴体は膨れあがり,栄養不足からくる下痢症状が至るところに見られる。……村を去る前に家の訪問を始めた。死者や死にかけた人がいない家は一軒もなかった。

(歴史学研究会編『世界史史料6』岩波書店)

① スコットランド　② ウェールズ　③ アイルランド　④ イングランド

18 南北アメリカの発展と19世紀欧米の文化

1 ラテンアメリカの独立について述べた次の文章中の空欄 ア にあてはまる地図中の地域と， イ に入る人物の名前との組合せとして正しいものを，下の①〜④のうちから一つ選べ。

フランス領であった ア は，サトウキビ栽培の拡大とともに黒人奴隷が増加していたが，フランス革命の影響をうけて， イ を指導者とする奴隷解放運動が始まった。ナポレオンが派遣したフランス軍を破り，史上はじめての黒人共和国 ア が誕生した。

① ア−a　イ−トゥサン＝ルヴェルチュール
② ア−a　イ−フアレス
③ ア−b　イ−トゥサン＝ルヴェルチュール
④ ア−b　イ−フアレス

2 右の地図はラテンアメリカの国々の独立を示す。地図中の **a〜d** について述べた文として正しいものを，次の①〜④のうちから一つ選べ。

① **a** ではカトリック司祭ディアスの蜂起が独立の契機となった。
② **b** の地域はシモン＝ボリバルの指導のもと，一時成立した大コロンビア共和国である。
③ **c** の独立指導者はサン＝マルティンである。
④ **d** はスペインの王子が帝位について，独立を宣言した。

3 アメリカ合衆国の発展とともに問題となった南北の利害対立について述べた文として**誤っているもの**を，次の①〜④のうちから一つ選べ。
① 南部では綿花栽培のための奴隷制大農場経営が発展した。
② 北部では産業革命が進み，資本主義が発達した。
③ 南部は自由貿易を推進する強力な連邦政府を望んだ。
④ 北部は奴隷制に反対し，保護関税政策を望んだ。

4 奴隷制をめぐる南北の対立の過程でおきたできごとについて述べた次の文 **a〜c** が，年代の古いものから順に正しく配列されているものを，下の①〜⑥のうちから一つ選べ。
a カンザス・ネブラスカ法が成立した。
b 共和党が結成された。
c ミズーリ協定が結ばれた。
① **a→b→c**　　② **a→c→b**　　③ **b→a→c**
④ **b→c→a**　　⑤ **c→a→b**　　⑥ **c→b→a**

5 南北戦争について述べた文として正しいものを，次の①〜④のうちから一つ選べ。
① 民主党のリンカンが大統領に当選した。
② 南部諸州はアメリカ連合国を結成した。
③ 戦争勃発後，ストウの『アンクル＝トムの小屋』が出版された。
④ 南北戦争に勝利をおさめたリンカンは奴隷解放宣言を出した。

6 次の資料を読み，南北戦争とその後の状況に関連して述べた文として正しいものを，下の①〜④のうちか

ら一つ選べ。

> ……この国に，神のめぐみのもと，自由の新しき誕生をもたらし，また，人民の，人民による，人民のための政府が，この地上より消滅することのないようにすべきであります。

① この演説は降伏した南部の首都リッチモンドでおこなわれた。
② 没落した旧大農場主は，戦後は共和党政権の支持基盤となった。
③ 黒人の多くは，奴隷身分から解放されて中小の自作農となった。
④ 南部諸州は戦後，投票権や公共施設における黒人差別を進めた。

7 アメリカ合衆国における西部開拓の進展について述べた文として**誤っているもの**を，次の①～④のうちから一つ選べ。
① ホームステッド法により，西部入植者が増加した。
② 1869年に最初の大陸横断鉄道が完成した。
③ クー＝クラックス＝クラン（KKK）が開拓の先頭に立った。
④ 1890年にフロンティアの消滅が宣言された。

8 19世紀後半のアメリカ合衆国の発展について述べた文として正しいものを，次の①～④のうちから一つ選べ。
① ペリーは1854年の日米修好通商条約で日本を開国させた。
② 東欧・南欧からの新移民が重工業の発展を支えた。
③ 経済面では大企業の独占は進まず，中産層が幅広く成長した。
④ 1867年，カナダからアラスカを購入した。

9 古典主義・ロマン主義の文学について述べた文として波線部の正しいものを，次の①～④のうちから一つ選べ。
① 『ファウスト』などにより，古典主義を大成したのはシラーである。
② ギリシア独立戦争に参加したイギリスのロマン主義詩人はバイロンである。
③ ナポレオン3世と対立し，『レ＝ミゼラブル』で知られるのはゾラである。
④ 「革命詩人」と呼ばれ，『歌の本』などで知られるのはグリムである。

10 19世紀以降の近代欧米文学について述べた文として**誤っているもの**を，次の①～④のうちから一つ選べ。
① フランスのスタンダールは『赤と黒』で写実主義文学の先駆者となった。
② ロシア近代文学を代表するトルストイは，『罪と罰』で名高い。
③ フランスのボードレールは，詩集『悪の華』で象徴主義の先駆者とされる。
④ 『人形の家』で知られるノルウェーのイプセンは，近代劇の父とされる。

11 次の文章中の空欄 ア と イ に入る人物の名前の組合せとして正しいものを，下の①～④のうちから一つ選べ。

　19世紀の音楽では，古典主義を大成したベートーヴェンを先駆とするロマン主義があらわれた。ポーランドの風土に根ざしたピアノ作品で有名な ア ，「ニーベルングの指輪」などの壮大な「楽劇」を創始したドイツの イ らがその代表的な作曲家である。
① ア－シューベルト　　イ－ヴェルディ　　② ア－シューベルト　　イ－ヴァーグナー
③ ア－ショパン　　　　イ－ヴェルディ　　④ ア－ショパン　　　　イ－ヴァーグナー

12 ドイツ観念論の発展について述べた次の文a～dが，年代の古いものから順に正しく配列されているものを，下の①～⑥のうちから一つ選べ。

a　ヘーゲルが弁証法哲学を提唱した。

b　マルクスが史的唯物論を確立した。

c　カントが『純粋理性批判』を著した。

d　フィヒテが「ドイツ国民に告ぐ」の講演をおこなった。

① a→b→c→d　　② a→c→d→b　　③ b→a→d→c

④ b→d→a→c　　⑤ c→d→a→b　　⑥ c→b→d→a

13 19世紀のイギリス哲学について述べた次の文aとbの正誤の組合せとして正しいものを，下の①〜④のうちから一つ選べ。

a　スペンサーは「最大多数の最大幸福」を唱え，功利主義を創始した。

b　ジョン゠ステュアート゠ミルは合理論哲学を受けついだ。

① a－正　　b－正　　　② a－正　　b－誤

③ a－誤　　b－正　　　④ a－誤　　b－誤

14 19世紀の社会科学について述べた文として正しいものを，次の①〜④のうちから一つ選べ。

① ドイツのランケは史料批判をとおして実証的な近代歴史学を確立した。

② 歴史学派経済学を確立したリストはドイツの自由貿易を主張した。

③ ドイツのサヴィニーは歴史法学を創始し，普遍的な自然法を尊重した。

④ 古典学派経済学のリカードは，『人口論』で人口の増加と発展を結びつけた。

15 19世紀の諸学について述べた次の文aとbの正誤の組合せとして正しいものを，下の①〜④のうちから一つ選べ。

a　イギリスでは，コントが実証主義による社会学を創始した。

b　ニーチェがキリスト教とヨーロッパ文明を批判して新しい価値観を主張した。

① a－正　　b－正　　　② a－正　　b－誤

③ a－誤　　b－正　　　④ a－誤　　b－誤

16 右の図について述べた次の文章中の空欄 ア と イ に入る語の組合せとして正しいものを，下の①〜④のうちから一つ選べ。

この図は，1859年に『 ア 』で進化論を提唱し，生物学だけでなく，人文・社会科学にも広範な影響をおよぼした イ を描いた戯画である。その自然淘汰や適者生存といった考えは，激しい論争を巻きおこした。

① ア－遺伝の法則　　イ－メンデル

② ア－遺伝の法則　　イ－ダーウィン

③ ア－種の起源　　イ－ダーウィン

④ ア－種の起源　　イ－メンデル

17 19世紀の物理・化学の成果について述べた文として正しいものを，次の①〜④のうちから一つ選べ。

① イギリスのファラデーが量子力学の基礎を確立した。

② マイヤーとヘルムホルツがエネルギー保存の法則を提唱した。

③ キュリー夫妻がX放射線の発見と利用を開拓した。

④ ドイツのレントゲンがラジウムなど放射性元素を発見した。

18 諸科学と技術の発展について述べた文として正しいものを，次の①〜④のうちから一つ選べ。

① プロペラ飛行機を発明したライト兄弟はアメリカ人である。

② フランスのパストゥールは結核菌を発見し，近代細菌学の祖とされる。

③ ドイツのコッホは狂犬病の予防接種の開発に成功した。

④　ダイナマイトを発明したノーベルはデンマーク人である。

19 通信分野を中心とした諸発明の組合せとして正しいものを，次の①〜④のうちから一つ選べ。

①　モース（モールス）－無線電信の発明

②　エディソン－電灯・映画の発明

③　ベル－電信機の発明

④　マルコーニ－電話の発明

20 探検活動について述べた文として**誤っているもの**を，次の①〜④のうちから一つ選べ。

①　アメリカのスタンリーはアフリカ大陸を探検した。

②　アメリカのピアリは初めて北極点に到達した。

③　スウェーデンのヘディンは楼蘭など，中央アジアの学術調査をおこなった。

④　イギリスのスコットは初めて南極点に到達した。

21 19世紀の列強諸国の首都は国家の威信を示すために，近代技術や土木工学を結集して道路や都市交通網が整備された。パリ大改造を実施した人物と改造がおこなわれた時期との組合せとして正しいものを，次の①〜④のうちから一つ選べ。

①　**人物**－オスマン　　**時期**－第三共和政　　②　**人物**－オスマン　　**時期**－第二帝政

③　**人物**－ガルニエ　　**時期**－第三共和政　　④　**人物**－ガルニエ　　**時期**－第二帝政

■‖■ 史資料問題編 ■‖■

第1問　19世紀のアメリカ大陸の動向に関する次の**資料1〜3**を読み，下の問い（**問1〜3**）に答えよ。

資料1

　合衆国の権利と利益に関わる原則として，南北アメリカ大陸は，自由と独立の地位を獲得し維持してきたのであるから，今後，いかなるヨーロッパ列強による植民地化の対象とならないと主張するのが，この際妥当であると判断した。……われわれは，ヨーロッパ列強自身に関わる問題をめぐる列強間の戦争には決して参加しなかったし，それはわれわれの政策にも合致しない。

（歴史学研究会編『世界史史料7』岩波書店）

資料2　1913年頃のラテンアメリカ諸国の主力輸出商品と輸出額が輸出総額に占める割合（%）

国名	第1位	比率	第2位	比率	1位・2位合計
アルゼンチン	トウモロコシ	22.5	小麦	20.7	43.2
ブラジル	コーヒー	62.3	ゴム	15.9	78.2
キューバ	砂糖	72.0	タバコ	19.5	91.5
ハイチ	コーヒー	64.0	カカオ	6.8	70.8
メキシコ	銀	30.3	銅	10.3	40.6
ベネズエラ	コーヒー	52.0	カカオ	21.4	73.4

（出典：高橋均『世界史リブレット26　ラテンアメリカの歴史』山川出版社）

資料3

　私が訪問したとき，支配人は広いトウモロコシとマンディオッカの畑に注目するようにと言った。……元奴隷たちは，条件を満たすため，コーヒー園の維持・管理と収穫・乾燥を続けるであろう。しかし，やらなければ解雇されるので仕方なくやるにすぎない。

（同上）

問1　**資料1**はアメリカ大統領が1823年に発表した教書である。この教書を出した大統領の名前と，その後のアメリカ合衆国の政策に与えた影響について説明した文との組合せとして正しいものを，下の①〜⑥のうちから一つ選べ。

大統領　　**あ**　ジェファソン　　　**い**　モンロー

政策についての説明

a　南下するロシアと協力して先住民の抵抗をおさえることに利用した。

b　イギリスによるラテンアメリカ諸国の再植民地化に利用した。

c　アメリカ合衆国がラテンアメリカ諸国へ干渉する権利として利用した。

① あ－a　　　② あ－b　　　③ あ－c　　　④ い－a　　　⑤ い－b　　　⑥ い－c

問2　**資料1**の提出時期と，アメリカ合衆国の歴史について述べた文**a〜c**とが，年代の古いものから順に正しく配列されているものを，下の①〜⑥のうちから一つ選べ。

a　カリフォルニアでゴールドラッシュがおこった。

b　アメリカ＝イギリス戦争がおこった。

c　ジャクソン大統領が強制移住法を定めた。

① **資料1**→**a**→**b**→**c**　　　② **a**→**資料1**→**b**→**c**　　　③ **b**→**資料1**→**c**→**a**

④ **a**→**b**→**資料1**→**c**　　　⑤ **b**→**c**→**資料1**→**a**　　　⑥ **b**→**c**→**a**→**資料1**

問3　**資料2**は独立後のラテンアメリカ諸国におけるおもな輸出商品と輸出額が輸出総額に占める割合を示したものである。また，**資料3**はブラジルにおけるコーヒー農園の様子を記したものである。この2つの資料から推察して，独立後のラテンアメリカ諸国の経済・貿易政策を説明した文として最も適切なものを，次の①〜④のうちから一つ選べ。

① 独立後も奴隷を使役する大地主によるプランテーション経営が経済の中心であった。

② 欧米諸国への食料の輸出政策を維持するために，保護貿易政策がとられた。

③ 欧米諸国へ鉱物資源や食料を輸出し，工業製品を輸入する自由主義貿易がとられた。

④ 独立後は欧米資本の導入が進み，モノカルチャーを脱して工業化が進められていった。

第2問　次の文章は，19世紀のヨーロッパの文化を扱った授業の様子である。これに関する下の問い（**問1〜4**）に答えよ。

資料1

先　生：この**資料1**の絵画は何を描いたものでしょうか。

生徒A：これはイギリスのロンドンにあるウェストミンスター宮殿ですね。ビッグ＝ベンで有名な国会議事堂です。

先　生：その通りです。この宮殿は1834年の火災で焼失したのち，中世という時代に範を求める　**ア**　主義の影響を受けて，ネオゴシック様式で建てられました。①現在の形に完成したのは1860年のことです。

生徒B：この絵は雲がかかっているのか，おぼろげなシルエットです。テムズ川に写っている影が不思議な感じがします。

先　生：この絵を描いたのは　**イ**　派を代表するクロード＝モネです。彼は暮れゆくロンドンの光の移ろい

を見事に描いていますね。

生徒C：19世紀の欧米の芸術には，_②時代背景によって様々な思潮があったことがわかりました。

問1 文章中の空欄 ア ・ イ に入る語の組合せとして正しいものを，次の①～④のうちから一つ選べ。

① ア－古典　　イ－写実　　② ア－古典　　イ－印象

③ ア－ロマン　イ－写実　　④ ア－ロマン　イ－印象

問2 文章中の下線部①から，このウェストミンスター宮殿の建設工事を見た可能性が最も高い人物は誰か。次の①～④のうちから一つ選べ。

① カント　　② マルクス　　③ ヘーゲル　　④ フロイト

問3 **資料1**の作品と同じ画風とされる作品として正しいものを，次の①～④のうちから一つ選べ。

①
②
③
④

問4 下線部②に関連して，当時東欧において高揚した民族運動や独立運動を背景とした音楽活動と人物との組合せとして正しいものを，下の①～⑥のうちから一つ選べ。

活動 あ 祖国のチェコの歴史風土に根差した交響詩「我が祖国」を作曲した。

　　　 い 祖国のロシアのナポレオン軍への勝利を題材に序曲「1812年」を作曲した。

人物 a ショパン　　b スメタナ　　c チャイコフスキー

① あ－a　い－b　　② あ－a　い－c　　③ あ－b　い－a

④ あ－b　い－c　　⑤ あ－c　い－a　　⑥ あ－c　い－b

アジア諸地域の動揺

■|■ 知識問題編 ■|■

1 オスマン帝国の衰退とアラブの民族運動について述べた文として正しいものを，次の①〜④のうちから一つ選べ。

① カルロヴィッツ条約で，オスマン帝国はハンガリーなどをプロイセンに割譲した。

② 19世紀初め，アラブのキリスト教徒知識人の間にアラブ文化の復興運動がおこった。

③ オスマン帝国は，ギリシアでおこった独立運動をイギリスやフランスの協力で鎮圧した。

④ アラビアのサウード家は，神秘主義と聖者崇拝を尊重するワッハーブ派と協力した。

2 19世紀のエジプトについて述べた文として**誤っているもの**を，次の①〜④のうちから一つ選べ。

① 1806年，オスマン帝国はムハンマド゠アリーのエジプト総督就任を追認した。

② 1831年にエジプト゠トルコ戦争が勃発すると，エジプトはフランスの支援を受けた。

③ 1875年，エジプトは財政難からイギリスにスエズ運河会社の株式を売却した。

④ 1881年，ウラービーがおこした革命でエジプトはオスマン帝国から完全独立をはたした。

3 19世紀のオスマン帝国の状況について述べた文として正しいものを，次の①〜④のうちから一つ選べ。

① 1839年，アブデュルハミト2世は近代国家建設をめざす改革を開始した。

② ヨーロッパの工業製品の流入により，地域産業が没落し，外国資本への従属が進んだ。

③ ロシア゠トルコ戦争後に立憲制を求める声が高まり，ミドハト憲法が発布された。

④ 1878年のベルリン条約でセルビア・ルーマニアなどの領土を回復した。

4 イラン・アフガニスタンの状況について述べた文として波線部の正しいものを，次の①〜④のうちから一つ選べ。

① 1796年，イスファハーンを首都としてガージャール朝が建国された。

② ガージャール朝は，トルコマンチャーイ条約で領土をロシアに割譲した。

③ 1848年，シク教徒がガージャール朝の専制に対して蜂起した。

④ フランスは，二度のアフガン戦争でアフガン王国の外交権を奪った。

5 右の地図をみて，インドにおけるイギリスとフランスの活動について述べた文として**誤っているもの**を，次の①〜④のうちから一つ選べ。

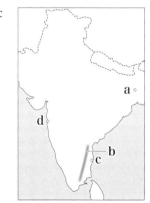

① イギリスは1757年に**a**でフランスを破った。

② **b**での3回にわたる戦争でイギリスはフランスを破った。

③ イギリス東インド会社は**c**に商館をおいた。

④ フランス東インド会社は**d**を中心に活動した。

6 イギリスがインドを植民地化していく過程でおこった事件**a**〜**d**を，年代の古いものから順に正しく並べたものを，下の①〜⑥より一つ選べ。

a マラーター戦争で勝利　　　　**b** シク戦争で勝利

c カーナティック戦争で勝利　　**d** マイソール戦争で勝利

① **a→b→d→c**　　② **a→d→c→b**　　③ **b→d→c→a**

④ **c→a→d→b**　　⑤ **c→d→a→b**　　⑥ **d→b→a→c**

7 イギリスのインド支配とインド大反乱について述べた文として正しいものを，次の①〜⑥のうちから**二つ**選べ。

① イギリスは農民に土地保有権を与えて徴税するザミンダーリー制をとった。

② イギリスの新しい土地制度・税制度はインドの伝統的社会を破壊し，農民は困窮した。

③ 19世紀に入ると，東インド会社はインド貿易独占を強化した。

④ イギリスのとりつぶし政策に反発した藩王国の反乱を契機に，インド大反乱が始まった。

⑤ インド大反乱の盟主には，名目的存在となっていたムガル皇帝が擁立された。

⑥ インド大反乱後，ヴィクトリア女王は東インド会社にインドの直接統治を指示した。

8 東南アジアを示す次の地図について，(**A**)(**B**)の設問に答えなさい。

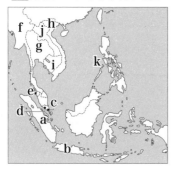

(**A**)地図中の **a** 〜 **g** について述べた文として正しいものを，次の①〜⑥のうちから**二つ**選べ。

① 18世紀半ば，オランダは **a** でイスラーム教国のマタラム王国を滅ぼした。

② 19世紀前半，オランダは財政立て直しのために，**b** で強制栽培制度を導入した。

③ イギリスは1826年に **c**・**d**・**e** をあわせてマレー連合州を結成した。

④ ラタナコーシン朝が倒れたのち，**f** にはコンバウン朝がおこった。

⑤ ３次にわたる戦争の結果，**f** はフランス領インドシナ連邦に併合された。

⑥ ラーマ４世，ラーマ５世の近代化政策もあり，**g** は植民地化を回避した。

(**B**)地図中の **h** 〜 **k** について述べた文として正しいものを，次の①〜④のうちから一つ選べ。

① 1802年，**h** では，宣教師ピニョーの支援を受けた阮福暎が黒旗軍を率いて西山朝を倒した。

② 清仏戦争後に結ばれたユエ(フエ)条約で，清は **h** へのフランスの保護権を承認した。

③ 1887年，フランスはフランス領インドシナ連邦に **i** と **j** も編入した。

④ 自由貿易を求めるヨーロッパ諸国の圧力を受け，スペインは1834年に **k** のマニラを開港した。

9 18世紀末〜19世紀の中国について述べた文として**誤っているもの**を，次の①〜④のうちから一つ選べ。

① 清では土地不足などにより農民が困窮化し，人口が急激に減少していた。

② イギリスの使節マカートニーは自由貿易を求めたが，清朝はこれを拒んだ。

③ 白蓮教徒の乱は10年近く続き，八旗など正規軍の弱体化が露呈した。

④ イギリスは中国貿易の輸入超過解消のため，三角貿易を開始した。

10 右の図は1840年にイギリスと清の間におこった戦争でイギリス軍が清軍を圧倒する場面を描いている。この戦争について述べた文として**誤っているもの**を，次の①〜④のうちから一つ選べ。

① 1838年に清朝はアヘンの取り締まりのため，林則徐を上海に派遣した。

② 1842年の南京条約で清は香港島をイギリスに割譲し，厦門など５港を開港した。

③ 1843年には不平等な五港通商章程・虎門寨追加条約が結ばれた。

④　1844年にはアメリカと望厦条約を結び，イギリスと同様の権利を認めた。

11 19世紀後半の清朝とヨーロッパ諸国が結んだ条約について述べた文として正しいものを，次の①～④のうちから一つ選べ。すべて誤っている場合は⑤を選べ。
①　1858年，英仏両国は天津条約の批准を拒み，両国軍が北京を占領した。
②　1858年，ロシアはアイグン条約で沿海州を獲得し，ウラジヴォストーク港を開いた。
③　1860年，イギリスは北京条約で清から九竜半島南部の租借権を獲得した。
④　1881年，東シベリア総督ムラヴィヨフがイリ条約を結び，清との国境を取り決めた。

12 文章中の空欄　**a**　と　**b**　に入る語の組合せとして正しいものを，下の①～⑥のうちから一つ選べ。
　　ロシアは19世紀後半には中央アジアに侵入し，　**a**　人のブハラ・ヒヴァの両ハン国を保護国とし，
　b　＝ハン国を併合した。
①　**a**－ソグド　　　**b**－クリム　　　②　**a**－ソグド　　　**b**－コーカンド
③　**a**－ウズベク　　**b**－クリム　　　④　**a**－ウズベク　　**b**－コーカンド
⑤　**a**－ウイグル　　**b**－クリム　　　⑥　**a**－ウイグル　　**b**－コーカンド

13 太平天国について述べた文として正しいものを，次の①～⑥のうちから**二つ**選べ。
①　洪秀全はイスラーム教の影響を受けて拝上帝会を組織し，広西で挙兵した。
②　太平天国は南京を占領して首都と定め，これを天京と名付けた。
③　太平天国は「扶清滅洋」をスローガンに，天朝田畝制度などの政策をとった。
④　太平天国は勢力下に入った地域で辮髪を強制し，人々の反発をまねいた。
⑤　太平天国鎮圧に，曾国藩の淮軍など漢人官僚が組織した郷勇が活躍した。
⑥　アロー戦争後，諸外国は清朝擁護に転じ，常勝軍が反乱鎮圧に活躍した。

14 1860～70年代の清朝の状況について述べた文として，波線部の**誤っているもの**を，次の①～④のうちから一つ選べ。
①　国内の秩序が一時的に安定した時期は，同治の中興と呼ばれる。
②　左宗棠ら，漢人官僚は富国強兵をめざす変法運動を展開した。
③　この時期の近代化運動は，「中体西用」の立場をとっていた。
④　外務省にあたる役所として，総理各国事務衙門が設置された。

15 幕末から明治政府成立期の日本について述べた文として正しいものを，次の①～④のうちから一つ選べ。
①　1853年，アメリカのペリー提督が根室に来航し，開国を要求した。
②　1854年にアメリカと日米修好通商条約が締結され，日本は開国した。
③　会津藩を中心に倒幕運動がおこり，1867年に幕府は政権を朝廷に返上した。
④　1868年の明治維新で新政府が成立し，西欧的近代国家の建設に取り組んだ。

16 19世紀後半の日本について述べた次の文**a**～**c**を，年代の古いものから順に並べたものとして正しいものを，下の①～⑥のうちから一つ選べ。
a　ドイツ憲法にならった大日本帝国憲法を発布した。
b　琉球藩を廃して沖縄県をおいた。
c　ロシアと樺太・千島交換条約を結んだ。
①　**a**→**b**→**c**　　　②　**a**→**c**→**b**　　　③　**b**→**a**→**c**
④　**b**→**c**→**a**　　　⑤　**c**→**a**→**b**　　　⑥　**c**→**b**→**a**

17 19世紀後半の朝鮮の状況について述べた文として正しいものを，次の①～④のうちから一つ選べ。
①　攘夷派の国王高宗と，開国派の摂政大院君が対立していた。

② 1876年，アメリカの圧力を受けて江華島条約を結び，開国した。

③ 1882年，閔氏の一族が日本と結んで壬午軍乱をおこした。

④ 1884年，金玉均ら開化派が甲申政変をおこしたが，清の介入で失敗した。

18 甲午農民戦争と日清戦争について述べた文として正しいものを，次の①〜④のうちから一つ選べ。

① 崔済愚が指導する甲午農民戦争が勃発し，日清両国が朝鮮に派兵した。

② 日清戦争後の下関条約で，清は日本に開港場での企業設立を認めた。

③ 日本はアメリカ，イギリスなどの圧力を受け，遼東半島を清に返還した。

④ 日清戦争後，日本は台湾総督府を撤廃し，台湾を直接支配下においた。

▮▮▮ 史資料問題編 ▮▮▮

第1問 世界史の授業で先生が次のような課題を出した。これに関連して，下の問い(**問1〜4**)に答えよ。

教科書には，「オスマン帝国は19世紀に入ってからは諸民族の独立運動とそれにともなうヨーロッパ勢力の干渉に苦しめられ，インドでもムガル帝国の衰退に乗じて18世紀半ば以降，イギリスが領土支配をすすめた」とあります。こうした動きに関連する資料や図版をもちより，当時の状況を考えてみましょう。(1)(2)は，この課題に対して生徒が提出した資料である。

(1) 生徒A：私はオスマン帝国が「諸民族の独立運動に苦しめられ」という部分に注目し，次の**資料**を選び，**資料**に登場するムハンマド＝アリーについての**メモ**をつくりました。彼は ┌ ア ┐ の近代化を進め，オスマン帝国からの自立をめざしたようです。

資料 ロンドン四国条約(1840年)

第1条 〔オスマン帝国スルタン〕陛下は，ムハンマド＝アリーと彼の直系の子孫に対し， ┌ ア ┐ 州の行政権を与えることを約束する。そして，陛下はさらに，ムハンマド＝アリーに対し，その生涯に限り，アッカ総督の称号と，アッカの聖ジョージ要塞の指揮権とともに， ┌ イ ┐ 南部の行政権を与えることを約束する。 ┌ イ ┐ 南部の境界については，下記に定める。

(歴史学研究会編『世界史史料8』岩波書店)

ムハンマド＝アリーについての**メモ**

1818年 オスマン帝国の要請を受け， ┌ ウ ┐ を滅ぼす

1822年 オスマン帝国の要請を受け，ギリシア独立戦争に参戦

1831年 資料中の ┌ イ ┐ の領有を求めて①オスマン帝国と開戦

問1 **資料・メモ**の空欄 ┌ ア ┐ と ┌ イ ┐ に入る地名の組合せとして正しいものを，次の①〜⑥のうちから一つ選べ。

① アーシリア　　　イーチュニジア　　② アーシリア　　　イーエジプト

③ アーエジプト　　イーシリア　　　　④ アーエジプト　　イーチュニジア

⑤ アーチュニジア　イーエジプト　　　⑥ アーチュニジア　イーシリア

問2 **メモ**中の空欄 ┌ ウ ┐ について述べた次の文**a**と**b**の正誤の組合せとして正しいものを，下の①〜④より一つ選べ

a イスラーム改革派が豪族サウード家と結んで建設した。

b 神秘主義と聖者崇拝を確立することの重要性を主張した。

① **a**−正　　**b**−正　　　② **a**−正　　**b**−誤

③ **a**−誤　　**b**−正　　　④ **a**−誤　　**b**−誤

問3 **資料**も参照し，**メモ**中の下線部①について述べた次の文**a**と**b**の正誤の組合せとして正しいものを，下の①〜④のうちから一つ選べ

a フランスはオスマン帝国を支援し，ムハンマド＝アリーを苦しめた。

b ムハンマド＝アリーは　**イ**　を世襲の領土とすることに成功した。

① **a**－正　　**b**－正　　② **a**－正　　**b**－誤

③ **a**－誤　　**b**－正　　④ **a**－誤　　**b**－誤

（2）生徒B：私はイランの民衆反乱に関連する**資料**と，インドの民衆反乱に関係する**図a**・中国の反乱に関係する**図b**を選びました。アジアの諸地域でヨーロッパの進出に抵抗する大規模な抵抗運動が，同時期におこっていることに驚きました。

資料

　〔シーラーズに移ったバーブは〕自分のコーランは預言者のコーランより優れ，自分の宗教は預言者の宗教を取り除くものだと主張したため，〔ウラマーの怒りを買い〕彼は捕えられて，投獄された。……イスファハーン知事の没後，彼は弟子たちとともにアゼルバイジャンに送られることになったが，〔彼の弟子たちは〕彼の書物を第二のコーランと見なし，異端にもかかわらずその合法性を復活させ，多くの謎の用語を受け入れ，大反乱に立ち上がった。盲信的になった多くの者が彼を指導者として受け入れ，それぞれの都市で多くの者がこの機会を利用して，ウラマーに異端宣告し，彼らを殺害したために，双方で被害者が出た。

（歴史学研究会編『世界史史料8』岩波書店）

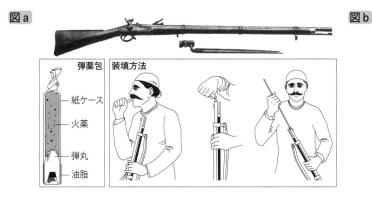

図a

図b

問4 この**資料**と**図a**・**図b**に関連して述べた文として**誤っているもの**を，次の①〜④のうちから一つ選べ。

① この**資料**が残された時代のイランでは，ロシアに治外法権を認めるなど，社会を混乱させたガージャール朝の支配に対して民衆の不満が高まっていた。

② **資料**に出てくるバーブは救世主の再臨を説き，混乱する社会の立て直しを主張したが，ウラマーたちはそれを認めずに彼を異端とした。

③ **図a**はシパーヒーに支給されたライフル銃と薬包だが，この薬包に牛の脂が塗られていたことに，ヒンドゥー教徒の兵士が反発したのが反乱勃発の原因となった。

④ **図b**は，常勝軍を率いて太平天国鎮圧に活躍したゴードンで，彼は清朝から官位を授かり，そののちには清軍を率いて戦い，日清戦争で戦死した。

次の**資料1〜4**を読み，下の問い（**問1・2**）に答えなさい。

資料1

一，京師（北京）に総理各国事務衙門を設けて，各国事務に責任をもたせることとする。これまで各国との事件は，各省の総督巡撫から中央に報告され，軍機処がそれをとりまとめて処理してきた。近年，各方面の軍隊から続々と報告があり，また外国関係の業務が次から次へと発生している。外国の欽差大臣が京師に駐在するようになってから，もし問題の処理を集中して行なわなければ，必ず処理が長引き，適切な解決法を知ることもできなくなる。総理各国事務衙門は，王大臣がこれを主導し，軍機大臣が諭旨に基づいて業務を兼任しないとなれば，おそらくは誤りを生むことになるので，みな軍機大臣との兼任とする。

（歴史学研究会編『世界史史料9』岩波書店）

資料2

大日本国，大朝鮮国ト素ヨリ友誼ニ敦ク，年所ヲ歴有セリ。今，両国ノ情意未ダ洽ネカラザルヲ視ルニ因テ，重テ旧好ヲ修メ，親睦ヲ固フセント欲ス。……第一款　朝鮮国ハ自主ノ邦ニシテ，日本国ト平等ノ権ヲ保有セリ。嗣後，両国和親ノ実ヲ表セント欲スルニハ，彼此互ニ「同等ノ礼義ヲ以テ相接待シ，毫モ侵越猜嫌スル事アルベカラズ。

（同上）

資料3

西洋各国は海軍を強化して海上を縦横に往来し，船式も日進月歩のありさまです。臣鴻章も今回地台・大連湾において親しく英・仏・露の各軍艦に赴き，詳細に視察いたしましたが，いずれも設備は極めて堅牢で，なかでも英艦がもっとも勝れていると思われました。また，日本はまことに狭苦しい小国ですが，それでも努力して経費を節約し，毎年巨艦を増加しています。しかるに中国は〔光緒〕一四年に北洋海軍を創設して以来，今日まで，いまだに一艦をも加えておらず，わずかに現有の大小二〇余隻の軍艦をもって訓練に努めているにすぎません。ひそかに後難のおこることを恐れております。

（同上）

資料4

黒竜江および松花江の左岸は，アルグン川から〔その下流の黒竜江と〕松花江との合流点までをロシアの所属地とし，松花江の右岸は，順江からウスリー川との合流点までを清の属地とする。ウスリー川から海にいたるすべての地域から両国の境界線に至る地域は，清とロシアの共同管理地とする。黒竜江，松花江，ウスリー川の航行は，清とロシアにだけ認められ，他国には許されない。黒竜江の左岸で，ゼーヤ川からホルモルジン村にいたる地域には，満洲人などが住んでいるが，彼らはこれまでどおり当該地域に居住し続けてよく，管轄も清朝に属するものとして，ロシア側が彼らと騒ぎをおこしたり，危害を与えたりしてはならない。

（同上）

問1　**資料1〜4**を年代の古いものから順に正しく並べているものを，次の①〜⑧のうちから一つ選びなさい。

① 1→3→2→4　　② 1→3→4→2　　③ 2→4→1→3　　④ 2→3→1→4

⑤ 3→4→1→2　　⑥ 3→2→4→1　　⑦ 4→3→2→1　　⑧ 4→1→2→3

問2　**資料**1〜4の説明として正しいものを，次の①〜④のうちから一つ選べ。

① **資料**1 −清は外国の公使に対応するために総理各国事務衙門を設置した。

② **資料**2 −朝鮮は外交権と内政権を日本に移譲することを認めた。

③ **資料**3 −清朝は海軍力で日本を圧倒できると自信をもっている。

④ **資料**4 −清はイギリスに黒竜江，松花江の自由航行権を認めた。

20 帝国主義と世界分割

||■ 知識問題編 ■||

1 帝国主義時代について述べた文として正しいものを，次の①～④のうちから一つ選べ。
① フランスとアメリカ合衆国が，石油と電力を動力源とする第2次産業革命を主導した。
② 銀行の融資により，各工業分野で多数の小規模企業が並び立った。
③ イギリスは，保守党ディズレーリ内閣の時にスエズ運河を開通させた。
④ 資源供給地や輸出市場としての植民地の重要性が見直された。

2 1914年における列国の本国と植民地の面積を示す次の図について，a～fの国名の組合せとして正しいものを，次の①～⑥のうちから一つ選べ。

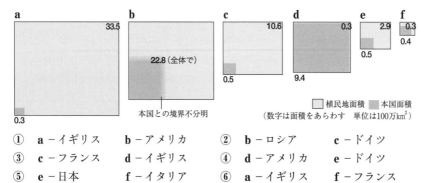

	植民地面積 ▢ 本国面積 ▪
（数字は面積をあらわす　単位は100万km²）	

① a－イギリス　b－アメリカ
② b－ロシア　c－ドイツ
③ c－フランス　d－イギリス
④ d－アメリカ　e－ドイツ
⑤ e－日本　f－イタリア
⑥ a－イギリス　f－フランス

3 19世紀末から20世紀初めのイギリスについて述べた文として正しいものを，次の①～④のうちから一つ選べ。
① 1899年，植民相ジョゼフ＝チェンバレンが南アフリカ（ブール）戦争をおこした。
② 1901年，オーストラリア連邦がイギリス最初の自治領となった。
③ 1906年に成立した労働党は，革命による社会主義実現をめざした。
④ 1911年の議会法で，上院の法案決定権が下院に優先することが確定した。

4 アイルランド問題について述べた文として**誤っているもの**を，次の①～④のうちから一つ選べ。
① 1914年，保守党内閣がアイルランド自治法を成立させた。
② 北アイルランドはアイルランド自治法に反対し，シン＝フェイン党と対立した。
③ 政府は，第一次世界大戦の勃発を理由に，アイルランド自治法の実施を延期した。
④ 1916年におこった，アイルランド独立強硬派によるイースター蜂起は鎮圧された。

5 19世紀末から20世紀初めのフランスについて述べた文として**誤っているもの**を，次の①～④のうちから一つ選べ。
① ドイツとの同盟政策を基盤にイギリスやロシアに対抗した。
② カトリック教会の政治介入を排除する政教分離法が成立した。
③ 元陸相のブーランジェ将軍が保守勢力の支持で政権奪取を狙った。
④ ユダヤ系の軍人ドレフュスがスパイ容疑で終身刑を宣告された。

6 ヴィルヘルム2世の政策とドイツの社会主義政党について述べた文として正しいものを，次の①～④のうちから一つ選べ。
① ヴィルヘルム2世は社会主義弾圧をめざし，社会主義者鎮圧法を延長した。
② フランスを敵視するヴィルヘルム2世は，ロシアとの再保障条約を更新した。
③ 社会主義革命をめざすベルンシュタインらの方針は，修正主義と呼ばれる。

④　社会民主党は急速に勢力を伸ばし，1912年に議会第一党となった。

7 19世紀後半から20世紀初めのロシアの状況について述べた文として正しいものを，次の①〜④のうちから一つ選べ。
①　1890年代，イギリス資本の導入でシベリア鉄道建設が開始された。
②　デカブリストの流れをくむ社会革命党が結成された。
③　マルクス主義を掲げるロシア社会民主労働党が結成された。
④　共和制の樹立をめざす立憲民主党が設立された。

8 右の図は，1905年にロシアでおこった事件を描いたものである。これに関連して述べた文として正しいものを，次の①〜④のうちから一つ選べ。
①　社会主義者がペテルブルクで武装蜂起し，血の日曜日事件をおこした。
②　モスクワでは労働者の評議会（ソヴィエト）が武装蜂起をおこした。
③　アレクサンドル3世は十月宣言を発し，ドゥーマの開設などを約束した。
④　自由主義者のウィッテが首相となり，ミールの解体などにとりくんだ。

9 19世紀末から20世紀初めのアメリカ合衆国の状況について述べた文として正しいものを，次の①〜⑥のうちから**二つ**選べ。
①　マッキンリー大統領はアメリカ＝スペイン戦争に勝利し，キューバやハワイを獲得した。
②　国務長官ジョン＝ヘイは，中国に関する門戸開放政策を提言した。
③　セオドア＝ローズヴェルト大統領は，国内では独占企業保護政策をとった。
④　タフト大統領は中米諸国に武力干渉をおこない，パナマ運河建設に着手した。
⑤　ウィルソン大統領は「新しい自由」を掲げ，反トラスト法を強化した。
⑥　ウィルソン大統領は，パナマの独立と同国のパナマ運河管理を支援した。

10 19世紀後半から20世紀初めの国際的な社会主義運動について述べた文として正しいものを，次の①〜④のうちから一つ選べ。
①　1889年に，ベルリンで第2インターナショナルが結成された。
②　第2インターナショナルでは，無政府主義が社会主義思想の主流となった。
③　第2インターナショナルでは，ドイツ社会民主党が中心となった。
④　各国の社会主義政党は，第一次世界大戦中も自国の戦争遂行に反対した。

11 ヨーロッパのアフリカ進出の背景について述べた次の文章中の空欄　**a**　と　**b**　に入る語の組合せとして正しいものを，下の①〜⑥のうちから一つ選べ。
　　　a　らの探検は列国のアフリカに対する関心を高めた。やがて，コンゴ地域をめぐる対立がおこると，1884〜85年，ビスマルクは列国に呼びかけてベルリン会議を主催し，　**b**　国王の所有地としてコンゴ自由国の設立を認めた。
①　**a**－スタンリー　　**b**－ベルギー　　②　**a**－スタンリー　　**b**－ポルトガル
③　**a**－スタンリー　　**b**－イギリス　　④　**a**－アムンゼン　　**b**－ベルギー
⑤　**a**－アムンゼン　　**b**－ポルトガル　　⑥　**a**－アムンゼン　　**b**－イギリス

12 イギリスのアフリカ進出に関連する次の文**a**〜**c**が，年代の古いものから順に正しく配列されているものを，下の①〜⑥のうちから一つ選べ。

a ブール人を破り，トランスヴァール共和国・オレンジ自由国を併合した。

b ウラービー運動を武力で鎮圧し，エジプトを事実上の保護下においた。

c ゴードン指揮下のイギリス軍が，ハルツームでマフディー派に敗れた。

① a→b→c　　② a→c→b　　③ b→a→c

④ b→c→a　　⑤ c→a→b　　⑥ c→b→a

13 フランスとドイツのアフリカ進出について述べた文として正しいものを，次の①～④のうちから一つ選べ。

① フランスは，ナイジェリアとジブチ・マダガスカルを結ぶ横断政策をとった。

② フランスは，縦断政策をとるイギリスとファショダで衝突し，これを破った。

③ ドイツは1880年代にカメルーン・南西アフリカなどを植民地としていた。

④ ドイツはイギリスと結んでフランスに対抗し，2度のモロッコ事件をおこした。

14 右のアフリカの地図中の **a～f** について，20世紀初頭に独立を保っていた国の組合せとして正しいものを，次の①～⑥のうちから一つ選べ。

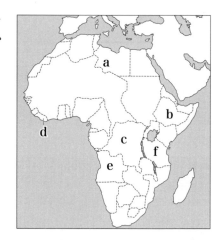

① a－c　　② b－d

③ c－e　　④ d－f

⑤ e－a　　⑥ f－b

15 右の地図中の **a～d** について述べた文として正しいものを，次の①～④のうちから一つ選べ。

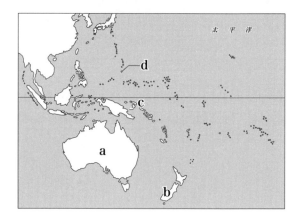

① **a** はポルトガルの植民地だったが，19世紀中頃に金鉱が発見されて急速に発展した。

② ドイツは **b** でおこった先住民のマオリ人の抵抗を武力でおさえこんだ。

③ フランスは1880年代に **c** を獲得し，太平洋への進出の拠点とした。

④ **d** はスペインの植民地だったが，19世紀末の戦争でアメリカに奪われた。

16 19世紀後半から20世紀初頭のラテンアメリカの状況について述べた文として**誤っているもの**を，次の①～④のうちから一つ選べ。

① 多くの国で，政教分離を進める自由主義政党が保守政党を破り政権を握った。

② 中米ではアメリカ合衆国，南米ではイギリスの経済的影響力が強かった。

③ アメリカ合衆国は1889年以来，パン゠アメリカ会議を定期的に開催した。

④ ブラジルは1888年に奴隷制廃止を決定し，翌年共和政に移行した。

17 19世紀後半から20世紀初頭のメキシコについて述べた文として波線部の**誤っているもの**を，次の①～④のうちから一つ選べ。

① <u>フアレス政権</u>への保守派の反乱に乗じて，<u>1861年</u>ナポレオン3世が介入した。

② フランス撤退後，ディアス大統領は鉱山開発などによる近代化を進めた。

③ 1910年，独裁政権に対して自由主義者マデロの呼びかけで革命がおこった。

④ 1917年，農民指導者サパタが民主的な憲法を制定し，大統領となった。

18 20世紀初頭のヨーロッパの国際関係について述べた次の文章中の空欄 **b** と **d** の国名の組合せとして正しいものを，下の①〜⑥のうちから一つ選べ。

　　1905年に日本と **a** の戦争が終わった後，**a**・**b**・**c** は **d**・**e** を共通の脅威とみて，協力関係に入った。**d**・**e** と同盟関係にあった **f** は領土問題をめぐって **d** と対立するようになり，モロッコをめぐって **e** と対立する **b** に接近した。この結果，諸列強は，**c** と **e** をそれぞれの中心とする二つの陣営に分かれた。

① **b**−イギリス　　**d**−ドイツ　　　　② **b**−イギリス　　**d**−オーストリア

③ **b**−イギリス　　**d**−ロシア　　　　④ **b**−フランス　　**d**−ドイツ

⑤ **b**−フランス　　**d**−オーストリア　　⑥ **b**−フランス　　**d**−ロシア

■▊ **史資料問題編** ▊■▊

第1問 19世紀を通じて，多くの人々がヨーロッパからアメリカ合衆国へ移民として渡っていった。

問1 次の**グラフ**は，ヨーロッパからアメリカ合衆国への移民の出身地域の変化を示す。東欧・南欧からの移民はどれにあたるか，正しいものを，下の①〜④のうちから一つ選べ。

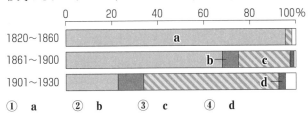

① a　　　② b　　　③ c　　　④ d

問2 次の**資料**は，イタリアの経済学者F＝S＝ニッティが1907〜08年に南部の農村でおこなった聞き取り調査の一部である。この資料から読み取れる内容，またイタリアの移民事情についての説明として正しいものを，下の①〜④のうちから一つ選べ。

資料

・カストロヴィッラリ(1)の町長は次のように述べた。「移民は自発的に行われ，業者の斡旋活動はほとんど影響を与えていません。ポーランド人・ロシア人などの東欧系の人々，中には帰郷して結婚式も執り行わずに結婚し，妻とともにアメリカに渡る者もいます。その場合，新婦の嫁資はたいてい渡航の費用に埋め合わされるのです」。……

・バリーレ(2)の若い農民は次のように述べた。「自分は8日前にニューヨークから帰ったところです。向こうでは3年くらい働いていました。最初は絹織物の工場で働き，それから武器工場で働いて一日に1ドル半を稼ぎました。帰ってきたのはイタリアの方がましだと思ったからだけれども，こっちの方がやっぱりひどかった。貯金は何も持ち帰れなかった。もし渡航費用が工面できたら，もう一度移民しようと思います。アメリカに行ったのは従兄弟が渡航費用を送ってくれたからです」。……

・トリカーリコ(3)の労働者協会会長は次のように述べた。「私はアメリカでいくらかお金を蓄えました。アメリカに行く前は小さな商店を営んでいたのですが高利貸しにやられました。なにしろ50%や60%の利子を払わされていたんですから。1893年に移民し1903年に帰ってきました。いたのはニューヨークだけです。そこでずっと時計工場で働いていました。アメリカで仕事を覚えました。2000リラをためて家族の借金を返したら1000リラが残りました。ここでは地主と農民はどちらかといえば反目しあっています。農民は自分の仕事で精一杯で，地主はそれに対していつも腹を立てています」。

(歴史学研究会編『世界史史料6』岩波書店)

① イタリアからアメリカに渡った移民で，故郷に帰ってくる者は非常に少数であった。

② アメリカに渡った移民の大半は，職人としての技術をもつイタリア北部の人々であった。

③ 移民がアメリカである程度の富をもち帰っても，農村での生活はあまり改善されなかった。

④ 必要に迫られて移民したが，アメリカに行くことに強い抵抗感をもつ人が多数であった。

第2問 19世紀末，ヨーロッパ諸国は世界各地で植民地獲得競争を展開した。一方，現地の人々の抵抗運動はやがて民族主義運動へと発展していった。ヨーロッパ諸国の植民地獲得をめざす動きに関する**資料1**と現地の人々の抵抗運動に関する**資料2**を読み，下の問い（**問1・2**）に答えよ。

資料1

第1条　イタリア－エチオピア間の戦争状態は完全に終わった。したがって，イタリア国王陛下，エチオピア国王陛下，およびその後継者たちや臣民たちの間には，永遠なる平和と友好がもたらされるだろう。

第3条　イタリアは，主権を有し独立した国家としてのエチオピア帝国の絶対的で留保なしの独立を承認する。

第5条　イタリア政府とエチオピア政府が両国ともに一致して最終的な国境を画定するまでは，イタリア政府は他のいかなる列強にも領土を譲渡しないことを約束する。独自の意思にもとづいて所有する領土の一部を放棄したい場合は，エチオピアに返還する。

(歴史学研究会編『世界史史料8』岩波書店)

資料2

3　国民党は外国に対する債務を――それがエジプトのためではなく，ある不誠実で無責任な支配者の個人的利害のために生じたものであることは知りつつ――国家の名誉にかかわるものとして全面的に受け入れることを宣言し，国民的な責務を完全に果たすため，財政管理官たちに協力する用意がある。しかしながら国民党は，現在の態勢は一時的な性格のものであると見なしており，祖国を債務者たちの手から徐々に請け出していきたいと希望している。国民党の目的は，いつの日かエジプトが完全にエジプト人の手に委ねられるのを見ることである。

(同上)

問1　右の地図を見て，**資料1**と関連する場所として正しいものを，次の①～④のうちから一つ選べ。

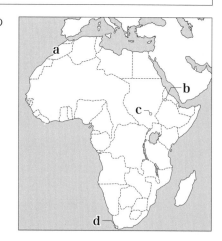

①　a　　　②　b　　　③　c　　　④　d

問2　**資料2**と関係の深い人物として正しいものを，次の①～④より一つ選べ。

① ウラービー　　　② イブン゠サウード

③ ミドハト゠パシャ　④ ホセ゠リサール

第3問 条約に関する次の**資料1～3**は，その条約が締結された順に並んでいる。これらを読んで，下の問いに答えよ。

資料1

1. ▢A▢ が◻️◻️◻️◻️または◻️◻️◻️◻️に支持されたイタリアによって攻撃された場合に， ▢B▢ は，◻️◻️◻️◻️を攻撃するため，その使用可能な全兵力を用いるものとする。 ▢B▢ が◻️◻️◻️◻️または◻️◻️◻️◻️によって支持されたオーストリアによって攻撃された場合， ▢A▢ は，◻️◻️◻️◻️と戦うためその使用可能の全兵力を用いるものとする。

5. ▢A▢ および ▢B▢ は単独に講和を締結してはならない。

6. この協約は，三国同盟と存続期間を同じくするものとする。

（江上波夫監修『新訳世界史史料・名言集』山川出版社）

資料2

1. ▢C▢ 政府はエジプトの政治的現状を変更する意図をもたないことを宣言する。一方， ▢A▢ 政府は， ▢C▢ の占領に期限をつけるよう要求することにより，あるいは他のなんらかの方法により，この国での ▢C▢ の行動を妨害しないことを宣言する。……

2. ▢A▢ 政府はモロッコの政治的現状を変更する意図をもたないことを宣言する。一方， ▢C▢ 政府は，この国での秩序を維持し，この国の必要とするすべての行政・経済・財政・軍事改革のために援助を与える任務が，その領土が長い国境でモロッコに接する国家である ▢A▢ に属することを承認する。

　　 ▢C▢ 政府は， ▢C▢ が条約・協定・慣習によってモロッコで享受している権利が侵されないことを条件として，上記目的のために ▢A▢ の行動を妨害しないことを宣言する。

（同上）

資料3

1. ▢C▢ は，鉄道・銀行・電信・道路・運輸のごとき，政治的または通商的性質をもつ権益をカスリーシリン，イスバハン，エズド，カークを経てペルシア国境上における ▢B▢ ・アフガニスタン国境の交点にいたる線を越えて求めることなく，また第三国民のためのみならず ▢C▢ 国民のためにも支持しないことを約束する。

2. 一方 ▢B▢ は同様の権益をアフガニスタン国境からガジク，ビルジャンド，ケルマンを経てバンダルアッバスに至る線を越えて……要求しないことを約束する。

（同上）

問 資料中の ▢A▢ ・ ▢B▢ ・ ▢C▢ に入る国名の組合せとして正しいものを，次の①～⑥のうちから一つ選べ。

	①	②	③	④	⑤	⑥
A	イギリス	イギリス	フランス	フランス	ロシア	ロシア
B	フランス	ロシア	イギリス	ロシア	イギリス	フランス
C	ロシア	フランス	ロシア	イギリス	フランス	イギリス

21 アジア諸国の改革と民族運動

▌▌▌ 知識問題編 ▌▌▌

■1 次の地図は香港の植民地化の推移を示している。地図中の **a～c** について述べた文として正しいものを，下の①～④のうちから一つ選べ。

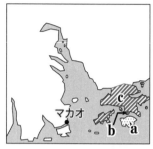

① 天津条約で，清朝は **a** をイギリスに割譲した。

② 南京条約で，清朝は **b** をイギリスに割譲した。

③ 北京条約で，清朝は **c** をイギリスに割譲した。

④ 1997年，イギリスは **a・b・c** を中国に一括返還した。

■2 アメリカ合衆国の東アジア進出について述べた次の文 **a** と **b** の正誤の組合せとして正しいものを，下の①～④のうちから一つ選べ。

a アメリカ＝メキシコ戦争でフィリピンを得て，中国進出の足がかりを築いた。

b 1899年，国務長官ジョン＝ヘイは列強に中国の領土保全を提唱した。

① **a**－正　　**b**－正　　　② **a**－正　　**b**－誤

③ **a**－誤　　**b**－正　　　④ **a**－誤　　**b**－誤

■3 19世紀末の清朝でおこった政治変動について述べた文として正しいものを，次の①～④のうちから一つ選べ。

① 考証学者の康有為は，明治維新にならった根本的改革の必要性を説いた。

② 光緒帝は康有為の説得を受け，立憲君主制をめざす改革に取り組んだ。

③ 保守派が西太后と結んでおこしたクーデタは，戊戌の変法と呼ばれる。

④ 康有為・梁啓超は日本に亡命し，清朝打倒をめざす革命運動に転じた。

■4 19世紀後半の中国で頻発した仇教運動と**関係性が最も弱いもの**を，次の①～④のうちから一つ選べ。

① 列強により中国分割が進行した。

② 北京条約によりキリスト教布教が公認された。

③ 民間信仰に諸宗教を融合した東学が成立した。

④ 民衆による宣教師襲撃や信徒排撃が頻発した。

■5 義和団戦争について述べた文として正しいものを，次の①～⑤のうちから**二つ選べ**。

① キリスト教を掲げる武術集団の義和団が，山東半島で反乱をおこした。

② 義和団が北京に入ると，清朝の保守排外派は列強に宣戦布告した。

③ 在留外国人保護を名目に，アメリカ・ロシアを主力とする連合軍が出動した。

④ 1901年，清と列強の間には講和条約として黄埔条約が結ばれた。

⑤ 講和条約で，清は列強に巨額の賠償金支払いと北京への外国軍駐屯を認めた。

■6 日露戦争に至る状況ならびに日露戦争の経過・結果について述べた文として**誤っているもの**を，次の①～⑥のうちから**二つ選べ**。

① 南下政策を進めるロシアは，義和団戦争後も中国東北から撤兵しなかった。
② イギリスは日英同盟でロシアの南下を牽制した後，南アフリカ戦争を開始した。
③ 日本は英・米の経済的援助を背景に，ロシアに対して強硬姿勢をとった。
④ 日本は日本海海戦などに勝利したが，長期戦に耐える経済力はなかった。
⑤ ペテルブルクでの二月(三月)革命などで，ロシアでは社会不安が高まっていた。
⑥ セオドア゠ローズヴェルト大統領の仲介で，日露両国はポーツマス条約を結んだ。

7 日露戦争後の列国の状況について述べた文として正しいものを，次の①〜④のうちから一つ選べ。
① 日本はロシアから南満洲鉄道株式会社を譲渡され，大陸進出を進めた。
② 韓国は日韓協約を結び，外交・内政の実権を日本に奪われていった。
③ イギリスは日英同盟を解消して英露協商を結び，ロシアとの関係を深めた。
④ アメリカは講和の仲介を機に，日本との協力関係を深めていった。

8 日本による韓国併合の過程について述べた文として正しいものを，次の①〜④のうちから一つ選べ。
① 1905年，日本は朝鮮総督府を設置し，伊藤博文が初代総督となった。
② 1907年，韓国皇帝の高宗はジュネーヴの万国平和会議に密使を送った。
③ 列強は日本に朝鮮からの撤退を勧告したが，日本はこれを無視した。
④ 1910年，日本は韓国を併合し，武断政治をおこなった。

9 20世紀初めの清の改革と，清朝打倒をめざした諸勢力の動きについて述べた文として正しいものを，次の①〜⑥のうちから**二つ**選べ。
① 科挙の廃止や学校の設立など，一連の改革は光緒新政と呼ばれる。
② 共和政実現をめざし，憲法大綱を発表して国会開設を約束した。
③ 地方の有力者や民衆は，増税を伴う清朝の改革に反発した。
④ 孫文は1894年に上海で興中会を組織し，蜂起したが失敗した。
⑤ 1905年に東京で革命諸団体が結集し，華興会を組織した。
⑥ 海外の華僑や留学生は革命には消極的で，清朝支持の姿勢をとった。

10 革命運動の指針となった孫文の三民主義について述べた文として**誤っているもの**を，次の①〜④のうちから一つ選べ。
① 異民族王朝である清朝の打倒と漢民族の独立を説いた。
② 中国人の意識改革のため白話運動を展開した。
③ 専制を打倒し主権在民の共和国建国をめざした。
④ 土地改革の推進などで社会問題改善に取り組んだ。

11 1911年に辛亥革命が勃発するまでの経緯について述べた文として正しいものを，次の①〜④のうちから一つ選べ。
① 1911年，改革派の官僚を中心に成立した内閣は，幹線鉄道の国有化をはかった。
② 鉄道国有化に対し，これまで利権回収を進めてきた清の皇族たちが猛反対した。
③ 四川で暴動がおこり，1911年10月には孫文の指導下に武昌で革命派が蜂起した。
④ 辛亥革命は各地に広がり，1カ月のうちに大半の省が独立を表明した。

12 中華民国の成立から1916年までの中国の状況に関連して述べた文として正しいものを，次の①〜④のうちから一つ選べ。
① 1912年1月に中華民国の建国が宣言され，孫文が初代首相となった。
② 中華民国は南京を首都と定め，アジアで最初の共和国となった。
③ 第二革命が鎮圧された後，孫文らは秘密結社の国民党を組織した。

④ 張学良が帝政を宣言したが，諸外国からの支持を得られなかった。

13 20世紀初めのチベット・モンゴルの状況について述べた次の文 **a** と **b** の正誤の組合せとして正しいものを，下の①～④のうちから一つ選べ。

a 1913年，チベットではダライ゠ラマ14世が独立を主張する布告を発した。

b 1924年，内モンゴルでモンゴル人民革命党がモンゴル人民共和国を建てた。

① **a**－正　　**b**－正　　② **a**－正　　**b**－誤

③ **a**－誤　　**b**－正　　④ **a**－誤　　**b**－誤

14 19世紀末から20世紀初めのインドの民族運動について述べた文として正しいものを，次の①～⑥のうちから**二つ**選べ。

① インドとイギリスの思惑が一致し，ボンベイで国民会議が結成された。

② ボンベイで開かれた会議は，急進派のティラクが主導権を握った。

③ 1905年にベンガル分割令が発表されると，国民会議は反対運動を展開した。

④ 1906年の国民会議の大会で，プールナ゠スワラージなど4綱領が発表された。

⑤ 1906年にイスラーム教徒も，反英的な全インド゠ムスリム連盟を結成した。

⑥ 1911年にイギリスはベンガル分割令を撤回し，首都をカルカッタに移した。

15 ベトナムの民族運動の展開に関連して述べた次の文 **a**～**c** が，年代の古いものから順に正しく配列されているものを，下の①～⑥のうちから一つ選べ。

a 日本へ留学生をおくるドンズー(東遊)運動が組織された。

b 中国国民党の支援でベトナム光復会が組織された。

c ファン゠ボイ゠チャウが維新会を結成した。

① **a**→**b**→**c**　　② **a**→**c**→**b**　　③ **b**→**a**→**c**

④ **b**→**c**→**a**　　⑤ **c**→**a**→**b**　　⑥ **c**→**b**→**a**

16 インドネシアの民族運動の展開について述べた次の文章中の空欄　**ア**　と　**イ**　に入る語の組合せとして正しいものを，下の①～⑥のうちから一つ選べ。

　インドネシアでは，強制栽培制度の廃止など植民地政策の見直しが急務となった。現地への権力委譲がうたわれ，　**ア**　語の教育を受けた人々の間には民族的自覚がうまれていった。1911年に結成された民族的な組織は翌年　**イ**　となり，18～20年の民族運動高揚期に中心的役割をはたした。

① **ア**－フランス　　　**イ**－ブディ゠ウトモ

② **ア**－フランス　　　**イ**－イスラーム同盟(サレカット゠イスラム)

③ **ア**－ポルトガル　　**イ**－ブディ゠ウトモ

④ **ア**－ポルトガル　　**イ**－イスラーム同盟(サレカット゠イスラム)

⑤ **ア**－オランダ　　　**イ**－ブディ゠ウトモ

⑥ **ア**－オランダ　　　**イ**－イスラーム同盟(サレカット゠イスラム)

17 フィリピンの民族運動について述べた文として正しいものを，次の①～④のうちから一つ選べ。

① 1880年代から，アギナルドらは民族意識の覚醒をめざす言論運動を開始した。

② 1896年，フィリピン革命がおこり，同年フィリピン共和国が建国された。

③ アメリカはフィリピン共和国を破り，1902年から植民地統治を開始した。

④ ホセ゠リサールらムスリム勢力は，各地でアメリカへの抵抗運動を続けた。

18 19世紀～20世紀初めのオスマン帝国とガージャール朝の状況について述べた文として**誤っているもの**を，次の①～⑥のうちから**二つ**選べ。

① ロシア゠トルコ(露土)戦争が勃発すると，スルタンは専制政治を強化した。

② 憲法復活を求める「青年トルコ人」は、「統一と進歩団」を結成した。

③ 1908年におこった青年トルコ革命によって、ミドハト憲法が復活した。

④ 1848年には、社会改革を唱えるバーブ教徒の乱がおこったが、鎮圧された。

⑤ 19世紀末、ロシアに与えたタバコの独占権に反対する運動がおこった。

⑥ 20世紀初めにおこった立憲革命は、フランス・ロシアの介入で失敗した。

■║■ 史資料問題編 ■║■

第1問 世界史の授業において、中国の近代史に関する資料を読み、生徒たちが感想を語っている。資料と生徒たちの会話について、下の問い(問1～3)に答えよ。

第1条 清国は朝鮮国が完全無欠なる独立自主の国であることを確認し、独立自主を損害するような　ア　永遠に廃止する。

第2条・第3条 清国は遼東半島、台湾、澎湖諸島など付属諸島嶼の主権ならびに当該地方にある城塁、兵器製造所及び官有物を永遠に日本に割与する。

第4条 清国は　イ　。

第5条 割与された土地の住人は自由に所有不動産を売却して居住地を選択することができ、条約批准2年後も割与地に住んでいる住人は日本の都合で日本国民と見なすことができる。

生徒A：結局のところ、列強は様々な利権が欲しかったのですね。

生徒B：ロシアはフランスとドイツを誘って三国干渉をおこない、代償として清から　ウ　の敷設権を得ていますね。

生徒C：この後、ドイツは宣教師殺害事件を口実にして、清からₐ膠州湾を租借し、フランスも広州湾を租借しています。

生徒D：イギリスはᵦ威海衛と九竜半島を租借し、日本は　エ　に勢力を広げました。

問1 資料中の空欄　ア　と　イ　に入る語句の組合せとして正しいものを、次の①～④のうちから一つ選べ。

① ア－朝鮮国から清国に対する貢・献上・典礼等は　　イ－賠償金2億テールを日本に支払う

② ア－朝鮮国から清国に対する貢・献上・典礼等は　　イ－日本軍の北京駐留を認める

③ ア－中国から朝鮮国への輸出及び輸出税等は　　イ－賠償金2億テールを日本に支払う

④ ア－中国から朝鮮国への輸出及び輸出税等は　　イ－日本軍の北京駐留を認める

問2 会話文中の空欄　ウ　と　エ　に入る語句の組合せとして正しいものを、次の①～④のうちから一つ選べ。

① ウ－南満洲鉄道　　エ－台湾を獲得し、その対岸にあたる福建地方

② ウ－南満洲鉄道　　エ－遼東半島に進出し、半島南部の旅順と大連

③ ウ－東清鉄道　　エ－台湾を獲得し、その対岸にあたる福建地方

④ ウ－東清鉄道　　エ－遼東半島に進出し、半島南部の旅順と大連

問3　会話文中の下線部 **a・b** は右の地図のどこに位置するか。正しい組合せを，次の①〜⑥のうちから一つ選べ。

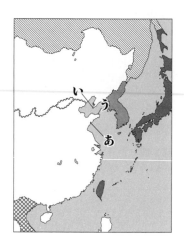

① **a**－あ　　**b**－い　　② **a**－あ　　**b**－う

③ **a**－い　　**b**－あ　　④ **a**－い　　**b**－う

⑤ **a**－う　　**b**－あ　　⑥ **a**－う　　**b**－い

第2問　次の資料を読み，下の問い（**問1〜3**）に答えよ。

1．本党を名づけて中華革命党という。

2．本党は，民権・民生の両主義を実行することをもって，宗旨となす。

3．本党は，　**ア**　ことをもって，目的となす。

4．本党は，その進行過程を分けて，つぎの三時期となす。

(1)軍政時期：この時期には，積極的な武力をもって，いっさいの障害を除き，民国の基礎を確立する。

(2)訓政時期：この時期には，文明・治理をもって，軍民を督率し，地方自治を建設する。

(3)憲政時期：この時期には，地方自治が完備した後の国民選挙によって代表組織をつくり，憲政委員会が憲法を創制する。またその憲法公布の日をもって，革命成功の時とする。

（江上波夫監修『新訳世界史史料・名言集』山川出版社）

問1　この資料と関係の深い人物と，この資料をつくった団体の説明との組合せとして正しいものを，下の①〜⑥のうちから一つ選べ。

人物　**a**－袁世凱　　　　**b**－孫文

団体の説明

あ　各地でつくられた革命団体が，日本の東京で結集された。

い　第二革命が鎮圧された後，秘密結社として組織された。

う　清朝打倒をめざし，華僑がハワイで結成した。

① **a**－あ　　② **a**－い　　③ **a**－う　　④ **b**－あ　　⑤ **b**－い　　⑥**b**－う

問2　資料中の空欄　**ア**　に入る内容として最も適切なものを，次の①〜④のうちから一つ選べ。

① 清朝を打倒し，漢民族の共和国を建設する

② 専制政治を打倒し，共和政の国家を建設する

③ 帝国主義列強の支配から脱却し，民族国家を建設する

④ ロシアの例にならい，社会主義国家を建設する

第3問　以下の文章を読んで，下の問い（**問1・2**）に答えよ。

　オスマン帝国内において，非ムスリムの諸民族のみならずムスリムの諸民族の間においても，アイデンティティの中で民族が新しい形で意識され始め，少なくとも　**ア**　民族主義の萌芽が形成されつつあった19世紀末から20世紀初頭にかけての時期は，国民主義の発展にとっても一つの画期をなす時期であった。1876年に発布されたオスマン帝国憲法は，1878年には早くも君主主導下の「上からの改革」路線を

とろうと秘かに時機をうかがっていた時のスルタン，　イ　。「新オスマン人」の流れをくむ立憲派は，帝都イスタンブルを中心に，主として大都市の僅かなエリート，サブ・エリートを支持基盤としていたために，これに対し，広汎な人々と地域をまき込んだ対抗運動を組織しえなかった。凍結直後の，立憲派による宮廷クーデタ的ないくつかの試みも失敗に帰した後は，海外に亡命した立憲派指導者の活動が細々と続いたにとどまった。そこに，オスマン帝国における国民主義の大きな限界があった。

（鈴木董『オスマン帝国の解体』筑摩書房）

問1　文章中の空欄　ア　と　イ　に入る語句の組合せとして正しいものを，次の①〜⑧のうちから一つ選べ。

①　**ア**－言語を中心とする　　**イ**－アブデュルメジト1世によって推進された
②　**ア**－言語を中心とする　　**イ**－アブデュルメジト1世によって凍結された
③　**ア**－言語を中心とする　　**イ**－アブデュルハミト2世によって推進された
④　**ア**－言語を中心とする　　**イ**－アブデュルハミト2世によって凍結された
⑤　**ア**－宗教を中心とする　　**イ**－アブデュルメジト1世によって推進された
⑥　**ア**－宗教を中心とする　　**イ**－アブデュルメジト1世によって凍結された
⑦　**ア**－宗教を中心とする　　**イ**－アブデュルハミト2世によって推進された
⑧　**ア**－宗教を中心とする　　**イ**－アブデュルハミト2世によって凍結された

問2　この文章で説明されている時代の状況として**適切ではないもの**を，次の①〜④のうちから一つ選べ。

①　タバコ＝ボイコット運動がおこった。
②　ウラービー運動がおこった。
③　アフガーニーがパン＝イスラーム主義を説いた。
④　ベトナム青年革命同志会が結成された。

第一次世界大戦とヴェルサイユ体制

■■■ 知識問題編 ■■■

1 19世紀末〜20世紀初めの列強間の同盟 **a〜c** が，結ばれた年代の古いものから順に正しく配列されている
ものを，次の①〜⑥のうちから一つ選べ。

a 日英同盟　　　b 露仏同盟　　　c 英仏協商
① a→b→c　　② a→c→b　　③ b→a→c
④ b→c→a　　⑤ c→a→b　　⑥ c→b→a

2 第一次世界大戦の勃発と各国の参戦について述べた文として正しいものを，次の①〜⑥のうちから**二つ選**
べ。
① ロシア帝位継承者夫妻が暗殺されたことが，戦争勃発の引き金となった。
② ドイツは短期決戦をめざし，ベルギーの中立をおかしてフランスに侵攻した。
③ イタリアは三国同盟の規定に従い，イギリス・フランスに宣戦した。
④ アメリカは，ドイツのルシタニア号攻撃事件を理由に戦争に参加した。
⑤ 参戦国の社会主義政党の多くが自国政府の戦争政策を支持した。
⑥ 参戦国では，主張の異なる諸政党が政府を支持する全体主義体制が成立した。

3 第一次世界大戦の経過の説明として**誤っているもの**を，次の①〜④のうちから一つ選べ。
① タンネンベルクの戦いでドイツが勝利し，東部戦線の主導権を握った。
② ドイツはスターリングラードの戦いで降伏し，戦況が大きく動いた。
③ マルヌの戦いでドイツの侵攻は阻止され，西部戦線は膠着した。
④ フランスは，ヴェルダンの戦いでドイツの激しい攻撃をしのいだ。

4 第一次世界大戦で用いられた兵器について述べた文として**誤っているもの**を，次の①〜④のうちから一つ
選べ。
① 飛行機の発達はめざましく，第一次世界大戦末期にはジェット戦闘機が実用化した。
② 塹壕戦の膠着打破のため，イギリスはソンムの戦いに戦車を投入した。
③ イープルの戦いでは，ドイツがフランスに対して毒ガスを使用した。
④ 第一次世界大戦において，潜水艦のおもな任務は敵側の通商破壊であった。

5 第一次世界大戦中の秘密外交と，大戦の終結について述べた文として正しいものを，次の①〜④のうちか
ら一つ選べ。
① 連合国は，ハンガリーとロンドン秘密条約を結んで参戦させた。
② 英仏は二国間でサイクス＝ピコ協定を結び，戦後のオスマン帝国領の分割を定めた。
③ ドイツでは，キール軍港において即時講和を求める水兵の反乱がおきた。
④ 最後まで抵抗したオスマン帝国が降伏して，第一次世界大戦は終わった。

6 十月革命以後のロシアと社会主義の動きについて述べた文として正しいものを，次の①〜④のうちから一
つ選べ。
① ソヴィエト政権は，ドイツとブレスト＝リトフスク条約を結んで単独講和した。
② ボリシェヴィキは共産党と改称され，レニングラードに首都が移された。
③ 先進国での革命推進をめざし，1919年にコミンフォルムが創設された。
④ 第一次世界大戦後，イタリアに成立した社会主義政権は短期間で倒された。

7 ソヴィエト政権に対する反革命運動と連合国による干渉戦争について述べた文として正しいものを，次の
①〜④のうちから一つ選べ。

① ナロードニキなどの反社会主義勢力が，各地に反革命政権を樹立した。

② 連合国はソヴィエト政権を支援し，シベリアなど各地に軍を派遣した。

③ ソヴィエト政権は，赤軍の組織やチェカの設置などで反革命に対抗した。

④ ソヴィエト政権は戦時共産主義をとり，農民から穀物を高値で買い上げた。

8 1920年代前半のソヴィエト政権の状況と外交について述べた文として**誤っているもの**を，次の①～④のうちから一つ選べ。

① 1921年，新経済政策（NEP）が採用され，一定範囲で市場経済が復活した。

② 1922年，ロシアなど4つのソヴィエト共和国がソ連邦を結成した。

③ 1922年，ドイツとソ連邦はラパロ条約を結び，外交関係を回復した。

④ 1924年，アメリカの共和党政権はソ連邦を承認し，国交を樹立した。

9 パリ講和会議について述べた文として正しいものを，次の①～④のうちから一つ選べ。

① イギリス首相ネヴィル゠チェンバレン，フランス首相クレマンソーが会議を主導した。

② ロシア代表のトロツキーは，戦勝国による敗戦国の領土分割に反対した。

③ アメリカ大統領ウィルソンは，十四カ条の中で社会主義との協調を説いた。

④ 民族自決の適用はヨーロッパや旧オスマン帝国領に限定され，アジア・アフリカの人々を失望させた。

10 ヴェルサイユ条約でドイツに課せられた内容について述べた文として正しいものを，次の①～④のうちから一つ選べ。

① 海外の植民地の約半分を失ったが，国土は割譲されなかった。

② 徴兵制が廃止され，軍用機・戦車・潜水艦などの保有を禁じられた。

③ ポーランドとの国境付近のラインラントの非武装化を課せられた。

④ 第一次世界大戦中に占領したアルザス・ロレーヌをフランスに返還した。

11 国際連盟について述べた文として正しいものを，次の①～④のうちから一つ選べ。

① イギリス・フランス・アメリカ・日本が理事国となった。

② 安全保障理事会に拒否権を与えるなど，強い権限を認めた。

③ パリに本部がおかれ，常設国際司法裁判所が付置された。

④ 中小諸国間でおこった国境紛争の調停に成果をあげた。

12 ワシントン会議について述べた文として正しいものを，次の①～④のうちから一つ選べ。

① 会議を主催したアメリカ大統領クーリッジは，共和党の政治家である。

② 米・英・仏・日4カ国が海軍主力艦について海軍軍備制限条約を結んだ。

③ 九カ国条約で中国の主権尊重・領土保全を約束し，日英同盟を更新した。

④ 米・英・仏・日は太平洋地域の現状維持を求める四カ国条約を結んだ。

13 第一次世界大戦後に頻発した，国境や講和条件をめぐる国際紛争について述べた文として波線部の正しいものを，次の①～④のうちから一つ選べ。

① トルコは，オスマン帝国と連合国が結んだ条約を改め，<u>セーヴル条約</u>を結んだ。

② ポーランドは，ソヴィエト゠ロシアからベラルーシと<u>ウクライナ</u>の一部を得た。

③ イタリアは，ユーゴスラヴィアと国境紛争をおこし，<u>モンテネグロ</u>を獲得した。

④ フランスのポワンカレ内閣はドイツと対立し，<u>アルザス地方</u>を占領した。

14 1920年代の国際協調の機運の高まりに関連する次の文 **a ～ c** が，年代の古いものから順に正しく配列されているものを，下の①～⑥のうちから一つ選べ。

a ロンドン会議で，米・英・日の海軍補助艦の保有トン数の制限が定められた。

b　ロカルノ条約が締結され，翌年にはドイツの国際連盟加盟が実現した。

c　アメリカのケロッグとフランスのブリアンの提唱で，不戦条約が結ばれた。

①　a→b→c　　②　a→c→b　　③　b→a→c

④　b→c→a　　⑤　c→a→b　　⑥　c→b→a

15 第一次世界大戦後のイギリスの動向について述べた文として正しいものを，次の①〜④のうちから一つ選べ。

①　1922年にアイルランドは国名をエールと定め，自治領となった。

②　1924年に労働党が第一党となり，マクドナルドが内閣を組織した。

③　1928年の第五回選挙法改正で，男女平等の普通選挙が実現した。

④　1931年のウェストミンスター憲章で，自治領は本国の保護下におかれた。

16 第一次世界大戦後のドイツの動向について述べた文として正しいものを，次の①〜④のうちから一つ選べ。

①　ヴァイマルの国民議会で民主的憲法を制定し，共和国の基礎を築いた。

②　ルール占領に武装蜂起で抵抗し，激しいインフレーションがおこった。

③　エーベルトはレンテンマルクを発行し，インフレーションを克服した。

④　ドーズ案は，イギリス資本の導入によるドイツ経済復興政策であった。

17 第一次世界大戦後のイタリアの状況について述べた文として**誤っているもの**を，次の①〜④のうちから一つ選べ。

①　社会党左派の指示で，南部の工業地帯を中心に労働者が工場を占拠した。

②　ムッソリーニは「ローマ進軍」を組織し，国王の指示で首相となった。

③　ムッソリーニはファシズム大評議会に権力を集中させ，一党独裁体制を確立した。

④　アルバニアを保護国とし，ラテラン条約でローマ教皇庁と和解した。

18 第一次世界大戦後の東欧・バルカンの状況について述べた文として正しいものを，次の①〜④のうちから一つ選べ。

①　ポーランドでは革命政権が倒れ，その後は権威主義体制がとられた。

②　チェコスロヴァキアは，東欧でもっとも工業の発達した国であった。

③　ハンガリーでは，独立運動の指導者ピウスツキがクーデタをおこした。

④　南スラヴ系の諸民族は，社会主義を掲げるユーゴスラヴィアを建国した。

19 1920年代におけるソ連の社会主義建設について述べた文として正しいものを，次の①〜④のうちから一つ選べ。

①　スターリンが一国社会主義論，トロツキーが世界革命論を主張した。

②　スターリンはトロツキーを暗殺し，共産党書記長となり実権を握った。

③　第1次五カ年計画で，土地や農具を共有するソフホーズが建設された。

④　農業の集団化で農業生産は飛躍的に向上し，農民の生活は安定した。

20 右の図版は1920年代のニューヨークの交通渋滞の光景であるが，この時代のアメリカの状況について述べた文として正しいものを，次の①～④のうちから一つ選べ。

① 外交では孤立主義的雰囲気が強まったが，軍縮などの国際協調は推進した。

② 民主党３代の大統領がとる自由放任政策のもと，「永遠の繁栄」を謳歌した。

③ 大量消費社会が形成され，テレビ・映画・スポーツなどの娯楽が発達した。

④ 自由主義的傾向が強まり，KKK(クー＝クラックス＝クラン)が解散させられ，禁酒法は廃止された。

■■ 史資料問題編 ■■

第1問 地図1は1878年のベルリン会議直後，地図2は第一次世界大戦直前のバルカン半島を示した地図である。これらの地図に関連する下の問い(問1～3)に答えよ。

地図1

地図2

問1 19世紀末以降，列強の関心はバルカン半島の情勢に集まっていた。オーストリアは，パン＝スラヴ主義の影響を受けて国内のスラヴ系諸民族の分離・自治運動が激化することをおそれ，バルカン地域でのスラヴ系諸国の動きをおさえようとしていた。地図1・2中のa～fのうち，スラヴ系の国の組合せとして正しいものを，次の①～⑤のうちから一つ選べ。

① a・b ② b・c ③ c・d ④ d・e ⑤ e・f

問2 1912年にバルカン同盟が結成され，オスマン帝国との間に二度の戦争がおこった。二度の戦争に関連して述べた文として正しいものを，次の①～④のうちから一つ選べ。

① バルカン同盟を結成したのはa・b・d・fの４カ国である。

② バルカン同盟は，イタリア＝トルコ戦争に乗じてオスマン帝国に宣戦した。

③ 第１次バルカン戦争後，オスマン帝国が領土奪回を狙い，e・cに宣戦した。

④ 第２次バルカン戦争後，eはオスマン帝国からの独立を宣言し，国際的に承認された。

問3 第２次バルカン戦争後，ドイツに接近した国として正しいものを，次の①～⑥より一つ選べ。

① a ② b ③ c ④ d ⑤ e ⑥ f

第2問 ロシア革命に関する次の資料a～cを読み，下の問い(問1～4)に答えよ。

資料a
「ロシアでは労働者の大半と，兵士の相当部分はわれわれを支持している。だが農民の大半はエスエ

ルに投票するだろう」。「国際プロレタリアートはすでに現在，その大半がわれわれを支持しているかのように言われている。残念ながら，全くそうではないのだ」。

（池田嘉郎『ロシア革命——破局の8か月』岩波書店）

資料b

「陛下，遅れてはなりません。もし首都の運動が前線の軍に飛び火したら，ドイツ人の勝利です。ロシアの，そして王朝の破滅は避けられません。陛下，私が記したことを実行されますよう，全ロシアを代表してお願い申し上げます。陛下と祖国の運命を決するときがきたのです。明日では多分，もう遅いのです」。

（同上）

資料c

3. ①臨時政府を決して支持しないこと。臨時政府のすべての約束，とくに領土の併合をやらないという約束が，まったく嘘であることを説明すること。

4. ②わが党が，大部分のソヴィエトのなかで少数派であるという事実……を認めること。労働者代表ソヴィエトが革命政府の唯一の可能な形態であるということ……を大衆に説明すること。

（江上波夫監修『新訳世界史史料・名言集』山川出版社）

問1 資料a～cが，時期の古いものから順に正しく配列されているものを，次の①～⑥のうちから一つ選べ。

① a→b→c   ② a→c→b   ③ b→a→c

④ b→c→a   ⑤ c→a→b   ⑥ c→b→a

問2 資料aと次のア・イが，年代の古いものから順に正しく配列されているものを，下の①～⑥のうちから一つ選べ。

ア タンネンベルクの戦い   イ ブレスト＝リトフスク条約

① ア→a→イ   ② ア→イ→a   ③ イ→a→ア

④ イ→ア→a   ⑤ a→ア→イ   ⑥ a→イ→ア

問3 資料bと次のア・イが，年代の古いものから順に正しく配列されているものを，下の①～⑥のうちから一つ選べ。

ア ペテルブルクで血の日曜日事件が勃発した。

イ 中央アジア諸民族が戦争への動員に反対して蜂起した。

① ア→b→イ   ② ア→イ→b   ③ イ→b→ア

④ イ→ア→b   ⑤ b→ア→イ   ⑥ b→イ→ア

問4 資料cに関連して述べた文として正しいものを，次の①～④のうちから一つ選べ。

① この資料を発表したのはトロツキーである。

② ケレンスキーはのちに下線部①の首班となった。

③ 下線部②はメンシェヴィキを指している。

④ この資料にさきがけて「平和に関する布告」が発表された。

第3問 次の地図はヴェルサイユ体制下のヨーロッパを示す。これに関連する下の問い（**問1〜3**）に答えよ。

問1 地図中の**a〜d**についての説明として正しいものを，次の①〜④のうちから一つ選べ。

① **a**はロシアから独立して共和国となった。

② **b**はロシアから独立して立憲君主国となった。

③ **c**はドイツから独立して共和国となった。

④ **d**はオーストリアから独立して立憲君主国となった。

問2 地図中の**e〜h**についての説明として正しいものを，次の①〜④のうちから一つ選べ。

① **e**はドイツから独立して共和国となった。

② **f**はハプスブルク家を国家元首とする立憲君主国となった。

③ **g**はオスマン帝国から独立して共和国となった。

④ **h**は南スラヴ系民族が合同して王国として成立した。

問3 地図中の**a〜h**とその国名との組合せとして正しいものを，次の①〜⑧のうちから**二つ選べ**。

① **a**－エストニア　　② **b**－リトアニア　　③ **c**－ラトヴィア

④ **d**－ハンガリー　　⑤ **e**－ポーランド　　⑥ **f**－ハンガリー

⑦ **g**－チェコスロヴァキア　　⑧ **h**－ユーゴスラヴィア

23 アジアの民族主義・ファシズム諸国の侵略

■■ 知識問題編 ■■

1 1910年代半ば〜20年代の日本の情勢について述べた文として正しいものを，次の①〜④のうちから一つ選べ。

① 中国に対して二十一カ条要求をつきつけたが，袁世凱政権に拒否された。

② 大正デモクラシーのなかで，政党内閣や男女平等の普通選挙法が成立した。

③ 対ソ干渉戦争への参加を求められたが，財政難を理由にこれを断った。

④ 政府は労働運動や農民運動の抑制をはかり，治安維持法を成立させた。

2 五・四運動から五・三〇運動までの中国について述べた文として**誤っているもの**を，次の①〜④のうちから一つ選べ。

① 旧ロシアの特権維持を主張するカラハン宣言に，中国は激しく反発した。

② 陳独秀は，コミンテルンの指導のもとに中国共産党を設立した。

③ 国民党が改組され，共産党員が個人の資格で国民党に入党可能となった。

④ 上海の日本人経営の紡績工場での労働争議から，五・三〇運動がおこった。

3 国民党による国民革命の進展について述べた文として正しいものを，次の①〜④のうちから一つ選べ。

① 国民党は共産党と協力体制をとり，1925年に武漢で国民政府を樹立した。

② 1926年の孫文の指令により，蔣介石は中国統一のために北伐を開始した。

③ 共産党は勢力を伸ばし，1927年に上海でクーデタをおこしたが失敗した。

④ 蔣介石は共産党を弾圧し，1927年に南京に国民政府を建てて主席となった。

4 北伐の進展と完成，国共分裂後の状況について述べた文として正しいものを，次の①〜⑥のうちから**二つ**選べ。

① 北伐軍が北京に迫ると，日本はこれを支援するために山東に出兵した。

② 張作霖は北伐軍を破ったが，東北の支配をはかる関東軍に暗殺された。

③ 張学良が国民政府の東北支配を認め，国民政府による全国統一が実現した。

④ 蔣介石は浙江財閥と結び，日米の支援も受けて統一政権樹立をめざした。

⑤ 国共分裂後，共産党は都市部での勢力拡大に力を注いだ。

⑥ 共産党は，江西省瑞金に中華ソヴィエト共和国臨時政府を樹立した。

5 第一次世界大戦終結から1920年代におけるインドの民族運動について述べたとして正しいものを，次の①〜④のうちから一つ選べ。

① 1917年，イギリスは，第一次世界大戦後にインドに自治を認めると約束した。

② 1919年のローラット法で，イギリスは州行政の一部をインド人にゆだねた。

③ 1920年，ガンディーの非協力運動を機にアムリットサール事件がおこった。

④ 1920年，ジンナーはイスラーム国家パキスタン建国を目標に掲げた。

6 1920年代末〜30年代におけるインドの独立運動について述べた文として**誤っているもの**を，次の①〜④のうちから一つ選べ。

① 1929年，ネルーら国民会議急進派はプールナ＝スワラージを決議した。

② 1930年，ガンディーは「塩の行進」と呼ばれる非暴力運動を展開した。

③ 1931〜32年の英印円卓会議で，イギリスとインドの合意はならなかった。

④ 1935年の新インド統治法で，インドは中央の財政・防衛・外交権を得た。

7 図はトルコの近代化に貢献した人物である。この人物について述べた文として正しいものを，次の①〜④

のうちから一つ選べ。

のうちから一つ選べ。

① 彼はギリシアのイズミル占領に抵抗し，トルコ大国民議会を組織した。
② 彼はアンカラでスルタンに就任し，カリフ制を廃止して政教分離を実現した。
③ 彼は連合国とローザンヌ条約を結び，連合国に治外法権を認めた。
④ 彼は女性参政権の実施，アラビア文字の採用などの近代化を推し進めた。

8 次の地図は第一次世界大戦後の西アジアを示している。地図中の **a 〜 d** について述べた文として正しいものを，下の①〜④のうちから一つ選べ。

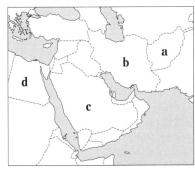

① **a** はイギリスの保護国だったが，1919年に独立し，共和国となった。
② **b** では1925年，レザー＝ハーンのクーデタでガージャール朝が成立した。
③ **c** では1932年，イブン＝サウードがサウジアラビア王国を建設した。
④ **d** ではワフド党が独立運動を展開し，1922年にフランスから独立した。

9 第一次世界大戦前後の西アジアについて述べた文として波線部の正しいものを，次の①〜④のうちから一つ選べ。
① 大戦中のバルフォア宣言は，アラブ人の国家建設支援を約束した。
② 大戦中のサイクス・ピコ協定は，英・仏・露によるトルコ領分割案である。
③ 大戦後，イラクとヨルダンはフランスの委任統治領とされた。
④ 大戦後，イギリスの委任統治を受けたシリアからレバノンが分離した。

10 19世紀末から20世紀初めにかけてのアフリカの民族運動について述べた次の文 a と b の正誤の組合せとして正しいものを，下の①〜④のうちから一つ選べ。
 a パン＝アフリカニズムの運動は，19世紀末に北アフリカで始まった。
 b 南アフリカでは，人種差別撤廃をめざすアフリカ民族会議が設立された。
 ① **a** －正　　**b** －正　　② **a** －正　　**b** －誤
 ③ **a** －誤　　**b** －正　　④ **a** －誤　　**b** －誤

11 世界恐慌の勃発に関連して述べた文として正しいものを，次の①〜④のうちから一つ選べ。
① 1929年10月，ニューヨーク株式市場での株価急騰から空前の恐慌がおこった。
② 恐慌がおこった原因に，世界的な農業不況やアメリカの低関税政策などがあった。
③ 共和党のフーヴァー大統領は，賠償・戦債支払いの１年間停止を宣言した。
④ 恐慌はソ連の計画経済にも大きな打撃を与え，工業生産が急激に落ち込んだ。

12 フランクリン＝ローズヴェルトがおこなったニューディール政策と対外政策について述べた文として正しいものを，次の①〜⑥のうちから**二つ**選べ。

① 農業調整法で農産物価格の引き下げをはかり，国民生活の安定をはかった。

② テネシー川流域開発公社は，公共事業による失業者救済政策であった。

③ 労働者の社会主義接近を警戒し，ワグナー法で労働者の団体交渉権を奪った。

④ 1933年にソ連を承認し，ラテンアメリカ諸国には善隣外交政策をとった。

⑤ フィリピンに対するプラット条項を廃止するなど，内政干渉を控えた。

⑥ 1933年，ロンドンで開かれた世界経済会議で，金本位制に復帰した。

13 恐慌発生以降のイギリスとフランスに関連する次の文a～cが，年代の古いものから順に正しく配列されているものを，下の①～⑥のうちから一つ選べ。

a オタワ連邦会議でスターリング＝ブロックが形成された。

b 仏ソ相互援助条約が結ばれ，翌年に人民戦線内閣が成立した。

c 第2次マクドナルド内閣が失業保険の削減をはかった。

① a→b→c ② a→c→b ③ b→a→c
④ b→c→a ⑤ c→a→b ⑥ c→b→a

14 満洲事変について述べた文として正しいものを，次の①～④のうちから一つ選べ。

① 1931年，関東軍は北京郊外の柳条湖で鉄道爆破事件をおこした。

② 1932年，日本の軍部は山東に出兵し，国際社会の注意をそらそうとした。

③ 1932年，清朝最後の皇帝であった袁世凱を執政とする満洲国が建国された。

④ 1933年，リットン調査団の報告を不満として日本は国際連盟を脱退した。

15 1934～36年の中国革命の進展について述べた文として正しいものを，次の①～④のうちから一つ選べ。

① 1934年に始まった長征の途上，共産党内での毛沢東の指導力が弱まった。

② 1935年，国民政府は日本の支援で通貨を統一し，国内の統一が進展した。

③ 1935年，中国共産党は八・一宣言を発表し，国民党との対決を訴えた。

④ 1936年，張学良は，共産党攻撃を促しに西安を訪れた蔣介石をとらえた。

16 日中戦争の始まりについて述べた文として**誤っているもの**を，次の①～④のうちから一つ選べ。

① 1937年7月，ノモンハン事件をきっかけとして日本軍部は軍事行動を拡大した。

② 1937年9月に第2次国共合作が成立し，日中両国は全面交戦状態に入った。

③ 1937年末の南京占領後，中国は政府を武漢，重慶に移して抵抗を続けた。

④ 1940年，日本は東亜新秩序建設を掲げ，汪兆銘に親日政権を設立させた。

17 1930年代のソ連の状況について述べた次の文aとbの正誤の組合せとして正しいものを，下の①～④のうちから一つ選べ。

a 1934年に国際連盟に加盟し，ファシズム国家と対立する姿勢をとった。

b 1936年に新憲法が発布され，共産党以外の政党も発言力を強めていった。

① a－正 b－正 ② a－正 b－誤
③ a－誤 b－正 ④ a－誤 b－誤

18 1930年代のファシズム諸国に関連する次の文a～cが，年代の古いものから順に正しく配列されているものを，下の①～⑥のうちから一つ選べ。

a スペイン内戦でフランコが，人民戦線政府に勝利した。

b 日独防共協定にイタリアが加わり，三国防共協定が成立した。

c ムッソリーニ政権がエチオピアに侵攻し，全土を征服した。

① a→b→c ② a→c→b ③ b→a→c
④ b→c→a ⑤ c→a→b ⑥ c→b→a

第1問 世界史の授業で，1915～20年前後の東アジアについての**資料1・2**が紹介され，生徒達が資料について話し合っている。**資料1・2**と生徒達の話し合いを読んで，下の問い（**問1・2**）に答えなさい。

資料1

　自分の考では今日文学改良を口にするとすれば，どうしても8箇条の事から着手せねばならぬ。8箇条の事とは何か，

第1．書くことに内容がなければならぬこと。

第2．古人を模倣してはならぬこと。……

第5．つとめて古臭い口調やお定り文句を避けること。……

第7．対語対句を作らぬこと。

第8．俗語俗文を避けぬこと。

（『現代支那文学全集』東成社）

先　生：**資料1**は1917年に発表されたものです。これを書いた人は何を言おうとしているのでしょうか。

Aさん：これは，陳独秀が発刊した雑誌『新青年』に，胡適が発表した論文ですよね。この雑誌は文学革命運動の中心となりました。

Bさん：この当時の中国は清朝を倒したものの，その後の政治は混迷していましたよね。その状況を打破するために民衆の自覚が必要と考えられたのでしょう。

Cさん：胡適は，内容のない俗語の文章を排除し，中国の古典がもつ格調高い文章を再確認することが，人々の意識の改革につながると考えたのでしょう。

Dさん：魯迅もこの雑誌に『狂人日記』を発表して，中国の社会を批判したけど，これも口語で書かれたのでしたね。

問1　**資料1**に関連する話し合いをするAさん～Dさんの発言の正誤について述べた文として最も適当なものを，次の①～⑤のうちから一つ選べ。

①　Aさんの発言に誤りがある　　　②　Bさんの発言に誤りがある

③　Cさんの発言に誤りがある　　　④　Dさんの発言に誤りがある

⑤　4人の発言に誤りはない

資料2

　われらはここに我が朝鮮の独立国であることと朝鮮人の自主民であることを宣言する。これをもって世界万邦に告げ，人類平等の大義を克明にし，これをもって子孫万代におしえ，民族自存の正当なる権利を永遠に有らしめるものである。……これは天の明命，時代の大勢，全人類の共存同生の権利の正当な発動である。天下の何物といえどもこれを抑制することはできない。

（歴史学研究会編『世界史史料10』岩波書店）

先　生：**資料2**は，1919年に朝鮮で発表されたものです。この資料に関連して，1919年前後のアジアの状況を考えてみましょう。

Aさん：資料のなかに「民族自存の正当なる権利」とありますが，これはパリ講和会議でウィルソン大統領が提示した「民族自決」の原則を指していると思います。やはりアジアの国々に大きな期待を抱かせたことがわかります。

Bさん：中国でも同様の動きがありましたね。パリ講和会議でドイツ利権の返還が認められなかったことに反発して，北京の学生たちが中心となって抗議運動をおこしています。

Cさん：中国の抗議運動は各地に波及して，幅広い層を巻き込み，中国政府はヴェルサイユ条約への調印を拒否する結果となりました。朝鮮での運動は，中国の運動の影響を強くうけていると思います。

Dさん：日本の総督府は，軍隊を動員してこの運動を鎮圧しましたが，従来の武断政治をある程度ゆるめて

「文化政治」と呼ばれる同化政策に転換しました。

問2　**資料2**に関連する話し合いをするAさん〜Dさんの発言の正誤について述べた文として最も適当なものを，次の①〜⑤のうちから一つ選べ。

① Aさんの発言に誤りがある　　② Bさんの発言に誤りがある

③ Cさんの発言に誤りがある　　④ Dさんの発言に誤りがある

⑤ 4人の発言に誤りはない

第2問　次の東南アジアの地図を見て，下の問い（**問1・2**）に答えよ。

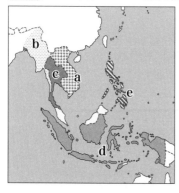

問1　地図中の**a〜c**の地域と，そこでおこった民族運動について述べた文**ア〜ウ**との組合せとして正しいものを，下の①〜⑥のうちから一つ選べ。

ア 国王の専制に対する革命がおこり，立憲君主政に移行した。

イ ホー＝チ＝ミンがベトナム青年革命同志会を結成した。

ウ イギリスからの完全独立を主張するタキン党が結成された。

① **a−ア**　　**b−イ**　　**c−ウ**　　② **a−ア**　　**b−ウ**　　**c−イ**

③ **a−イ**　　**b−ア**　　**c−ウ**　　④ **a−イ**　　**b−ウ**　　**c−ア**

⑤ **a−ウ**　　**b−ア**　　**c−イ**　　⑥ **a−ウ**　　**b−イ**　　**c−ア**

問2　地図中の**d・e**の地域と，そこでおこった民族運動について述べた文**ア〜ウ**との組合せとして正しいものを，下の①〜⑥のうちから一つ選べ。

ア アメリカ合衆国の統治下にあった1907年，議会が開設され，立法や行政についての権限委譲が進められた。

イ 1920年，アジアで最初の共産党が結成された。

ウ 1927年，スハルトを党首とする国民党が組織された。

① **d−ア**　　**e−イ**　　② **d−ア**　　**e−ウ**　　③ **d−イ**　　**e−ア**

④ **d−イ**　　**e−ウ**　　⑤ **d−ウ**　　**e−ア**　　⑥ **d−ウ**　　**e−イ**

第3問　次の**資料**は，ドイツで可決された法律である。これに関連する次の問い（**問1〜3**）に答えよ。

資料

　ドイツ国会は次の法律を制定し，ドイツ国参議院の承認を得てここにこれを公布する。本法により憲法を変更せしめ得る立法の要求が満足されることは確認される。

1. ドイツ国の法律は憲法に規定されている手続によるほか，ドイツ国政府によっても制定され得る。本条はまた憲法第85条第2項および第87条による法律に適用される。

2. ドイツ国政府によって制定された法律は，ドイツ国会およびドイツ国参議院の制度そのものを対象としない限り，憲法に違反しうる。ただし大統領の権限はなんら変ることはない。

4. ドイツ国の立法の対象となるようなドイツ国と外国との条約も，立法に関与する諸機関の同意を必

要としない。ドイツ国政府はかかる条約の履行に必要な政令を発布する。

（江上波夫監修『新訳世界史史料・名言集』山川出版社）

問1 この法律から読み取れる内容として正しいものを，次の①〜④のうちから一つ選べ。

① ドイツ国政府は，ドイツ帝国議会の承認によりこの法律を公布した。

② この法律が可決されたことで，大統領の権限が大幅に強化された。

③ 政府は，外国との条約締結に議会の同意を必要としない。

④ 政府に立法権が認められたが，憲法に反する法律の制定は認められなかった。

問2 この法律が可決された背景として最も適切な事件を，次の①〜④のうちから一つ選べ。

① 仏ソ相互援助条約の成立

② 国会議事堂放火事件

③ ヒンデンブルク大統領の死去

④ 徴兵制再開と再軍備宣言

問3 この**資料**と，次の**ア・イ**が，年代の古いものから順に正しく配列されているものを，下の①〜⑥のうちから一つ選べ。

ア ラインラント進駐　　**イ** ドイツの国際連盟脱退

① ア→資料→イ　　　② ア→イ→資料　　　③ イ→資料→ア

④ イ→ア→資料　　　⑤ 資料→ア→イ　　　⑥ 資料→イ→ア

24 第二次世界大戦と東西対立の始まり

■‖■ 知識問題編 ■‖■

1 第二次世界大戦の開始から1941年のヨーロッパ各国の状況について述べた文として**誤っているもの**を，次の①〜⑥のうちから**二つ**選べ。

① ドイツがポーランドに侵攻すると，イギリス・フランスがドイツに宣戦した。

② ソ連は国際連盟を脱退してフィンランドに宣戦し，さらにバルト3国を併合した。

③ ドイツがパリを占領した後，自由フランス政府が成立してドイツに降伏した。

④ ド＝ゴールらの呼びかけに呼応して，フランス国内でレジスタンスがおこった。

⑤ チャーチル指導下のイギリスは激しい空襲に耐え，ドイツ軍の上陸を防いだ。

⑥ ドイツはバルカン半島へ進出し，ユーゴスラヴィアとギリシアを占領した。

2 独ソ戦開始後の状況について述べた次の文章中の空欄 **ア** と **イ** に入る語の組合せとして正しいものを，下の①〜④のうちから一つ選べ。

　1941年6月，ドイツがソ連を奇襲し，独ソ戦が始まった。同年末にはドイツ軍が **ア** にせまったが，ソ連はこれを押し返した。ソ連は43年にはイギリス・アメリカなどとの協調を深めるべく， **イ** を解散した。

① **ア**－モスクワ　　　　　　**イ**－コミンフォルム

② **ア**－モスクワ　　　　　　**イ**－コミンテルン

③ **ア**－スターリングラード　**イ**－コミンフォルム

④ **ア**－スターリングラード　**イ**－コミンテルン

3 太平洋戦争開戦までの日本とアメリカの状況について述べた文として正しいものを，次の①〜④のうちから一つ選べ。

① 日本はドイツのフランス侵攻支援のため，仏領インドシナ南部に派兵した。

② アメリカは中立法を制定し，イギリス・ソ連に武器や軍需品を供与した。

③ アメリカの日本への石油供給停止を，イギリス・オランダが支持した。

④ 日本はシンガポールを占領するとアメリカに宣戦し，真珠湾を攻撃した。

4 太平洋戦争での日本の動きについて述べた文として正しいものを，次の①〜④のうちから一つ選べ。

① 朝鮮では創氏改名などの同化政策が進められ，戦争末期に徴兵制も施行された。

② 日本は開戦後半年で東南アジア全域を征服し，日本政府の直轄支配下においた。

③ 日本では報道や言論の自由が，軍部の強大な権力の保護により守られていた。

④ 日本の東南アジア占領の主要な目的は，欧米の植民地支配からの解放であった。

5 枢軸国の敗戦について述べた次の文 **a**〜**c** が，時期の古いものから順に正しく配列されているものを，下の①〜⑥のうちから一つ選べ。

a アメリカ軍はマニラを奪回した後，沖縄本島へ上陸した。

b ベルリンが連合国に占領され，ドイツが無条件降伏した。

c 連合国がイタリア本土に上陸し，バドリオ政権は無条件降伏した。

① **a→b→c**　　② **a→c→b**　　③ **b→a→c**

④ **b→c→a**　　⑤ **c→a→b**　　⑥ **c→b→a**

6 太平洋戦争の終結について述べた次の文 **a**〜**c** が，時期の古いものから順に正しく配列されているものを，下の①〜⑥のうちから一つ選べ。

a アメリカが長崎に原子爆弾を投下した。

b ソ連が日ソ中立条約を無視して日本に宣戦した。

c 連合国が日本に降伏を求めるポツダム宣言を出した。

① **a→b→c**　　② **a→c→b**　　③ **b→a→c**

④ **b→c→a**　　⑤ **c→a→b**　　⑥ **c→b→a**

7 国際連合について述べた文として正しいものを，次の①～⑥のうちから**二つ**選べ。

① ダンバートン＝オークス会議で国際連合憲章の草案がまとまった。

② アメリカ・イギリス・フランス・ソ連の4大国が国際連合憲章の草案をまとめた。

③ サンフランシスコ会議で国際連合憲章は正式に採択された。

④ 安全保障理事会の常任理事国と非常任理事国には，拒否権が認められた。

⑤ 国際連合の本部は，永世中立国であるスイスのジュネーヴにおかれた。

⑥ 平和維持を最優先とし，国際紛争解決のための武力制裁は認めなかった。

8 第二次世界大戦の敗戦国の処理について述べた文として正しいものを，次の①～⑥のうちから**二つ**選べ。

① ベルリンの国際軍事裁判所で戦争犯罪が裁かれた。

② ドイツはアメリカ・イギリス・フランス・ソ連の4カ国に分割占領された。

③ オーストリアなどの旧枢軸国は連合国とパリ講和条約を結んだ。

④ 連合国との講和条約の規定により，イタリアは共和国となった。

⑤ 東京に極東国際軍事裁判所が設置され，東条英機らが死刑判決を受けた。

⑥ 日本では，軍隊の規模縮小・女性解放・農地改革などの改革が実施された。

9 第二次世界大戦後のヨーロッパ諸国の情勢と戦後の経済について述べた文として正しいものを，次の①～⑥のうちから**二つ**選べ。

① イギリスでは，1945年の選挙で保守党が圧勝し，アトリーが首相となった。

② フランスでは，1946年に憲法が制定され，第五共和政が発足した。

③ イタリアでは，大戦中の抵抗運動で活躍した共産党が勢力を伸ばした。

④ アメリカに解放されたバルカン半島では，大半の国に親米政権が成立した。

⑤ ブレトン＝ウッズ会議で，国際通貨基金と国際復興開発銀行の設立が決まった。

⑥ 1947年，国際的な自由貿易の維持・拡大を目的に世界貿易機関が設立された。

10 1946年，チャーチルは訪米の際にフルトン市で「鉄のカーテン」演説をおこない，ソ連を中心とする勢力を非難した。彼が「鉄のカーテン」と名付けた線として正しいものを，地図中の①～④のうちから一つ選べ。

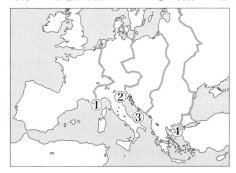

11 「冷たい戦争」が始まる1947～48年の状況について述べた文として正しいものを，次の①～④のうちから一つ選べ。

① フランクリン＝ローズヴェルト米大統領は，ソ連の拡大を封じ込める政策を宣言した。

② ソ連を中心とする社会主義国は，ヨーロッパ経済復興援助計画を宣言した。

③ 独自の社会主義をとるユーゴスラヴィアは，コミンフォルムから脱退した。

④ チェコスロヴァキアでは共産党がクーデタで政権を握り，西側に衝撃を与えた。

12 1955年に東側諸国がワルシャワ条約機構を設立する契機となった事件について述べた文として正しいものを，次の①〜④のうちから一つ選べ。

① バグダード条約機構からイラクが脱退し，中央条約機構と改称した。

② アメリカがオーストラリア・ニュージーランドと太平洋安全保障条約を締結した。

③ 西ドイツが主権を回復し，北大西洋条約機構に加盟した。

④ オーストリア国家条約が結ばれ，オーストリアが主権を回復した。

13 1948〜49年のベルリン封鎖と東西ドイツの成立について述べた文として正しいものを，次の①〜④のうちから一つ選べ。

① 1948年6月，西側への亡命者が増えたため，ソ連は西ベルリンを封鎖した。

② 西側諸国は生活必需品の空輸で封鎖に対抗し，1949年5月に封鎖は解かれた。

③ 1949年5月，ドイツ連邦共和国が成立し，ブラントが初代首相となった。

④ 1949年10月，ドイツ民主共和国が成立し，ボンが首都とされた。

14 中華人民共和国の成立と朝鮮の独立に関連して述べた文として正しいものを，次の①〜⑥のうちから**二つ**選べ。

① 1949年10月，毛沢東を主席とする中華人民共和国が成立した。

② 周恩来は1949年12月に台湾に逃れ，中華民国政府を維持した。

③ 1952年，中華人民共和国の国連代表権が総会で承認された。

④ 第二次世界大戦中のヤルタ会談で，戦後の朝鮮の独立が約束された。

⑤ 朝鮮半島の南では大韓民国が成立し，アメリカから帰国した朴正熙が大統領となった。

⑥ 朝鮮半島の北では朝鮮民主主義人民共和国が成立し，金日成が首相となった。

15 第二次世界大戦後の状況を示す次の地図について，(**A**)・(**B**)の設問に答えよ。

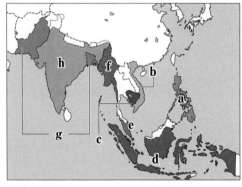

(**A**)地図中の**a**〜**d**について述べた文として正しいものを，次の①〜④のうちから一つ選べ。

① 1946年に**a**はスペインから独立し，アギナルドが大統領となった。

② 1954年のジュネーヴ休戦協定で，**b**からイギリスが撤退した。

③ 1953年に独立した**c**は，シハヌークのもとで中立政策をとった。

④ 1945年，スカルノはフランスの干渉を退けて**d**の独立を宣言した。

(**B**)地図中の**e**〜**h**について述べた文として正しいものを，次の①〜④のうちから一つ選べ。

① 1957年，**e**はフランスとの独立戦争に勝利して独立した。

② 1948年，**f**はイギリス連邦から離れて独立をはたした。

③ 1947年，全インド＝ムスリム連盟のティラクは**g**の独立を宣言した。

④ 1948年，**h**は独立を果たし，ガンディーが初代首相に就任した。

16 第二次世界大戦後の西アジアの状況について述べた文として正しいものを，次の①〜④のうちから一つ選べ。

① エジプトなど7カ国はアラブの統一行動をめざし，アラブ連盟を結成した。

② イランでは，パフレヴィー2世が石油の国有化を宣言したが失敗した。

③ イギリスは委任統治終了時に，パレスチナ分割案を提示した。

④ 第1次中東戦争で，イスラエルはエジプトの調停により独立を確保した。

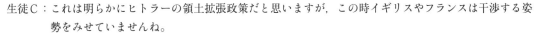

史資料問題編

第1問 第二次世界大戦前の状況について，先生と生徒が図版を参考に話し合っている。図版をめぐる先生と生徒たちとの会話を読み，下の問い(**問1〜3**)に答えなさい。

先　生：今日はいくつかの図版をみながら，第二次世界大戦に至る過程をみていきましょう。右の写真は，1938年3月，ウィーンに入るヒトラーですね。

生徒A：オーストリアは第一次世界大戦後のサン＝ジェルマン条約で，永世中立国になったのでしたよね。

生徒B：オーストリアはドイツ人が多数を占めていますから，ドイツに併合されることを歓迎する勢力もいたと思います。

生徒C：これは明らかにヒトラーの領土拡張政策だと思いますが，この時イギリスやフランスは干渉する姿勢をみせていませんね。

生徒D：さらにヒトラーは，オーストリアだけで満足せず，チェコスロヴァキアにも勢力を伸ばそうとしたわけですね。

問1 生徒たちのうち，**誤った発言**をしているのは誰か。次の①〜④のうちから一つ選べ。

　① 生徒A　　　② 生徒B　　　③ 生徒C　　　④ 生徒D

先　生：次は1938年のミュンヘン会談についての風刺画です。5人の人物が描かれていますが，座っているのは左からドイツ，イギリス，フランス，イタリアの代表ですね。

生徒A：ドイツからはヒトラー，イタリアからはムッソリーニが参加したはずですが，イギリスとフランスの代表は誰でしたっけ。

生徒B：イギリスからはネヴィル＝チェンバレン首相，フランスからはダラディエ首相が参加し，ヒトラーの主張に宥和政策をとっています。

生徒C：図版の右端に描かれているのはソ連のスターリンだと思うのですが，スターリンはこの会議に参加していないはずですよね。

生徒D：この図版には描かれていませんが，会議の席でチェコスロヴァキア代表は激しく抵抗しましたが，ズデーテン地方がドイツに併合されてしまいました。

問2 生徒たちのうち，**誤った発言**をしているのは誰か。次の①〜④のうちから一つ選べ。

　① 生徒A　　　② 生徒B　　　③ 生徒C　　　④ 生徒D

先　生：最後は，ミュンヘン会談の後に結ばれた条約を題材とした風刺画です。

生徒A：ソ連がイギリス・フランスの勧めに従い，ドイツとの不可侵条約を結んだことを風刺したものですね。

生徒B：この独ソ不可侵条約は，ソ連の代表トロツキーがドイツの首都ベルリンを訪れ，ヒトラーと調印しました。

生徒C：ソ連はこの条約の前年には日本との間に中立条約を結んでいますが，戦争を避けようとする姿勢が感じられますね。

生徒D：この独ソ不可侵条約には，ドイツとソ連の東欧での勢力圏を定めた秘密議定書がついていたはずです。

問3 生徒たちのうち，正しい発言をしているのは誰か。次の①〜④のうちから一つ選べ。

① 生徒A　　② 生徒B　　③ 生徒C　　④ 生徒D

第2問 第二次世界大戦中に連合国が発表した**資料1〜4**について，下の問い（**問1〜3**）に答えなさい。

資料1

　各軍事使節団は日本に対する今後の軍事作戦について合意に達した。三大連合国は海路，陸路および空路において野蛮な敵に対し仮借なき圧力を加える決意を表明した。この圧力はすでに増加しつつある。……三大連合国の目的は，1914年の第一次世界大戦の開戦以来，日本が奪取ないし占領した太平洋におけるすべての島嶼を日本より剝奪すること，ならびに日本が中国から奪取した　ア　などすべての地域を中華民国に返還することである。日本は暴力ないし強欲により奪った他のすべての領域から追放されるべきである。前述三大連合は，朝鮮人民の隷属状態を考慮し，適切な方法により朝鮮に自由と独立がもたらされるべきであると決意する。

（歴史学研究会編『世界史史料10』岩波書店）

資料2

　ソヴィエト連邦，アメリカ合衆国，およびイギリス三大国の指導者たちは，ドイツが降伏しヨーロッパにおける戦争が終結したのと，二ないし三カ月後にソヴィエト連邦が以下の条件により連合国の側に立って対日戦争に参加すべきことに合意した。
第1条　外モンゴル（モンゴル人民共和国）の現状は維持される。
第3条　　イ　はソヴィエト連邦に引き渡されなければならない。……三大国首脳は，日本の敗北後，
　ソヴィエト連邦のこうした諸要求が確実に実行されるべきことに合意する。
　ソヴィエト連邦の側からは，中国を日本の支配から解放する目的で同国に軍事力による援助を提供するため，ソヴィエト社会主義共和国連邦と中国の友好同盟条約を中国国民政府との間で締結する意向を表明する。

（同上）

資料3

　アメリカ合衆国大統領および連合王国政府代表チャーチル首相は会談を行い，世界のより良い未来に対する両者の願望の基礎として，各自の国の国政上のいくつかの共通原則を公にすることが適切であると考えた。
第1，両国は，領土的たるとその他たるとを問わず，いかなる拡大も求めない。
第2，両国は，関係する人民の自由に表明された願望に合致しない，いかなる領土の変更も欲しない。
第6，ナチスの独裁体制の最終的崩壊後，両国は，すべての国民が，彼ら自身の国境内で安全に居住することを可能とし，すべての国のすべての人が恐怖と欠乏から解放されて，その生命を全うすることを保障するような平和が確立されることを希望する。

（同上）

資料4

1，われわれ，アメリカ合衆国大統領，中華民国総統ならびに英国首相は，数億人の国民を代表して協議し，日本に戦争を終結する機会を与えることに同意した。……

8，カイロ宣言の諸条項が履行に移されるにともない，日本の主権は，本州，北海道，九州，四国およびわれわれが定めた諸島嶼に限定されることになる。

12，上記の諸目的が達成され，日本国民の自由に表明された意思に従って平和的傾向を持つ責任ある政府が樹立され次第，連合国占領軍は日本から撤退する。

13，われわれは日本政府に対して，ただちに全日本軍の無条件降伏を宣言し，そうした行為を誠実に遂行する，適切かつ十全に保証された措置をとることを要求する。日本にとってそれ以外の選択肢は迅速かつ完膚なき破壊のみである。

(同上)

問1　空欄　ア　に入る地名の組合せとして正しいものを，次の①～⑥のうちから一つ選べ。
① 満洲，台湾，澎湖諸島
② 満洲，マカオ，沿海州
③ 台湾，澎湖諸島，マカオ
④ 台湾，マカオ，沿海州
⑤ 澎湖諸島，マカオ，沿海州
⑥ 澎湖諸島，マカオ，満洲

問2　空欄　イ　に入る地名として正しいものを，次の①～⑤のうちから一つ選べ。
① カムチャツカ半島
② 千島列島
③ 利尻島
④ 函館
⑤ 稚内

問3　資料1～4が年代の古いものから順に正しく配列されているものを，次の①～⑧のうちから一つ選べ。
① 1→3→2→4
② 1→3→4→2
③ 2→4→1→3
④ 2→3→1→4
⑤ 3→4→1→2
⑥ 3→1→2→4
⑦ 4→3→2→1
⑧ 4→1→2→3

第二次世界大戦後の欧米諸国

‖‖ 知識問題編 ‖‖

1 1950年代の西ヨーロッパの状況について述べた文として正しいものを，次の①〜④のうちから一つ選べ。

① 1952年，イギリスは労働党のアトリー内閣時代に核兵器を保有した。

② 保守党のチャーチル内閣は，1956年のスエズ戦争でエジプトに敗れた。

③ フランスのド＝ゴール大統領は，1954年にアルジェリアの独立を承認した。

④ 1954年，西ドイツのアデナウアー首相はパリ協定に調印し，主権を回復した。

2 1950年代のフルシチョフの政策について述べた次の文章中の空欄 ┌ ア ┐〜┌ ウ ┐ に入る語の組合せとして正しいものを，下の①〜⑥のうちから一つ選べ。

　　フルシチョフは1956年の共産党第20回大会で ┌ ア ┐ 政策を打ち出し，スターリン批判をおこなった。外交面では，55年に NATO に対抗して ┌ イ ┐ を結成する一方，56年には ┌ ウ ┐ を解散した。

① **ア**－雪どけ　　　**イ**－ワルシャワ条約機構　　　**ウ**－コメコン

② **ア**－雪どけ　　　**イ**－コメコン　　　　　　　　**ウ**－ワルシャワ条約機構

③ **ア**－雪どけ　　　**イ**－ワルシャワ条約機構　　　**ウ**－コミンフォルム

④ **ア**－平和共存　　**イ**－ワルシャワ条約機構　　　**ウ**－コメコン

⑤ **ア**－平和共存　　**イ**－コメコン　　　　　　　　**ウ**－ワルシャワ条約機構

⑥ **ア**－平和共存　　**イ**－ワルシャワ条約機構　　　**ウ**－コミンフォルム

3 1969〜89年のアメリカ合衆国大統領の政策について述べた文として正しいものを，次の①〜④のうちから一つ選べ。

① ニクソンは金とドルの交換を停止するとともに，台湾との国交を樹立した。

② フォードはパリ和平協定に調印し，ベトナムからの撤退を実現した。

③ カーターは人権外交を展開し，エジプト＝イスラエル平和条約を仲介した。

④ レーガンは「大きな政府」を提唱し，福祉政策の充実につとめた。

4 1970〜90年代のイギリス・フランスの政策について述べた文として正しいものを，次の①〜④のうちから一つ選べ。

① イギリスのサッチャー首相は，国営企業の民営化を進めた。

② イギリスのブレア首相はアメリカと協力し，湾岸戦争に出兵した。

③ フランスのド＝ゴール大統領は，CTBT 採択前に核実験を再開した。

④ フランスのミッテラン大統領の提唱で，第1回サミットが開催された。

5 1970年代のヨーロッパの緊張緩和について述べた文として正しいものを，次の①〜④のうちから一つ選べ。

① 東西ドイツ基本条約が締結され，翌年東西ドイツが国際連合に加盟した。

② ヘルシンキで全欧安全保障協力会議が開かれ，UNCTAD が設置された。

③ ポルトガルではフランコが死去し，民主化の動きが始まった。

④ スペインでは，復活したハプスブルク王家の主導下に民主化が始まった。

6 ソ連のゴルバチョフによる改革について述べた文として正しいものを，次の①〜④のうちから一つ選べ。

① 1979年にアフガニスタンから撤兵し，アメリカとの緊張緩和につとめた。

② 1985年，グラスノスチを掲げ，積極的な情報公開にのりだした。

③ 1986年にチェルノブイリ原子力発電所を建設し，電力問題解決につとめた。

④ 1991年，保守派のクーデタ失敗で権力を強化し，大統領に就任した。

7 1989年以降のアメリカ大統領の事績について述べた文として正しいものを，次の①〜④のうちから一つ選

べ。

① 共和党のブッシュ大統領（第41代）は，ソ連と第1次戦略兵器制限交渉を開始した。

② 民主党のクリントン大統領は対ソ強硬路線をとったが，のちに協調路線に転じた。

③ 共和党のブッシュ大統領（第43代）がイラクを攻撃すると，同時多発テロ事件がおこった。

④ 民主党のオバマ大統領はプラハで「核なき世界」を訴え，ノーベル平和賞を受賞した。

8 ソ連邦解体後の事件について述べた次の文 **a ～ c** が，年代の古いものから順に正しく配列されているものを，下の①～⑥のうちから一つ選べ。

a ロシア連邦でチェチェン紛争が勃発した。

b 11の共和国が独立国家共同体を結成した。

c プーチンがロシア連邦大統領となった。

① **a→b→c**　　② **a→c→b**　　③ **b→a→c**

④ **b→c→a**　　⑤ **c→a→b**　　⑥ **c→b→a**

9 冷戦終結とその後の東欧諸国について述べた文として**誤っているもの**を，次の①～④のうちから一つ選べ。

① ブッシュ（第41代）とエリツィンが，1989年のマルタ会談で冷戦終結を宣言した。

② 西ドイツのコール政権は，1990年に東ドイツを吸収して統一を実現した。

③ コメコンとワルシャワ条約機構が1991年に解消され，東欧社会主義圏は消滅した。

④ チェコスロヴァキアは，1993年にチェコとスロヴァキアの両共和国に分離した。

10 ユーゴスラヴィア内戦について述べた次の文章中の空欄　**ア**　～　**ウ**　に入る国名の組合せとして正しいものを，下の①～⑥のうちから一つ選べ。

　　1991年，スロヴェニアと　**ア**　がユーゴスラヴィアからの分離を宣言し，　**イ**　との間に内戦が発生した。92年には　**ウ**　も独立の方向を明確にし，内戦は激化した。同年，　**イ**　はモンテネグロと新ユーゴスラヴィア連邦を結成した。

① **ア**－クロアティア　　**イ**－セルビア　　　　**ウ**－ボスニア゠ヘルツェゴヴィナ

② **ア**－クロアティア　　**イ**－マケドニア　　　**ウ**－セルビア

③ **ア**－セルビア　　　　**イ**－クロアティア　　**ウ**－ボスニア゠ヘルツェゴヴィナ

④ **ア**－セルビア　　　　**イ**－マケドニア　　　**ウ**－クロアティア

⑤ **ア**－マケドニア　　　**イ**－セルビア　　　　**ウ**－ボスニア゠ヘルツェゴヴィナ

⑥ **ア**－マケドニア　　　**イ**－クロアティア　　**ウ**－セルビア

11 アメリカ・ソ連・イギリスに続いて核実験に成功した国が，時期の古いものから順に正しく配列されているものを，次の①～⑥のうちから一つ選べ。

① 中国→フランス→インド　　② 中国→インド→フランス

③ フランス→中国→インド　　④ フランス→インド→中国

⑤ インド→中国→フランス　　⑥ インド→フランス→中国

12 反核平和運動と核軍縮について述べた文として正しいものを，次の①～④のうちから一つ選べ。

① 1957年，米ソ両国首脳の提案でパグウォッシュ会議が開催された。

② 1963年，米・英・ソ・仏・中が部分的核実験禁止条約に調印した。

③ 1987年，アメリカとソ連は中距離核戦力全廃条約に調印した。

④ 1996年，核拡散防止条約が国連で採択されたが，2021年現在発効していない。

13 1950～60年代までのヨーロッパ統合の動きについて述べた文として正しいものを，次の①～④のうちから一つ選べ。

① フランスのシューマン外相は，石炭・鉄鋼の共同管理を提唱した。

② 西ドイツ・フランスなど4カ国の間でECSCが発足した。

③ EECが設立され，ヨーロッパ共通通貨ユーロの使用が開始された。

④ イギリスはEECに対抗し，EURATOMを結成した。

14 1970〜80年代，ECに加盟する国が増えていったが，加盟の順序が年代の古いものから順に正しく配列されているものを，次の①〜⑥のうちから一つ選べ。

① イギリス→ギリシア→スペイン　　② イギリス→スペイン→ギリシア

③ ギリシア→イギリス→スペイン　　④ ギリシア→スペイン→イギリス

⑤ スペイン→イギリス→ギリシア　　⑥ スペイン→ギリシア→イギリス

15 ヨーロッパ連合の成立について述べた次の文章中の空欄　ア　と　イ　に入る地名の組合せとして正しいものを，下の①〜⑥のうちから一つ選べ。

　1992年，　ア　の　イ　でヨーロッパ連合設立の条約が調印された。当初貿易の決済通貨として発行されたユーロは，2002年には一般市民の取引にも導入された。

① ア－オランダ　　イ－マーストリヒト　　② ア－オランダ　　イ－ロッテルダム

③ ア－フランス　　イ－マーストリヒト　　④ ア－フランス　　イ－カルカソンヌ

⑤ ア－ベルギー　　イ－マーストリヒト　　⑥ ア－ベルギー　　イ－ブリュッセル

16 現代の多国間協力について述べた文として正しいものを，次の①〜④のうちから一つ選べ。

① 1989年，第1回アジア太平洋経済協力会議がカナダで開催された。

② 1992年，アメリカ・カナダは中南米8カ国と北米自由貿易協定を結んだ。

③ 1995年，GATTを受けつぎ，自由貿易をめざす世界貿易機関が成立した。

④ 1997年，先進国首脳会議に中国が加わり，参加国が8カ国となった。

17 現代の環境問題について述べた次の文章中の空欄　ア　と　イ　に入る地名の組合せとして正しいものを，下の①〜④のうちから一つ選べ。

　1992年，　ア　で「環境と開発に関する国連会議」が開催され，参加各国は二酸化炭素の排出量を減少させる必要性で合意した。そして，97年には地球温暖化に関して，　イ　議定書がその目標値を設定した。

① ア－リオデジャネイロ　　イ－東京　　② ア－リオデジャネイロ　　イ－京都

③ ア－サンパウロ　　　　　イ－東京　　④ ア－サンパウロ　　　　　イ－京都

18 アメリカの「対テロ戦争」について述べた次の文章中の空欄　ア　〜　ウ　に入る語の組合せとして正しいものを，下の①〜⑥のうちから一つ選べ。

　アメリカは，アフガニスタンの　ア　政権の保護下にあるイスラーム急進派の組織　イ　を同時多発テロの実行犯とみなし，アフガニスタンに軍事行動をおこして，　ア　政権を倒した。さらにアメリカは，イラクを中東の脅威として，イギリスとともにイラクを攻撃し，　ウ　政権を倒した。

① ア－ターリバーン　　　　イ－アル＝カーイダ　　　ウ－フセイン

② ア－ターリバーン　　　　イ－ビン＝ラーディン　　ウ－フセイン

③ ア－アル＝カーイダ　　　イ－ターリバーン　　　　ウ－ビン＝ラーディン

④ ア－アル＝カーイダ　　　イ－ビン＝ラーディン　　ウ－ターリバーン

⑤ ア－ビン＝ラーディン　　イ－アル＝カーイダ　　　ウ－ターリバーン

⑥ ア－ビン＝ラーディン　　イ－ターリバーン　　　　ウ－フセイン

19 21世紀におこった経済危機について述べた次の文aとbの正誤の組合せとして正しいものを，下の①〜④のうちから一つ選べ。

a 2008年の国際金融危機は，リーマン＝ショックとも呼ばれる。

b 2009年，ギリシアの財政危機がユーロの信用を脅かした。

① **a**－正 **b**－正 　　② **a**－正 **b**－誤

③ **a**－誤 **b**－正 　　④ **a**－誤 **b**－誤

▌▌■ 史資料問題編 ■▌▌

第1問　次の**資料1～3**について，下の問い（**問1・2**）に答えよ。

資料1

　I have a dream that one day this nation will rise up and live out the true meaning of its creed: "We hold these truths to be self-evident, that all men are created equal."

　I have a dream that one day on the red hills of Georgia, the sons of former slaves and the sons of former slave owners will be able to sit down together at the table of brotherhood.

資料2

　ソ連共産党は，各社会主義国が夫々，自国の民族的諸条件の特殊性を考慮しつつ，自国の社会主義の道にそった発展の具体的形態を決定することを常に支持してきた。……社会主義に敵対的な内外の勢力が，いずれかの社会主義国の発展を資本主義的秩序の復活の方向に転換せしめようと試みるとき，この国における社会主義の事業への脅威，社会主義共同体全体の安全に対する脅威が発生するときは，これはもはや，その国の国民の問題であるのみならず，すべての社会主義諸国の共通の問題，憂慮すべきこととなるのである。

（鹿島平和研究所編『現代国際政治の基本文書』原書房）

資料3

Ⅰ　ソ連邦とユーゴスラビア両国は1955年のベオグラード宣言，1956年のモスクワ宣言でうたわれた普遍的諸原則の歴史的役割と変わらぬ価値を強調する。即ち，独立，主権，領土保全，平等，すべての場合での内政不干渉である。

Ⅰ　両党は，独立，平等，内政不干渉の原則を尊重し，また社会主義建設への道と党の国際的立場がそれぞれ異なるものであることを相互に理解し合う。

Ⅰ　だれしも真理を独占できないとの確信に立ち，双方は，どのような社会発展に対しても自分たちの見解を押し付けることはしないと宣言する。社会主義へのいかなる道も，その成功は社会・政治的実践により検証され，具体的結果によって確認される。

（『読売新聞』）

問1　**資料1**と最も関係の深いアメリカ大統領についての説明として正しいものを，次の①～④のうちから一つ選べ。

①　トルーマンは「封じ込め」を掲げ，ソ連との対決姿勢を明確にした。

②　アイゼンハワーはジュネーヴ4巨頭会談に参加し，「雪どけ」に貢献した。

③　ジョンソンは「偉大な社会」をスローガンに掲げ，公民権法を制定した。

④　ニクソンはパリ和平協定に調印し，ベトナムからアメリカ軍を撤退させた。

問2　**資料2・3**と関係の深い事件・できごとの組合せとして正しいものを，下の①～⑥のうちから一つ選べ。

資料2　**a**　ポーランドのポズナニで反ソ暴動がおこった。

　　　　　b　チェコスロヴァキアでドプチェクが自由化運動を推進した。

　　　　　c　ハンガリーのナジ＝イムレが処刑された。

資料3 X ポーランドで自主管理労組「連帯」が組織された。

Y 東ドイツでホネカーが解任され，ベルリンの壁が崩壊した。

① 2 - a 3 - X ② 2 - a 3 - Y ③ 2 - b 3 - X

④ 2 - b 3 - Y ⑤ 2 - c 3 - X ⑥ 2 - c 3 - Z

第2問 第二次世界大戦後のラテンアメリカに関する**資料1～3**について，下の問い(**問1～3**)に答えよ。

資料1

(前文)全国民の意思を表明するためにこの公開議会に参集した我々，すなわち，アルゼンチン国民と政府の代表者たちは，神の摂理に庇護を求めつつ，また我々が代表する国民の名とその権威に基づいて，全世界に向け，アルゼンチン諸州と準州が，正義に基づき，国内に根を張っていた外国の支配網を断ち切り，国内の経済資源に対する自国政府の管理権を回復させるという決定を下したことを，厳かに宣言する。

(歴史学研究会編『世界史史料11』岩波書店)

問1 **資料1**を発表した人物と，第二次世界大戦後のアルゼンチンの政治・経済についての説明との組合せとして正しいものを，下の①～④のうちから一つ選べ。

人物 **a** ペロン **b** バティスタ

政治・経済

あ 工業化，鉄道などの国有化，労働者保護などの経済政策をとった。

い イギリスを破り，マルビナス諸島を領土として確保した。

① a - あ ② a - い ③ b - あ ④ b - い

資料2

チリは，世界に例を見ない，驚くべき政治的発展ぶりを示した。反資本主義運動が市民権の自由な行使を通して権力を握ったのだ。それはわが国をより人間的な，新しい社会へと導くためである。……社会主義への移行過程において一党制が必要であるなどということは，マルクス主義の理論家も主張していないし，歴史も示していない。一党制は一定の社会状況や内外の政治状況によってもたらされる。……チリにこのような要因が存在しない以上，また，今後，存在することがない限り，わが国は伝統にもとづき，圧倒的多数者に支えられた複数主義の枠内で国内の政治体制を抜本的に転換するためのメカニズムを整え，また創り出していくだろう。

(歴史学研究会編『世界史史料11』岩波書店)

問2 **資料2**を発表した政権の指導者と，この政権についての説明との組合せとして正しいものを，下の①～⑥のうちから一つ選べ。

指導者 **a** ピノチェト **b** アジェンデ

政権について

あ 選挙に勝利して社会主義政権を樹立した。

い 政権は一党独裁体制を確立した。

う 長期にわたる安定政権となった。

① a - あ ② a - い ③ a - う ④ b - あ ⑤ b - い ⑥ b - う

資料3

キューバ危機の究極的な教訓は，われわれ自身が他国の靴を履いてみる，つまり相手国の立場になってみることの重要さである。危機の期間中，___ア___大統領は，自分のやっている行動の中で，なにより

150

もまず，こういう行動をとったらフルシチョフあるいはソ連に，どんな影響を与えるかをはかり知ろうと，より多くの時間を費やした。

（毎日新聞社外信部訳『13日間 ―キューバ危機回顧録』中央公論新社）

問3　資料3の空欄　ア　に入る人物の名前と，この前後の各国の政策についての説明との組合せとして正しいものを，下の①～⑥のうちから一つ選べ。

指導者　**a**　アイゼンハワー　　　**b**　ケネディ

政策　**あ**　1959年，キューバはソ連の支援により社会主義共和国となった。

　　　い　1961年，アメリカ政府はキューバとの国交断絶を宣告した。

　　　う　1962年，キューバはワルシャワ条約機構に加盟した。

①　**a－あ**　　　②　**a－い**　　　③　**a－う**　　　④　**b－あ**　　　⑤　**b－い**　　　⑥　**b－う**

第3問　次のグラフは，石油価格の変遷を示している。石油価格上昇の要因について，グラフ中の**a～f**に入る説明の組合せとして適切なものを，下の①～⑥のうちから一つ選べ。

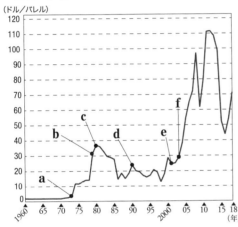

（出典：『BP世界エネルギー統計　2019』より作成）

あ　アメリカ主導のイラク攻撃

い　イラクのクウェート侵攻

う　同時多発テロの勃発

え　OAPECの石油戦略発動

お　イラン＝イスラーム革命の勃発

か　イラン＝イラク戦争の勃発

①　**a－お**　　**b－う**　　　②　**c－か**　　**d－い**　　　③　**e－あ**　　**f－え**

④　**b－い**　　**c－お**　　　⑤　**d－え**　　**e－か**　　　⑥　**f－え**　　**a－あ**

26 第二次世界大戦後のアジア・アフリカ諸国

1 朝鮮戦争と1950〜60年代前半の中国について述べた文として正しいものを，次の①〜⑥のうちから**二つ選**べ。

① 李承晩大統領が北朝鮮への侵攻を指示し，朝鮮戦争が始まった。

② 朝鮮戦争勃発と同時に，中国は人民義勇軍を派遣した。

③ 板門店で休戦協定が結ばれ，南北朝鮮の分断が固定化された。

④ 中国では，第1次五カ年計画が1953年に始まり，人民公社が設立された。

⑤ 1958年に始まった大躍進政策は失敗し，翌年劉少奇が国家主席に就任した。

⑥ 1959年のインドとの国境紛争を機に，中ソ対立は公開論争に発展した。

2 第二次世界大戦の終結から1950年までの南アジアの状況について述べた文として正しいものを，次の①〜④のうちから一つ選べ。

① 1947年，ベンガルの帰属をめぐってインドとパキスタンが衝突した。

② 1948年，ガンディーは急進的なイスラーム教徒に暗殺された。

③ 1948年，セイロン(スリランカ)はイギリス連邦から離れて共和国として独立した。

④ 1950年，インドは憲法を制定し，インド共和国と改称した。

3 第三世界の活動があった地図中の**a〜d**について述べた文として正しいものを，下の①〜④のうちから一つ選べ。

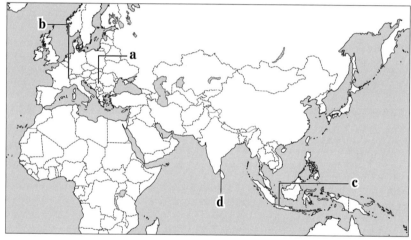

① 1954年，**a**で南アジア・東南アジア5カ国の首脳会議が開かれた。

② 1954年，**b**での会談の途中，ネルーと毛沢東が平和五原則を提唱した。

③ 1955年，**c**で開かれたアジア＝アフリカ会議は，平和十原則を発表した。

④ 1961年，**d**でティトーやスカルノらが非同盟諸国首脳会議を開催した。

4 第二次世界大戦後に独立した地図中の **a** ～ **d** について述べた文として正しいものを，下の①～④のうちから一つ選べ。

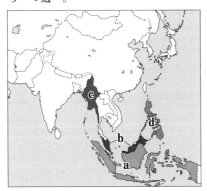

① 独立を認めないフランスを破り，**a** が共和国として独立した。

② イギリスから独立したマラヤ連邦を中心に，**b** が成立した。

③ 第二次世界大戦中の抗日組織を中心に，**c** はイギリス連邦内の共和国として独立した。

④ **d** は，アメリカからの独立戦争を経て共和国を樹立した。

5 1950年代における地図中の **a** ～ **d** の状況について述べた文として正しいものを，下の①～④のうちから一つ選べ。

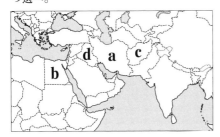

① 民族運動の高まりに応え，**a** のモサッデグ首相は石油国有化を宣言した。

② ナセルはムハンマド = アリー朝のナギブを倒し，**b** に共和国を建てた。

③ パフレヴィー 2 世が石油国有化を継承し，**c** の民族運動はさらに高揚した。

④ **d** での革命で成立したカセムの新政権は，バグダード条約機構に加盟した。

6 1950年代におけるアフリカ諸国 **a** ～ **e** の独立について述べた文として**誤っているもの**を，次の①～④のうちから一つ選べ。

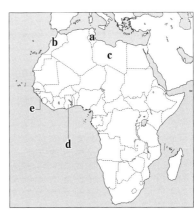

① **a** と **b** がフランスから独立した。

② **c** がポルトガルから独立し，共和国となった。

③ エンクルマ(ンクルマ)の指導で，**d** がイギリスから独立した。

④ **e** はセク = トゥーレを指導者にフランスから独立した。

7 1960年代以降の朝鮮半島と中国の状況について述べた文として正しいものを，次の①〜⑥のうちから**二つ**選べ。

①　朴正熙大統領が展開した開発独裁により，工業化に成功した。

②　全斗煥大統領は日韓基本条約を結び，日本と国交を樹立した。

③　金泳三大統領は国連加盟を実現し，ソ連・中国との国交を樹立した。

④　周恩来がプロレタリア文化大革命を開始し，劉少奇や鄧小平らを失脚させた。

⑤　中国はソ連とウスリー川の珍宝島で武力衝突をおこした。

⑥　プロレタリア文化大革命期，中国社会は混乱状態に入り，国連から脱退した。

8 第二次世界大戦後の日本について述べた次の文章中の空欄　ア　と　イ　に入る語の組合せとして正しいものを，下の①〜④のうちから一つ選べ。

　　日本は1951年に　ア　講和会議において平和条約に調印して独立を回復し，同時に日米安全保障条約も結んだ。56年には　イ　と国交を回復し，同年国際連合に加盟した。また，65年には日韓基本条約を結び，韓国と国交を回復した。

①　ア－サンフランシスコ　　イ－中国　　②　ア－サンフランシスコ　　イ－ソ連

③　ア－ジュネーヴ　　　　　イ－中国　　④　ア－ジュネーヴ　　　　　イ－ソ連

9 1950年代以降の南アジアの状況について述べた文として正しいものを，次の①〜④のうちから一つ選べ。

①　中印国境紛争がおこり，ダライ＝ラマ14世がチベットから中国に亡命した。

②　3度目のインド＝パキスタン戦争で，インドは西パキスタンを支援した。

③　スリランカでは，宗教を異にするシンハラ人とタミル人の抗争が続いた。

④　パキスタンが核兵器を保有すると，インドも対抗して核実験に成功した。

10 1960年代のアフリカの動きについて述べた文として正しいものを，次の①〜④のうちから一つ選べ。

①　サハラ以北の17カ国が一挙に独立した1960年は，「アフリカの年」と呼ばれる。

②　ベルギーからの独立をめざす，ルムンバらのコンゴ動乱は1965年に終結した。

③　アルジェリアではFLNが武装闘争を展開し，1962年にイギリスから独立した。

④　1963年にアフリカ統一機構が成立し，本部はアジスアベバにおかれた。

11 1960年代以降のインドシナ半島の状況について述べた文として正しいものを，次の①〜⑥のうちから**二つ**選べ。

①　南ベトナム解放民族戦線が結成され，北ベトナムと激しい戦いを展開した。

②　アメリカは，ケネディ大統領の時代に北ベトナムに対する爆撃を開始した。

③　ベトナム戦争は北側の勝利に終わり，ベトナム社会主義共和国が成立した。

④　親中国左派勢力が，シハヌーク元首をクーデタで追放した。

⑤　ポル＝ポト派はプノンペンを制圧し，民主カンプチア政府を樹立した。

⑥　カンボジア和平協定が調印され，カンボジア民主共和国が成立した。

12 1970年代後半以降の中国について述べた文として正しいものを，次の①〜④のうちから一つ選べ。

①　1976年，鄧小平が「四人組」を逮捕し，プロレタリア文化大革命の終了を宣言した。

②　1979年，開放経済を開始し，深圳などに経済特区を設けた。

③　1989年，人民公社の解体に反対して，天安門事件がおこった。

④　1997年，ポルトガルから香港が返還され，特別行政区とした。

13 1960年代以降の東南アジアについて述べた文として正しいものを，次の①〜④のうちから一つ選べ。

①　インドネシアでは，1965年に九・三〇事件がおこり，スハルトが失脚した。

②　中国系住民の多いシンガポールが，1965年にマレーシアから分離独立した。

③　フィリピンでは，1986年にアキノ大統領が亡命し，マルコス政権が成立した。

④　ミャンマーでは，1990年にアウン＝サン＝スー＝チーが民主政権を樹立した。

14 1967年に結成された東南アジア諸国連合（ASEAN）は，国際社会での存在感を増している。これに関連して，東南アジア諸国連合の原加盟国として**誤っているもの**を，地図中の①〜④のうちから一つ選べ。

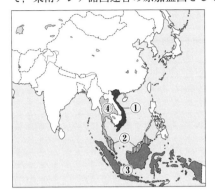

15 1979年におこったイラン＝イスラーム革命に関連して述べた文として正しいものを，次の①〜④のうちから一つ選べ。

①　ガージャール朝が進める上からの近代化への反発が，革命の要因である。

②　スンナ派のホメイニを指導者とするイラン＝イスラーム共和国が成立した。

③　イラン＝イスラーム革命は，世界に第2次石油危機をもたらした。

④　イラクはイランの革命を支援し，アメリカと対決する姿勢を明らかにした。

16 白人・非白人の差別的分離政策をとってきた南アフリカについて述べた文として**誤っているもの**を，次の①〜④のうちから一つ選べ。

①　南アフリカ連邦はイギリス連邦から離脱し，南アフリカ共和国となった。

②　国際連合は，アパルトヘイトを続ける南アフリカに経済制裁を加えた。

③　デクラーク政権は1990年代に差別法を全廃し，平等な選挙権を認めた。

④　大統領に当選したマンデラは，白人に対する報復政策をうちだした。

17 湾岸戦争とイラク戦争について述べた文として正しいものを，次の①〜④のうちから一つ選べ。

①　1990年，イラクは石油資源を求めてクウェートに侵攻した。

②　1991年，NATO軍が出動し，イラクとの湾岸戦争がおこった。

③　1991年，イラクは湾岸戦争で大敗し，サダム＝フセインは失脚した。

④　2003年，大量破壊兵器隠匿を理由に，国連の多国籍軍がイラクを攻撃した。

18 1990年代以降に頻発する政変・地域紛争について述べた文として正しいものを，次の①〜④のうちから一つ選べ。

①　1991年，エチオピアではハイレ＝セラシエが社会主義政権を打倒した。

②　1992年，ソマリアの内戦は，国連PKOの活動により解決した。

③　1994年，ルワンダ・ブルンジにおいて，部族対立が激しい内戦に発展した。

④　2002年，東ティモールはマレーシアの実効支配から独立を達成した。

19 アジア諸地域の社会主義と経済状況について述べた文として**誤っているもの**を，次の①〜④のうちから一つ選べ。

①　ベトナムは1986年以来，「ドイモイ」政策をとり，経済は好転した。

②　モンゴルは1992年に新憲法を制定し，社会主義体制を離脱した。

③ 中国の元の急落を契機に1997年，アジア通貨危機がおこった。

④ 民進党の陳水扁が総統となり，2002年に台湾は世界貿易機関に加盟した。

■■■ 史資料問題編 ■■■

第1問 次の**資料**は，1954年7月21日にスイスでおこなわれた会議の最終宣言の一部である。この資料を読んで，下の問い(**問1・2**)に答えよ。

資料

6，会議は，ベトナムにおける協定の基本的目的が，戦闘行為終結を意図した軍事問題の解決にあり，[**ア**]なものであり，いかなる意味でも政治的もしくは領土的境界と解釈すべきものでないことを承認する。……

7，会議は，ベトナムに関するかぎり，……[**イ**]が，戦闘行為の終結に関する協定に規定した国際監視委員会構成国の代表からなる国際的な委員会の監視のもとで，1956年7月に実施されるものとする。……

(歴史学研究会編『世界史史料11』岩波書店)

問1 **資料**中の空欄[**ア**]と[**イ**]に入る語句の組合せとして正しいものを，次の①〜④のうちから一つ選べ。

① **ア**−軍事境界線は暫定的　　**イ**−総選挙

② **ア**−休戦の条件は一時的　　**イ**−総選挙

③ **ア**−軍事境界線は暫定的　　**イ**−国際連合による終戦宣言

④ **ア**−休戦の条件は一時的　　**イ**−国際連合による終戦宣言

問2 この会議に参加しなかった国として正しいものを，次の①〜⑧のうちから**二つ**選べ。

① ベトナム民主共和国　　② ベトナム国　　③ ベトナム社会主義共和国

④ 中華人民共和国　　⑤ 中華民国　　⑥ フランス共和国

⑦ ラオス王国　　⑧ カンボジア王国

第2問 次の**資料1・2**を読み，下の問い(**問1〜3**)に答えよ。

資料1

現在の中東和平プロセスにおけるイスラエル＝パレスチナ交渉の目的は，一つに，[**ア**]におけるパレスチナ人民のためのパレスチナ暫定自治政府，すなわち選挙された評議会(以下「評議会」)を設置することである。この暫定期間は，5年をこえないこととし，国連安全保障理事会決議242号と338号に基づく恒久的な取り決めに導くものである。……

第3条　選挙

1，[**ア**]におけるパレスチナ人民が，民主的な原則にしたがって自治を行うため，自由な直接投票による評議会の総選挙が行われる。選挙は，合意された管理体制と国際的な監視の下で実施され，パレスチナ警察が選挙期間中の秩序の維持にあたる。

(歴史学研究会編『世界史史料12』岩波書店)

資料2

第1条

1．本条約の批准書の交換と同時に締約国間の戦争状態は終結し，平和が達成される。

2．イスラエルは付属議定書(付属1)に規定するエジプトとパレスチナ委任統治領間の国際境界線まで，

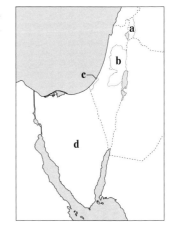

　　イ　からそのすべての軍隊及び文民を撤退させ，エジプトは　イ　における完全な主権の行使を回復する。

3．付属1に規定する暫定的撤退の完了と同時に，締約国は第3条3に従い，正常かつ友好的な関係を確立する。

（外務省ホームページ）

問1　**資料1**の空欄　ア　，**資料2**の空欄　イ　の位置について，右の地図上の記号での組合わせとして正しいものを，次の①～⑥のうちから一つ選べ。

① 　ア－a・b　　イ－d
② 　ア－a・c　　イ－d
③ 　ア－b・c　　イ－d
④ 　ア－d　　　イ－a・b
⑤ 　ア－d　　　イ－a・c
⑥ 　ア－d　　　イ－b・c

問2　**資料1・2**が決議された時期として正しいものを，次の年表中の①～⑥のうちからそれぞれ選べ。

第1次中東戦争
　　①
第2次中東戦争
　　②
第3次中東戦争
　　③
第4次中東戦争
　　④
イラン＝イラク戦争
　　⑤
アラブの春
　　⑥

問3　**資料1・2**とそれぞれ関係の深い人物の組合せとして正しいものを，次の①～⑥のうちから一つ選べ。
① 　1－アラファト・クリントン　　2－サダト・ラビン
② 　1－ラビン・クリントン　　　2－サダト・カーター
③ 　1－ラビン・サダト　　　　　2－ベギン・カーター
④ 　1－アラファト・カーター　　2－ベギン・クリントン
⑤ 　1－ラビン・サダト　　　　　2－アラファト・カーター
⑥ 　1－ラビン・カーター　　　　2－ベギン・アラファト

第3問 世界史の授業で，右のグラフをみて先生と生徒が話し合っている。その会話文を読んで，下の問い(**問1～3**)に答えよ。

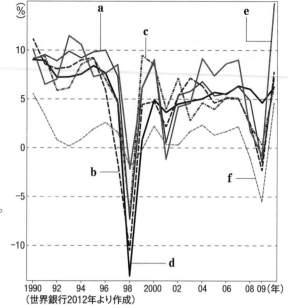

(世界銀行2012年より作成)

先　生：今日は20世紀末から21世紀初頭のアジアの経済について考えてみましょう。このグラフは，アジア諸国の経済成長率の推移を扱ったものです。どのような事に気がつきますか？

生徒A：2回ほど経済成長率の急激な落ち込みがみられますね。

生徒B：1度目の落ち込みでは**b**の経済成長率が最初に落ち込んでいるのではないですか。

生徒C：**f**は，他国に比べて経済成長率が全般的に低調ですね。

先　生：**f**の場合，1990年代以降の経済成長率は低いけれど，それ以前の成長率は非常に高いのですよ。

問1　2度の経済成長率の落ち込みの原因の組合せとして正しいものを，次の①～⑥のうちから一つ選べ。

1度目　　**X**　天安門事件　　**Y**　アジア通貨危機

2度目　　**あ**　アメリカとイギリスがイラク戦争を強行した。

　　　　　　い　リーマン＝ブラザーズの経営が破綻した。

　　　　　　う　新疆ウイグル自治区で騒乱がおこった。

①　**X－あ**　　　②　**X－い**　　　③　**X－う**　　　④　**Y－あ**　　　⑤　**Y－い**　　　⑥　**Y－う**

問2　1度目の落ち込みは**b**の通貨の急落をきっかけに発生した。**b**の国名として正しいものを，次の①～⑥のうちから一つ選べ。

①　マレーシア　　　　②　大韓民国　　　③　日本　　　④　タイ　　　⑤　シンガポール

⑥　インドネシア

問3　**f**の国名として正しいものを，次の①～⑥のうちから一つ選べ。

①　マレーシア　　　　②　大韓民国　　　③　日本　　　④　タイ　　　⑤　シンガポール

⑥　インドネシア

テーマ史① 諸地域世界の交流

第1問 諸地域の交流とグローバル化に関する次の文章と資料を読んで，下の問い（問1～5）に答えよ。

　13世紀にはすでにヨーロッパ・中近東・インド・中国におよぶユーラシアの至る所に，多種の民族・国家・宗教を包含する経済的ネットワークが存在した。恒常的・体系的に機能していたとされるこのネットワークは，ヨーロッパによる世界の一体化に先立ち，　ア　帝国による征服活動がその形成を促した。　ア　帝国の支配は決して破壊や殺戮に限られたものではなく，すでに大きな広がりをもっていたイスラームのネットワークと連携をめざすものでもあった。空前の大交流圏における人の移動は，　ア　帝国が築いた　イ　制から始まり，陸・海の国際商人の活躍によって，これに続くヨーロッパ人の「豊かなアジア」への憧れをかきたてていったのである。15・16世紀以降のヨーロッパの台頭は，その内的な力によってのみなされたものではなく，かつて存在していたこの13世紀の世界システムの崩壊に伴って初めて生じえたともいえるだろう。

問1　文章中の空欄　ア　に入る帝国の歴史について述べている文を，次の**a～f**から3つ選び，さらにそれらを年代の古いものから順に配列したものとして正しいものを，下の①～⑥のうちから一つ選べ。
- **a**　ティムール朝を倒した。
- **b**　アッバース朝を滅ぼした。
- **c**　海禁政策をとった。
- **d**　アグラに都を移した。
- **e**　ホラズム＝シャー朝を破った。
- **f**　金を滅ぼした。
- ①　a→b→f　　　②　b→a→e　　　③　c→a→b
- ④　d→e→f　　　⑤　e→f→b　　　⑥　f→c→d

問2　故郷ヴェネツィアと中国を往復したと考えられている人物が残した書籍の一部が，次の**資料1**である。この書籍の名称と，**資料1**で語られている　イ　制の説明との組合せとして正しいものを，次の①～⑥のうちから一つ選べ。

資料1

　……どこに使者を送るにせよ，つねに馬が準備を調えて待ちかまえているのだ。主要な道の25ないし30マイルごとに，お話ししたような行き届いた宿駅があるので，大カーンの統治するおもだった地方にはどこにでも行くことができる。また，使者が人家も宿屋もない辺鄙な地域を通る時でも，一日の行程が長くなりすぎないように配慮して，大カーンは今お話ししたものとほぼ同じような宿駅を作らせている。

（歴史学研究会編『世界史史料4』岩波書店）

書籍　**あ**　『（大）旅行記』　　**い**　『世界の記述（東方見聞録）』
説明　**a**　サマルカンドを起点として設置された。
　　　　b　物資や食料の調達を目的にし，宿泊施設はなかった。
　　　　c　牌符と呼ばれた通行証には様々な文字が用いられた。
①　あ－a　　　②　あ－b　　　③　あ－c　　　④　い－a　　　⑤　い－b　　　⑥　い－c

資料2　港市アレクサンドリアで亡くなった商人の記録
　ラマダーン月（西暦1313年12月20日～14年1月18日）に　ウ　商人のイッズ・アッディーンが港市ア

レクサンドリアで亡くなった。彼の父は「ハマウィー(ハマー生まれ)」の名で知られ，もとはアレッポのユダヤ人の出身であった。……バグダードからバスラに〔ティグリス川を〕下ると，キーシュに向かい，さらにホルムズからザウに乗って中国地方に行った。……〔帰路，〕インドに着くと，……インドからインドのザウ船に乗ってイエメン地方のアデンに戻った。ところが，イエメンの支配者は彼のすべての財産，彼がもたらした中国の奢侈品類と ┃ エ ┃ について，慣行により徴収される〔税〕額以上のものを取った。その後，704年(1304/5年)に，彼はエジプト地方に着いた。

（歴史学研究会編『世界史史料2』岩波書店）

問3 **資料2**の文章中の空欄 ┃ ウ ┃・┃ エ ┃ に入る語の組合せとして正しいものを，次の①～④のうちから一つ選べ。

① **ウ**－ソグド 　　　**エ**－綿布 　　② **ウ**－ソグド 　　　**エ**－陶磁器

③ **ウ**－カーリミー 　**エ**－綿布 　　④ **ウ**－カーリミー 　**エ**－陶磁器

問4 **資料2**の商人など，ムスリム商人の活動について述べた文として**誤っているもの**を，次の①～④のうちから一つ選べ。

① キャラヴァンサライと呼ばれる隊商宿が各地の街道におかれた。

② 東南アジアやインド洋沿岸に居住地がつくられ，各地のイスラーム化を促した。

③ ディナール金貨などの貨幣経済は衰えたが，アジアの物産との交換経済が隆盛した。

④ 十字軍以降も様々な形でインドやイタリア商人との取引がおこなわれた。

資料3 17～18世紀における清朝の貿易構造(出典：岸本美緒『清代中国の物価と経済変動』研文出版)

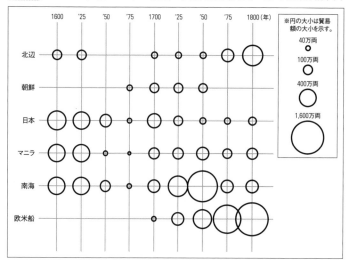

問5 **資料3**を参照し，17～18世紀の清朝の対外貿易に関する動向を推察した文として最も適当なものを，次の①～④のうちから一つ選べ。

① 1600年頃から日本の「鎖国」体制により，中国との貿易は事実上消滅している。

② 17世紀後半に中国の遷界令が廃止され，マニラや朝鮮との貿易が大幅に伸びた。

③ 18世紀に北辺ではロシア帝国との対立が深まり，貿易が縮小していった。

④ 18世紀後半から，中国の対イギリス貿易は広州1港に限定されるなかで大きく伸びた。

第2問 中央ユーラシアは諸帝国からみると辺境に位置し，古くから争奪の的であった。また同時に東西南北の交易の要衝であり，諸宗教が交錯する文化融合の地でもあった。中央ユーラシアの交流に関する次の**地図**と**資料**から，下の問い(**問1～5**)に答えよ。

地図

問1 地図中のアイ＝ハヌム遺跡は，ギリシアの神々が祭られるギリシア様式の都市で，「オクサスの　ア　」(オクサスはアム川の古称)として文献に記載されたものといわれている。前4世紀に，中央ユーラシアから西北インドにかけて　ア　と呼ばれるギリシア人の入植都市を建設した人物の事績として正しいものを，次の①〜④のうちから一つ選べ。

① 彼は父であるマケドニア王フィリッポス2世の後継者として，ササン朝ペルシアを倒した。

② ギリシア系の人々は，彼の遠征後，中央アジアからインドに進入してグプタ朝を建てた。

③ 彼が建てたギリシア様式の都市のなかで，とくにエジプトに建てられた　ア　は経済・文化の中心として栄えた。

④ 彼の死後分裂したヘレニズム諸国の中で，最も長く存在したのはセレウコス朝である。

問2 地図中の**あ〜お**について述べた文として**誤っているもの**を，次の①〜⑤のうちから一つ選べ。

① **あ**の地域にはパミール高原があり，トルキスタンを東西に分けている。

② **い**の国に駐留したソ連軍は，ブレジネフ書記長の時代の1989年に撤退した。

③ **う**の地域では，ヘレニズム文化とインド文化が融合した仏教美術が栄えた。

④ **え**の地域は，前漢の時代に大宛と呼ばれ，武帝は軍を派遣してここを攻略した。

⑤ **お**の地域は，「ソグド人の住む土地」を意味するソグディアナと呼ばれた。

資料

　　イ　は古来有名の城下にして，昔しティムール……此に都して号令を四方に伝へし処にて，其遺跡も著しく寺塔及墳墓の類に存し，……且つ此城下は中アジアの商衢ブハラ・タシケントの間に在て，商売の掛け合ひ博く，住人も一般に富み居し由。……今に独立の名は存し居候得共，実はロシアの属国同様にて，国脈の長短はロシア人の手に在る儀は国人も自ら之を知り候ゆへ，ロシアに対して軍備等は更に致さず，唯偏に信依の政略を持ち居る姿に御座候。……初めタシケントに於て総督カウフマン氏へ拙者にも序ながら　ウ　地方迄経歴致度段相談致候得共，其節は　ウ　の論は戦に決すべき説多く，且つ出兵最中にて有之候ゆへ，同氏も少し不都合と案ぜし哉，直答致さず候に付，拙者には暫らく待に若かずと諸方の回歴を企て候処，此二ヶ月の間に事情漸変し，当日に至ては清国よりも和親の意を表出しロシアに於ても一応兵を引上る事と相成，且つ別に相談の都合も有之，遂に　ウ　地方へ遊歴の許諾を得候……。

（「西書記官中亜細亜旅行報告書」外務省編纂『日本外交文書』第14巻）

問3　**資料**は19世紀後半に書かれた日本人外交官の報告書である。空欄　イ　に入る都市名と，地図中のその都市がある地域との組合せとして正しいものを，次の①〜⑥のうちから一つ選べ。

① サマルカンド‐**い**　　② サマルカンド‐**え**

③ サマルカンド‐**お**　　④ カーブル‐**い**

⑤ カーブル‐**え**　　　　⑥ カーブル‐**お**

問4　**資料**をよく読み，空欄　ウ　に入る地名と，中央ユーラシアの19世紀後半以降の動向について述べた文との組合せとして正しいものを，下の①〜⑥のうちから一つ選べ。

地名　**あ** アイグン　　　**い** イリ

動向　**a** ロシアは，モンゴルとの争いに敗れてこの地域の支配権を失った。

　　　b ロシアはこの地域に進出し，併合や保護国化をおこなった。

　　　c ソヴィエト連邦は，この地域を連邦から除外して統治した。

① あ‐a　　② あ‐b　　③ あ‐c　　④ い‐a　　⑤ い‐b　　⑥ い‐c

問5　第1班では，この地域の歴史に関するカードをそれぞれ作成した。次のカード**a〜d**が，年代の古いものから順に正しく配列されているものを，下の①〜⑥のうちから一つ選べ。

a
> 遼の皇族である耶律大石が西遼（カラキタイ）を建国した。

b
> サーマーン朝がアッバース朝から自立した。

c
> ギリシア系のバクトリア王国が成立して，西北インドに進入した。

d
> トルコ系王朝のカラハン朝が支配権を確立した。

① a→d→b→c　　② b→a→c→d　　③ b→d→a→c

④ c→b→d→a　　⑤ c→d→b→a　　⑥ d→c→a→b

第3問　日本とアジアの交流，ならびに中国とイギリスの外交について，下の問い（問1・2）に答えよ。

問1　次の図は日本に関係のある文物である。これらの文物について述べた文として正しいものを，次の①〜④のうちから一つ選べ。

a

b

c

d
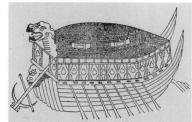

① **a**のカットグラスは，イランのサファヴィー朝から伝来したものとされる。

② **b**の壁画には，西域から唐に伝播した文化の特色がみてとれる。

③ **c**の像は，インドから日本に仏典を伝えた高僧をうつしたものとされる。

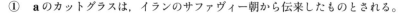

④ **d**の船は，中国が東アジアの海域世界で広く用いたものである。

問2 次の**資料**は，1793年に中国清王朝の乾隆帝に面会したイギリス使節の日記の一部である。これに関連して述べた文章中の空欄 **ア** ～ **ウ** に入る語の組合せとして正しいものを，下の①～⑥のうちから一つ選べ。

> **資料**
>
> 　皇帝は16人の輿かきによってかつがれた無蓋の輿に乗り，旗や傘をたてた大勢の士官がつき従っていた。彼が通り過ぎる時に，われわれは片膝でひざまずいて敬意を表した。その間，すべての中国人はいつもするように平伏した。

　イギリスから派遣された **ア** は，本国で需要の急増していた **イ** の輸入に伴う銀の流出という事態を打開するため，ウ 以外の貿易港の開放など，自由貿易を要求するために皇帝と面会した。

	①	②	③	④	⑤	⑥
ア	アマースト	カニング	マカートニー	アマースト	カニング	マカートニー
イ	綿織物	綿織物	茶	茶	陶磁器	陶磁器
ウ	上海	杭州	広州	杭州	広州	上海

テーマ史② 文化史

第1問 世界史の授業で、「19〜20世紀に活躍した作家とその作品を紹介する」という課題が出された。次の生徒たちの説明と提示する資料に関連して、下の問い(**問1〜6**)に答えよ。

生徒A：私は19世紀のフランスの ア を紹介します。この作家は、政治家としても活躍した人で、 イ 。この作品は、亡命中の1862年の作品です。**資料1**は、19年間獄につながれ、社会を憎悪したジャン・ヴァルジャンが、司教ミリエルの慈悲で救われる場面です。

資料1

「そうだ、許されたんだ。それがわからないのか。」と一人の憲兵が言った。

「さあ出かける前に、」と司教は言った、「ここにあなたの燭台がある。それも持って行きなさい。」彼は暖炉の所へ行って、銀の二つの燭台を取り、それをジャン・ヴァルジャンの所へ持ってきた。二人の婦人は、何の言葉も発せず、何の身振りもせず、邪魔になるような目付きもせずに、彼のなすままをじっと見ていた。ジャン・ヴァルジャンは身体中を震わしていた。彼はぼんやりしたふうで機械的に二つの燭台を取った。

問1 空欄 ア に入る作家名と作品名の組合せとして正しいものを、次の①〜④のうちから一つ選べ。
① バルザック−「人間喜劇」　　② スタンダール−『赤と黒』　　③ ゾラ−『居酒屋』
④ ユゴー−『レ゠ミゼラブル』

問2 空欄 イ に入る説明として最も適切なものを、次の①〜④のうちから一つ選べ。
① 七月革命後に議員となり、二月革命後は10年間の亡命生活を送りました
② 七月革命で失脚して亡命生活を送り、二月革命後に帰国して議員となりました
③ 二月革命を機に共和政を支持し、第二帝政成立後は19年間の亡命生活を送りました
④ 第二帝政期に議員をつとめ、ナポレオン3世失脚後にイギリスに亡命しました

生徒B：私は20世紀前半に活躍した中国の ウ を紹介します。この作家は エ 。この作品を読んだ中国人は、大きな衝撃を受けたといわれています。**資料2**は主人公の阿Qが革命について語っている場面です。

資料2

阿Qの耳朶の中にも、とうから革命党という話を聞き及んで、今年また眼ぢかに殺された革命党を見た。彼はどこから来たかしらん、一種の意見を持っていた。革命党は謀反人だ、謀反人は俺はいやだ、悪むべき者だ、断絶すべき者だ、と一途にこう思っていた。ところが百里の間に名の響いた挙人老爺がこの様に懼れたときいては、彼もまたいささか感心させられずにはいられない。まして村鳥のような未荘の男女が慌て惑う有様は、彼をしていっそう痛快ならしめた。「革命も好かろう」と阿Qは想った。

問3 空欄 ウ に入る作家名として正しいものを、次の①〜④のうちから一つ選べ。
① 魯迅　　② 老舎　　③ 胡適　　④ 郭沫若

問4 空欄 エ に入る文としてもっとも適切なものと、資料から読み取れる阿Qに関する説明との組合せとして正しいものを、次の①〜④のうちから一つ選べ。
① エ −医学を志し、日本に留学しましたが、国民の啓蒙のために文学に転じました
　　阿Qに関する説明−革命を弾圧すべきと考えていたが、その理念に共感をもつようになった。
② エ −医学を志し、日本に留学しましたが、国民の啓蒙のために文学に転じました

阿Qに関する説明－革命とは何かを理解しておらず，自分に都合の良いように解釈している。

　③　　**エ**　－上海で革命組織を設立し，孫文の呼びかけで中国同盟会に参加した

　　　阿Qに関する説明－革命を弾圧すべきと考えていたが，その理念に共感をもつようになった。

　④　　**エ**　－上海で革命組織を設立し，孫文の呼びかけで中国同盟会に参加した

　　　阿Qに関する説明－革命とは何かを理解しておらず，自分に都合の良いように解釈している。

生徒C：私は20世紀に活躍したアメリカの　**オ**　を紹介します。この作家は，第一次世界大戦に従軍し，戦後に作家として活動を開始しました。彼は，この作品の舞台となった　**カ**　に国際義勇軍の一員として参加しています。フランスのマルローやイギリスのオーウェルなども国際義勇軍に参加し，　**カ**　を題材とした作品を残しています。**資料3**はゲリラのメンバーであるアンセルモ老人が，橋梁爆破作戦で死亡する前夜，吹雪の山中で道路と橋梁の見張りをしながら独白する場面です。

資料3

　夜が一番さみしい。しかし，どんな人間もどんな神様もわしから奪えぬものが，ひとつある。それは，わしが　**キ**　のために立派に働いてきたってことだ。わしは，わしらがみんな，将来，幸せに暮らせるために，一所懸命に働いてきた。運動がはじまったときから，力の限り働いてきた。恥ずかしいことは，なにもやってはいない。

問5　空欄　**オ**　に入る作家名と作品名の組合せとして正しいものを，次の①～④のうちから一つ選べ。

　①　スタインベック－『怒りの葡萄』　　②　ヘミングウェイ－『誰がために鐘は鳴る』

　③　パール゠バック－『大地』　　④　レマルク－『西部戦線異状なし』

問6　空欄　**カ**　と　**キ**　に入る語の組合せとして正しいものを，次の①～④のうちから一つ選べ。

　①　**カ**－キューバ革命　　**キ**－バティスタ

　②　**カ**－キューバ革命　　**キ**－カストロ

　③　**カ**－スペイン内戦　　**キ**－王国

　④　**カ**－スペイン内戦　　**キ**－共和国

第2問　絵画の技法について述べた次の**文章1～4**と，その技法で描かれた作品について，下の問い（**問1～3**）に答えよ。

文章1　エジプトのピラミッドや秦の始皇帝陵など，強大な権力は芸術に経済性を求めなかった。絵画の制作でも，色彩が美しく退色のない技法が求められ，例えばビザンツ帝国では，**図版1**にみられる　**ア**　が採用された。この技法は色彩原料を粉にせず，そのまま漆喰を塗ったばかりの壁体に埋め込む。そのために発色が鮮やかで，退色の心配もない。

文章2　乾いた壁漆喰を壁などの下地に塗り，それが乾かないうちに色彩原料を砕いて水に溶かした水性絵の具を染みこませる技法も用いられた。**図版2**はこの　**イ**　とよばれる技法の代表作である。定着に糊を必要とせず，保存にも優れ，透明感のある明るい発色が得られるが，漆喰が乾ききらないうちに色を塗らなければならない。

文章3　　**ア**　や　**イ**　は壁画に適した技法である。壁画よりも扱いやすい媒体として，木の板を用いる場合，顔料を卵で溶いた絵の具が用いられた。**図版3**はこの　**ウ**　と呼ばれる技法の代表作である。コストが抑えられ，　**イ**　のように急ぐ必要がなく，若干の塗り直しが可能であるが，経年劣化で板が反ってしまう危険性がある。

文章4　卵の代わりに油で顔料を溶く，　**ウ**　とは兄弟の関係にある技法を油彩画という。媒体として木の板よりも安価で軽く，扱いが容易な①カンヴァス（布）が用いられるようになると，カンヴァスと油彩画との組み合わせが絵画の主流となっていった。**図版4**はこのカンヴァスと油彩画の組み合わせが盛んになった17世紀オランダの画家の作品である。

図版1

図版2

図版3

図版4

問1　空欄　**ア**　～　**ウ**　に入る技法の組合せとして正しいものを，次の①～⑥のうちから一つ選べ。

① **a**－テンペラ　　**b**－モザイク　　**c**－フレスコ

② **a**－テンペラ　　**b**－フレスコ　　**c**－モザイク

③ **a**－モザイク　　**b**－フレスコ　　**c**－テンペラ

④ **a**－モザイク　　**b**－テンペラ　　**c**－フレスコ

⑤ **a**－フレスコ　　**b**－モザイク　　**c**－テンペラ

⑥ **a**－フレスコ　　**b**－テンペラ　　**c**－モザイク

問2　次の文章に示す問題点は，**文章1**～**4**のうち，どの技能のものか。最も適切なものを，次の①～④のうちから一つ選べ。

> 　上から塗りなおしができないため，事前に入念な準備が必要とされ，失敗した場合は漆喰をはがして最初からやり直すことになる。

① **文章1**　　　② **文章2**　　　③ **文章3**　　　④ **文章4**

問3　**文章4**中の下線部①に関連して，絵画の媒体をカンヴァス(布)へと切り替えていった都市では，貿易が盛んであり，帆布の入手が容易であった。こうした都市として最も適切なものを，次の①～④のうちから一つ選べ。

① ヴェネツィア　　　② ミラノ　　　③ ウィーン　　　④ パリ

第3問　世界史の授業で先生が用意した「歴史書」**a**～**d**について，生徒達が解説をしている。史料と生徒たちの解説について，下の問い(**問1**～**3**)に答えよ。

a　私は嘗て，史書の冗長な表現を削り取り，重要な部分を選び挙げ，専ら，国家の盛衰に関わること，人民の喜びや憂いに関係すること，善事の模範とすべきこと，悪事の戒めとすべきことを取り上げ，編年体の一つの書物を作り，……戦国時代から五代まで，すべて1362年間に及ぶ歴史を294巻に集成しました。

b　そしてこの運動に，もし宗教の教えが伴っていれば，王朝は連帯意識による団結力以上の力を得ることができるのである。このことは，初期イスラーム時代のアラブによる征服の事情をみれば明らかであろう。しかし王権の所有者は栄誉を独占し，安易と平穏を好むのが本性であるから，やがて王朝は衰え，その寿命は概して3世代，120年を越えることはない。第1世代はバドウの性格，つまり粘り強さとか素朴さを保持しているが，第2世代になると安楽な生活の影響で連帯意識に多少の衰えがみえてくる。そして次の第3世代では連帯意識は完全に消えうせ，やがて王朝はこれまで維持してきたものとともに滅び去ってし

まうのである。

c しかし，そうはうまくいかなかった。彼はいった。イタリアの野に草を食む野獣でさえ，洞穴をもち，それぞれ自分の寝ぐらとし，また隠処としているのに，イタリアのために戦い，そして斃れる人たちには，空気と光のほかは何も与えられず，彼らは，家もなく落着く先もなく，妻や子供を連れてさまよっている。……彼らは，他人の贅沢と富のために戦って斃れ，世界の支配者と謳われながら，自分自身のものとしては土塊だにもっていないのだ，と述べたのである。

d 丞相王綰，御史大夫馬劫，廷尉李斯らはみな答えた。「……いま，陛下は，……天下を平定し，海内を郡県に分かち，法令を一途にだすにいたりました。これは「五帝もおよばざるところであります。……よって臣らは，あえて尊号を奉って王を泰皇となし，王命を制，王令を招とし，天子みずからを朕と称するのがよいと存じます」と。王は「泰皇の泰をのぞき皇をのこし，上古の帝位の号をとって皇帝と号することにする」といい，その他は上奏どおりに定めた。

生徒A：**a**には「戦国時代から五代まで」とあります。この部分から，**a**は，戦国時代から五代までの歴史を皇帝の政治の参考に供することを目的とする **ア** であることがわかります。この歴史書は紀伝体で書かれた正史の代表作です。

生徒B：**b**は「初期イスラーム時代のアラブによる征服の事情をみれば明らかであろう」の部分からイスラームの歴史書だとわかります。そして「第3世代では連帯意識は完全に消えうせ，やがて王朝はこれまで維持してきたものとともに滅び去ってしまう」という部分から，「砂漠に暮らす人々が都市を征服し強力な国家を建設するが，やがて都市生活の中で連帯感を失って衰えてしまう」と王朝の興亡論を説いた **イ** だとわかります。この歴史家はマムルーク朝に仕え，ティムールとの和平交渉にあたりました。

生徒C：**c**はイタリアのことを説明しています。そして「野獣でさえ，洞穴をもち～家もなく落着く先もなく」，「世界の支配者と謳われながら，自分自身のものとしては土塊だにもっていないのだ」という部分は， **ウ** を説明していると思います。出典はプルタルコスの『対比列伝』ではないかと思います。彼はローマで活躍したギリシア人の歴史家ですね。

生徒D：**d**には「泰皇の泰をのぞき皇をのこし，上古の帝位の号をとって皇帝と号することにする」とあります。これは秦の王が「皇帝」の称号を用いた，ということですから始皇帝のことだとわかります。以後，皇帝は中国の支配者の称号として20世紀末用いられました。出典は **エ** ではないかと思います。

問1 空欄 **ア** と **イ** に入る適切な語句の組合せとして正しいものを，次の①～④のうちから一つ選べ。
① **ア**－司馬遷が著した『史記』　　**イ**－イブン＝ハルドゥーンが著した『世界史序説』
② **ア**－司馬遷が著した『史記』　　**イ**－ラシード＝アッディーンが著した『集史』
③ **ア**－司馬光が著した『資治通鑑』　**イ**－イブン＝ハルドゥーンが著した『世界史序説』
④ **ア**－司馬光が著した『資治通鑑』　**イ**－ラシード＝アッディーンが著した『集史』

問2 空欄 **ウ** と **エ** に入る適切な語句の組合せとして正しいものを，次の①～④のうちから一つ選べ。
① **ウ**－ローマの発展を支えた中小農民の没落　　**エ**－司馬遷が著した『史記』
② **ウ**－ローマの発展を支えた中小農民の没落　　**エ**－司馬光が著した『資治通鑑』
③ **ウ**－コロヌス定着令で移動を制限された農民　**エ**－司馬遷が著した『史記』
④ **ウ**－コロヌス定着令で移動を制限された農民　**エ**－司馬光が著した『資治通鑑』

問3 生徒A～生徒Dのうち，明らかに**誤っている**発言をしているのは誰か。次の①～④のうちから一つ選べ。
① 生徒A　　② 生徒B　　③ 生徒C　　④ 生徒D

第4問 20世紀の建築について述べた次の文章中の下線部 **a ～ e** は，下の図版①～⑤のどれにあたるか。それぞれ記号で選べ。

コンクリート工法の持つ大きな特色は，構造体としての抵抗力の強さのほかに，その自由な造形性にある。建築家は，あたかも彫刻家が粘土をこねるように，力学的に可能な範囲においてコンクリートに思いのままの形態を与えることができるからである。もちろん，新しい技術の登場がただちにそれにふさわしい自由な建築造形を生み出したわけではない。建築のように社会的要請の強い芸術ジャンルにおいては，新しい試みが定着するためには，それなりの試行実験の期間が必要である。たとえば，鉄筋コンクリートの持つ表現力を熟知していたはずのペレでさえ，第一次世界大戦後に造った<u>ランシーのノートルダム聖堂</u>_aにおいて，三廊形式のプラン，丸柱の連続によるアーケード，半円筒形のヴォールト天井という昔からの形式をそのまま受け継いでいる。だがそれからほぼ30年後に建てられた<u>ロンシャンのノートル・ダム礼拝堂</u>_bは，ゆるやかな曲面を描く斜めの壁体や巨大なきのこのような屋根など，コンクリートの持つ可能性を充分に利用した自由な造形性を見せるに至った。また，1930年代にライトが<u>カウフマン邸（落水荘）</u>_cで試みたような，何の支えもない部屋が空中に大きく突出するという大胆な表現も，新しい技術の勝利の一つである。新しい技術の登場と並んで，建築家の社会的役割の変化も，20世紀の重要な特色として見逃すことができない。19世紀においては，建築家の主要な役割は，一つの建物を，それももっぱら外観を，どのようにデザインするかという問題に限られていた。だが産業革命以後急速に巨大化し，複雑化して絶え間なく変貌するようになった現代社会においては，建築家は一つの建物を完成させるだけではなく，その建物の社会における機能やあり方にもいっそうの配慮を払わなければならないようになった。

　つまり，都市計画，地域開発，交通網の整備，社会機構の再編成など，総合的なプログラムの企画と推進に，建築家の創造的エネルギーが求められるようになったのである。グロピウスが，建築のみならず，絵画，彫刻から家具，ポスター，標識にいたるまで，あらゆる領域にわたる幅広いデザイン教育の機関としてバウハウスを創設したのも，そのような社会的要請を鋭敏に感じ取ったからに他ならない。……

　1950年代までは，両大戦間に成立した「国際様式」の完成と普及の時代であり，1950年代以降はそれに対する各種の反発が新しい動向を生み出した時代と見ることができるであろう。……国際様式を支えたのが，

「形態は機能に従う」という機能主義の理念であったとすれば，新しい動向は，「形態は機能を表現する」あるいは「機能を生み出す」，さらには「機能に優先する」という考え方であったと言えるだろう。巨大な鳥の飛翔をイメージさせるようなサーリネンの<u>トランス・ワールド航空ターミナル・ビル（TWA）</u>_dや，敷地の半分を広場にあてて新しい機能創造をめざしたパリの<u>ジョルジュ・ポンピドゥー国立芸術文化センター</u>_eなどがその例である。また A.T.&T. ビルのように過去の様式を自由に取り入れて大胆な形態の組み合わせを見せるポスト・モダンの流れも，その新しい動向をよく反映するものである。

（高階秀爾監修『西洋美術史』美術出版社，一部改変）

①

②

③

④

⑤

第1問　キリスト教は様々な問題に対応してきた。諸問題への対応に関する次の**資料1〜3**について，下の問い（**問1・2**）に答えよ。

資料1

　この神聖公会議は，普遍公会議を構成し，教会が直面するシスマの根絶と，神の教会の頭と肢体にわたる統一と改革を生み出し全能の神を讃えるべく，聖霊において正統に会集した。その目的は，より容易に，安全に，実り多く，自由に，神の教会の統一と改革を定めるためであり，公会議は次の如く定め，制定し，判決し，公告する。第一に公示される事は，この聖霊において正統に会集した全体公会議は，戦う正統教会を代表し，キリストから権力を直接に受領していることである。信仰の統一とシスマの根絶，頭と肢体にわたる神の教会の全般的改革に関する事柄においては，いかなる地位・位階を持つ者であろうと，たとえ教皇位にある者も，この公会議に従う義務がある。

（歴史学研究会編『世界史史料5』岩波書店）

資料2

第3条　余の王国と余に服する地域では，カトリックの礼拝が中断されていたすべての所，すべての土地で，いかなる混乱も妨害もなく平穏に自由に礼拝が行われるように，これを回復し再建するように命じる。……

第6条　わが臣民の間に争乱や対立の原因をいっさい残さないように，いわゆる改革派の者たちが，尋問されたり，迫害されたり，暴行されたり，自らの良心に反して宗教に関する強制を受けたりすることなく，余の王国と余に服する地域のいずれの都市にでも土地にでも住み，滞在することを許す。彼らはまた，この勅令に従い行動している限り，彼らが住もうと欲する家屋や土地で，宗教を理由として追及されることはない。

（同上）

資料3

　神の恩寵によるローマ皇帝アウグストゥスである私ハインリヒ5世は，神と聖なるローマ教会への愛から，そして教皇カリクストゥスに対して，わが魂の救済のため，神と神の聖なる使徒ペテロ，パウロ並びに聖なる正統教会に指輪と杖をもってするすべての叙任権を譲渡し，次の事を許可する。すなわちわが王国および帝国内に在るすべての教会において，カノン法的な選挙と自由な叙階が催されることを。この争いの始めから今日に至るまで——わが父あるいは私の時代において——没収された聖ペテロの財産および世俗的諸特権を，私が所有している限りは聖なるローマ教会に返還し，私が所有せぬ場合は，それらが返還されることを誠実に援助するであろう。

（同上）

問1　資料1〜3の内容と深く関わる人物の組合せとして正しいものを，次の①〜⑥のうちから一つ選べ。

①　1－フス　　　　　　　2－アンリ4世　　　　　3－グレゴリウス7世
②　1－フス　　　　　　　2－グレゴリウス7世　　 3－アンリ4世
③　1－アンリ4世　　　　2－フス　　　　　　　　3－グレゴリウス7世
④　1－アンリ4世　　　　2－グレゴリウス7世　　 3－フス
⑤　1－グレゴリウス7世　2－フス　　　　　　　　3－アンリ4世
⑥　1－グレゴリウス7世　2－アンリ4世　　　　　3－フス

問2　資料1～3は次の年表中の**a～g**のうち，どの時期にあたるか。正しいものを，それぞれ選べ。

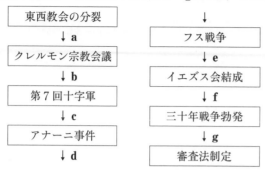

東西教会の分裂
↓ a
クレルモン宗教会議
↓ b
第7回十字軍
↓ c
アナーニ事件
↓ d

↓
フス戦争
↓ e
イエズス会結成
↓ f
三十年戦争勃発
↓ g
審査法制定

第2問　次の文章を読んで，下の問い（**問1・2**）に答えよ。

　　┌─ア─┐はおよそ20年間，ムスリム戦士をよく束ねた。そしてその間に，征服地も拡大した。彼がカリフであることに同意しないムスリムも多数残っていたのであるが，その不満は彼の生前には表面化せずにすぎた。┌─ア─┐は生前に，自分の息子の一人ヤズィードが次期カリフになることの同意を，全ムスリムに求めた。しかし，内心では同意しないムスリムが多数いた。┌─ア─┐が死ぬと，ヤズィードは，すでにカリフになることに同意を得ているとしてカリフを称した。しかし，かつて┌─イ─┐を支持して┌─ア─┐と戦った人々の一部は，┌─イ─┐の息子フセインを擁立しようとした。彼らは，メディナに蟄居していたフセインをクーファにまねいた。フセインの母親の┌─ウ─┐は予言者ムハンマドの娘であり，彼の父親の┌─イ─┐もまたムハンマドの従弟である。つまりフセインは，この時代でのムハンマド一族の代表なのであった。そのフセインが一族とともにメディナを出てクーファに向かい，クーファを目前にしたカルバラーの地で，ヤズィードが派遣した軍に包囲されてしまった。そしてその軍は，フセインとその一族，すなわちムハンマドの一族を虐殺してしまった。

問1　空欄┌─ア─┐と┌─イ─┐の人物の説明の組合せとして正しいものを，次の①～⑥より一つ選べ。

① **ア**－シャリーアを定めた　　　　　**イ**－イスラーム教徒により指導者に選出された
② **ア**－イクター制を導入した　　　　**イ**－イスラーム教徒により指導者に選出された
③ **ア**－ダマスクスを拠点とした　　　**イ**－イスラーム教徒により指導者に選出された
④ **ア**－シャリーアを定めた　　　　　**イ**－スルタンの称号を用いた
⑤ **ア**－イクター制を導入した　　　　**イ**－スルタンの称号を用いた
⑥ **ア**－ダマスクスを拠点とした　　　**イ**－スルタンの称号を用いた

問2　空欄┌─ウ─┐の人物の名を冠した王朝の説明として適切なものを**a～c**から，その王朝の領域として適切なものを**地図**中の**X・Y**から選び，その組合せとして正しいものを，下の①～⑥より一つ選べ。

a　カリフから大アミールに任じられ，イスラーム法を施行する権限を与えられた。
b　建国者は初めからカリフを称し，アッバース朝の権威を正面から否定した。
c　神秘主義教団の長が，武装した遊牧民の信者を率いて建国した。

地図

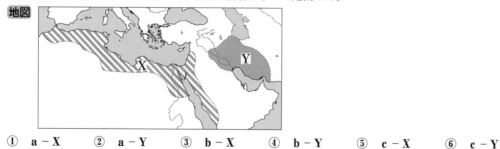

① **a－X**　　② **a－Y**　　③ **b－X**　　④ **b－Y**　　⑤ **c－X**　　⑥ **c－Y**

第3問　仏教はインドでは衰えてしまったが，アジア各地に伝わり，独自の発展をとげた。各地に残る仏教建築についての説明**a～c**を読み，下の問い（**問1・2**）に答えよ。

a　一辺120mの方形の基壇，五段の方壇，三段の円壇と中心塔からなり，全体の高さは33.5mある。建立の由来や寄進者の名を記した刻文などは残っておらず，建立年代も不明である。しかし，壁面の浮き彫りのパネルに刻まれた，石工への指示とみられる古代　**ア**　文字の書体が，8世紀後半から9世紀前半にかけて使用されたことが判明し，建立の時期が推定されることになった。

b　12世紀に，王の寺院・墓所として建築された，　**イ**　神を主神とする巨大な寺院。南北に1.3km，東西に1.4kmの強大な濠と城壁に囲まれ，五基の砲弾型の尖塔，三重の回廊をもつ寺院本体は東西200m，南北180mの大きさをもつ。都が放棄されると，他の諸建築が森のなかにうもれていくなか，この寺院だけは仏教寺院に生まれ変わり，16世紀以降はその祭祀がすたれることなく，庶民の信仰の対象となっている。

c　　**ウ**　は王権を強め，律令制を確立するために儒教を取り入れたが，国教としては仏教を重んじた。王朝は，6世紀初めに仏教を公認し，護国信仰として手厚く保護して，多くの寺院を建立した。この仏教寺院は慶州市の東側にある小高い吐含山(トハムサン)の中腹に建てられ，仏教の理想社会を建築で表現している。

問1　空欄　**ア**　〜　**ウ**　に入る語の組合せとして正しいものを，次の①〜⑧から一つ選べ。

① **ア**－スマトラ　　**イ**－ヴィシュヌ　　**ウ**－新羅
② **ア**－スマトラ　　**イ**－ヴィシュヌ　　**ウ**－高麗
③ **ア**－スマトラ　　**イ**－シヴァ　　　　**ウ**－新羅
④ **ア**－スマトラ　　**イ**－シヴァ　　　　**ウ**－高麗
⑤ **ア**－ジャワ　　　**イ**－ヴィシュヌ　　**ウ**－新羅
⑥ **ア**－ジャワ　　　**イ**－ヴィシュヌ　　**ウ**－高麗
⑦ **ア**－ジャワ　　　**イ**－シヴァ　　　　**ウ**－新羅
⑧ **ア**－ジャワ　　　**イ**－シヴァ　　　　**ウ**－高麗

問2　**a**〜**c**に該当する寺院を，それぞれ次の①〜⑤のうちから選べ。

①

②

③

④

⑤

中国では，王朝末期の社会混乱に対し，しばしば農民が反乱をおこしてきた。そして，宗教結社が反乱の中心となった例も少なくない。以下の**資料 a ～ c** とその**解説**を読み，下の問い（**問 1 ～ 3**）に答えよ。

資料 a

　初め，鉅鹿（河北省寧晋県西南）の **ア** ，自ら大賢良師と称し，黄老の道を奉事して弟子を畜養す。跪拝首過(1)，符水呪説(2)もて，以て病を療す。病者頗る癒ゆれば，百姓（庶民）信じて之れに向かう。……

　方とは猶お将軍の号なり。大方は万餘人，小方は六，七千，各々渠帥（指導者）を立つ。訛言すらく（うわさを流す），「蒼天已に死す，黄天当に立つべし。歳は甲子に在り，天下大吉ならん」，と。白土を以て京城の寺門及び州郡の官府に書するに，皆な「甲子」の字に作る。中平元(184)年〔甲子〕，……一時に倶に起つ。皆な黄巾を著けて摽幟と為す。時人，これを「黄巾」と謂い，亦た名づけて「蛾賊」と為す。

(1)「跪拝首過」はひざまずいて自己の罪を懺悔すること。　(2)「符水呪説」はまじないを書いた札と水を使う呪術のことらしいが詳細は不明。

（歴史学研究会編『世界史史料3』岩波書店）

解説

　ア の主張は次の通りである。「神は人々の日常行為を監察しており，人が罪を犯すと罰として病気にかからせる。そこで，病人が自己の罪を反省し，神の前に懺悔告白し，そのうえで霊力のある符水を飲ませ，師が神呪を唱えて神の許しを請えば，病はなおる」。実際に，この方法で病気が治った者も多く，下層農民や流民が彼のもとに集まり，わずかの期間で信徒は数十万に及んだ。やがて **ア** は信徒を率いて，反乱を起こしたが，この反乱は，生活苦にあえぐ農民が立ちあがるという従来の農民反乱とは異なり，宗教の信徒による，新政権の樹立をめざした反乱であった。資料中の「蒼天」とは，滅びゆく **イ** 王朝のことであり，「黄天」とは自分たちが建てることになる新しい王朝を意味していた。

問 1　空欄 **ア** と **イ** に入る語の組合せとして正しいものを，次の①～④のうちから一つ選べ。
　① ア－張陵　イ－漢　　② ア－張陵　イ－新
　③ ア－張角　イ－漢　　④ ア－張角　イ－新

資料 b

　韓林児は欒城（現在の河北省石家庄市）の人である。或いは，李氏の子とも言われる。その祖先は，白蓮会を代々組織し，焼香して仏を拝み衆を惑わしたので，永年（現在の河北省邯鄲市）に謫徙（罪により遠方に遷されること）させられた。元末に，林児の父山童は「天下が大乱するにあたり， **ウ** 仏が下生する」という妖言で鼓舞した。河南や長江と淮水のあいだの愚民が多くこれを信じた。……郭子興もまた濠州（現在の安徽省滁州市鳳陽県）に拠ってこれに応じた。時にみなこれを紅軍と謂い，また香軍と称した。

（歴史学研究会編『世界史史料4』岩波書店）

解説

　白蓮教の教主，韓林児の伝である。白蓮教は南宋に始まる仏教の一派で，マニ教や **ウ** 信仰と習合したもの。「**ウ** 下生」という教えは，現世を否定し，来世を希求するメシア信仰で，現状に不満をもつ人々の心をとらえて秘密結社に転じる可能性があるため，政権から弾圧された。韓林児の父，**エ** も衆を惑わしたかどで弾圧されたことが資料から読み取れる。そして，弾圧された彼らは反乱をおこしたが，頭に紅い布きれをまいて仲間の印としたことから「紅軍」と呼ばれた。なお，資料に記される郭子興のもとから，やがて朱元璋が台頭することになる。また，清代の嘉慶年間におこった反乱も白蓮教が中心となっていた。

問 2　空欄 **ウ** と **エ** に入る語の組合せとして正しいものを，次の①～④のうちから一つ選べ。
　① ウ－弥勒　エ－韓童子　　② ウ－弥勒　エ－韓山童

③　**ウ**－観音　　**エ**－韓童子　　④　**ウ**－観音　　**エ**－韓山童

資料 c

　中国の史書によれば，盤古から三代までは君も民もみな皇上帝を礼拝していた。……だが秦の政(始皇帝)のときに神仙の怪事という悪の端緒が開かれ，舜や禹を祀り，人をやって海上に神仙を探させるなどのデタラメがおこなわれた。

　宋の徽(徽宗)は皇上帝を昊天金闕玉皇大帝と改称した。だが昊天金闕はともかく，玉皇大帝と称するのは皇上帝を冒瀆するものだ。……徽が金の捕虜になり，子どもの欽(欽宗)とゴビ砂漠の北で死んだのは当然だ。おまえたち世人はまだ帝のことがわかっていない。皇上帝こそが真の神である。俗世の君主といえども王と称すればそれで十分だ。ごくごくわずかでも，そのあいだの隔たりを勝手に踏みこえることは絶対に許されない。……そんなことをする奴は身の程を知らぬ尊大な奴で，自ら永遠に地獄の災いを求める者だ！

(菊池秀明『世界史リブレット65　太平天国にみる異文化受容』山川出版社)

解説

　資料は，太平天国運動を指導した洪秀全の1848年の言葉である。皇上帝とはエホバのこと。洪秀全は歴史の皇帝がエホバを敬わず，神仙や玉皇大帝を崇拝したことを激しい調子で告発した。とくに，「帝」の文字を使えるのはエホバだけであると主張し，皇帝の称号を用いた彼らを「身の程を知らぬ尊大な奴」であり，　**オ**　が「ゴビ砂漠の北で死んだのは当然」とした。この理屈からは，時の皇帝である清の　**カ**　も「永遠に地獄の災いを求める者」ということになる。

問3　空欄　**オ**　と　**カ**　に入る語の組合せとして正しいものを，次の①〜④のうちから一つ選べ。
　①　**オ**－始皇帝　　**カ**－同治帝　　②　**オ**－始皇帝　　**カ**－道光帝
　③　**オ**－徽宗　　　**カ**－同治帝　　④　**オ**－徽宗　　　**カ**－道光帝

第5問　次の**資料**を読んで，下の問い(**問1・2**)に答えよ。

資料

　マニは貴族の出身で，ゾロアスター・仏陀・キリストと同じように神の啓示を実現するため，神より世に遣わされたと述べた。この教えは，　**ア**　が基礎となっている。

　……マニ教徒は洗礼と聖餐を受け，死の直前，罪の消滅と免除を受けた。マニ教徒はユダヤ教を排斥し，モーセと預言者たちを悪人とみなし，その神を闇の神と考えた。その宇宙観を創り出すうちに，マニ教徒の信仰はグノーシス派の影響を受けた。その賛歌はバビロニア風であり，その思想はゾロアスターによって説かれたものであり，イエスはマニ教義のなかでも重要な地位をしめ，　**イ**　の一部はキリスト教からの借用であり，さらにその輪廻観は仏教にもとづき，天使の名前はシリア語であった。

(木村尚三郎監修『世界史資料　上』東京法令出版)

問1　この資料が説明する宗教について述べた文として**誤っているもの**を，次の①〜④のうちから一つ選べ。
　①　東トルキスタンのウイグル人は，この宗教を信仰していた。
　②　ササン朝の時代，この宗教の経典『ハディース』が編纂された。
　③　この宗教は，ルイ9世が征服したアルビジョワ派(カタリ派)に影響を与えていた。
　④　唐代の長安には，この宗教の寺院がつくられた。

問2　資料中の空欄　**ア**　と　**イ**　に入る語句の組合せとして正しいものを，次の①〜④のうちから一つ選べ。

① ア－光と闇，善と悪との戦い　　イ－自我の消滅と神との神秘的合一
② ア－光と闇，善と悪との戦い　　イ－三位一体と福音書
③ ア－霊魂の不滅，来世の存在　　イ－自我の消滅と神との神秘的合一
④ ア－霊魂の不滅，来世の存在　　イ－三位一体と福音書

テーマ史④ 時系列・同時代史

第1問 15世紀の諸地域世界に関する次の文章**A**・**B**と資料から，下の問い(**問1～9**)に答えよ。

A **資料1**は朝鮮王朝で王命により①申叔舟(1417～75)が編纂した，『海東諸国紀』の図版，「琉球国図」である。15世紀半ばの様子を今に伝えているが，肥前の松浦を通る朝鮮との航路などが記され，奄美諸島や慶良間諸島なども描かれている。上記琉球本島の中心に円形の城郭として「琉球国都」である ア 城が示されている。1453年に鋳造され，この ア 城の正殿に吊された鐘が「万国津梁の鐘」と呼ばれるものであり，その碑文の一部が**資料2**である。ここには当時の琉球国の イ が記されているといえよう。

資料1 『海東諸国紀』「琉球国図」

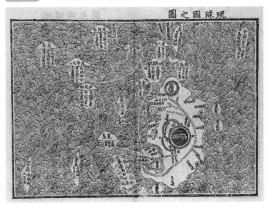

資料2 「万国津梁の鐘」碑文(口語訳)

　琉球国は南海の景勝の地にあり，朝鮮のすぐれたところを集め，中国・日本とも親密な関係にある。この二国の間にあって，湧き出る理想の島である。船を操って万国の架け橋となり，異国の貴重な宝が国に満ちあふれている。

問1 文章中の空欄 ア と イ に入る適切な語と語句の組合せとして正しいものを，次の①～④のうちから一つ選べ。

① ア－那覇　　イ－中継貿易立国としての気概
② ア－那覇　　イ－朝貢国として近隣諸国に服従する立場
③ ア－首里　　イ－中継貿易立国としての気概
④ ア－首里　　イ－朝貢国として近隣諸国に服従する立場

問2 下線部①の人物が経験した可能性があったと思われるできごととして最も適切なものを，次の①～④のうちから一つ選べ。

① 日本に派遣された使節に参加した。
② 豊臣秀吉の遠征軍と戦った。
③ 清の侵攻を受けて服属する交渉にあたった。
④ 李成桂とともに倭寇の撃退に貢献した。

問3 朝鮮王朝が成立したのは1392年のことである。このできごととほぼ**同時期ではないもの**を，次の①～④のうちから一つ選べ。

① 北欧でカルマル同盟が結成された。
② 日本で南北朝の統一がはたされた。
③ マラッカ王国が成立した。
④ イランにサファヴィー朝が成立した。

B 15世紀は東西ヨーロッパ地域でも大きな変動がおこった。**資料3**・**4**はそれぞれヨーロッパの重要な都市が征服された様子を記したものである。

資料3

　さて，重臣たちの手で城壁の門が開けられると，①スルタン・メフメト・ガージーは[城内に入り]，

予言者ムハンマド——最も良い祈りが彼のものとなりますように——が天馬ブラークに乗り天国の旅をしたときのように，ウラマーや軍人たちを引き連れ，町を見て回った。……そして，[スルタンは]②アヤ・ソフィヤという名の教会を見ることを所望された。……しかし，それは昔の姿と比べると，時の流れに侵され，豊かさを妬まれた館のように，すっかり荒廃へと至っていた。

（歴史学研究会編『世界史史料2』岩波書店）

資料4

　一つ，……両殿下（カトリック両王）とその息子ドン・フアン王太子様およびその子孫らは，前記ムレイ・バアウディリ王と前記城主やカーディー⑴，ファキーフ⑵，学者やムフティー⑶，警吏，騎士や従士，共同体，子供や大人，男や女を，前記　**ウ**　市とアルバイシンとその郊外，属域の町や村，アルプハーラスやその他この協定の対象となる③すべての土地に住む人々を，いかなる地位や身分の者であれ，臣下・臣民として，生まれながらの臣民と同様に受け入れ，彼らを庇護下に置いて安全を保障し擁護する。

⑴裁判官。⑵イスラーム法学者。⑶法学の権威者。

（歴史学研究会編『世界史史料5』岩波書店）

問4　下線部①が示すスルタンの名前と空欄　**ウ**　に入る都市名の組合せとして正しいものを，次の①～④のうちから一つ選べ。

① スレイマン1世－コルドバ　　② スレイマン1世－グラナダ

③ メフメト2世－コルドバ　　④ メフメト2世－グラナダ

問5　下線部②の教会（聖堂）を建立した「皇帝」が活躍した時期と，**資料3**で征服された帝国の歴史について述べた次の文**a**～**c**とが，年代の古いものから順に正しく配列されているものを，下の①～⑥のうちから一つ選べ。

a　軍管区制（テマ制）がしかれはじめた。

b　ラテン帝国が建てられた。

c　聖像禁止令が出された。

① 皇帝→**a**→**c**→**b**　　② **a**→皇帝→**b**→**c**　　③ **b**→皇帝→**c**→**a**

④ **c**→**b**→皇帝→**a**　　⑤ **a**→**b**→皇帝→**c**　　⑥ **b**→**c**→**a**→皇帝

問6　下線部③に関連して，この後に**資料4**の地域でおきたできごとについて述べた次の文**a**と**b**の正誤の組合せとして正しいものを，下の①～④のうちから一つ選べ。

a　この地域のユダヤ教徒は庇護され，社会の中で共存していった。

b　この地域のイスラーム教徒の多くは改宗を拒み，追放されていった。

① **a**－正　　**b**－正　　② **a**－正　　**b**－誤

③ **a**－誤　　**b**－正　　④ **a**－誤　　**b**－誤

問7　15世紀におきたできごとについて述べているものを，次の**a**～**f**から3つ選び，さらにそれらを年代の古いものから順に正しく配列したものを，下の①～⑥のうちから一つ選べ。

a　バーブルが奴隷王朝を建てた。

b　乾隆帝の命により『四庫全書』がつくられた。

c　百年戦争が終結した。

d　コロンブスが第1回の航海に出発した。

e　三十年戦争が終結した。

f　鄭和が永楽帝の命により第1回の航海に出発した。

① a→b→f	② b→a→e	③ c→a→b
④ d→e→f	⑤ e→f→b	⑥ f→c→d

問8 次に示した文化遺産について，15世紀に制作・完成されたものとして正しいものを，次の①〜④のうちから一つ選べ。

a

b

c

d

① a	② b	③ c	④ d

問9 15世紀以降のポルトガルのアジア進出について述べているものを，次の**a〜f**から3つ選び，さらにそれらを年代の古いものから順に正しく配列したものを，下の①〜⑥のうちから一つ選べ。

a マラッカ王国を占領した。

b インドのカリカットに到達した。

c バタヴィアに商館を設置した。

d アンボイナ事件をおこした。

e マカオに居住権を獲得した。

f マニラに拠点を築いた。

① a→b→f	② b→a→e	③ c→a→b
④ d→e→f	⑤ e→f→b	⑥ f→c→d

第2問 中国における税制や管理任用制度，首都の変遷を調べる学習をおこない，班別に発表をおこなった。各班の次の文章を読み，下の問い（問1〜4）に答えよ。

問1 第1班ではそれぞれの税制の特色をカードに記入した。次のカード**a〜d**が，年代の古いものから順に正しく配列されているものを，下の①〜⑥のうちから一つ選べ。

a
土地をもたない貧農の増加や免税特権を乱用する郷紳層に対応するために，丁税を地銀にくり込んで一本化し，単一税とした。

b
農民の土地所有を認め，その資産に応じて居住地において課税した。名称は，地税を夏と秋の2回に分けて徴収することを原則にしたことに由来する。

c
農民への土地配分を前提とし，丁男（個人）の本籍地において，粟などの穀物や布の納入に加えて，官庁への労役を課した。

d
「北虜南倭」による軍事費増大や銀経済の農村への普及を背景に，複雑化していた租税と傜役を銀に換算して一括にまとめた。

| ① a→d→b→c | ② b→a→c→d | ③ b→d→a→c |
| ④ c→b→d→a | ⑤ c→d→b→a | ⑥ d→c→a→b |

問2 次の**資料**は，税制を含む社会制度全体の変革をめざした人物の主張である。人物の名称とこの変革がおこなわれた時期（**問1**で示したカード**b〜d**）との組合せとして適切なものを，下の①〜⑥のうちから一つ選べ。

資料

今問題とされている法律の中で，最も多くの議論が求められているのは次の5つである。一つは異民族との和平であり，二つ目は青苗，三つ目は免役，四つ目は保甲，五つ目は市易というものである。

（歴史学研究会編『世界史史料4』岩波書店）

人物　　**あ**　張居正　　　**い**　王安石
変革の時期　　**X**　**b**の後　　　**Y**　**c**の後　　　**Z**　**d**の後

| ① あ－X | ② あ－Y | ③ あ－Z | ④ い－X | ⑤ い－Y | ⑥ い－Z |

問3 第2班は官吏任用制度の特色をカードに記入した。次のカード**a〜d**が，年代の古いものから順に正しく配列されているものを，下の①〜⑥のうちから一つ選べ。

a

進士・秀才・明経などの諸科を設置して，段階をふんだ科目試験により任用する制度。

b

官吏に値する道徳的に優れた人物を地方長官が推薦する制度。

c

新制度の学校を卒業した人物や，留学経験者を採用する制度。

d

官位を9等級に分類し，地方におかれた中正官がそれにあわせて人材を推薦する制度。

| ① a→d→b→c | ② b→a→c→d | ③ b→d→a→c |
| ④ c→b→d→a | ⑤ c→d→b→a | ⑥ d→c→a→b |

問4 第3班は中国歴代王朝の都について調べた。次の地図中の**a〜e**は，かつて王朝の都がおかれた場所である（図中の大運河は10・11世紀における主要ルート）が，10世紀後半から12世紀にかけておこなわれた都の所在地の移動として正しいものを，次の①〜⑥のうちから一つ選べ。

① a→c	② b→c
③ c→e	④ d→c
⑤ e→a	⑥ b→d

写真所蔵・提供

宮内庁正倉院事務所　p. 162左上

国（文部科学省所管）／明日香村教育委員会　p. 162右上

公益財団法人東洋文庫所蔵　p. 47

唐招提寺蔵／奈良国立博物館提供　p. 162左下

日本銀行金融研究所貨幣博物館　p. 27

福岡市博物館／DNPartcom　p. 29右

法隆寺／便利堂　p. 171中上

ユニフォトプレス

義井豊　p. 28

ColBase（https://colbase.nich.go.jp/）　p. 34中

CPCphoto　p. 29左

PPS通信社　p. 69左下，p. 72左，p. 90右上，p. 131，p. 143中，p. 171左上，右下

大学入学共通テスト対応　30テーマ世界史問題集

2021年8月　初版発行

編　者　石井　栄二
　　　　仮屋園　巖
　　　　光森　佐和子

発行者　野澤　武史

印刷所　明和印刷株式会社

製本所　有限会社　穴口製本所

発行所　株式会社　山川出版社
　　　　〒101-0047　東京都千代田区内神田1-13-13
　　　　電話　03-3293-8131（営業）　03-3293-8134（編集）
　　　　https://www.yamakawa.co.jp/

表紙デザイン　水戸部　功

ISBN978-4-634-03208-8　　　　　　　　　　　　　　NYZM0102

大学入学
共通テスト
対応　**30**テーマ

世界史
問題集

解答・解説

先史の世界と古代オリエント
(p.2〜p.7)

▊▊▊ 知識問題編 ▊▊▊

1 ③

①猿人に分類される**アウストラロピテクス**は，直立二足歩行をして礫石器と呼ばれる簡単な**打製石器**を使用した。

②**クロマニョン人は新人に属する**。現在の人類と同じ現生人類（ホモ＝サピエンス）で，剝片石器を進化させ，骨角器を用いた。

④ジャワ原人らが用いた**ハンドアックス（握斧）は打製石器**。磨製石器の使用は農耕・牧畜の開始以降。

2 ④

図は，1940年に発見されたフランス西南部の**ラスコーの洞穴絵画**。

①この絵は新人に属するクロマニョン人によって描かれた。

②**アルタミラはスペインに位置し**，ここにも洞穴絵画が残されている。

③ラスコーなどの洞穴絵画は，農耕開始以前の旧石器時代の遺跡。

3 ②

b 農耕が始まると，**磨製石器である石斧・石鎌・石包丁・石臼などの農具**が発達した。

4 ③

①メソポタミアで都市文明が成立したのは**前3000年頃**。**メソポタミアとは「川のあいだの土地」の意味**で，この地では灌漑農業が早くから営まれた。

②古代エジプト文明を成立させたのは，**エジプト語系の人々**。砂漠と海に囲まれたエジプトでは，メソポタミアのような諸民族の興亡があまりおこらず，国内の統一を保つ時代が長く続いた。

④「肥沃な三日月地帯」とは，初期に農耕が開始された，**メソポタミアからシリア・パレスチナに至る地域**を示す。

5 ①

②階級が生じたのは**前3000年頃**。青銅器の使用が始まって生産力が上がると，**都市の発達とともに階級の分化が進み，階級社会が成立した**。

③メソポタミアは多神教の世界であった。諸民族はそれぞれの神をあがめたが，とくに各都市の神が重視され，バビロンはマルドゥク神，アッシュルはアッシュル神を最高神に位置づけていた。

④メソポタミアで**ウル・ウルク・ラガシュなどの都市国家を成立させたのは民族系統不明のシュメール人**。ドラヴィダ系はインドの先住民の一つで，インダス文明を築いたと推定されている。

6 ④

都市国家を建設したシュメール人は，**楔形文字の発明，車輪や六十進法，太陰暦の使用**などで知られる。

7 ④

セム語系遊牧民の**アムル人**は，前19世紀初めにバビ

ロンを都とする**バビロン第1王朝**を建国した。この王朝は，**前16世紀初めにヒッタイトに滅ぼされた**。

①第6代の**ハンムラビ王は前18世紀頃**，中央集権化を進めて「**ハンムラビ法典**」を制定した。

②・③ハンムラビ法典は同害復讐の原則をもつが，**身分によって刑罰に差があった**。

8 ③

フェニキア人は海上交易で，アラム人は内陸交易で活躍した，ともにセム語系民族。彼らの商業活動によって，文字が周辺各地に伝播していった。**アルファベットの起源となったフェニキア文字**は，セム語系の表音文字。ギリシアで文字が加わり24文字となった。文字数が少なく，習得が容易でヨーロッパ各地に広まった。**アラム文字**は，西アジアから東方世界に至る多くの文字の源流となった。

9 ④

a バビロン捕囚は前586〜前538年。**新バビロニアのネブカドネザル2世がユダ王国を滅ぼし，住民の多くをバビロンに連行した**。アケメネス朝が新バビロニアを滅ぼした際にユダヤ人は解放されて帰国し，**帰国後にユダヤ教が成立した**。

b イスラエル王国は前722年に**アッシリアに征服されて滅亡した**。

c ダヴィデ王・ソロモン王の治世は前11世紀頃〜前10世紀頃。ダヴィデ王はイスラエル王国第2代，ソロモン王は第3代の王。王国は両王の時代に繁栄したが，**ソロモン王の死後，南北に分裂した**。

d ユダ王国の滅亡は前587ないし前586年。

10 **(A)**③

①**パルティア**に関する説明。

②**世界最古の金属貨幣はリディアでつくられた**。

④**キュロス2世はアケメネス朝の建国者**。

　(B)①

b は新バビロニア。

②**ササン朝**に関する説明。

③**フェニキア人**に関する説明。

④**北のイスラエル王国ではなく南のユダ王国**。

11 ③

スサからサルデスに至る道路など，**ダレイオス1世が建設した帝国内の国道を「王の道」という**。帝国の統一強化，交易の促進に貢献した。④ホスロー1世は，ササン朝最盛期の王。

12 ①

②・③**ダレイオス1世**に関するできごと。

③**ダレイオス3世はアケメネス朝最後の王**。**イッソスの戦い，アルベラの戦いでアレクサンドロス大王に敗れた後に暗殺された**。

④**キュロス2世**に関するできごと。ネブカドネザル2世は前586年にバビロン捕囚をおこなった新バビロニアの王。

13 ②

①建国者は遊牧イラン人の族長**アルサケス**。

③都はティグリス川東岸の**クテシフォン**などにおかれた。

④ニハーヴァンドの戦い(642年)でアラブ軍に敗北したのは**ササン朝**。この敗戦からまもなくササン朝は滅亡した。

14 ④

中国に伝播して**祆教（けんきょう）**と呼ばれた。

15 ③

①・④ササン朝は**イスラーム勢力**の台頭によって衰退し，滅亡した。

②ホスロー1世が，突厥と同盟して滅ぼした中央アジアの騎馬遊牧民は**エフタル**。

16 ②

マニ教は，ゾロアスター教・仏教・キリスト教を融合した宗教。 3世紀に宗教家マニが創始し，ササン朝で弾圧されたが，北アフリカ・南フランス・中央アジア・中国に伝播した。ウイグルでは国教とされた。

‖‖ 史資料問題編 ‖‖

第1問

問1 ②

あ 鞍（くら）は，人や荷物を乗せるために牛馬の背におくもの。轡（くつわ）は，馬を操縦する手綱（たづな）をつけるために馬の口にかませる金具。鐙（あぶみ）は，乗り手の足を支えるもの。**ヒッタイトは，馬・戦車・鉄製武器の使用により強大化したインド＝ヨーロッパ語系の一派。**首都をアナトリア高原のハットゥシャ（現ボアズキョイ）においた。バビロン第1王朝は，前16世紀初めにヒッタイトにより滅ぼされた。

X 「バビロン捕囚」でユダヤ人住民をバビロンに連行した**新バビロニアは，アケメネス朝によって滅ぼされ，**ユダヤ人は解放されて帰国した。

問2 ③

鉄鉱石や精錬のための木材の入手が容易だったことがヒッタイトの製鉄技術の発達を促した。ヒッタイトの戦車はそれまでの木製の車輪とは異なり，鉄製の車輪を使用したため，より早く走行できた。

問3 ③

新王国時代のエジプトは，シリアをめぐりインド＝ヨーロッパ語系の民族である**ヒッタイトと対立した。**ヒッタイトは，早くから鉄器を本格的に使用し，馬と戦車を駆使して前14世紀に最盛期を迎えた。前13世紀には，ラメス2世率いるエジプト新王国軍とシリアのカデシュで戦ったが，最古の講和条約を結んで休戦した。

第2問

問1 ③

クフ王は，ナイル下流域の**メンフィス**を中心に栄えた古王国時代の王。クフ王のピラミッドは，カイロの対岸に位置するナイル左岸のギザに建設された。ピラミッドは，生ける神である王の絶大な権力を示す。

①シュメール人がつくった**楔形文字**は，とがらせた葦をペンとして**粘土板に刻まれた。**

②前17世紀～前16世紀，エジプトのデルタ地域は**ヒクソ**スと呼ばれる民族に支配された。彼らの民族系統は不

明であるが，前16世紀にヒクソスは追放され，エジプトの王による再統一が実現し，新王国時代が始まった。

④ナイル川の氾濫を予測するために**太陽暦**が用いられた。一年の長さは365日とされたが，太陰暦も併用された。月の公転周期(29.531日)にもとづくものを太陰暦，地球の公転周期(365.242日)にもとづくものを太陽暦という。

問2 ⑤

「死者の書」は，ミイラとともに埋葬された絵文書。冥界の王**オシリス**の前で死者は審判を受けるとされた。頭部が山犬の神アヌビスが死者の心臓を秤にかける様子などがパピルスに描かれている。いくつかの審問を経て初めて死者は来世での幸福を与えられると考えられた。

ロゼッタ＝ストーンは，ナイル川河口のロゼッタ（現ラシード）で**ナポレオンのエジプト遠征(1798～99年)の際に発見**された。同内容の文書が神聖文字・民用文字・ギリシア文字で三段に刻まれており，フランスのエジプト学者**シャンポリオン**がこれをもとに神聖文字を解読した。

問3 ③

aはアメンヘテプ4世，**b**はツタンカーメン。前14世紀，**新王国のアメンヘテプ4世**は，テーベの守護神アメンを奉じる神官団の勢力をおさえるため，唯一神**アテン**への信仰を強制した。自らを**アクエンアテン**（アテンに好ましい，の意）と改名し，**テル＝エル＝アマルナに遷都**した。ツタンカーメンはアクエンアテンの死後，アメン神信仰を復活させ，メンフィス（のちテーベ）に遷都した。

問4 ③

新首都テル＝エル＝アマルナでは，写実的な**アマルナ美術**が栄えた。

2 ギリシア世界

(p.8～p.13)

‖‖ 知識問題編 ‖‖

1 ②

ギリシアの土壌はやせた石灰岩質で，降水量も少ないため**オリーヴ・ブドウ**などの果樹栽培や羊の牧畜に適している。穀物生産には適さないため，**交易による穀物入手が重視**されてきた。

2 ②

クレタ文明は青銅器文明である。クノッソス宮殿に残されている，女性や海洋生物を描いた壁画などから平和的性格がうかがえる。

3 ③

線文字Bの解読者は，イギリス人建築家のヴェントリス。エーゲ文明で使用された線状の文字を線文字という。クレタ文明では線文字A，ミケーネ文明では線文字Bが使用された。線文字Aは未解読。**エヴァンズ**(英)はクノッソス宮殿を発掘した考古学者。ミケーネ・トロイアを発掘した**シュリーマン**(独)とともにお

さえておく。

4 **②**
ギリシア人は，**人口増による土地不足や交易拠点の確保のために**周辺各地に植民市を建設した。エーゲ海と黒海を結ぶ要地にあるビザンティオンや南イタリアのネアポリス，南フランスのマッサリアが代表的な植民市である。

5 **①**
①ポリスの形成は，ミケーネ文明の滅亡後の**暗黒時代を経た前8世紀頃**。
②貢納王政とは，王が官僚制を通じて農民から貢納を取り立てるシステム。近年では，王宮が物資の貯蔵と再配分の場であったとする説などがとなえられ，存在が疑問視されている。
④**アゴラはポリスの中心部の広場**であり，市場や集会が開かれる市民の公共生活の中心であった。

6 **②**
ギリシア人は自分たちを**ヘレネス**，異民族を**バルバロイ**（わけのわからない言葉を話す者の意）と呼んだ。**デルフォイのアポロン神殿**では，巫女を通じて**神託**を受けることができた。**オリンピアの祭典は前776年**に始まり，4年に一度の祭典の期間中は，いっさいの戦いが中止された。

7 **①**
②アレクサンドロスの軍隊は，**インダス川流域のパンジャーブ地方**まで進軍した。
③大王の死後，その領土の相続を争った部下の将軍たちは**ディアドコイ（後継者）**と呼ばれる。彼らの抗争の結果，アンティゴノス朝マケドニア・セレウコス朝シリア・プトレマイオス朝エジプトなどに分裂した。**デマゴーゴス**はポリスの民衆に迎合した**扇動政治家**。
④アレクサンドロスがダレイオス3世を破ったのは，前333年の**イッソスの戦い**。前331年の**アルベラの戦い**ののち，ダレイオス3世は部下に殺害された。ザマの戦いはポエニ戦争期，ローマがカルタゴに勝利した戦い。

8 **(A)④**
aはプトレマイオス朝エジプト，**b**はセレウコス朝シリア。
④アズハル学院は，ファーティマ朝期にカイロに設立された。

(B)①
②ササン朝に関する説明。③・④**セレウコス朝シリア**の支配下にあった遊牧イラン人の族長アルサケスが，**パルティア**を建てた。

9 **①**
ホメロスは，ギリシア最古の叙事詩『**イリアス**』『**オデュッセイア**』の作者と考えられている。『イリアス』はトロイア戦争での英雄の活躍を描いた物語。『オデュッセイア』はトロイア戦争から凱旋するオデュッセウスの苦難と冒険の物語である。
②トゥキディデスは，ペロポネソス戦争史を扱った『歴史』を著した。
③ヘシオドスはギリシアの叙事詩人。『神統記』『労働と

日々』を著した。
④ヘロドトスは，ペルシア戦争を扱った『歴史』を著した。これは現存する最古の歴史書とされる。「**エジプトはナイルのたまもの**」という言葉もこの書に記されている。

10 **③**
①「**万物の尺度は人間**」と主張したのは，ソフィストであるプロタゴラス。彼は，真理の絶対性をめぐりソクラテスと討論した。
②ソフィストは，アテネを中心に活躍した弁論術の教師。
④プラトンではなく，ソクラテスに関する説明。

11 **②**
タレスはイオニアのミレトス出身で，**イオニア学派の祖**とされる。デモクリトスは万物の根源を等質不変の原子（アトム）であると考えた。ピタゴラスは「ピタゴラスの定理（三平方の定理）」で知られるが，これはピタゴラス自身か，その門人が発見したとされる。**ゼノンはストア派哲学の祖**。ヘラクレイトスは「**万物は流転する**」と唱えた。プトレマイオスは2世紀にアレクサンドリアで活躍した天文学者・地理学者。

12 **③**
図はギリシアの劇場。**アイスキュロス・ソフォクレス**は，**エウリピデスとともに三大悲劇詩人**と称される。『アガメムノン』はトロイア戦争のギリシア軍総大将を主人公とする悲劇である。ソフォクレスの代表作は『オイディプス王』。エウリピデスの代表作は『メデイア』。喜劇作家のアリストファネスは，『女の平和』や『女の議会』といった政治や社会を風刺する作品を残した。サッフォーは女性叙情詩人。プルタルコスは古代ローマ帝政期に『対比列伝』（『英雄伝』）を著したギリシア人。ポリビオスは古代ローマ共和政期の歴史家で，政体循環史観を説いた。

13 **③**
図は「**ミロのヴィーナス**」。
①この像はエーゲ海のミロス島で発見された。
②・④**パルテノン神殿**に安置されていたのはフェイディアスの「**アテナ女神像**」。フェイディアスはペリクレス時代の彫刻家で，ペリクレスと交流があった。

14 **①**
②エピクロスは精神的安定による快楽を求めた。ストア派を創始したのはゼノン。
③**平面幾何学を大成したのはエウクレイデス（ユークリッド）**。ヒッポクラテスは医学者で「西洋医学の祖」と称される。
④**太陽中心説を主張したのはアリスタルコス**。エラトステネスは地球を球形と考え，その周囲の長さを測定した。

■▋■ 史資料問題編 ■▋■

第1問

問1 **①**
資料1は，前6世紀の**ソロンによる改革**について述べたもの。ソロンはアテネの執政官で，貴族と平民の

調停をはかった。改革のおもな内容は，問題文にある**債務奴隷の禁止，財産政治，負債の帳消し**の３点であった。

資料２は，前６世紀のアテネの**僭主ペイシストラトス**について述べたもの。ペイシストラトスは，戦争での活躍で名声を得て権力を掌握した。農業を奨励して中小農民を保護し，商工業の発展につとめた。彼の子も僭主となったが，悪政のため追放された。

資料３は，前６世紀の**クレイステネス**による10部族制の改革について述べたもの。クレイステネスは，血縁にもとづく４部族制をやめて，居住地による地縁的な10部族制を開始した。彼は**僭主の出現を防ぐための陶片追放(オストラキスモス)**も実施し，古代アテネの民主政の基礎を確立した。

問2　⑤

クレーロスは個人の所有地を指す。シノイキスモスは，前８世紀頃に有力者の指導下で人々が要地に移住したこと(集住)を示す。これがポリスの発生につながった。

Y　アケメネス朝ペルシアの支配に対して反乱をおこしたのは，ミレトスを中心とした**イオニア地方のギリシア人植民市**。

問3　①

図はアテネのアクロポリスに建つパルテノン神殿。地図の**a**はアテネ，**b**はスパルタ。ドーリア式はギリシア前期の建築様式で，パルテノン神殿もこの様式による。神殿はペルシア戦争で破壊されたが，ペリクレスがデロス同盟の資金を財源として再建した。

問4　④

マラトンの戦いは，前490年。**テミストクレス**の建造した大艦隊がペルシア艦隊を破った**サラミスの海戦**は，前480年。ペルシア戦争でのギリシアの勝利が確定したプラタイアの戦いは，前479年。また，ペルシア戦争後の前478年頃，ペルシアの再侵攻に備えて**アテネを盟主とするデロス同盟**が結成された。

第2問

問1　①

グラフ I はアテネ，II はスパルタの人口構成を示している。

②陪審員の決定は抽選による。

③**ペリクレス**は前５世紀，アテネ全盛期の政治家。15年連続で将軍に選出され，**アテネ民主政を完成させた**。護民官は，古代ローマで平民から選ばれて平民会を主宰した官職。前５世紀前半に設置された。

④18歳以上の成年男性市民全員が，民会の参加資格をもっていた。

問2　②

グラフ I はアテネの人口構成を示す。アテネの総人口は最盛期で約25万人。市民は武具を自前で用意する**重装歩兵**となった。人口の約３分の１を占める奴隷は，その大多数が異民族であった。多くが家内奴隷として農耕や家事に従事したが，アテネの領域にあるラウレイオン銀山での銀の採掘にも奴隷が使役された。

グラフ II はスパルタの人口構成を示す。スパルタはペロポネソス半島南部のラコニア地方のポリス。アテネとならぶ強大なポリスであり，**少数のドーリア系スパルタ市民が，多数の非ドーリア系被征服民を隷属させた**。奴隷身分の農民は**ヘイロータイ(ヘロット)**，商工業に従事する人々は**ペリオイコイ(周辺民)**と呼ばれた。スパルタの軍国主義的体制を確立したのは，伝説的立法者リュクルゴス。

問3　③

下線部②の戦争はペロポネソス戦争。**アテネを盟主とするデロス同盟と，スパルタを盟主とするペロポネソス同盟**との戦いであった。

④ペリクレスはペロポネソス戦争中に病死し，アテネの政治が混乱すると，デマゴーゴス(扇動政治家)があらわれて戦争を長期化させた。この戦争はペルシアと結んだスパルタが勝利をおさめたが，有力ポリス間の争いはおさまらず，ポリス社会は変質していった。

3　ローマ世界とキリスト教
(p.14〜p.19)

▌▌▌知識問題編▌▌▌

1　④

①・③ローマはイタリア中部を流れる**ティベル川**の河畔に**ラテン人**によって建設された。

②ローマが，エトルリア人の王を追放して共和政の政治体制をたてたのは前６世紀末。

2　⑤

ドラコンの立法は前７世紀，**十二表法**の制定は前５世紀。ともに貴族による法知識の独占と恣意的な行使を阻む目的があった。トリボニアヌスは東ローマ帝国のユスティニアヌスの命を受けて『ローマ法大全』を編纂した法学者。ソロンは古代アテネで貴族と平民の調停をはかった執政官。前287年に制定された**ホルテンシウス法**は，平民会の決議が元老院の認可なしに全ローマ人の国法となることを定めた。

3　④

ディクタトルは独裁官のことで，軍事上・内政上の危機にあたって設置された非常時の最高官職。**護民官・平民会**は平民と貴族との身分闘争の結果，前５世紀前半に設置された。平民会は平民のみで構成され，護民官はここから選出された。護民官は元老院やコンスルの決定に拒否権を行使できた。

4　②

ペリクレス時代のアテネでは，18歳以上の成年男性市民全員が民会に参加できたが，ローマでは**貴族と富裕な平民が政権を独占し，実質的には元老院が指導権を保持した**。

①ローマの共和政の最高官職は，任期１年・２名からなる**コンスル(執政官・統領)**で，この役職は貴族が独占していた。

5　③

a　**同盟市戦争**(前91〜前88年)は，**イタリアの諸同盟市**

が完全な市民権をローマに要求して始まり，スラらによって鎮圧された。この戦争をきっかけにイタリア半島の全自由民にローマ市民権が与えられた。

b 前272年。

c 前509年。

d 前241年。第1回ポエニ戦争に勝利したローマが獲得し，初の属州としたシチリア島は，当時最大の穀物生産地であった。

6 ④

デロス同盟は，ペルシア戦争後にペルシア軍の再侵攻に備えて結成されたギリシア諸ポリスの同盟。

7 ②

①ローマ本国では，中小農民の長期の従軍によって農地は荒廃し，新たに獲得した属州から安い穀物が輸入されたため，**没落した農民は都市に流入して無産市民となった。**

③・④支配階層である元老院議員や騎士階層は属州の拡大によって莫大な富を手に入れた。ポエニ戦争後，こうした**富裕層による奴隷を用いた大規模な農業経営（ラティフンディア）は急速に拡大し，市民間の貧富の格差が広がった。**騎士は新興の富裕市民。元老院議員につぐ階層で，高利貸しや徴税請負で富裕化した。

8 ⑤

a 第1回三頭政治は，カエサルがポンペイウスを倒したため崩壊し，カエサルの独裁政治が始まった。

b スパルタクスの反乱の発生は前73年。

c 第2回三頭政治は，カエサルの養子オクタウィアヌス，カエサルの部下であったアントニウス，レピドゥスらによって前43年に始まった。

d グラックス兄弟の改革は前133～前121年。有力者の土地占有を抑制し，没落した自由農民に分配しようとしたが，失敗した。

9 ②

オクタウィアヌスの政治は，自身を「**市民のなかの第一人者（プリンケプス）**」と位置づけて，**共和政を尊重する姿勢を貫いたため元首政（プリンキパトゥス）と呼ばれる。**しかし，オクタウィアヌスに多数の権限が集中する事実上の帝政であった。

①オクタウィアヌスが参加したのは第2回三頭政治。閥族派の打倒に成功した。

③**ドミナトゥスは，ディオクレティアヌス帝が開始した専制君主政。**臣下は皇帝に対して「我らの主（ドミヌス）」と呼びかけるよう定められていた。

④オクタウィアヌスは，クレオパトラとアントニウスの連合軍を前31年の**アクティウムの海戦**で破った。これによってローマの内乱状態は終結した。

10 ⑥

五賢帝のうち，**トラヤヌス帝**はダキア（現ルーマニア）やメソポタミアなどを征服し，ローマの支配領域は最大となった。**マルクス＝アウレリウス＝アントニヌス帝**は2世紀後半に即位した。**哲人皇帝と称されるストア派哲学者で『自省録』を著した。**中国の『後漢書』に記録された**大秦王安敦**は彼を示すと考えられている。

『後漢書』によると，大秦王安敦の使者は，166年に南海の産物をもって**日南郡**(現在のベトナム中部)に到達した。『幸福論』は，ネロの師であったストア派の哲学者セネカの著作。

11 ①

カラカラ帝は，212年にローマ帝国の全自由人に市民権を与えるアントニヌス勅令を発した。ローマ人が作成した法の総称をローマ法と呼ぶ。ローマが拡大すると，ローマ市民にのみ適用される市民法に加えて，増加する非市民にも適用しうる普遍性をもつ万民法が必要になった。市民法と万民法の区別はアントニヌス勅令で実質的な意味を失った。

12 ①

②コンスタンティヌス帝が主宰したのは**ニケーア公会議**（325年）。**アタナシウスの説を正統，アリウスの説を異端とした。**アリウス派はこの後，ゲルマン人に広まった。カルケドン公会議の開催は451年。イエスに神性と人性の両方を認め，単性論を異端とした。

③**コロヌスの移動を禁じ，**税収の確保をはかった。ヨーマンはイギリスの独立自営農民。

④ギリシア人の植民市として発展したビザンティウムを，**コンスタンティノープルと改めて新首都として整備した。**ルテティアは現在のパリ。

13 ③

①軍人皇帝の時代は3世紀（235～284年）。約50年間で26人の皇帝が即位した。

②オドアケルが退位させたのは西ローマ皇帝。オドアケルは西ローマ帝国の宮廷に勤務する傭兵隊長であったが，476年に反乱をおこし，帝国を滅ぼした。

④395年に帝国を東西に分割して2子に分け与えたのは**テオドシウス帝**。ゲルマン人の大移動によって帝国内部が混乱するなかでおこなわれた。**ディオクレティアヌス帝は，帝国を4分割し，それを2人ずつの正帝と副帝で統治する四帝分治制を開始した。**

14 ②

b ローマ帝国の公用語は**ラテン語**。コイネーはヘレニズム世界で使用された**共通ギリシア語**。

15 ④

①トリボニアヌスは『ローマ法大全』の編纂に参加した法学者。『天球の回転について（天球回転論）』は，16世紀前半に地動説を唱えたポーランド人コペルニクスの著作。

②アルキメデスはシチリア島出身の数学・物理学者。浮力の原理や梃の原理を発見したが，第2回ポエニ戦争中にローマ兵に殺害された。

③プトレマイオスはギリシア人で，『天文学大全』において天動説を主張した。『博物誌』を著したのはプリニウス。ウェスウィウス火山噴火の際，救助活動中に死亡した。

16 ①

②・③アウグスティヌスは教父。教父とは，聖書や教義の研究をおこなった教会の学者。代表作は『告白録』『神の国』。『告白録』はマニ教からキリスト教に回心し

た彼の前半生の自伝的要素が強い。**プルタルコスはローマ時代のギリシア人哲学者。**その代表作『対比列伝』(『英雄伝』)で，ギリシア・ローマの有力者を対比して記述した。

④**政体循環史観は，ギリシア人ポリビオスがローマ興隆の要因を説明した理論。**

▌▌▌ 史資料問題編 ▌▌▌

第1問

問1　⑤

『地理誌』の著者はストラボン，『告白録』の著者はアウグスティヌス。ネアポリスは現在のナポリ，メディオラヌムは現在のミラノ，ロンディニウムは現在のロンドン。藩部は清代の行政区域。軍管区(テマ)はビザンツ帝国で設置された軍事・行政区分。軍の司令官が配置され，軍事と行政の権利を掌握した。

問2　②

図はコロッセウム。

①アクロポリスはギリシアにおけるポリス中心部の丘のこと。

③インダス文明の遺跡モエンジョ＝ダーロに関する説明。モエンジョ＝ダーロは，一定のサイズの煉瓦を用いてつくられた都市遺跡である。

④ローマ時代の水道橋の説明。ローマは都市に供給する水の管理を重視し，各所に水道を築いた。途中の谷や川を渡る部分には石造アーチの水道橋を建設した。南フランスに残る**ガール水道橋**が代表的遺跡。

問3　①

トラヤヌス帝の時代の領域は，地中海を囲む3大陸に広がり，北はブリテン島から南はサハラ砂漠北端まで，東はメソポタミアから西は大西洋岸にまで及んだ。イングランドとスコットランドとの境界近くには，ローマ皇帝ハドリアヌスの命で建設された石造の防壁が残っている。この城壁はケルト系の民族の侵入を防ぐ目的で建設された。

問4　①

オケオ遺跡は**メコン川**の下流に位置する。1世紀頃に成立し，交易国家として栄えた扶南の遺跡。インドの神像・仏像，漢の鏡，ローマ金貨などが出土した。扶南は7世紀にカンボジアによって滅ぼされた。

問5　②

a　ローマから南下する**アッピア街道**は，前312年に建設工事が始まり，前3世紀後半には南イタリアのブルンディシウム(現ブリンディジ)まで達した(全長約540km)。ローマ最古の軍道。街道の名称は建設を開始した監察官に由来する。

b　アレクサンドロス大王はイタリア半島には遠征していない。

問6　②

リウィウスはアウグストゥス時代の歴史家。『ローマ建国史』をラテン語で著した。トゥキディデスは，古代アテネの歴史家。ペロポネソス戦争を厳密な史料批判にもとづき記録した『歴史』を著したが，未完に終

わった。

問7　③

ローマの**軍人皇帝ウァレリアヌス**が，ササン朝第2代の王シャープール1世にエデッサで敗れたのは，260年。「ローマの平和」の期間は，アウグストゥスから五賢帝時代までの約200年間を指す。

第2問

問1　③

資料2・3は，プリニウスが属州におけるキリスト教徒への対応を時の皇帝トラヤヌスに問い合わせた書簡と，これについてのトラヤヌスの返信である。

問2　①

あ　イエスは，ローマの属州総督ピラトの裁きを受けた。

い　**ペテロはネロ帝の迫害で殉教した。**彼はイエスの十二使徒の筆頭で，その墓所とされる場所にサン＝ピエトロ大聖堂が建設された。

う　キリスト教は，313年にコンスタンティヌス帝が発した**ミラノ勅令**によって公認され，392年に**テオドシウス帝によって国教化**された。これによって異教の信仰は禁止された。

X　父なる神と子なるイエスは同質とするアタナシウスの説は，325年のニケーア公会議で正統教義とされた。

Y　ネストリウス派は異端とされたのちにササン朝・インド・中国まで伝播し，中国では**景教**と呼ばれた。**回教**はイスラーム教の中国での呼称。

4　インド文明と東南アジア
(p.20〜p.25)

▌▌▌ 知識問題編 ▌▌▌

1　②

①内陸アジアの気候の特色。インドは雨季と乾季の差がはっきりした**モンスーン気候帯**に属している。

③ドラヴィダ系の人々は**南インド地域**に多く居住する。

④**カイバル峠はインド北西部に位置し，**ここを通ってアーリヤ人やアレクサンドロス大王，イスラーム勢力がインドに進入し，また，ここを経て仏教はインドから中央アジアへ伝播した。

2　(A)②

①中国の**殷墟**に関する説明。

③古代アメリカのマヤ文明やアステカ文明などの特徴。

④**インダス文字は未解読。**

(B)②

aはハラッパー，**c**はロータルで，ともにインダス文明の遺跡。モエンジョ＝ダーロはインド北西部の大河インダス川下流域にあるインダス文明の代表的遺跡。現在はパキスタン領。名称は「死人の丘」を意味する。ガンジス川はインド北東部の大河。ティグリス川はメソポタミアの大河。

3　③

アーリヤ人の宗教は多神教。アーリヤ人は雷や火などの自然神を崇拝し，祭式をとりおこなった。『リグ＝ヴェーダ』は神々への賛歌集で，そこからは当時

のアーリヤ人の多神教的な世界観を知ることができる。

4 ④

①グプタ朝は，4世紀に**チャンドラグプタ1世によって建国された**。バーブルは，ムガル帝国の初代皇帝。16世紀に中央アジアから北インドに進出し，帝国の基礎を築いた。

②チャンドラグプタ2世は北インドを統一し，最大領土を現出したが，その支配は南インドにはおよんでいない。

③グプタ朝時代に定着したのは，**バラモン教に先住民の信仰が融合して成立したヒンドゥー教**。三大神は**シヴァ・ヴィシュヌ・ブラフマー**。ミトラ教は古代アーリヤ人起源の密儀宗教で，キリスト教拡大以前のローマ帝国で盛んであった。

5 ④

a カーリダーサの代表作は『**シャクンタラー**』。『**ラーマーヤナ**』はインドの大叙事詩。**サンスクリット語**で書かれ，『**マハーバーラタ**』とともにヒンドゥー教の聖典ともされる。

b カビールは**ムガル帝国期の宗教改革者**。イスラーム教とヒンドゥー教の融合をはかった。

6 ③

騎馬遊牧民の**エフタル**は，6世紀半ばすぎに**突厥とササン朝に挟撃されて滅亡した**。突厥と結んでエフタルを滅ぼしたのは，ササン朝の**ホスロー1世**。スキタイは，前7世紀頃に南ロシアの草原地帯を支配した騎馬遊牧民。ヒクソスは，中王国末期からエジプトを支配したアジア系民族。**ヴァルダナ朝は7世紀前半にハルシャ王が建国した**。ハルシャ王の死後，北インドは**ラージプートと称したヒンドゥー諸勢力が分立する状態となった**。スーフィーとはイスラーム神秘主義者のこと。

7 ②

ヴェーダ時代と呼ばれるのは，バラモン教の聖典ヴェーダがつくられた，前1500年頃から前600年頃。アーリヤ人がパンジャーブ地方に進入し，さらにガンジス川流域へ進出した時期にあたる。

8 ③

①タミル語は**ドラヴィダ系言語**。南インドにはドラヴィダ系の人々が多く居住している。

②『エリュトゥラー海案内記』は，紀元後のはやい時期に**ギリシア人**が著したとされる。

④チョーラ朝が商人使節を派遣したのは中国の**北宋**。

9 ⑤

図は**ボロブドゥール遺跡**。シャイレンドラ朝期の8〜9世紀，ジャワ島中部に建設された大乗仏教遺跡。シャイレンドラ朝は，8世紀後半に中部ジャワで栄えた王国。

あ **マジャパヒト王国**は13世紀末，シンガサリ朝滅亡後に建国された，**ジャワ地域最後のヒンドゥー教国**。

い **マタラム王国**は，1580年代末頃にジャワ中・東部に成立した**イスラーム教国**。

10 ①

図は**アンコール＝ワット遺跡**。カンボジアのアンコール朝支配下で，12世紀にスールヤヴァルマン2世が建立した。ヒンドゥー教寺院として建設されたが，のちに上座部仏教の寺院となった。

11 ③

図は銅鼓で，**ドンソン文化を代表する青銅製の祭器**。③銅鼓の上部や側面には，船や人物が描かれている。ドンソン文化はベトナム初期の金属文化で，東南アジア各地に影響を与えた。呼称はベトナム北部のドンソン遺跡から青銅・鉄器が発見されたことによる。

12 ③

①は羅越，②はボロブドゥール，④はパレンバン。オケオは**扶南**の外港で，メコン川下流に位置する。交易の中継地として栄え，**インドの神像・仏像，漢の鏡，ローマ金貨**などが出土している。

①羅越はマレー半島南部，現在のシンガポール付近にあったとされる国。

④パレンバンは，**シュリーヴィジャヤ王国の中心地**。シュリーヴィジャヤ王国は，最盛期にはジャワ島を支配し，カンボジア・チャンパーへも遠征軍を送った。

▌▌▌ 史資料問題編 ▌▌▌

第1問

問1 ④

①**ヴァルダマーナ**の開いた**ジャイナ教**は，仏教と同様に**バラモンの権威を否定した**。

②各ヴァルナが守るべき規範は，前2世紀から後2世紀のあいだに成立した『**マヌ法典**』にまとめられた。現在伝えられるような形に完成したのは**グプタ朝期**。マヌは古代インドの神話に登場する人間の祖先。ヴァルナ制を強調する法典で，ヒンドゥー教徒に重んじられた。『**アヴェスター**』はゾロアスター教の教典。

③ブッダガヤの菩提樹の下で悟りをひらいたのは，**ガウタマ＝シッダールタ（ブッダ）**。

問2 ④

アレクサンドロス大王の北西インド侵入のあと，**チャンドラグプタがマガダ国のナンダ朝を倒してマウリヤ朝を建設した**。カナウジは，ヴァルダナ朝の都。また，バーブルは，ムガル帝国の初代皇帝。

問3 ③

セレウコス朝は，アナトリア・シリアからインダス川流域までを領有した。首都はアンティオキア。ローマで第1回三頭政治に参加した**ポンペイウス**によって滅ぼされた。

問4 ③

下線部①の人物は**マウリヤ朝の第3代アショーカ王**。マウリヤ朝の全盛期はアショーカ王の治世の前3世紀。王の死後，財政難や王家に対するバラモン階層の反発などによって王朝は衰退した。

①・②アショーカ王は，カリンガ地方の征服後に戦争の悲惨さを痛感し，深く仏教に帰依するようになったといわれる。

③ジャワ島に仏教が伝わったのは，5世紀頃からインド商人が渡来したことによる。マウリヤ朝時代には**スリランカ**などへの布教がおこなわれた。

④アショーカ王は，ダルマによる統治の理想を示すため，詔勅を刻んだ**石柱碑**や**磨崖碑**を各地に建てた。

問5 ①

　ダルマとは，倫理的な規範やきまりを意味する。仏教では，ブッダの悟った真理のことを指す。

第2問

問1 ②

　法顕は，魏晋南北朝時代の仏僧。グプタ朝時代のインド各地を巡り仏典を求めた。海路で帰国して，旅行記の『**仏国記**』をまとめた。

問2 ④

　図ⅰは**ガンダーラ仏**。図ⅱはマトゥーラで制作された仏像。**マトゥーラ**はインド北部の都市で，ここではギリシア的要素の強いガンダーラ美術と対照的に，**純インド的な仏教美術**が発達した。

問3 ③

　上座部仏教はスリランカからビルマ・タイなどに伝わった（**南伝仏教**）。中央アジアを経て中国・日本に広まったのは**大乗仏教**（**北伝仏教**）。

問4 ④

　玄奘は唐僧。627年頃，陸路でインドに旅立ち，**ヴァルダナ朝**下のナーランダー僧院で学んだ。ナーランダー僧院は，グプタ朝時代にインド東部に建設された，仏教の研究・教育機関。陸路で帰国し，太宗への報告書として『**大唐西域記**』を口述した。**サータヴァーハナ朝**は，前1世紀〜後3世紀のドラヴィダ系民族の王朝。東南アジアや西方との交易で繁栄した。

5 中国の古代文明と南北アメリカ文明
(p.26〜p.31)

▐▐▐ 知識問題編 ▐▐▐

1 ②

　黄土地帯は黄河の上流から中流域に広がる。降水量は全般的に少なく，とくに上流域は乾燥気候となる。

2 ②

①三星堆文化を代表する「**縦目仮面**」は**青銅製**。その他，黄金製品や子安貝も出土している。

②黄河中流域では，**彩陶を特徴とする仰韶文化**が成立した。一方，黄河下流域を中心に成立した**竜山文化**では，**黒陶**と呼ばれる黒色磨研土器が使用された。黒陶はろくろを使用するため薄手で，日用には厚手の**灰陶**が使用された。

③水稲耕作は長江中・下流域で始まったと考えられている。黄河流域では，キビやアワ，麦の畑作がおこなわれた。

④稲作の痕跡がみられる代表的遺跡は**長江下流域の河姆渡遺跡**。北京市郊外にある**周口店**からは，北京原人や周口店上洞人が発見された。

3 ②

①複雑な文様をもつ**青銅器**の多くが，祭祀用の酒器や食器であった。

③**殷墟は河南省最北部の安陽市**で発見された。洛陽市は河南省西部の都市で，古代中国における政治経済の中心地の一つ。

④**甲骨文字**は，祭祀や軍事行動を占いで決定する際に，**亀甲や獣骨に刻んで**使用された。

4 ⑥

ア　黄河の支流である渭水の流域の渭水盆地には，**鎬京・咸陽・西安**などの都市が発達し，古代中国の中心となった。

イ　朝貢とは，周辺諸国の支配者が，中国皇帝に使節を派遣し貢ぎ物を送ること。

ウ　中国の父系同族集団を宗族と呼び，これを組織・維持する規範を宗法という。郷紳は明後期から清で活躍した，科挙で得た資格，官僚経験をもつ地方社会の有力者。

5 ①

②春秋時代の有力諸侯は**覇者**。斉の桓公，晋の文公など代表的な覇者を「**春秋の五覇**」と呼ぶ。藩鎮は，地方行政・財政権を握って自立の勢いを示した，唐代の節度使のこと。

③尊王攘夷を唱える諸侯は，周王の権威を尊重した。

④「**春秋**」の名称は，孔子が編纂したといわれる**魯の年代記『春秋』**に由来する。また，『春秋』は儒学の五経の一つに数えられる。

6 ④

　aは斉，**b**は楚，**c**は秦，**d**は周，**e**は燕。「**戦国の七雄**」は，斉・楚・秦・燕と韓・魏・趙の7国。周は前770年に鎬京から洛邑に遷都した。これ以降を東周と呼ぶ。長江中流域を支配した楚では，稲作を基盤としながら青銅・鉄の製造や漆器・絹などの産業も発達していた。秦は現在の陝西省・四川省を領有した。

7 ①

　殷・周の時代には子安貝が貨幣として用いられていたが，春秋時代末期から戦国時代にかけて**青銅貨幣**が使用されるようになった。小刀を模した**刀銭**，農具を模した**布銭**，貝貨を模した**蟻鼻銭**など各地で異なる形態の貨幣がつくられ，布銭は韓・魏・趙，刀銭は燕と斉で，蟻鼻銭は楚で用いられた。**秦では円形・方孔の半両銭**が使用されており，統一後に始皇帝がその他の貨幣を禁止し，円形・方孔が中国貨幣の基本形となった。

8 ③

　各国の君主に外交を説いた思想家は**縦横家**と呼ばれる。**蘇秦**は6カ国が同盟して秦に対抗する合従策を主張したが，諸国に秦との個別の同盟を説く張儀の連衡策に敗れた。陰陽家は，天体の運行と人間生活の関係を説いた。陰陽説は鄒衍によって五行説と統合されて陰陽五行説となり，老荘思想と融合して道教に発展して，宋学にも影響を与えた。

9 ②

① 前4世紀に変法を推進したのは，法家の思想家である **商鞅**。李斯は始皇帝に仕えた法家の思想家。

③ 始皇帝と名乗ったのは**秦王の政**。孝公は戦国時代の秦の君主。商鞅を登用し富国強兵をめざした。

④ 荘子は戦国時代の**道家**の思想家。丞相は君主を補佐して政務を処理する官職。

10 ④

① 思想統制のために**儒学者らを穴に埋めて殺した**といわれる。医薬・占い・農業以外の書物を焼いたこととあわせて**焚書・坑儒**という。荀子に学んだ法家の李斯の建言により，始皇帝が実施した。

② 「**王侯将相いずくんぞ種あらんや**」は，前209年に発生した陳勝・呉広の乱の挙兵の際に使用された言葉。血統ではなく実力主義の主張を表す。黄巣・王仙芝は唐末の黄巣の乱の指導者。

③ 貨幣は**半両銭**に統一された。五銖銭は前漢の武帝が鋳造させた銅銭。

11 ③

a 前108年に衛氏朝鮮を滅ぼし，朝鮮4郡を設置したのは前漢の武帝。楽浪・真番・臨屯・玄菟の4郡。のちにただ一つ残った楽浪郡の南半部を割いて帯方郡がおかれたが，結局313年に高句麗によって滅ぼされた。衛氏朝鮮は前2世紀頃に，中国の燕から亡命した衛満が建国した。

12 ③

『論語』は，『大学』『中庸』『孟子』とともに四書と称される。朱子学を大成した朱熹は，四書を儒学の根本的教典とした。『詩経』は各地の詩を戦国時代に儒家が編集したもの。中国最古の詩集で五経の一つ。**性悪説は戦国時代末期の儒家の思想家である荀子の説**。

13 ③

マヤ文明では，情報を記録するために絵文字が用いられた。**テノチティトラン**はテスココ湖上の島に建設された都市。16世紀にコルテスによって破壊され，その上にメキシコシティが建設された。**マチュ＝ピチュ**はインカ帝国の遺跡。

14 ④

① はテノチティトラン，② はチチェン＝イツァ，③ はナスカ，④ はマチュ＝ピチュ。写真の遺跡はマチュ＝ピチュで，ペルー南部，クスコから北西約70kmのアンデス山脈の高地にあるインカ帝国の都市遺跡。

② チチェン＝イツァはメキシコのマヤ文明の遺跡。マヤの最高神ククルカンを祀るピラミッドが有名。

③ 紀元100～800年頃，ペルー南部の海岸地帯ではナスカ文明が栄えた。ハチドリやサルなどの巨大な地上絵が有名。

▐▌▐ 史資料問題編 ▐▌▐

第1問

問1 ⑥

a は漢中，**b** は商（殷墟），**c** は長安，**d** は洛陽。洛陽は後漢の都。漢中は黄河流域と長江流域，四川地方を結ぶ交通の要衝。漢の高祖はここから全国統一に乗り出し，「漢」を国号とした。**高祖は直轄地に郡県制を，それ以外の地には封建制を実施した。これを郡国制と呼ぶ**が，この制度下で勢力を維持していた劉氏一族は，景帝の諸侯抑圧策に反発して**呉楚七国の乱**（前154年）をおこし，鎮圧された。次の武帝の時代には，事実上郡県制となった。

問2 ①

② 前108年に武帝が滅ぼしたのは**衛氏朝鮮**。高句麗は前1世紀頃に中国東北地方南部におこり，313年に楽浪郡を滅ぼして，朝鮮半島北部を支配した国。

③ 前111年に武帝が滅ぼしたのは**南越**。南越は漢人の趙佗が，秦の滅亡を機に，中国南部からベトナム北部に建てた国。武帝は南越を征服し，南海9郡を設置した。大理は，南詔の滅亡後，10世紀に雲南に成立した国。クビライによって滅ぼされた。

④ 前2世紀，**武帝による専売制の対象となったのは塩・鉄**。

問3 ④

①・③ 張騫は武帝の命で匈奴を挟撃するために，**大月氏**に派遣された。大月氏に匈奴を討伐する意思がなかったため目的は果たせなかったが，西域に関する多くの情報を漢にもたらし，その西域経営や文化交流などに貢献した。

② 当時大月氏の西に隣接していたのは，**中国で安息と記録されたイラン系のパルティア**であった。大秦国はローマ帝国もしくはその東方領のことと考えられている。

問4 ②

中国王朝の皇帝は，周辺諸民族の君主が朝貢の使節を派遣すると，官爵・印綬・返礼品を与えて君臣関係を結び彼らの統治を承認した。**中国を中心とする東アジアで形成されたこのような国際体制を冊封体制と呼ぶ**。

問5 ④

外戚の**王莽が建国した新**は，18年に発生した**赤眉の乱**で滅亡した。漢の一族の劉秀は，後漢を建国して皇帝に即位しこの乱を鎮圧した。後漢は豪族の連合政権で，当初は安定していたが，党錮の禁と呼ばれる宦官と儒家官僚との対立で政治的に混乱した。

X 『後漢書』には，166年に大秦王安敦（マルクス＝アウレリウス＝アントニヌス帝）の使者が日南郡（ベトナム中部）に到着したと記録されている。

Y 西域50余国を服属させた西域都護は班超。部下であった甘英を97年に大秦へ派遣した。甘英は，安息（パルティア），条支（シリア）まで到達したが，海を渡ることを断念し帰国した。岳飛は金の進出に対して主戦論をとった南宋の武将。和平派の秦檜に敗れ，獄死した。

問6 ③

前7世紀頃に南ロシアの草原地帯に成立した騎馬遊牧民族の国家はスキタイ。動物の文様を施した馬具や装身具を残した。匈奴は前3世紀末にモンゴル高原で国家を形成した。

問7　②

　冒頓単于は前3世紀末にモンゴル高原を統一した。前漢の劉邦を破って和約を結ばせ，匈奴の最盛期を築いた単于(君主)。

問8　③

a　魏で制定された官吏登用法である九品中正についての説明。

b　前漢の武帝は郷挙里選を実施したが，多くは地方豪族の子弟が推薦された。

問9　④

①儒学が官学となったのは前漢の武帝の時代。董仲舒により，皇帝支配の正統化に役立つ学問として体系化された。

②製紙法を改良したのは後漢の宦官蔡倫。**鄭玄は訓詁学を大成した後漢の儒学者。**

③『五経正義』は唐代に，太宗の命で孔穎達らが編纂した。

問10　②

②1356年に**神聖ローマ皇帝カール4世が発布した金印勅書の印。**

①インダス文明の遺跡から発見された印章。

③モンゴル帝国の時代に駅伝制で使用された牌符。

④朝鮮王朝で開発された訓民正音(ハングル)。

6　中国の分裂と東アジア文化圏の形成
(p.32〜p.37)

▌▌▌ 知識問題編 ▌▌▌

1　③

　アは魏，イは蜀，ウは呉。

a　魏は263年に劉備の建てた蜀を滅ぼした。孫権は呉の建国者。

b　魏の武将司馬炎は，265年に**魏の禅譲を受けて皇帝に即位し，晋(西晋)を建た。280年には呉を滅ぼして，晋は中国統一を達成した。**

2　②

①晋で発生し，五胡の侵入をまねいたのは**八王の乱**。司馬氏一族の諸王が政権を握るために隣接諸民族の武力を利用したのが原因。紅巾の乱は，元末に白蓮教などの宗教結社がおこした農民反乱。

③江南の建康に拠点をおき，**東晋を建国したのは晋の王族の司馬睿。**

④東魏は北斉に，**西魏は北周に倒された。**

3　③

　寇謙之は，天師道を改革して新天師道をひらき，道教教団を組織化した。北魏の3代皇帝で，華北を統一した**太武帝は，寇謙之を重用して道教を国教化した。**

4　①

　図は**雲崗**の石仏で，北魏の時代に平城の西方につくられた。

②韓国の慶州に造営された石窟庵の説明。

③**敦煌**は河西回廊西端のオアシス都市。4〜14世紀に莫高窟(千仏洞)と呼ばれる石窟寺院がつくられた。

④**竜門**は河南省洛陽の南方にあり，竜門の仏像は雲崗に

比べて中国的な要素が強い。

5　⑥

　図は「画聖」と称された**顧愷之が描いた「女史箴図」。**六朝時代の江南の貴族文化を六朝文化と呼び，顧愷之の本作品は六朝文化の代表作である。**清談**は本来儒教的意味での正しい論議を指した。しかし，後漢末から魏晋南北朝にかけての社会の混乱は，儒教的価値観や世俗から離れて，自由に論談する風潮を生じさせた。

6　①

②楽浪郡は313年に高句麗によって滅ぼされた。隋の**煬帝は，高句麗遠征を3回実施したが，いずれも失敗に終わった。**都護府は漢・唐が辺境の異民族統治のために設置した，軍事・行政機関。

③科挙は隋代に始まったが，皇帝による殿試は宋代の太祖の時代に始まった。

④**大運河は，政治の中心地である華北と経済の発展している江南を結んだ。**大都は13世紀にクビライが都とした都市で，現在の北京。ここまで水上輸送路がつながったのは元代。

7　④

①隋の第2代皇帝の煬帝に関する記述。**文帝は初代の楊堅。**

②唐の高祖(李淵)に関する記述。高宗は唐の最大版図を実現した第3代皇帝。

③唐の太宗(李世民)に関する記述。**太宗が中国を統一したのは628年。**太宗は，**孔穎達らに命じて科挙の基準となる五経の解釈書『五経正義』を編纂させた。**太宗の治世は後世に「貞観の治」と呼ばれた。

8　①

　律は刑法典，令は行政法規や民法典，格は律・令の補充・改正や臨時の法を内容とする。

③**中書省で起草した詔勅を門下省で審議した。**

④執行機関の**尚書省は吏部・戸部・礼部・兵部・刑部・工部の六部を統轄した。**

9　②

い　衛所制は，洪武帝が定めた明の兵制。

う　限田法は，大土地所有を制限する政策。前漢末に立案されたが，実施されなかった。

X　理藩院は清代におかれた中央官庁で，自治を認められていた藩部を統括した。

Y　節度使は，唐代の府兵制が崩壊した後に，辺境地帯で募兵軍を指揮した軍職。安史の乱以降，内地にもおかれた。

10　②

①安南都護府はベトナム北部の昇竜(ハノイ)におかれた。ホーチミン(旧名サイゴン)はベトナム南部の都市。

③阿倍仲麻呂は玄宗に重用され，李白・王維らの詩人とも親交を結んだ。科挙に合格して高官となったが，日本への帰国を果たせず，唐で客死した。

④**太宗は630年に東突厥を服属させた。**これによって太宗以降の唐の皇帝は，諸部族の君主である「天可汗」の称号をもつようになった。

11 ③

　唐代に設置され，海上交易の管理にあたったのは**市舶司**。御史台は，中国の官史監察機関。唐代にその組織が整備された。

②イラン系風俗の例としては，ポロ競技がある。

12 ④

　唐を滅ぼしたのは節度使の**朱全忠**。朱全忠は汴州（開封）を都として後梁を建国した。趙匡胤は五代十国時代を経て宋を建国した，後周の武将。

13 ④

①回教はイスラーム教のこと。海路で中国に至ったアラブ・イラン系のムスリム商人がもたらし，広州などにモスク（清真寺）をつくった。

②ネストリウス派キリスト教は，エフェソス公会議で異端とされた後，東方に広まり唐では**景教**と呼ばれた。寺院として波斯寺，または大秦寺がつくられ，8世紀には景教の流行を記念した大秦景教流行中国碑が長安に建てられた。**祆教はゾロアスター教**のこと。

③マニ教は，ササン朝のマニがゾロアスター教・キリスト教・仏教などを融合させて創始した。ウイグルで広く信仰された。

14 ④

　図は唐僧の**玄奘**。法相宗の開祖。7世紀前半にインドのナーランダー僧院で学び経典を持ち帰った。帰国後，太宗に命じられて経典を翻訳し，旅行記『**大唐西域記**』を口述した。西安市の大慈恩寺の大雁塔には，彼がインドから持ち帰った経典や仏像が安置された。

ア・イ・ウ 義浄は広州を出発し，671年にインドに渡り，20年あまり滞在した。著書『**南海寄帰内法伝**』には，インドおよび東南アジア諸国で見聞したことが記されている。**シュリーヴィジャヤ王国**で仏教が盛んであった様子もこの書に記載されている。

15 ③

　図は**唐の書家の顔真卿**の書。東晋の書家の王羲之の典雅な書に対して，顔真卿は力強い書で後世に影響を与えた。顔真卿は安史の乱で反乱軍と戦ったことでも知られる。

16 ②

　図は唐三彩。2色以上の釉薬をかけて低い温度で焼いた陶器を唐三彩という。唐代には埋葬用の葬具としてつくられた。イラン産のコバルト顔料は，高温焼成する磁器に用いると鮮やかな青色を発する。元代以降によく使用され，これを用いて青花や染付と呼ばれる陶磁器がつくられた。

▮▮ 史資料問題編 ▮▮

第1問

問1 ⑤

あ ソンツェン＝ガンポは，7世紀に吐蕃を建国した。彼の命によって，インド系の文字をもとに**チベット文字**がつくられた。

い 地図中の**ア**は**大祚栄**が建国した渤海。唐の文物・制度を受容し，仏教が栄えて「海東の盛国」と呼ばれた。

Y 地図中のイは**新羅**。**仏国寺**は，8世紀に新羅で建立された仏教寺院。新羅の都がおかれた金城（慶州）の郊外にある。

問2 ⑥

　卑弥呼が魏に使いを送ったのは239年。倭の五王が南朝に使いを送ったのは5世紀。**白村江の戦い**で日本が唐・新羅連合軍に敗北したのは663年。この戦いののち，日本は朝鮮半島から撤退した。

問3 ①

　佃戸制は宋の時代から広まった農業経営方式で，地主が小作人（佃戸）に耕作させて地代をおさめさせるしくみ。

④唐末の中国の動乱が激しくなるなか，894年に菅原道真の建言で**遣唐使が停止**された。日本では，中国文化の基盤の上に日本風の特色を備えた**国風文化**がおこった。

問4 ③

ウ 八旗はヌルハチが創始した清朝の軍事・行政制度。のちには満洲八旗，モンゴル八旗，漢軍八旗に編成された。

エ 府兵制は西魏で始まり，隋，唐で整備された兵農一致の制度。農民の没落や均田制の崩壊によって**募兵制**へと移行した。

問5 ①

　両税法は，780年に宰相楊炎の建言により制定された税制。均田制が崩壊したため，社会の実態に合わせて土地の所有を認め，税を資産に応じて夏・秋の2回，原則として銭納させるもの。

第2問

問1 ⑤

　資料1は**北魏の孝文帝**に関するもの。孝文帝は5世紀末に都を平城から洛陽へ遷した。平城は現在の山西省大同市。遷都や漢化政策は軍人らの反発をまねき，こののち北魏は東西に分裂した。

X 六諭の制定は，明の洪武帝の政策。

Z 三藩の乱は，清の康熙帝によって平定された。

問2 ②

　ソグド人の出身地は**中央アジアのソグディアナ地方**。シル川・アム川にはさまれた地域で，**サマルカンドなどのオアシス諸都市があり，オアシスの道を通じた交易の拠点となった**。ソグド人は，ここから各地に移動して植民集落を形成し商業活動などで活躍した。8世紀にイスラーム教徒に征服されてから，ソグディアナは「（アム）川の向こうの地」という意味でマー＝ワラー＝アンナフルと呼ばれた。モンゴル帝国下で荒廃したが，ティムールがサマルカンドを首都として復興した。

問3 ④

　資料3は，トルコ系騎馬遊牧民の突厥の碑文。城壁都市を築いて仏寺などを建てたいといった可汗（君主）のビルゲを，重臣であるトニュククが戒めたことばが記されている。トニュククは，遊牧民の古くからの習俗を変えることは突厥の滅亡につながると説いた。①

②③は農耕民の，④は騎馬遊牧民の習俗。突厥は，6世紀半ばに柔然を滅ぼして建国し，勢力を拡大したが，内紛と隋の圧力のため6世紀末に東西に分裂した。

問4 ①

資料4は，唐と**ウイグル**のあいだでおこなわれていた絹馬貿易に関するもの。ウイグルは，唐の建国を助けた東突厥を破ってモンゴル高原を支配したトルコ系騎馬遊牧民。安史の乱の平定を支援したことで，唐に対して優位に立ち，絹を求めて多くの馬を唐に持ち込んだ。ウイグルは840年に**キルギス**によって滅ぼされたが，ウイグルの西方への移動によって中央アジアのトルコ化が進んだ。

---

7 東アジアの勢力交替と宋・元
(p.38〜p.43)

▌▌▌ 知識問題編 ▌▌▌

1 ②

a 塩の密売商人であった王仙芝が挙兵し，黄巣がこれに呼応したのは875年。

b 中央アジアで唐とアッバース朝軍が戦い，唐が大敗した**タラス河畔の戦い**は751年。唐の西域経営は後退し，戦いで捕虜となった紙漉職人によって製紙法がイスラーム世界に伝えられた。

c 節度使の安禄山が，玄宗の側近楊国忠と対立し，史思明とともに挙兵したのは755年。

d 五代・後周の武将であった**趙匡胤**が宋を建国したのは960年。

2 ①

唐を滅ぼした節度使は朱全忠。石敬瑭は五代・後晋の建国者。

3 ②

b 契丹は926年に**渤海**を滅ぼした。渤海(698〜926年)は中国東北地方東部を中心に，沿海州・朝鮮半島北部を支配した国。**高麗(918〜1392年)**は，新羅末期の動乱時に**王建**が建てた国。新羅を滅ぼして936年に朝鮮半島を統一した。

4 ①

ア 河北・山西の北部に位置する**燕雲十六州**は，936年，五代・後晋の石敬瑭が，建国の援助の代償として遼(契丹)に割譲した地。後周と北宋はこの地を回復しようとしたため，争いが生じた。

イ 澶淵の盟の他にも宋は周辺民族と和約を結んだ。

5 ①

西夏はチベット系タングートの王朝で，建国者は**李元昊**。1044年には宋と慶暦の和約を結び，西夏は宋に臣下の礼をとり，宋は西夏に毎年絹や銀を贈ることを取り決めた。また，漢字の要素を組み合わせた独特の**西夏文字**を作成した。

6 ③

①鮮卑・拓跋氏の北魏に関する記述。
②金を滅ぼしたのはオゴデイの率いるモンゴル軍。
④金はツングース系女真の王朝。完顔阿骨打は1115年に

皇帝を称して金を建国した。金は**契丹文字と漢字**をもとに独自の女真文字を作成した。

7 ②

郷挙里選は前漢で始まった官吏登用制度。魏から隋初にかけては九品中正がおこなわれた。

8 ②

①趙匡胤は**後周**の将軍。
③軍機処は清朝で設置された政務の最高機関。宋では節度使に欠員が出た場合に文官をあて，中央集権化を進めた。
④開封は黄河と大運河の合流地点に位置する都市で，古くからの城壁都市をもとに市場・繁華街が広がってできた都市であった。

9 ⑥

王安石は11世紀の北宋の政治家・学者。神宗の信頼を得て宰相となり，新法と呼ばれる多方面にわたる政治改革に着手したが，**貧農救済を目的に制定された青苗法**は，地主層の強い反対を受けた。新法に反対する保守派は**旧法党**と呼ばれ，神宗が死去して旧法党の指導者**司馬光**が宰相となると，王安石の政策は次々と廃止された。司馬光は，**編年体の歴史書『資治通鑑』**の編者としても知られる。徽宗は靖康の変で金に捕らえられた上皇。王重陽は全真教の開祖。張居正は明の万暦帝の時代に財政改革を実施した政治家。

10 ①

交子は北宋で発行された紙幣。また，**南宋では会子**が発行された。草市は城壁の外に開かれた交易場で，宋代に多く出現した。**鎮**は宋代以降，県に所属する小都市に与えられた名称で，商工業の発展によって増加した。会館・公所は明代の中頃から，都市に建てられた同郷出身者や同業者の互助・親睦のための施設。**市舶司**は唐代から明代まで設置された，海上交易を管理した官庁。**行**は宋以後の商人の同業組織を指す。手工業者の組合は**作**として別に組織された。

11 (A)①

aは高麗，**b**は日本，**c**は大越国，**d**は大理。
①918年に**王建が建国**し，開城を都として936年に朝鮮半島を統一した。大祚栄は渤海の建国者。

(B)④

④日本で鎌倉幕府が成立したのは12世紀末。また，この頃には高麗でも武臣(軍人)が政治の実権を握っている。

(C)①

②**大越国(李朝・陳朝・黎朝)の首都はハノイ(昇竜)**におかれた。フエ(ユエ)はベトナム中部の都市で，阮朝(1802〜1945年)の首都がおかれた。
③チャンパーは2世紀末から17世紀にベトナム中部に勢力をもった国。
④11世紀の大越国は李朝。元の侵攻を受けたときの王朝は**陳朝**だが，陳朝はこれを撃退した。

(D)②

①アラウンパヤーが建てたコンバウン朝(1752〜1885年)はビルマの王朝。
②大理は南詔の滅亡後，10世紀に成立し，南詔の仏教文

化を継承・発展させた。しかし，13世紀にクビライが率いるモンゴル軍に服属して滅亡した。

③吐蕃は7世紀にソンツェン＝ガンポがチベットに建てた国。

④南越は中国南部からベトナム北部を支配した国。これを征服した前漢の武帝が南海9郡をおいた。

12 ②

宋代の穀倉地帯は長江下流域であり，「蘇湖熟すれば天下足る」という言葉がうまれた。長江中流域が穀倉地帯となるのは明代で，「湖広熟すれば天下足る」といわれた。

13 ③

①華北を占領し，開封を陥落させたのは金。金は，宋と連携して遼を滅ぼした後，違約があったとして宋に侵攻した。

②この事件は靖康の変(1126〜27年)。靖難の役は，1399〜1402年の明初の帝位継承をめぐる内乱。この事件で第2代建文帝を破った燕王が第3代永楽帝となった。

④臨安は現在の杭州。臨安とは「臨時の都」を意味する。

14 ①

②宋代に普及したのは木版印刷。木版印刷は唐代の8世紀頃から本格的に普及した。

③儒教の教養を身につけた知識人は士大夫と呼ばれた。郷紳は明代後期から地方行政を主導する有力者。

④徽宗の「桃鳩図」は院体画の代表的作品。院体画は宮廷の画院で描かれた宮廷様式の絵。文人画は非職業画家が描いた絵。

15 ④

全真教を開いたのは王重陽。実践的・庶民的な教えを説いた。王守仁(王陽明)は明代の儒学者。朱子学を知識偏重と批判し，陽明学を説き，庶民の間にも広い支持を得た。

16 ④

①授時暦を作成したのは郭守敬。李時珍は明代の医師・薬学者。薬物の効能を解説した『本草綱目』を著した。

②清談が流行したのは，魏晋南北朝時代。

③『西遊記』は元末から明初の，『金瓶梅』は明代の小説。

‖‖ 史資料問題編 ‖‖

第1問

問1 ③

大都は元の首都で，現在の北京。モンゴル語で「カンの都」を意味するカンバリク(史料ではカンバルク)と呼ばれた。クビライは，大都とその外港の直沽(現在の天津)を大運河(通恵河)で結び，さらに穀倉地帯の江南地方とは海運で結んだ。

問2 ②

①・②・③ルブルックは，ルイ9世の命令でカラコルムに到達したフランチェスコ会修道士。ルイ9世は十字軍への協力を求めるために彼を派遣した。また，大都の大司教となり，中国で初めてカトリックを布教したのが，フランチェスコ会修道士のモンテ＝コルヴィノ。

④アダム＝シャールは，明末から清初にかけて大砲の製

作などに従事したイエズス会士。

問3 ④

色目人は「様々な種類の人」の意味。漢人は旧金朝に支配されていた民族(漢族の他，契丹人・女真人も含む)を，南人は旧南宋支配下の民族(おもに漢族)を指す。

問4 ④

a 朱元璋が紅巾の乱で頭角をあらわし，明を建国したのは1368年。

b 李成桂が高麗を滅ぼして朝鮮王朝を建国したのは1392年。

c 不安定な経済や飢饉が社会不安をまねき，紅巾の乱が始まったのは1351年。

問5 ①

②金で使用された紙幣は交鈔。飛銭は唐代から使われるようになった送金手形。

③交子は北宋で発行された世界最古の紙幣。また，南宋では会子が使用されたが，おもな貨幣は銅銭であった。

④半両銭は，秦の時代につくられた中国初の統一貨幣。

第2問

問1 ③

モンゴル帝国の駅伝制度をジャムチと呼ぶ。オゴデイの時代に首都カラコルムを中心に帝国全体に達する駅伝網が整備された。元では，大都を中心にユーラシア各地につながる交通網となった。許可証をもった使節，軍人，官吏などに宿や馬，食料などを提供した。

問2 ②

図は，様々な文字が書かれた牌符(通行証)。遼〜元の時代には，様々な文字を記した通行証が用いられた。

①・④パクパ文字は，クビライの命により，チベット仏教の高僧パクパが作成した文字。モンゴル語を表記するために作成されたが，一般には普及せず，ウイグル文字でモンゴル語を表記することが一般的となった。

③ウイグル文字は，アラム文字から派生したソグド文字に由来し，モンゴル文字・満洲文字に継承された。

問3 (A)④

aはキプチャク＝ハン国，bはイル＝ハン国，cはチャガタイ＝ハン国。

④西夏はチンギス＝カンの遠征軍の攻撃を受けて滅んだ。

(B)①

①イル＝ハン国が滅ぼしたのはアッバース朝。マムルーク朝は，オスマン帝国のセリム1世によって1517年に滅ぼされた。この後，オスマン帝国のスルタンはメッカ・メディナの保護権を握ることとなった。

(C)③

ティムールは，支配領域を拡大するため1402年にオスマン帝国とアンカラで戦い，バヤジット1世を捕虜としたが，東方の明への遠征途中に死去した。

明・清と隣接諸地域
(p.44～p.49)

■■■ 知識問題編 ■■■

1 ③

　明朝では**民戸と軍戸の戸籍を分け，軍戸が兵役を負担する衛所制を編制**した。八旗は清朝の軍事・行政組織。満洲族の成人男性はすべて八旗に属した。のちにモンゴル人・漢人の八旗も編制された。

2 ④

a 洪武帝は，**中書省とその長官である丞相を廃止し，六部などの行政機関を皇帝直属**とした。地方でも地方官の権力集中を防ぐなど，君主独裁の徹底をはかった。

b 殿試を創設したのは北宋の趙匡胤。

3 ①

①**一条鞭法**は明朝後期から清朝初期にかけて実施された税制。**各種の税を一本化し，すべて銀納とした**。導入の背景には江南での貨幣経済の発展があった。

②人頭税と土地税を一本化したのは，清でおこなわれた地丁銀制。

③行商が外国貿易を独占したのは清代。

④「清明上河図」は北宋の都開封の様子を描いたとされる。北宋末の張択端の作。

4 ⑤

ア　景徳鎮の名は，宋代の元号「景徳」にちなんでつけられ，白磁の生産地として世界的に有名になった。

イ　中国の穀倉地帯は，宋代には長江下流域であり「蘇湖(江浙)熟すれば天下足る」と称された。長江下流域で家内制手工業が盛んになり，その原料となる綿花などの栽培が普及すると，**明末には長江中流域の湖広が新たな穀倉地帯となり，「湖広熟すれば天下足る」と称されるようになった**。

5 ②

①・③李時珍は『**本草綱目**』を著した。『**天工開物**』は宋応星が著した，明代の産業技術書。

④古今の図書を収集し，分類・整理したものは『**四庫全書**』。清の乾隆帝が編纂させた。

6 ①

②ヌルハチは盛京(瀋陽)を都とした。明滅亡後，長城内に入った順治帝が北京に遷都した。

③３人の武将は，それぞれ雲南(呉三桂)・広東(尚可喜)・福建(耿継茂)に配置され，**三藩と呼ばれた**。

④漢人男性には，**辮髪を強要した**。

7 ③

　軍機処の設置は次の雍正帝の時代。1729年のジュンガル攻撃の際に，軍事機密保持のために創設され，のちに内閣の職権も吸収し，清の最高政務機関となった。

8 ②

　緑営は漢人から構成される清の正規軍。おもに治安維持など警察的機能をもった。

①典礼問題がおこると，康熙帝はイエズス会宣教師以外の宣教師を国外退去とし，**雍正帝は1724年にキリスト教布教を全面的に禁止した**。

9 ①

　aは新疆，**b**はチャハル，**c**はチベット，**d**は琉球。

①ジュンガルは17～18世紀中頃，イリ地方からタリム盆地に勢力をもった。これを滅ぼし，回部と合わせて「新疆」と名付けたのは乾隆帝。

②チャハルは明代に内モンゴルを支配したモンゴルの一部族。ホンタイジは1635年にこれを制圧した。

③**清朝はチベット仏教を手厚く保護し，チベット人の支持を得ようとした**。

④琉球は1609年の薩摩侵攻後も明に朝貢し，明の滅亡後は清に朝貢して，**薩摩と中国への両属体制を保った**。

10 ⑥

　明朝は海禁政策をとって民間人の海上交易を許さず，国家間の朝貢貿易を推進した。永楽帝はイスラーム教徒の宦官鄭和に命じてアフリカ沿岸にまで遠征させ，南海諸国の明朝に対する朝貢を促した。しかし，16世紀には中国周辺でも国際商業が繁栄し，明の貿易体制は揺らいでいった。いわゆる**北虜南倭**は，貿易の利益を求める人々が明の統制を打破しようとしたことによる。清が海禁を解除すると，海上交易が発展し，国内商業の発展にもつながった。

11 ③

　乾隆帝がヨーロッパ船の来航を広州１港に制限したのは1757年。市舶司は唐代に広州に初めて設置された海上交易を管理する官庁で，宋代には泉州・明州・杭州などにもおかれた。

12 ③

①アヘンの輸入が激増すると，やがて貿易は清の輸入超過に転じ，明代以降国内に大量に流入していた日本銀やメキシコ銀が海外に流出していった。

②清朝で地丁銀制が導入されたのは，18世紀初め。これは，丁税(人頭税)を土地税に組み込むもので，税の簡略化が進んだ。

④トウモロコシやサツマイモはアメリカ大陸原産。これらは山地でも栽培可能で，清朝の人口増加を支えた。

13 ④

①訓詁学は漢代に始まった，**経典解釈のための学問**。後漢の馬融・鄭玄らが優れた業績を残した。

②東林書院は宋代に設立され，明末の顧憲成らが再興した学校。宦官との関係を強めた高官を批判したが，その結果激化した党争は明の力を弱めることとなった。

③『太極図説』を著した周敦頤は北宋の儒学者。

14 ④

a 雍正帝期の1727年。**キャフタ条約はネルチンスク条約で画定されていなかった西部国境を定め，通商関係の事項も取り決めた**。

b 乾隆帝期の1758年。

c ホンタイジ期の1637年。

d 順治帝期の1644年。李自成が北京を攻略して明が滅んだのち，順治帝は山海関の司令官である呉三桂の先導で北京に入城した。

15 ③

　清朝は，**チベットを藩部として理藩院に統括させた**。

清朝の直轄領は中国内地・東北地方・台湾。**藩部はチベットの他，モンゴル・青海・新疆。**チベット仏教の高僧は活仏と呼ばれ，その地位は生まれ変わりによって継承されると考えられている。

16 ③

a 間接統治のために清朝が地方官として任用したウイグル人の有力者はベグ。

b 黄帽派は14世紀末から15世紀初めにツォンカパが開いた，**チベット仏教の宗派**。16世紀にモンゴルの**アルタン＝ハーン**が黄帽派に帰依し，教主に**ダライ＝ラマ**の称号を献上した。

17 ⑤

朝鮮こそ，明に続く中国文化の正統な継承者であるという意識を**小中華思想**という。

ア 「夷狄」は中国が周辺民族に対して使った蔑称。

イ 両班とは，**儒教の学説や倫理を学び，科挙に合格して官僚を輩出した階層のこと**。次第に世襲化していった。

18 ②

朝鮮の第4代国王**世宗**は，1446年に訓民正音（ハングル）を公布した。

①亀船を用いたのは**李舜臣**。李成桂は**朝鮮王朝の建国者**で，高麗の将軍として倭寇撃退に功績をあげ，1392年に新王朝を建てた。

③朝鮮の都は漢江流域の漢陽（のちに漢城と改称。現在のソウル）。開城は高麗の都。

④**朝鮮通信使**は，朝鮮から日本に向けて派遣された。江戸時代，**対馬の宗氏は朝鮮外交に従事**し，貿易を認められた。釜山の倭館には対馬藩の役人が常駐し幕末まで日朝間の外交・貿易実務を担当した。

19 ③

マジャパヒト王国はヒンドゥー教国家。14世紀が最盛期で，15世紀後半になるとイスラーム勢力の進出を受け，衰退した。

▌▌▌ 史資料問題編 ▌▌▌

第1問

問1 ④

第2代**建文帝**の諸王勢力削減策に対し，北平（北京）に本拠をおく燕王は，「君側の奸を除き，帝室の難を靖んず」と号して挙兵した。燕王はこの**靖難の役**に勝利し，南京を占領して皇帝に即位した（**永楽帝**）。1421年，永楽帝は北京に**紫禁城**を築いて国都とした。靖康の変は1126〜27年，北宋が金の攻撃で滅んだ事件。党錮の禁は後漢末の官僚・学者に対する弾圧事件。

X 張居正は16世紀，万暦帝の時代に政治改革をおこなった政治家。外交ではアルタン＝ハーンと講和して北辺の防備を整え，内政では綱紀粛正・行政改革・財政再建に取り組んだ。

Z 儒教解釈の基準をつくるため，永楽帝が編纂させたのは四書の注釈書である『四書大全』と，五経の注釈書である『五経大全』。『五経正義』は唐の太宗が孔穎達らに編纂させた五経の注釈書。

問2 ②

豊臣秀吉はバテレン（宣教師）追放令を出して，宣教師の国外追放を命じた。

問3 ①

北虜はモンゴル諸部族の侵入による外圧を意味する。**倭寇**は，14世紀に日本人を主体として，朝鮮半島から遼東半島を中心に活動した**前期倭寇**，16世紀に中国人を主体に中国東南沿岸を中心に活動した**後期倭寇**に分類される。印僑はインド出身の移民のこと。

問4 ③

a スペイン国王とオランダ人との戦争は，オランダ独立戦争を指している。オランダ（ネーデルラント）は，フェリペ2世の時代からスペイン領となったが，1581年に北部7州がネーデルラント連邦共和国として独立を宣言した。1609年に事実上独立し，1648年のウェストファリア条約で独立が国際的に承認された。

問5 ④

王守仁（王陽明）は，聖人の道は自己の心に備わっていると考えて「心即理」を陽明学の基本概念とした。また，実践を重んじて「**知行合一**」「**致良知**」を説いた。**訓詁学**は漢代に始まった，経書理解のための注釈を加える学問。**考証学**は儒学の経典の校訂や言語学的研究をおこなう学問で，清代に発展した。

問6 ③

イエズス会は中国の信徒に対して，孔子の崇拝や祖先の祭祀を禁止しなかったが，フランチェスコ会・ドミニコ会などはその布教方法が神への冒瀆にあたるとしてローマ教皇に訴えた。教皇はイエズス会の布教方法を否定したため，康熙帝はイエズス会以外の宣教師を国外退去とし，雍正帝はキリスト教の布教を全面禁止した。

問7 ①

②プラノ＝カルピニはフランチェスコ会修道士。モンゴル帝国の都カラコルムに到達し，教皇の親書を皇帝に渡した。「**皇輿全覧図**」**は中国初の実測の全国地図**で，康熙帝の命により**ブーヴェ**，レジスらが作製にあたった。

③ルブルックは，13世紀にカラコルムに到達したフランチェスコ会修道士。エウクレイデスの『幾何学原本』は**徐光啓とマテオ＝リッチが共同で漢訳**し，『幾何原本』として刊行された。

④ブーヴェは「皇輿全覧図」の作製に従事した。「**坤輿万国全図**」は，明末にマテオ＝リッチが作製した漢訳の世界地図。

問8 ③

aは日本，**b**は朝鮮，**c**は琉球，**d**はマラッカ王国。

③沖縄本島では北山・中山・南山の三つの小国が対立していた。**中山王の尚巴志がこれを統一したのは15世紀初め**。琉球王国は明の冊封体制に入って中継貿易で繁栄した。

④鄭和は，マラッカを南海遠征の艦隊の基地としたため，マラッカは中国への朝貢貿易の拠点となった。

(p.50～p.54)

▌▌▌ 知識問題編 ▌▌▌

1 **（A）②**

a はビザンツ帝国，**b** はササン朝。

①**コンスタンティノープルは，キリスト教を公認したコンスタンティヌス帝に由来する地名。**330年にビザンティウムから改称し，新たな首都とした。**キリスト教を国教化したのはテオドシウス帝。**

③軍管区制の実施は7世紀以降。イスラーム勢力や異民族の進出を受けて制定された。

④ヴァンダル王国と東ゴート王国は，いずれも6世紀にユスティニアヌス帝が滅ぼした。

（B）④

エフタルは5～6世紀に中央アジアで活動した騎馬遊牧民。ササン朝はエフタルと対立し，6世紀半ばすぎに**トルコ系の突厥**と結んでこれを滅ぼした。

2 **①**

①ムハンマドは富の独占を批判したため，メッカで迫害を受けた。

②ムハンマドの死後，イスラーム共同体（ウンマ）の指導者に選出されたアブー＝バクルが，初めて**カリフ（後継者）**を称した。

③カーバは，古来アラブ人の多神教の神殿であった。

3 **③**

『コーラン』の内容は，**預言者ムハンマドがアッラーから預かった啓示をアラビア語で示したもの。**

4 **①**

②アリーとその子孫のみを，イスラーム共同体の宗教的・政治的指導者と考える一派を**シーア派**と呼ぶ。

③「正統カリフ」時代には，イスラーム教徒の選挙でカリフが決定された。

④ムアーウィヤはクライシュ族のウマイヤ家の出身であったので，彼が開いた王朝をウマイヤ朝と呼ぶ。

5 **③**

a ムアーウィヤは639年からシリア総督に任じられていた。当時のシリアの中心都市が**ダマスクス**であった。

b 西ゴート王国は711年に**ウマイヤ朝に滅ぼされた。**

6 **③**

①732年の**トゥール・ポワティエ間の戦いはウマイヤ朝の敗北**に終わった。

②・④ウマイヤ朝期には，征服地のすべての先住民（非アラブ人）に人頭税（ジズヤ）が課せられ，イスラーム改宗者（マワーリー）に対しても免除されることはなかった。

7 **④**

十分の一税は，西ヨーロッパで実施された，農民が教会に収穫などの約10％を納める税。アッバース朝ではアラブ人の特権は失われ，ムスリム・非ムスリムを問わず地租（ハラージュ）が課せられるようになった。

8

a イスラーム暦は，**メッカからメディナへの聖遷（ヒ**ジュラ）がおこなわれた西暦622年を紀元とする。

9

イクター制はブワイフ朝のバグダード入城以降に始まった。現金で俸給を支払うアター制にかわって，セルジューク朝以降には西アジア各地で施行された。

10 **②**

①後ウマイヤ朝は，ウマイヤ家のアブド＝アッラフマーン1世が建国した。

③10世紀のアブド＝アッラフマーン3世の時代が最盛期。ファーティマ朝カリフに対抗してカリフを称した。ハールーン＝アッラシードは，アッバース朝最盛期の第5代カリフ。『千夜一夜物語』（『アラビアン＝ナイト』）の主人公の一人として知られる。

④首都は**コルドバ**。トレドは西ゴート王国の首都。トレドでは，12～13世紀に古代ギリシア語やアラビア語からラテン語への翻訳活動が盛んにおこなわれた。

11 **③**

セルジューク朝の建国者は**トゥグリル＝ベク**。1055年にバグダードに入城し，カリフからスルタン（支配者）の称号を得た。

12 **④**

アイユーブ朝はクルド人武将の**サラディン（サラーフ＝アッディーン）**が，1169年に建国した。サラディンが**イェルサレムを奪還**したため，第3回十字軍が派遣されて聖地回復をめざしたが，サラディンに阻まれて失敗した。

13 **①**

マムルーク朝はアイユーブ朝のマムルーク軍団出身者が建国し，首都カイロは，学問・交易の中心地として繁栄した。**第5代スルタンのバイバルス治世中に，メッカ・メディナ両聖都を保護下においた。**

②バイバルスは，アッバース朝のカリフをカイロに復活させた。

③マムルーク朝は，オスマン帝国のセリム1世に1517年に征服されて滅亡した。

④バイバルスが撃退したのはモンゴル軍。第3回十字軍と戦い，これを退けたのはアイユーブ朝のサラディン。

14 **③**

a トンブクトゥはニジェール川流域の交易都市。現在はマリ共和国に含まれる。**サハラ縦断交易**で栄え，西アフリカにおけるイスラーム文化の中心地の一つでもあった。ソンガイ王国の時代にはモスクや大学も建設された。

b スワヒリ語は，東アフリカの沿岸部の住民の言語であるバントゥー語に，アラビア語の語彙を取り入れたもの。

▌▌▌ 史資料問題編 ▌▌▌

第1問

問1 **②**

資料2はアッバース朝の首都バグダードの構造図。バグダードは第2代カリフのマンスールによって，ティグリス川西岸に建設された円形都市。「平安の都（マ

ディーナ゠アッサラーム)」と呼ばれ，国際的な交易網の中心として繁栄した。ムハンマドがイスラーム共同体(ウンマ)を形成した都市はメディナ。

問2 ④

ニザーミーヤ学院の名称は，**セルジューク朝のイラン人宰相ニザーム゠アルムルクにちなむ。**彼はアルプ゠アルスラーン，マリク゠シャーの二人のスルタンに仕えた。諸都市に建設された**ニザーミーヤ学院はスンナ派諸学を教授し，**官僚の育成の場となった。

問3 ③

aは946年。ブワイフ朝の君主はカリフから**大アミール**に任じられた。これ以降カリフは実権を急速に失った。

bは1055年。トゥグリル゠ベクはアッバース朝カリフの要請で，バグダードに入城してスンナ派を保護し，スルタンの称号を得た。

cのタラス河畔の戦いは751年。唐の将軍高仙芝はイスラーム軍と戦って大敗した。この時，**唐から製紙法が伝わり，サマルカンドには製紙工場がつくられた。**

問4 ③

ハールーン゠アッラシードの治世をすぎると，アッバース朝では内乱が相次ぎ，政治の実権は次第に軍人による政権に移行した。また，ファーティマ朝，後ウマイヤ朝の君主はアッバース朝に対抗してカリフを称したため，アッバース朝カリフの権威は低下した。なお，アラブ人の特権が認められていたのは，ウマイヤ朝の時代。

問5 ②

1258年，モンゴルのフレグの軍にバグダードを占領され，アッバース朝は滅亡した。**フレグはタブリーズを都としてイル゠ハン国を建国した。**

問6 ①

アム川とシル川に挟まれた地域は，**イラン系ソグド人の居住地域でソグディアナと呼ばれた。**イスラーム勢力に支配されてからは，**マー゠ワラー゠アンナフル**(「(アム)川の向こうの地」の意)と呼ばれて次第に**イスラーム化するとともに，トルコ系住民の移住によりトルコ化が進んだ。**

第2問

(A)①

aはカラハン朝，**b**はファーティマ朝，**c**はガズナ朝。

カラハン朝は中央アジアに成立した，トルコ系民族初のイスラーム王朝。10世紀末にサーマーン朝を滅ぼした。②は後ウマイヤ朝，③はアイユーブ朝，④はサーマーン朝の説明。

(B)③

①ファーティマ朝は**シーア派の一分派であるイスマーイール派**が当初チュニジアに建国した。**969年にエジプトを征服し，首都カイロを建設した。**

②ファーティマ朝の君主は，**建国当初からアッバース朝に対抗してカリフを称した。**

④ベルベル人は，北アフリカの先住民でベルベル語を話

す人々の総称。イスラーム化してからは**ムラービト朝，ムワッヒド朝**などを樹立した。

(C)①

②イル゠ハン国の説明。

③インドのイスラーム政権である奴隷王朝の説明。**奴隷王朝以降の，デリーを首都とする五つのイスラーム政権をデリー゠スルタン朝と総称する。**

④ムガル帝国の説明。1526年のパーニーパットの戦いでロディー朝を破った**バーブル**が建国した。首都はデリーにおかれたが，第3代アクバルの時代にアグラに遷都した。

(D)②

a マンサ゠ムーサは，14世紀マリ王国全盛期の国王。

b ガーナ王国は7世紀に西アフリカに成立した。サハラ砂漠の岩塩と，ニジェール川流域産の金を交換する塩金交易がムスリム商人とのあいだで盛んにおこなわれた。ムラービト朝の攻撃を受けて衰退したことが，西アフリカのイスラーム化を促した。

c ベニン王国は，1897年に英領ナイジェリアに組み込まれた。

d ソンガイ王国は，1591年にモロッコの攻撃を受けて滅亡した。

(E)②

偶像崇拝を禁止するイスラーム教勢力と対抗するなかで，**ビザンツ皇帝レオン3世は，726年に聖像禁止令を発布した。**神聖ローマ皇帝と聖職叙任権闘争を繰り広げたのは，西側のローマ教皇。

(F)③

①17世紀にムガル帝国の第5代皇帝シャー゠ジャハーンが，亡き王妃のためにアグラに建設した**タージ゠マハル。**

②16世紀にスレイマン1世がシナンに設計・建築させたイスタンブルの**スレイマン゠モスク。**

③8世紀初めにウマイヤ朝の首都ダマスクスに建設された現存する最古のモスクであるウマイヤ゠モスク。キリスト教の教会の一部を転用してつくられた。

---

10 イスラーム文明とイスラーム世界の展開
(p.55〜p.60)

■Ⅰ■ 知識問題編 ■Ⅰ■

1 ⑤

ア マワーリーはイスラーム教に改宗した非アラブ人。ズィンミー(ジンミー)は，「啓典の民」などムスリムの支配下で保護を認められた非イスラーム教徒。

イ スーフィズム(イスラーム神秘主義)は，形式化するイスラーム教の信仰に不満をもつ人々に支持された。なお，インドのスーフィーたちの多くは改宗を強要せず，他宗教の慣習に寛容であった。

2 ③

③セルジューク朝はスンナ派の普及をはかった。

①マドラサは高等教育機関。イスラーム法学をはじめ，イスラーム諸学問の教育がおこなわれた。アズハル学

院は当初，シーア派の一派であるイスマーイール派の教育をおこなった。

②バグダードのニザーミーヤ学院には，神学教授として**ガザーリー**がまねかれた。

④ワクフとは，モスクや学校の建設・維持，または子孫のために財産を寄進すること，およびその寄進財産のこと。

3 ③

③『**世界史序説**』は，チュニス生まれの**イブン＝ハルドゥーン**の著作。

①タバリーは，天地創造から始まる人類の歴史を年代記形式で著し，その後の歴史記述の模範となった。

②『**医学典範**』は，**イブン＝シーナー**がアラビア語で著した医学書。12世紀にはラテン語に翻訳され，ヨーロッパの医学教育で用いられた。

④ラシード＝アッディーンはイラン人で，イスラームを国教化したイル＝ハン国君主ガザン＝ハンの宰相。『**集史**』はモンゴル・トルコの諸部族，イスラーム諸王朝の歴史などをペルシア語で編纂したもの。

4 ①

a ゼロの概念やアラビア数字は，アラブ世界を経て中世ヨーロッパにも伝播した。

b フワーリズミーはアッバース朝期にバグダードで活躍した数学者。中央アジアのホラズム出身。主著『**代数学**』はラテン語に翻訳されてヨーロッパに影響を与えた。

5 ①

①『**ルバイヤート（四行詩集）**』はセルジューク朝に仕えた**ウマル＝ハイヤーム**が著したペルシア語の詩集。

②『**シャー＝ナーメ**』（『王の書』）はイランの詩人フィルドゥシーによる大叙事詩。

③『**千夜一夜物語（アラビアン＝ナイト）**』には，アッバース朝の最盛期を築いた第5代カリフのハールーン＝アッラシードが登場する場面がある。当時の首都バグダードは人口100万をこえ，唐の長安とならぶ大都市であった。

④『**（大）旅行記**』は，モロッコ出身の**イブン＝バットゥータ**が14世紀にユーラシア大陸・アフリカ各地を旅行し，見聞したできごとを口述した書物。

6 ②

751年のタラス河畔の戦いをきっかけに，**唐から製紙法が西アジアへと伝わり**，のちにヨーロッパにも伝わった。

①ガザーリーは，スンナ派の地位確立に貢献したイラン系のイスラーム神学者。

③**イブン＝ルシュド**はコルドバの出身で，アリストテレス哲学を研究した。その著書はヘブライ語やラテン語に翻訳され，キリスト教世界に影響を与えた。

④「知恵の館（バイト＝アルヒクマ）」は，9世紀にアッバース朝カリフのマームーンによって建設された。ここでは，医学・哲学などのギリシア語文献をアラビア語に翻訳する作業が組織的におこなわれた。

7 ③

アフガニスタンを拠点としたイスラーム政権のガズナ朝は，10世紀頃に北インドへの遠征を始めた。ガズナ朝滅亡後の1206年，ゴール朝の将軍アイバクがデリーを都とする奴隷王朝を建てた。奴隷王朝から，ハルジー朝・トゥグルク朝・サイイド朝・ロディー朝と続く王朝をデリー＝スルタン朝と総称する。

8 ③

③ティムールが都をおいた**サマルカンド**は，ユーラシアを東西に結ぶ交易ネットワークを担ったソグド人が活躍した，有力なオアシス都市であった。

①**ティムールは明朝への遠征途中に病死した**。その死（1405年）により，イラン・イラク・アフガニスタンにおよぶティムールの大帝国は分裂した。

②ティムール朝下では**細密画**が発展した。ラージプート絵画は，ヒンドゥー教の神話をおもな題材とし，ムガル帝国下で作製された。

④天文台を建設したのは，**ティムール朝第4代君主のウルグ＝ベク**。彼は学芸を奨励し，サマルカンドの天文台での観測にもとづき，『天文表』を編纂した。

9 ④

①アッバース1世は，ペルシア湾岸の**ホルムズ島**からポルトガル人を駆逐した。

②サファヴィー教団の指導者イスマーイールは，タブリーズを占拠して都とし，**シーア派の十二イマーム派を国教とした**。この政権の軍事力の中核を担ったのは，キジルバシュと呼ばれたトルコ系遊牧民であった。

③アブー＝アルアッバースはアッバース朝の創設者。新首都イスファハーンを建設したのは，アッバース1世。

10 ①

①非ムスリムに課していたジズヤの廃止はアクバルの政策。アウラングゼーブの時代にジズヤは復活したが，ヒンドゥー教徒の強い反対にあって，彼の死後まもなく実施されなくなった。

②バーブルは1526年のパーニーパットの戦いに勝利し，デリー＝スルタン朝最後のロディー朝を滅ぼした。

③ムガル帝国の支配者層は，**マンサブダール制**と呼ばれた位階制のもとに組織化された。彼らは官位に応じた土地を与えられ，戦時には兵馬を負担して戦闘に参加した。

④第3代皇帝アクバルが，1565年に**アグラに遷都**した。彼は非ムスリムへのジズヤを廃止するとともに，ヒンドゥー教徒と結婚し，ヒンドゥー教徒の有力者層であるラージプートと和解するなど，**ヒンドゥー・イスラーム両教徒の融和政策**を進めた。

11 ②

②**アウラングゼーブ帝の時代にムガル帝国は最大版図を築いた**が，支配の弱体化が進んだ。

①アウラングゼーブは**スンナ派**の敬虔な信者。

③ベンガル分割令は，イギリス統治下でヒンドゥー・イスラーム両教徒の分断を目的として発布された。

④マウリヤ朝の創始者チャンドラグプタ王についての説明。

12 ②
a **ウルドゥー語**は現在のパキスタンの国語。
b **シク教の祖はナーナク**。カビールはヒンドゥー・イ
スラーム両教徒の対立やカースト差別などを批判した。

13 ④
②**パガン朝の宗教は上座部仏教**。
④**マタラム王国は16〜18世紀にジャワ島東部を支配した
イスラーム王国**。

14 ④
図は**ダウ船**。三角帆をもつダウ船は，**おもにムスリ
ム商人の商業圏であるインド洋の沿岸地域を結ぶ貿易**
で使用された。
a 中国商人が使用した船は**ジャンク船**。
b スペイン人は，アカプルコ貿易(ガレオン貿易)でラ
テンアメリカからマニラに銀(メキシコ銀)を持ち込み，
中国産の絹織物や陶磁器，インド産綿布などを購入し
た。この交易では，**ガレオン船**と呼ばれる大型帆船が
用いられた。

15 ④
ア 湯若望は，明末に中国を訪れたドイツ人イエズス会
士**アダム＝シャール**の中国名。徐光啓は明末の政治
家・学者。
イ **貞享暦**は，授時暦をもとにして江戸時代に渋川春海
が作成した日本の暦。
ウ **唐三彩**は，赤・黄・緑などの釉薬をかけて低い温度
で焼成した陶器。副葬品として用いられた。

■■■ 史資料問題編 ■■■

第1問
問1 ②
アブド＝アッラフマーン1世が756年にイベリア半
島に開いた王朝は**後ウマイヤ朝**で，その信仰は**スンナ
派**。

問2 ①
アルハンブラ宮殿は，スペイン＝イスラーム文化の
代表的な建築。**ナスル朝**の宮殿兼城塞。**アラベスク**は，
葉・花を図案化した唐草文様や幾何学文様などを組み
合わせた，イスラーム美術の装飾文様。

問3 ②
b **スペイン王国**は，**カスティリャ王国とアラゴン王国
が連合したことで成立**した。なお，ポルトガルは12世
紀にカスティリャ王国から自立している。

問4 ③
ナスル朝の首都グラナダが陥落したのは1492年。ト
ゥール・ポワティエ間の戦いは732年。ムワッヒド朝
がムラービト朝を滅ぼしたのは1147年。ヴァスコ＝
ダ＝ガマがインドに到達したのは1498年。

問5 ①
15世紀末に国土回復運動(レコンキスタ)が完成し，
スペイン・ポルトガルが新航路の開拓を本格化させた
頃，東アジアからインド洋に至る広い範囲で，明を中
心とする朝貢貿易がすでにおこなわれていた。

第2問
問1 ③
オスマン帝国の支配領域は，1517年にセリム1世が
マムルーク朝を滅ぼしてから，地中海東岸から北アフ
リカ一帯に及ぶようになった。**カピチュレーションは，
オスマン帝国がヨーロッパ諸国に与えた居住や通商の
自由などの特権のこと**。スレイマン1世の時代に始ま
り，セリム2世が1569年にフランスに認めたものが公
式には最初とされる。地中海交易に従事するイタリア
諸都市や，イギリスなどにも与えられた。

問2 ③
オスマン帝国の首都は，ブルサ，アドリアノープル，
イスタンブルと移動した。**イスタンブルが都となった
のは，1453年にメフメト2世がコンスタンティノープ
ルを陥落させ，ビザンツ帝国を滅ぼしてから**。

問3 ②
オスマン帝国では，軍人や官僚に土地の徴税権を与
え，軍事奉仕をさせる**ティマール制**が実施された。こ
の制度には，ブワイフ朝で始まったイクター制の影響
がみられる。

11 西・東ヨーロッパ世界の成立
(p.61〜p.66)

■■■ 知識問題編 ■■■

1 ②
a 原住地のバルト海沿岸から西・南方面に勢力を拡大
したゲルマン各部族は，小さないくつもの部族が力の
ある指導者のもとにまとめられ，徐々に大部族へと成
長していった。
b **カエサルの著作は『ガリア戦記』。『ゲルマニア』はタ
キトゥスの作品**。ゲルマン人は耕地の不足のためにド
ナウ川下流域まで広がり，ローマの**下級官吏・傭兵・
コロヌス**として，平和的に帝国内に移住するものも増
加した。

2 ④
568年に**ランゴバルド人は北イタリアに王国を建て
た**。これによりゲルマン人の大移動は一応収束した。
現在のロンバルディアの地名はこれに由来する。

3 ⑤
a **トゥール・ポワティエ間の戦いは732年**。西方キリ
スト教世界を守ったとされる。
b ピピンがフランク王国新王承認の返礼にラヴェンナ
地方を教皇に寄進したのは**754・756年**。
c クローヴィスがゲルマン諸王のなかで初めてアタナ
シウス派に改宗したのは**496年**。ローマ人支配層の支
持を取りつけると同時に，他部族との争いを正当化し，
フランク王国発展の基盤となった。

4 ①
ローマ教会は**ゲルマン人への布教**や**修道院運動**を背
景に権威を確立し，キリスト教世界で自らの司教座の
権威がもっとも優越するという**首位権**を主張して，ビ
ザンツ皇帝の影響下にあるコンスタンティノープル教

会からの自立をめざした。グレゴリウス1世は大教皇と呼ばれ，聖歌でも名高い。

5 ③

　ローマ教皇レオ3世はビザンツ皇帝に対抗できる後ろだてをカールに見出し，提携を強化するために彼にローマ皇帝の帝冠を与えた。

①領土を州に分け，地方の有力豪族を各州の長官である**伯**に任命し，**巡察使**を派遣して彼らを監督させた。郡県に分けて中央から官吏を派遣し，直接統治したのは**秦の始皇帝**。

②東方において撃退したのは，アルタイ語系の**アヴァール人**。マジャール人を955年のレヒフェルトの戦いで破ったのは，東フランクの**オットー1世**。

④この時代にはまだ首都は一カ所に定まらず，宮廷は王権の維持のために各地を移動する形が主流だったが，カールの宮廷はおもに**アーヘン**におかれた。

6 ②・③

　カール大帝の死後，843年の**ヴェルダン条約**と870年の**メルセン条約**で帝国は東・西フランクとイタリアの三つに分裂した。

②イタリア政策をおこなったのは東フランクを基礎とする神聖ローマ帝国の皇帝。イタリアへの介入は教会を統治に利用する帝国教会政策を進めるためにおこなわれたが，**国内の不統一と皇帝権弱体化の一因となった**。

③東フランクでは，カロリング朝が断絶し，ハインリヒ1世の選出によって**ザクセン朝**が開かれた。**オットー1世**が，962年に教皇ヨハネス12世からローマ皇帝位を与えられたのが，神聖ローマ帝国の始まりである。

7 ①

　図はバイユーの刺繍画の一場面。**エグバート**は9世紀前半にイングランドのアングロ＝サクソン王国を統一した王。また，**クヌート（カヌート）**は，1016年にイングランドを征服したデーン人（デンマーク地方のノルマン人）の王。その後，復活したアングロ＝サクソン系の王家に対して，ノルマンディー公ウィリアムが王位を主張して攻め込み（ノルマン＝コンクェスト），**ウィリアム1世**として**ノルマン朝**を建てた。

8 ③

　9世紀にノヴゴロド国やキエフ公国を建設したのは，**リューリク**を首領とするノルマン人の一派。**ルーシ**と呼ばれた彼らのスラヴ人地域への進出が，ロシアの起源とされる。また首領**ロロ**が率いた一派は，西フランク領の北フランスに進出し，**ノルマンディー公国**を建てた。ノルマン人の移動は，デンマーク・スウェーデン・ノルウェーの各王国の建国と，彼らのキリスト教化により終わった。

9

①領主は国王の役人が荘園に立ち入ったり課税したりするのを拒む**不輸不入権（インムニテート）**を保持していた。

②農民は領主に隷属する農奴が中心で，家屋や農具等は所有していたが，**移動の自由はなかった**。

④教会は農民から**十分の一税**を取り立てた。また，教会

法にもとづく独自の裁判権ももっていた。

10 ①

　封建社会の農民（農奴）が領主から課せられた基本的な負担が，強制的な労働である**賦役**と生産物を地代として納める**貢納**であった。賦役は直営地における週3日程度の耕作や，農繁期および村落の周囲にある共同利用地における共同作業であった。貢納は徐々に**貨幣地代に移行**していった。

11 ③

　聖職叙任権闘争は1122年の**ヴォルムス協約**で神聖ローマ皇帝とローマ教皇の妥協が成立した。クレルモン宗教会議は，教皇ウルバヌス2世が招集して聖地回復の十字軍をおこすことを提唱したことで知られる。

12 ④

　ユスティニアヌス大帝の治世下，ビザンツ帝国は地中海帝国の復興をはかった。ベリサリオス将軍率いる遠征軍は北アフリカの**ヴァンダル王国**とイタリアの**東ゴート王国**を滅ぼし，一時的ではあるが，地中海のほぼ全域にローマ帝国を復活させた。

13 ③

a　11世紀末以降，中央集権の維持を目的に**プロノイア制**が導入されたが，帝国の分権化が進んでいった。ビザンツ帝国では，初期には**コロヌス**を使った大土地所有制度，7世紀以降は**軍管区制（テマ制）**のもとで屯田兵制が普及したことをおさえておく。

b　7世紀，第2代正統カリフである**ウマル**の時代のイスラーム勢力によってシリア・エジプトが奪われた。

c　1204年，コンスタンティノープルを占領した第4回十字軍がラテン帝国を建てた。

14 ④

　普遍論争がおこなわれたのはローマ＝カトリックが中心となった**西ヨーロッパ世界**。ビザンツの学問の中心もキリスト教神学であったが，論争となったのはおもに**聖像崇拝問題**など。ビザンツ様式の教会建築では，**ハギア＝ソフィア聖堂**やユスティニアヌス大帝のモザイク画で有名な**サン＝ヴィターレ聖堂**がその代表である。ビザンツ文化の意義として，**スラヴ人を文化圏のなかに取り込んだ**こともおさえておく。

15 ②

　キエフ公国においてギリシア正教の国教化，ビザンツ風の専制君主政の導入を進めたのは，10世紀末の**ウラディミル1世**。彼の時代がキエフ公国の最盛期とされ，以後ロシアは西ヨーロッパ文化圏から一線を画すこととなった。**カジミェシュ（カシミール）3世（大王）**は14世紀前半にポーランド王国に繁栄期をもたらした王。

16 ③

　キエフ公以下，ロシアの諸侯は13世紀にバトゥが南ロシアに建国したキプチャク＝ハン国の支配（「**タタール（モンゴル人）のくびき**」）に服していたが，モスクワ大公国が台頭し，大公**イヴァン3世**が東北ロシアを統一し，1480年，モンゴル支配から脱した。**ツァーリ（皇帝）**とは，ローマ皇帝の称号「カエサル」のロシア語

形である。孫の**イヴァン4世**はこれを公的な称号に用い，ロシア帝国の事実上の創始者となった。

17 ②

10世紀頃建国したポーランドは，ローマ＝カトリックに改宗して西方ラテン文化圏に入っていた。13世紀以降，ポーランド大公から特許状を得た**ドイツ騎士団**が**東方植民**を進めると，これに対抗するためリトアニア大公ヤゲウォは，14世紀にポーランド女王ヤドヴィガと結婚して同君連合王国**ヤゲウォ（ヤゲロー）朝リトアニア＝ポーランド王国**をつくり，16世紀にもっとも強大になった。

18 ③

a チェック人は10世紀にベーメン（ボヘミア）王国を建てたが，オスマン帝国の支配下に入ることはなく，11世紀に**神聖ローマ帝国に編入**された。

b ローマ＝カトリックを受け入れたハンガリー王国は15世紀にもっとも繁栄したが，16世紀には**オスマン帝国の支配下**に入った。

19 ①

セルビア人は，神聖ローマ帝国ではなく，**ビザンツ帝国に属し，ギリシア正教を受容**した。14世紀前半にはバルカン半島北部を支配する強国に発展した。同じ南スラヴのクロアティア人はスロヴェニア人とともにフランク王国の影響のもとで**ローマ＝カトリックを受容**した。また，ブルガール人の国家（ブルガリア帝国）はビザンツ帝国に併合されて**ギリシア正教を受け入れ**，12世紀後半に再独立を果たした。ルーマニア人も9世紀にギリシア正教を受け入れ，14世紀に**ワラキア公国・モルダヴィア公国**を建てたが，のちにその他の大半の南スラヴ人とともにオスマン帝国の支配下に入ることとなった。

▌▌▌ 史資料問題編 ▌▌▌

第1問

問1 ③

ビザンツ帝国ではローマ帝政末期以来の**官僚機構が維持**され，皇帝専制支配を支える機能を果たしていた。なお，北西ヨーロッパでは金の不足から銀貨の使用が主流となり，カロリング朝期にはイスラーム世界からもたらされた銀貨を溶かして再利用した。

問2 ⑤

アは**メロヴィング朝**，**イ**は**カロリング朝**。ゲルマン民族の諸国家が，当時異端のアリウス派を信仰していたため，**c**のクローヴィスの改宗は有力な**ローマ人貴族の支持**を得ることになった。**b**の800年のカール1世（大帝）の戴冠により，ローマ以来の古典古代文化・アタナシウス派キリスト教・ゲルマン人が融合した，**「西ヨーロッパ」という独立した世界**がうまれた。

問3 ③

カール大帝期におこった**ラテン語による文芸復興**の動きを**カロリング＝ルネサンス**という。イギリスからまねかれた**アルクイン**はその代表的な学者。イスラームを通じてアリストテレス哲学が研究されたのは**12世紀**

ルネサンス。

問4 ②

実際の貨幣がなく，**計算上の単位**としてのみ用いられている通貨の単位は②の銭や厘。

第2問

問1 ②

資料1は，12世紀初めの主君（ここではフランドル伯）に対する臣従と誠実を，家臣になる者が誓った儀式である**臣従礼**の様子を示すもの。西ヨーロッパの封建的主従関係は**双方が契約を守る義務**をもつ双務的なもので，家臣からの服従の破棄もしばしばおこった。

問2 ③

資料2は教皇グレゴリウス7世の書簡で，叙任権闘争の際に著されたもの。ローマ教皇は，イエスが天国の鍵を授けたとされる**ペテロ**をその起源としている。また，資料にはドイツ国王ハインリヒ4世の破門取り消しに関する記述はない。

12 西ヨーロッパ中世世界の変容と文化
(p.67〜p.72)

▌▌▌ 知識問題編 ▌▌▌

1 ③

東方植民が展開されたのは**エルベ川以東**の地域。西ヨーロッパ世界拡大の背景には，11世紀初めからの**気候の安定**があり，約300年の成長のなかで人口も飛躍的に増大した。農業技術の進歩では**有輪犂**や水車の改良，拡大の例としては，修道院を中心にした**開墾運動**，**オランダの干拓**，イベリア半島の**国土回復運動（レコンキスタ）**などをおさえておく。

2 ③

イェルサレムはローマ，サンチャゴ＝デ＝コンポステラとともに3大巡礼地として民衆の信仰を集めていた。クリュニー修道院出身の**教皇ウルバヌス2世**はフランス中南部の町**クレルモン**でおこなわれた**宗教会議**で聖戦を提唱し，1096年，フランス諸侯を中心に第1回十字軍が出発した。**ボニファティウス8世**は聖職者への課税権をめぐりフランス王フィリップ4世と対立した教皇。サファヴィー朝は16世紀初めに成立した，シーア派を国教とするイランのイスラーム王朝。

3 ⑥

a ラテン帝国は，ヴェネツィア商人の要求を受けた**第4回十字軍**が，1204年にコンスタンティノープルを占領して建てた国。

b アイユーブ朝のサラディンと戦ったのは，1189年に神聖ローマ皇帝・フランス国王・イギリス国王が参加した**第3回十字軍**。

c イェルサレム王国は，**第1回十字軍**が1099年に建てた。

4 ②

①教皇による東西両教会の統一，諸侯による領地や戦利品の獲得，イタリア諸都市の商業的利益の拡大，民衆の負債の帳消し，などといった**様々な欲望や野心**が十

字軍の背景にあった。

③遠征の失敗により揺らぎ始めたのは教皇の権威で，逆に遠征を指揮した**国王の権威は高まった**。

④十字軍の遠征により，東方の先進文明圏である**ビザンツ帝国やイスラーム世界から進んだ技術や文物が流入**して，西ヨーロッパの人々の視野は大きく広がった。

5 ④

北海・バルト海交易の中心都市として，ハンザ同盟の盟主であったのは**リューベック**。同盟は北ヨーロッパ商業圏におけるドイツ商人の利益を目的として設立された。

6 ②

①西ヨーロッパの自治都市の**自治権の強さは，国や地域によって多様**であり，もっとも強かったのは北イタリア諸都市で，多くが周辺の農村も併合して領域国家に近い状態であった。

③各自治都市は有力都市を中心に，神聖ローマ帝国のイタリア政策に対抗した北イタリアの**ロンバルディア同盟**や，北ドイツ諸都市の**ハンザ同盟**のように，共通の利害のために**都市同盟を結成**することもあった。

④ドイツの諸都市は皇帝から**特許状**を得て自治権を獲得し，皇帝直属の自由都市(帝国都市)として諸侯と同じ地位に立った。これに対して**フランスやイギリスの諸都市は王権との結びつきが強固**であった。

7 ④

a　当初は遠隔地交易に従事した大商人を中心とした**商人ギルドが市政を独占**していたが，これに不満をもつ手工業者が職種別の**同職ギルド(ツンフト)**をつくり，商人ギルドと争いながら市政への参加を勝ちとった。これを**ツンフト闘争**という。

b　ギルドは**自由競争を禁じ**，商品の品質・規格・価格などを規約によって統制して市場を独占した。ギルド的規制は，結果として技術の開発競争や経済の自由な発展を妨げるようになった。

8 ③

①「**都市の空気は(人を)自由にする**」というドイツの諺にあるように，自治都市の市民たちは封建的束縛を受けなかったため，周辺の荘園から**農奴たちが自由を求めて都市に流れ込む**こともあった。ドイツでは，農奴が荘園から都市に逃れて1年と1日住めば自由な身分になるとされた。

②手工業経営者の**親方のみが同職ギルドの組合員を構成**し，職人や徒弟との間には**厳格な身分序列**があった。

④メディチ家はフィレンツェを支配した大富豪。

9 ②

①貨幣経済の浸透につれて，領主は貨幣を手に入れるため，賦役をやめて直営地を農民に貸し与え，**生産物や貨幣で地代を納めさせる**ようになった。

③農奴身分の束縛から解放されて自営農民に成長していったのは，**イギリス・フランス・西南ドイツなどの先進地域**であり，とくにイギリスの独立自営農民は**ヨーマン**と呼ばれる。東部ドイツやエルベ川以東の**東欧では，長く農奴制が続いた**。

④大砲や銃の普及で，一騎討ち戦術は過去のものとなり，騎士は国王や大諸侯に領地を没収されて没落した。

10

a　教皇庁がアヴィニョンに移された事件を，古代のバビロン捕囚に例えて「**教皇のバビロン捕囚**」(1309～77年)と呼ぶ。

b　1303年の**アナーニ事件**の説明。教皇ボニファティウス8世はローマ南東の町アナーニでフランス王フィリップ4世によりとらえられ，釈放後，屈辱のうちに死去した。

c　教皇庁がローマに帰った後，イタリア人が教皇に選出されたことに反発したフランス側は，別の教皇を立てた。両教皇がともに正統性を主張して対立した事態を「**教会大分裂(大シスマ)**」(1378～1417年)と呼ぶ。

11 ②

ベーメン(ボヘミア)の宗教紛争収拾のため，神聖ローマ皇帝ジギスムントが提唱して開催されたのは**コンスタンツ公会議**(1414～18年)。イギリスのウィクリフとベーメンのフスを異端とし，ローマの教皇を正統と認めて教会大分裂を終わらせた。トリエント公会議はカトリック改革(対抗宗教改革)の動きの一環で，1545年から開催されたもの。教皇至上権の再確認や禁書目録の作成，宗教裁判所の強化などが決められた。

12 ②

プランタジネット朝初代ヘンリ2世の子**ジョン王**は，フランス国王フィリップ2世に敗れてフランスの領地の大半を失い，カンタベリ大司教任命問題でインノケンティウス3世に破門された。そのうえ財政困難におちいって重税を課したため，結束した貴族から失政を非難され，**大憲章(マグナ＝カルタ)を承認させられた**。大憲章の名称はその長大さに由来し，この史料にあるように，課税権などの国王の権限をおさえ，イギリス立憲政治の基礎となった。

13 ①

ヘンリ3世に対する反乱を指導した**シモン＝ド＝モンフォール**が，1265年に大貴族・高位聖職者の会議に**州の騎士と都市の代表を加えて国政を協議**したものが，**イギリス議会の起源**とされる。

②ローマ教皇ボニファティウス8世との争いに際して，1302年に全国三部会を開いたフランス国王は**フィリップ4世**。

③1295年に**エドワード1世**によって**模範議会**が招集されたが，議会が高位聖職者・大貴族を代表する上院と，州・都市を代表する下院とに分かれたのは**14世紀半ば頃**のこと。

④フランスの全国三部会は聖職者・貴族・平民の代表者からなる。

14 ④

地図の正しい国名は，**A**がアラゴン，**B**がカスティリャ，**C**がナスル朝，**D**がポルトガルである。ポルトガルは12世紀にカスティリャから独立した後，15世紀後半に国王**ジョアン2世が王権を強化**し，大航海時代を切り開いた。

①イサベルは**B**の**カスティリャの王女**である。

②スペイン王国は**A**の**アラゴン王子フェルナンド**と**B**の**カスティリャ王女イサベルの結婚**により，**1479年に両国が統合**されて成立した。

③ナスル朝の都は**グラナダ**。

15 ③

　　3人の大司教とは**マインツ・ケルン・トリーア大司教**，4人の世俗君主とは**ファルツ伯・ザクセン公・ブランデンブルク辺境伯・ベーメン王**である。

①**シュタウフェン朝**は12世紀後半から**フリードリヒ1世・フリードリヒ2世**の時代を最盛期とする王朝。その断絶後に**大空位時代**となり，その混乱をさけるために「金印勅書」が制定された。

②「**金印勅書**」を発布したのは**カール4世**。

④ハプスブルク家の皇帝は帝国統一につとめたが，国内には大小の諸侯や自由都市など，あわせて300ほどの**領邦が分立**し，**統一は果たされなかった**。

16 ③

①15世紀末にハプスブルク家の支配から事実上独立したのは**スイス**。シラーが戯曲化した**ヴィルヘルム゠テル**の伝説でも名高い。

②**カルマル同盟**は**デンマーク女王マルグレーテ**の主導によって結ばれた。

④**ゲルフは教皇党**で，**ギベリンが皇帝党**。

17 ⑤

　　ベネディクトゥスが開いた**ベネディクト修道会**の「**清貧・純潔・服従**」という厳しい戒律が，以降の修道院運動の基盤となった。**シトー修道会**は農業技術の向上に貢献した修道会で，とくに森林を切り開く技術を主導したことで知られる。またイタリアに創設された**フランチェスコ修道会**とフランスに創設された**ドミニコ修道会**は都市の民衆のなかに入って教化したので，**托鉢修道会**とも呼ばれる。

18 ④

　　aは**ケルン大聖堂**，**b**は**ピサ大聖堂**，**c**は**ハギア゠ソフィア聖堂**。11世紀には厚い石壁に小さな窓をもつ重厚な**ロマネスク様式**がうみだされ，12世紀には尖頭アーチと空高くそびえる塔，**ステンドグラス**を用いた**ゴシック様式**の聖堂が各都市に建設された。図の他には，ロマネスク様式では**シュパイアー大聖堂**，ゴシック様式ではパリの**ノートルダム大聖堂**や**シャルトル大聖堂**，ランス大聖堂などが名高い。

19 ③

③**ボローニャ大学は法学**，とくにローマ法研究で有名。

①当時の学問の国際的共通語は**ラテン語**であった。

②当時の学者・知識人は**聖職者や修道士**であった。

④12世紀ルネサンスでは，ビザンツ帝国やイスラーム圏からもたらされたアリストテレスなどのギリシアの古典が，スペインの**トレド**などでギリシア語やアラビア語から**ラテン語に翻訳**された。

20 ④

④**唯名論**は**アベラール**や**ウィリアム゠オブ゠オッカム**によって代表される。

①アルクインはカール大帝の宮廷にイギリスからまねかれた神学者。

②アンセルムスは**スコラ学の父**とされる実在論者。『**神学大全**』は③の**トマス゠アクィナス**の著作。

③中世最大の自然科学者は，イギリスの**ロジャー゠ベーコン**。**実験と観察**を重視する経験論の基礎を築いた。

21 ③

a　『**ローランの歌**』はカール大帝のイスラーム討伐を題材とする，**フランスを代表する武勲詩**。中世ドイツを代表する英雄叙事詩は『**ニーベルンゲンの歌**』。これら騎士道文学は学術用語がラテン語であったのに対し，**口語(俗語)**で表現された。また，宮廷において騎士の恋愛をうたった詩人を**吟遊詩人**という。

▌▌▌ 史資料問題編 ▌▌▌

第1問

問1　③

　　矢印**a**は，イベリア半島におけるキリスト教勢力による**国土回復運動(レコンキスタ)**を示している。また，矢印**b**で示されたオランダの干拓事業では，改良された水車が大規模に使用された。

問2　④

　　資料1は，トゥールーズ伯領を中心とした南フランス地域に広まった**アルビジョワ派**の信仰を異端とする文献。教皇インノケンティウス3世の提唱により「十字軍」が開始され，**フランス王ルイ9世**により完了した。

問3　③

　　アルビジョワ十字軍は事実上，カペー朝フランス王国の征服戦争であり，**王権は領土を南フランスに拡大**した。

問4　⑥

　　矢印**d**は**東方植民**と呼ばれる，エルベ川以東のスラヴ人・マジャール人の居住地域におこなわれた**ドイツ人による植民活動**を示している。この地域には**ドイツ騎士団領やブランデンブルク辺境伯領**が建てられ，西欧諸国に穀物を輸出するための**農場領主制(グーツヘルシャフト)**が広まった。ここでは近世に入ると**農奴制が再強化**され，農民の解放は進まなかった。

第2問

問1　③

　　イングランドでは，14世紀後半の中世盛期にはおもに農村において毛織物工業が盛んになった。都市部における機械制の工場の発展は，まだこの時期にはみられない。

問2　①

　　カペー朝の断絶でヴァロワ朝が成立すると，母がカペー家出身であったイギリス国王エドワード3世はフランス王位継承権を主張して百年戦争が始まった。当初はエドワード黒太子らの率いる長弓兵を駆使したイギリス軍が優勢で，シャルル7世即位前後にはフランスは崩壊寸前の危機にあった。このとき，**ジャンヌ゠ダルク**があらわれて**a**と図版あにあるように，**オルレアンの包囲**を破ってイギリス軍を大敗させ，**カレーを**

除く全国土からイギリス軍を駆逐した。

　また，百年戦争期には経済的に困窮した領主が賦役の復活などをおこなった「**封建反動**」に対する農民たちの一揆が続発した。14世紀後半にフランス北部一帯でおきたものが**ジャックリーの乱**，イギリス東南部でおきたものが図版いの**ワット＝タイラーの乱**である。しかし，ワット＝タイラーらが百年戦争を止めることはなかった（馬上はジョン＝ボール）。

13 近世ヨーロッパ世界の形成
(p.73～p.78)

▐▐▌ 知識問題編 ▐▌▐

1 ⑥
　『世界の記述』（『東方見聞録』）は，モンゴル帝室に仕えたとされるイタリア商人のマルコ＝ポーロがその見聞をまとめたもの。西ヨーロッパでは14世紀以来肉食が普及し，コショウを中心とした**香辛料の需要**が高まったが，その貿易はヴェネツィアやジェノヴァといった**北イタリア諸都市の商人**が独占的におこなっていた。アジアへの航路開拓によって実現した香辛料の直接取引は**ポルトガル**に莫大な利益をもたらし，首都**リスボン**は世界商業の中心として繁栄した。

2 ②
①バルトロメウ＝ディアスは**ジョアン2世**の命令によりアフリカ南端の喜望峰に達した。ジョアン2世は「**航海王子**」エンリケが国家事業としたアフリカ西岸開拓を進めた。
③ヴァスコ＝ダ＝ガマはインド西岸の**カリカット**に到達した。
④マゼラン自身はポルトガル人であるが，**スペイン王室の命令**で航海に出た。

3 ③・⑤
③コロンブスは大西洋を横断してバハマ諸島に到達し，上陸したとされる島を**サンサルバドル島**と命名した。また，彼はこれらの土地を「インド」の一部だと確信していたため，先住民には**インディオ**（インディアン）の呼称がうまれた。
⑤アステカ王国を滅ぼしたのは**コルテス**。ピサロは**インカ帝国を滅ぼした**。彼らは「征服者」（コンキスタドール）と呼ばれる。

4 ④
　ラス＝カサスはスペイン植民地の法律顧問として西インド諸島に渡った。大農園経営で富を得たが，インディオの悲惨な状況を国王に直訴し，彼らの奴隷化を禁止する法律の制定に尽力した。国王への報告書がこの資料「インディアスの破壊についての簡潔な報告」である。

5 ④
　商業革命により北イタリア諸都市の衰退が始まり，**ポトシ銀山**などラテンアメリカからの銀の大量流入によってアウクスブルクなど南ドイツの銀生産は激減した。また，**価格革命は**固定地代の収入で生活する**領主**

層に大きな経済的打撃を与えた。

6 ②
　エルベ川以東の東ヨーロッパ地域で，西欧への輸出用穀物を生産するためにおこなわれた農場領主制は**グーツヘルシャフト**と呼ばれる。ラティフンディアは古代ローマ時代の大土地所有制のこと。

7 ②
　地中海貿易で繁栄したイタリア，そして南北ヨーロッパ商業の中継地であり，毛織物工業が盛んであったネーデルラントでいち早くルネサンスが花開いた。
①この主張は，18世紀の啓蒙思想。幸福を増大させる有用な知識を広めようとする啓蒙思想家は，フランスのみならず，国境をまたいで為政者や世論に訴えた。
③ルネサンスの学者や芸術家は，メディチ家やローマ教皇，各国国王といった**権力者の保護**のもとで活動したため，**既存の政治や社会，教会を正面から批判することはなかった**。
④③にあるように，ルネサンスは権力者の保護を受けた都市教養人の活動であり，農民や都市民衆から離れた**貴族的性格**をもっていた。

8 ④
　マキァヴェリはフィレンツェ共和政のもとで外交・軍事を担当したが，**イタリア戦争**においてフランス・ハプスブルク両勢力の侵攻を受けたことから，小国分立を解消する必要性を痛感した。手段を選ばず権謀術数を用いる政治手法を**マキァヴェリズム**とも呼ぶ。

9 ④
　dの「農民の踊り」は，フランドルの民衆生活・諺や教訓を描いた**ブリューゲル**の作品。デューラーは「四人の使徒」や「自画像」で知られる。**a**は「聖母子と幼児ヨハネ」，**b**は「ヴィーナスの誕生」，**c**は「小鳥への説教」である。

10 ②
①ダンテの『神曲』はラテン語ではなく，フィレンツェのあるトスカナ地方で使われていた口語（**トスカナ語**）で書かれた。これはのちにイタリアの標準語となった。
③『カンタベリ物語』はイギリスの**チョーサー**の作品。ラブレーはフランス人で，風刺文学『**ガルガンチュアとパンタグリュエルの物語**』を著した。
④随筆文学を確立したモンテーニュの作品は『**エセー（随想録）**』。『パンセ（瞑想録）』は**パスカル**の哲学書。

11 ③
　レオナルド＝ダ＝ヴィンチの代表作の一つはミラノで描かれた「**最後の晩餐**」。「最後の審判」は**ミケランジェロ**がローマの**システィナ礼拝堂**に描いた壁画である。

12 ③
　エラスムスは『愚神礼賛』でローマ教会を批判したが，カトリックにとどまって**宗教改革とは一線を画し**，ルターとも対立した。

13 ①
　ヤゲウォ朝ポーランド出身の**コペルニクス**は，イタリア留学中に古代の天文学を学び，帰国後『**天球回転論**』を執筆した。しかし，発表はその死の直前であり，

異端審問等は受けず，**火刑になってはいない。**

14 ②

1555年のアウクスブルクの和議で選択できる宗派から，**カルヴァン派は除外**されている。カルヴァン派が承認されたのは1648年の**ウェストファリア条約**。また，諸侯がいずれの宗派を採用しても，**領民はその宗派に従う**という原則が確立し，真の意味での「**個人の信仰の自由**」はこの時点では**達成されなかった。**

15 ②・⑥

②この考え方を「**予定説**」という。

⑥オランダにおける呼称ゴイセンは「**乞食**」の意味で，当初はカトリック側からの侮蔑の言葉であった。

①各諸侯が領内の教会の首長となる**領邦教会制を採用し**たのは**ルター派**。また，ルターが司教制度を維持したのに対し，カルヴァン派は教会員のなかから信仰の厚いものを長老に選んで牧師を補佐させる**長老主義**を採用した。

③カルヴァン派は，職業労働を，利益獲得を目的とするものではなく，**神の栄光を示す道**と考える倫理観を唱えた。

④チューリヒは**ツヴィングリ**が宗教改革を開始した都市。カルヴァンは**ジュネーヴ**を活動拠点とした。

⑤カルヴァン派は，フランスでは**ユグノー**と呼ばれた。プレスビテリアンは**スコットランドでの呼称**。イングランドでは**ピューリタン**と呼ばれた。

16 ③

aの統一法制定は**1559年**。**b**の国王至上法(首長法)制定は**1534年**。**c**のピューリタンの活動はエリザベス女王以降の時期となる。イギリス国教会は教義ではほぼカルヴァン主義を採用しているが，司教(主教)制の維持や儀式の面などで**カトリックとの類似点が多い**ため，彼らは改革の徹底を強く主張するようになる。

17 ③

③ザビエルはイグナティウス＝ロヨラの同志としてイエズス会の創設に参加した。

①イグナティウス＝ロヨラは**スペイン**の出身。

②イエズス会は**カトリック改革**(対抗宗教改革)**の中心的な組織**として活躍した。

④イエズス会は托鉢修道会とは一線を画し，決められた修道服や祈禱などをもたず，**軍隊的な厳格な規律**のもとでの実践的布教を目的とした。

18 ③

「プロテスタント」の呼称は，皇帝カール５世が，いったん1526年に認めた信教の自由を，29年に取り消したため，ルター派諸侯が「**抗議文**」を提出したことに由来する。

■■■ 史資料問題編 ■■■

第１問

問１ ③

この地図はスペイン北部のレオンで発見された古文書であるが，キューバや現在の西インド諸島が描かれ，南アメリカには「アメリカ・新しい土地」と記されてい

るることから，**アメリゴ＝ヴェスプッチの探検**(1500年前後)**以後**であることがわかる。また，北米西岸に大きな島が描かれていることから，**太平洋の大きさが確認されていない**と考えられるため，③の16世紀初頭と推察できる。

問２ ③

大航海時代の進展とともにヨーロッパ経済は拡大し，商業の中心は従来の北イタリア諸都市による地中海を利用した**東方貿易から大西洋貿易に移った**。これを商業革命と呼ぶが，ヴェネツィアの商船団の活動が急速に衰えていったことが資料から推察できる。

第２問

問１ ②

修道士であったルターは，ザクセンのヴィッテンベルク大学神学教授の地位にあった。ザクセン選帝侯らルター派の諸侯たちは1530年に**シュマルカルデン同盟**を結成し，46年から皇帝軍との武力衝突がおこった。

問２ ④

ルターは当初反乱をおこした**農民たちに同情的**であったが，資料１にあるミュンツァーら再洗礼派の指導により急進化すると，農民は現世の利益のみを要求していると批判し，**諸侯の弾圧を支持**するようになった。ルターにとって信仰の自由と社会変革は相容れないものであった。

問３ ③

ルターは，民衆が聖書を読んで直接キリストの教えを知るべきであるとして，ザクセン侯の庇護のもとで**新約聖書をドイツ語に翻訳**した。この作業は，近世ドイツ語の確立に多大な貢献をしたといわれる。

第３問

問１ ④

ラブレーは資料においてルネサンス期の知識人として求められる学習について，ギリシア語重視，原典主義，語学の必要性などを指摘しながら，「専門的分野の研究」というよりも，総合的な**大いなる知を習得した「万能人」**を理想として掲げている。

問２ ③

レオナルド＝ダ＝ヴィンチはミケランジェロ・ラファエロとともに，ルネサンスの三大巨匠の一人。諸学に通じた万能人の典型とされる。

14 ヨーロッパ主権国家体制
(p.79〜p.84)

■■■ 知識問題編 ■■■

1 ③

史料は神聖ローマ皇帝位をもつハプスブルク家とフランス王家であるヴァロワ家との対立からおきた**イタリア戦争**の開始を記述したもの。この戦争をきっかけに**マキァヴェリ**は『**君主論**』を著した。

①戦争はフランス国王シャルル８世の**イタリア侵入**から始まった。

②カール５世に対抗したフランス王は**フランソワ１世**。

④ウェストファリア条約は**三十年戦争の講和条約**。イタリア戦争は1559年の**カトー＝カンブレジ条約**で終結し，ハプスブルク家が南部イタリアとミラノなどを領有することになった。

　「**太陽のしずまぬ国**」を実現したスペインであったが，植民地としたラテンアメリカからの金・銀の大半は相次ぐ戦争や宮廷費に使われ，**広く国民を豊かにすることはなかった**。

　　aの無敵艦隊（アルマダ）の海戦は**1588年**。
　　bのネーデルラント連邦共和国の独立宣言は**1581年**。
　　cの同盟であるユトレヒト同盟結成は**1579年**。
　スペイン王フェリペ2世のカトリック化政策と自治権剥奪への反発から，オランダ独立戦争は始まった。北部7州は**c**の同盟を結び，オラニエ公ウィレムの指導のもと，**b**の**ネーデルラント連邦共和国**独立を宣言した。スペインはオランダ独立を支援するイギリスに**a**の**無敵艦隊（アルマダ）**を派遣したが，敗北を喫した。その後オランダは**1609年の休戦条約で事実上の独立**を勝ちとった。また，ホラント州の州都アムステルダムは国際金融の中心に発展した。

　イギリスの東インド会社設立は**1600年**で，オランダの**1602年**に先んじている。しかし，オランダ東インド会社はイギリスより規模がはるかに大きく，世界最初の株式会社とされている。

①ヘンリ7世が創始したのは**テューダー朝**。
②農業革命を「囲い込み」が推進していったのは，18世紀のこと。多くの商工業人口を養い，産業革命期の都市化を支えた。
③地方行政と議会で国王を支えた地主階級は**ジェントリ**。ヨーマンは独立自営農民のこと。

①王権に抵抗する貴族やユグノーの勢力をおさえて**議会（全国三部会）を開催しなかった**。なお議会は1615年の解散以降，フランス革命直前の1789年まで開かれなかった。
②フロンドの乱を鎮圧したのは**ルイ14世の宰相マザラン**。**リシュリューはルイ13世の宰相**。
④三十年戦争では**プロテスタント勢力の側に立って**ハプスブルク家の皇帝権力に対抗した。

　　aの地域はオランダとのちのベルギーにあたる**スペイン領ネーデルラント**であるが，**ベルギーは1830年の七月革命の影響によりオランダから独立を達成**し，31年に立憲王国となった。また，ウェストファリア条約では，アウクスブルクの和議の原則が**カルヴァン派も加えて再確認**されたこともおさえておく。

a　ブランデンブルク選帝侯国の支配権を握っていたのは**ホーエンツォレルン家**。プロイセン公国は東方植民

によって建てられた**ドイツ騎士団領に由来**する国家。
b　その後ロシアでは，イヴァン4世死後の混乱を経て，1613年にミハイル＝ロマノフを祖とする**ロマノフ朝**が成立した。

　①のシュラフタは16世紀以降，ポーランドで国王を選出する権利をもった貴族身分。②の**コサック**はロシアの圧政を逃れて東南辺境に移った農民。独立性が強く，**戦士団を形成してしばしば反乱をおこした**が，国家の軍事力としても利用された。

　重商主義は，16世紀のスペインに代表される直接的に植民地から金・銀の獲得をめざす「重金主義」から，イギリスのように国際収支の改善をはかる「貿易差額主義」に重点が移っていった。ルイ14世の財務総監であった**コルベール**は王立の織物工場や磁器工場といった特権マニュファクチュアを創設した。

　ステュアート朝の成立から1642年に始まるピューリタン革命の前段階の動きを確認する。
a　1628年，権利の請願はチャールズ1世の専制政治を批判するものとして議会で可決された。
b　1603年，ステュアート家のスコットランド王ジェームズ6世がイングランド王ジェームズ1世として即位した。
c　1625年，チャールズ1世はジェームズ1世の死去を受けて即位した。
d　1629年，チャールズ1世は，いったんは権利の請願を受け入れていたが，議会を解散して専制政治を続けた。スコットランドで反乱がおこると，1640年に再度議会を招集したが，内乱となった。

　クロムウェルは王党派の拠点とされたアイルランドやスコットランドを征服したが，大規模な土地没収が強行された**アイルランドは，事実上イングランドの植民地**となった。
①クロムウェルは**独立派**の指導者。保守的な長老派と，より急進的な主張を掲げた水平派を弾圧した。
③航海法は中継貿易を主とする**オランダに打撃**を与えたため，イギリス＝オランダ（英蘭）戦争がおこった。
④1653年に就任した職名は終身の**護国卿**。

②ジェームズ2世の即位を認め，国王の権威を重んじたのは**トーリ党**。彼らは地主階級の利害を代弁した。一方，**ホイッグ党**は議会の権利を主張し，非国教徒や商工業者の立場にも配慮した。
③王政復古をはたした国王は**チャールズ2世**。
④ジェームズ2世の娘メアリとオランダ総督ウィレム3世夫妻は，議会が作成した権利の宣言を受け入れてウィリアム3世・メアリ2世として王位につき，議会はこの宣言を**権利の章典として制定**した。

　ルイ14世は，スペイン継承戦争後の**ユトレヒト条約**

（1713年）でフェリペ5世のスペイン王位継承を各国に認めさせたが，国民は多額の戦費の重圧に苦しむこととなった。

① 南ネーデルラント継承戦争（1667〜68年），オランダ戦争（1672〜78年）といった**侵略戦争を繰り返した**。オランダのウィレム3世は，イギリスと同君連合を形成してこれに対抗した。

② ルイ14世はヴェルサイユに集めるなど貴族への統制を強め，官僚化を進めた。**全国三部会も開かれていない**。

④ 1685年に**ナントの王令を廃止した**。ユグノーの商工業者が大量に亡命したため，大きな経済的打撃となった。

15 ③

スペイン継承戦争でスペインにブルボン朝は成立したが，**フランスとの同君連合にはならない**ということが条件であった。

16 ④

④ 交流の深かったヴォルテールはしばしばサンスーシ宮殿にまねかれた。

① 彼はプロイセン王国の**第3代国王**。

② 「君主は国家第一の僕」と自称した。「朕は国家なり」はルイ14世の言葉とされるもの。

③ 彼の統治体制は**ユンカーを支柱とする前近代的なもの**で，農民の地位の改善は進まなかった。

17 ①

② プロイセンに奪われた領土は**シュレジエン**。

③ 「外交革命」によって，ハプスブルク家は長年の仇敵であった**フランスと提携**した。

④ ヨーゼフ2世の中央集権主義的な改革は，従来からの特権を守ろうとする**貴族や地域社会から強い抵抗**を受けた。

18 ②

a **9** にあるシュラフタと呼ばれた貴族身分による**選挙王政**がとられたが，貴族間の対立がおこった。

b 第2回の分割に反対して組織されたコシューシコ率いる**義勇軍はロシアに敗北**し，彼はアメリカに追放された。

19 ①

ポーランドは16世紀後半のヤゲウォ朝断絶後，選挙王政のもとで貴族間の対立が激化して国力が衰退し，隣国の大国の干渉を受けるようになった。第1回分割後には憲法制定など国家の近代化がこころみられたが，プロイセン・ロシアによる第2回，オーストリアを含めた**第3回の分割で国家は消滅**し，第一次世界大戦終結後まで回復されなかった。

20 ③

③ ペテルブルクは**北方戦争中に新た**に建設された。

① 南方への進出は黒海北部の**アゾフ海**まで。オスマン帝国からクリミア半島を奪ったのは**エカチェリーナ2世**。

② 北方戦争ではポーランド・デンマークと結び，カール12世率いる**スウェーデンと戦った**。

④ 清朝の康熙帝と**ネルチンスク条約**を結んだ。アイグン条約は1858年に東シベリア総督**ムラヴィヨフ**が締結し，黒竜江（アムール川）以北を領有したもの。

21 ②

エカチェリーナ2世の使節**ラクスマン**は1792年に根室を訪れたが，通商交渉は失敗した。レザノフは1804年に皇帝アレクサンドル1世の親書を携えて長崎に来航した使節。プガチョフ・ステンカ＝ラージンはともに**コサックの指導者**だが，ステンカ＝ラージンの農民反乱はピョートル1世即位前の17世紀後半におこった。

▋▋ 史資料問題編 ▋▋

第1問

問1 ④

地図2から，ユグノーの首領アンリ4世が即位した**1589年以降も北部を中心に戦闘が盛んにおこなわれている**ことが読み取れる。アンリ4世は王位についたのち，93年に**カトリックに改宗**し，その後98年に資料1にある**ナントの王令**でユグノーにも大幅な信教の自由を与えることによって，ようやくユグノー戦争を終わらせることができた。

問2 ③

問1にあるように，アンリ4世は**すでにカトリックに改宗**しており，改革派の信仰から離脱している。

なおユグノー戦争中におきた**サンバルテルミの虐殺**は，新旧両教徒融和を目的としてユグノーの指導者ブルボン家のアンリ（のちのアンリ4世）と王の妹の婚礼の際におきたもので，祝賀に集まった多数のユグノーが虐殺された。

問3 ②

資料2の**アウクスブルクの和議**は1555年に結ばれたが，妥協から**カトリックとルター派以外を除外**した。ツヴィングリ派なども入るが，除外の対象としたのはおもに**カルヴァン派**であった。

問4 ①

宗教問題よりも国家統一を優先すべきと考えた代表的な人物にボーダンがいる。

② **ナントの王令は1685年にルイ14世によって廃止**され，ユグノーの商工業者が国外に流出した。

③ アウクスブルクの和議により，領民はその**領主諸侯の宗派に従うという原則**が確立した。

④ ウェストファリア条約によってカルヴァン派が選択に入れられたが，**個人の信仰の自由は無視されたまま**であった。

第2問

問1 ③

③ 無敵艦隊（アルマダ）の海戦は**1588年**におこなわれた。1584〜93年の期間の全諸国総計に占めるオランダ船舶の割合は，約53%で，他の期間より高くはない。

①・② 1562年以降，バルト海に入るオランダ船舶は，ハンザ3大都市の総計の**8〜9倍に増加**した。

④ 東インド会社設立の1602年が含まれる時期には，全諸国総計の**約58%**に達した。

問2 ②

資料3は1651年にイングランド（イギリス）で発布された**航海法**。この時期はクロムウェルによる共和政の

もとにあった。

▌▌▌ 知識問題編 ▌▌▌

1 ①・⑤

①根拠地として要塞化された都市は**ゴア**。
⑤アンボイナ事件でイギリス勢力を駆逐した国は**オラン
ダ**。また、「鎖国」体制下の1630年代以降もヨーロッパ
勢力で唯一，対日貿易を許されたのも**オランダ**である。

2 ③

スリランカ(セイロン島)は16世紀初頭にポルトガル
が支配権を確立したが，17世紀にオランダが進出して
島の大半を領土とした。その後ナポレオン戦争を経た
ウィーン議定書で，ケープ植民地とともに**オランダか
らイギリスに引き渡された**。マラッカは1511年にポル
トガルによって占領されたが，ムスリム商人の抵抗が
続くなか，17世紀半ば頃にオランダによって攻略され
た。その後1824年の協定によって**オランダ領からイギ
リス領**となった。

3 ③

a フィリピン領有は1571年の**マニラ建設**で確立した。
フィリピンの名称は42年に当時王太子であった**フェリ
ペ2世**に敬意を表したもの。フェリペ5世はルイ14世
が孫で，スペイン＝ブルボン朝の創設者。
b ガレオン船を用いたこの貿易は**アカプルコ貿易**と呼
ばれる。

4 ③

マドラスはb，ボンベイはd，カルカッタはa。c
はポルトガルの根拠地となった**ゴア**。

5 ⑥

インドをめぐる植民地戦争では，**カーナティック戦
争**などでフランス総督デュプレクスが一時イギリスを
圧倒したが， *イ* に入るイギリス東インド会社書記
クライヴが活躍したプラッシーの戦いでイギリスの勝
利が決定した。なお**ポンディシェリとシャンデルナゴ
ル**は，第二次世界大戦後の1954年にフランスからイン
ドに返還された。

6 ③

北アメリカにおけるイギリス最初の植民地は1607年
に建設された**ヴァージニア**。最南部の**ジョージア**は13
植民地で最後に建てられた。

7 ②

ジェームズ1世のピューリタン弾圧により，ピルグ
リム＝ファーザーズがメイフラワー号でアメリカに渡
ったのは**1620年**。プリマスに定住し，**ニューイングラ
ンド植民地の基礎**をつくった。

8 ④

アメリカ大陸や西インド諸島におけるサトウキビ・
タバコ・綿花 **A** などの**プランテーション(大農園)**経
営の発展とともに，17世紀以降，大西洋を運ばれた**ア
フリカの黒人奴隷 B は激増**した。一方，アフリカ地

域は青年層を中心とする労働人口を失い，多大な社会
的被害を受けた。

9 ③

①フレンチ＝インディアン戦争は**七年戦争**と並行してお
こなわれた。インドにおける**プラッシーの戦い**も同時
期である。
②イギリスがニューネーデルラント植民地を奪った戦い
は**イギリス＝オランダ戦争**。
④1763年のパリ条約で，ミシシッピ川以西のルイジアナ
は**スペインに譲渡**された。

10 ②

ニュートンの主著は『**プリンピキア**』。万有引力の法
則など，力学の法則を体系化した。『方法序説』はフラ
ンスの哲学者**デカルト**の主著。

11 ③

①星雲説から宇宙進化論を唱えたのは**ラプラース(仏)**。
②燃焼理論と質量保存の法則を確立したのは**ラヴォワジ
ェ(仏)**。
④惑星の運動法則を発見したのは**ケプラー(独)**。
血液循環論を唱えた**ハーヴェー(英)**もおさえる。

12 ④

帰納法(経験論)は**フランシス＝ベーコン(英)**の『新
オルガヌム』が代表的著作で，おもに**イギリス**で発展
して，**ホッブズやロック**に継承された。一方，理性
(良識)を認識の基礎とする**演繹法(合理論)**は，**フラン
ス**などおもに大陸で発展した。

13 ③

③**パスカル**はフランスの思想家，数学・物理学者。確率
論の創始や気圧の単位でも知られる。
①ケネーは財務総監テュルゴらとともにフランス**重農主
義の理論**をうみだした思想家。「なすに任せよ(レッセ
＝フェール)」を標語として経済活動の自由を唱えた。
主著は『経済表』。
②**アダム＝スミス(英)**は国民の生産活動の全体を富の源
泉とみなし，「神の見えざる手」による市場経済の調和
を説いて，**自由主義経済学**(古典派経済学)を確立した。
主著は『**諸国民の富**』(『国富論』)。
④**ホッブズ(英)**は自然状態を「万人の万人に対する闘い」
ととらえて国家主権の絶対性を主張した。主著は『**リ
ヴァイアサン**』。『統治二論』(『市民政府二論』)は不法
な統治に対する人民の抵抗権を擁護し，アメリカ独立
革命に大きな影響を与えた**ロック(英)**の主著。

14 ⑥

史料は**モンテスキュー**の『**法の精神**』。ロックの影響
から著されたといわれる。
a **ヴォルテール**はフリードリヒ2世やエカチェリーナ
2世と交流をもったが，『哲学書簡』は**イギリス社会を
賛美**して，フランスの後進性を批判したもの。『イギ
リス便り』とも呼ばれる。
b 啓蒙思想の中心は**フランス**。
c 『百科全書』は**ディドロ**や**ダランベール**らの編集によ
る。
啓蒙思想家としては**ルソー**もおさえる。彼は代表制

の議会制民主主義ではなく，万人の平等にもとづく，個人の契約による**人民主権論**を主張した。なおルソーは啓蒙思想家としては例外的に文明化の弊害を指摘し，人間の自然的な善性を信じた。

15 ①

①**カント**の批判哲学の主著は『**純粋理性批判**』。また，戦争の否定とヨーロッパの永久平和実現への提言である『**永久平和のために**』もEUなど後世に影響を与えた。
②**スピノザ**(蘭)は主著『**エチカ(倫理学)**』ですべてを神と同一視する**汎神論**を唱えた合理主義哲学者。
③**ライプニッツ**(独)は『**単子論(モナド)**』で神による世界の予定調和を唱えた。微積分法の基本原理の発見でも有名。
④**ヘーゲル**は**弁証法**を確立した19世紀ドイツの観念論哲学者。

16 ④

④**モリエール**は『**人間嫌い**』などの喜劇作品が有名。
①**ルーベンス**はフランドル派の画家で，「マリ゠ド゠メディシスの生涯」の連作などで知られる**バロック絵画の巨匠**。門弟には肖像画で有名な**ファン゠ダイク**がいる。
②・③**ラシーヌ**と**コルネイユ**は古典主義の**悲劇作家**。

17 ①

ヘンデルは，バッハと同時期にドイツからイギリスに帰化して活躍した音楽家。**ハイドン**は，モーツァルトと同じオーストリア出身で「**交響曲の父**」とされる古典派の確立者の一人。また，モーツァルトのオペラ「**フィガロの結婚**」はフランス革命前夜の作品として有名。

18 ③

a 『**ロビンソン゠クルーソー**』を著したのは**デフォー**。**ディケンズ**は『**二都物語**』や『**オリヴァー゠トゥイスト**』を代表作とする19世紀イギリスの国民的作家。

19 ③

aのロンドンの**コーヒーハウス**やパリの**カフェ**には新聞や雑誌が備えられ，市民層が自由に交流や情報交換をおこなった。**b**のおもに貴族の館で開かれた**サロン**とともに，文芸活動やジャーナリズムの発展を支える場となった。

▌▌▌ 史資料問題編 ▌▌▌

第1問

問1 ④

問題文中にあるように中国人の資本や労働力，またムスリム商人の活動などで活況を呈していた**アジアの域内貿易への参入**が，**ヨーロッパ諸国のアジア進出初期の形**であった。オランダ東インド会社は，ジャワの砂糖を日本に運搬することで利益を得ていたことが読み取れる。

問2 ②

オランダが交易の根拠地としたのが，ジャワ島の**バタヴィア(現ジャカルタ)**。**a**のマニラはスペインによる**アカプルコ貿易**の拠点。**c**のマカオはポルトガルが

居住権を獲得して，対中国貿易の拠点とした。

問3 ②・④

イギリスとフランスとの抗争はヨーロッパ内の覇権争いであると同時に，北アメリカ大陸やインドなどに拡大したグローバルな植民地争奪戦争でもあった。貿易が減少した**X**の時期は1740～48年の**オーストリア継承戦争期**，**Y**は1756～63年の**七年戦争期**，**Z**はフランスが1778年から参戦する**アメリカ独立戦争期**である。②1744年，**カーナティック戦争**がおこなわれ，フランス総督**デュプレクス**がイギリス勢力を押さえた。④の**フレンチ゠インディアン戦争**により，フランスはカナダとルイジアナを失い，**イギリスの覇権**が確立した。

第2問

問1 ⑥

資料1はプロイセン国王フリードリヒ2世がヴォルテールにあてた手紙。彼がベルリン郊外のポツダムに建てた**サンスーシ宮殿はロココ様式**を代表する。ルイ14世が建てた**ヴェルサイユ宮殿はバロック様式**を代表する建築物。絵画では，**c**の「シテール島への船出」を描いた**ワトー**がロココ様式を代表する画家。**a**は**ベラスケス**「**女官たち(ラス゠メニーナス)**」，**b**は**レンブラント**「**夜警**」。

問2 ④

パリに世界初のデパートである**ボン゠マルシェ**が建てられたのは19世紀半ばであり，近代都市文化は19世紀後半以降に花開いた。

問3 ②

史料は『**海洋自由論**』。著者**グロティウス**の国際法理論は母国オランダの海外進出擁護を背景とし，スペインやイギリスの動きを批判している。また，三十年戦争に対して執筆した『**戦争と平和の法**』も重要。

問4 ①

ジェンナー(英)は天然痘の感染を防ぐ**種痘法**を発明し，免疫学の基礎を確立した。②**パストゥール**(仏)，④**コッホ**(独)は19世紀後半から微生物や細菌の研究で医学・生理学に貢献した研究者。

16 近代ヨーロッパ・アメリカ世界の成立
(p.91～p.96)

▌▌▌ 知識問題編 ▌▌▌

1 ③

第2次囲い込みでは，大地主は拡大させた農地を**ノーフォーク農法**など先進的な技術をもった**農業資本家**に貸し出して経営させた。これを**農業革命**と呼び，市場向けの生産をめざす農業が，急増する都市人口を支えた。**三圃制**は中世の荘園でおこなわれた農法。

2 ①

綿花から糸をつむぐ作業を「**紡績**」，綿糸を綿織物(綿布)にする工程を「**織布**」という。アに入る**ジョン゠ケイ**による**飛び杼**の発明により綿織物の生産量が急速に増え，不足する綿糸の増産をめざして紡績機の発明が促された。**ハーグリーヴズの多軸紡績機(ジェニー**

紡績機，1764年頃），**アークライトの水力紡績機**（1769年）を経て，両機の長所を合わせた**イのミュール紡績機**が，**クロンプトン**により発明された。また，**ウのカートライトの力織機**により現在の織機の原理が完成した。

3 ④

地図は，**ア**が**綿工業の中心都市マンチェスター，イ**がその輸出で繁栄した**商業都市リヴァプール**，**ウ**が**製鉄・機械工業の中心都市バーミンガム**。

a 綿工業の中心は**ア**のマンチェスター。

b スティーヴンソンの製作した蒸気機関車による旅客鉄道は，1830年に**マンチェスター・リヴァプール間**で開通した。

4 ①

②フルトンは**アメリカ人**。

③蒸気機関車を実用化したのは**スティーヴンソン**。

④綿の種子から繊維を分ける綿繰り機を発明したのはアメリカ人ホイットニー。ニューコメンはポンプの発明者。アメリカ南部における綿花生産は拡大し，同地は「綿花王国」とも呼ばれた。

5 ④

①・②イギリス人が建てた13の植民地は，ピューリタンが建てたものから王領植民地まで様々な形態で成立し，**それぞれは独立**していた。

③北部には自営農民や商工業者が多く，**タバコや米を栽培する大農園（プランテーション）は南部**で盛んであった。

6 ③

フランスの参戦は**1778年**。武装中立同盟の結成は**1780年**。あわせて，イギリスが国際的な孤立を深めていったことをおさえたい。

7 ⑥

aの**アメリカ独立宣言**には，圧政への抵抗権を主張した**ロックの思想的影響**が強くみられる。**b**の『**コモン＝センス**』はイギリス人ペインが1774年の渡米後に著したもので，独立を「常識」であると主張して大ベストセラーとなった。彼はフランス革命勃発後には渡仏して国民公会議員として活躍するなど，文字通り大西洋を股にかけて活躍した。**X**では，王政を支持するロイヤリストも植民地に多く存在した。

8 ④

①ワシントンを選出したのは1775年の**第2回大陸会議**。

②最初の武力衝突はボストン近郊のレキシントンとコンコードでおこった。ヨークタウンの戦いはアメリカ・フランス連合軍の勝利を決定的にした戦い。

③武装中立同盟の提唱者は**エカチェリーナ2世**。

9 ③

③初代大統領に就任したワシントンは**連邦派**のハミルトンを財務長官に，**州権派**（反連邦派）のジェファソンを外交担当の国務長官に任命して，**両派のバランス**をとった。

①憲法制定会議はワシントンを議長として**フィラデルフィア**で開かれた。都市としてのワシントン（DC：コロ

ンビア特別区）は1800年に首都とされた。

②連邦議会で各州2名の代表から構成され，**約の批准権を持ったのは上院**。下院は人口に比例した議員数が各州に割りあてられた。

④黒人奴隷や先住民の権利は**ほとんど無視**された。

10 ④

a ブルジョワ層はその経済的な実力にふさわしい待遇を受けられない旧制度に不満をもっていった。

b テュルゴは**重農主義者**。スイスの銀行家は**ネッケル**。特権身分に対する課税などの財政改革をこころみたが，抵抗を受けて失敗に終わった。

11 ⑥

a バスティーユ牢獄攻撃は**1789年7月14日**。

b 国民議会設立は同年**6月20日**。

c 全国三部会開催は同年**5月5日**。

ヴェルサイユの全国三部会で議決方法をめぐって特権身分と第三身分が対立し，第三身分の議員達が**国民議会**を宣言して，憲法制定まで解散しないことを誓った（球戯場の誓い）。議会に対する武力弾圧の噂とパンの値上がりに苦しんでいたパリの民衆の不満は，7月11日にネッケルが罷免されると一気に高まり，14日の**バスティーユ牢獄攻撃**に至った。

12 ①・⑤

①ピルニッツ宣言は**プロイセン**と共同で出された。

②宣戦したのは，**共和政を主張するジロンド派**（ジロンド県出身者が多数を占めていたことからの呼称）**政権**。

③王党派に指導された農民反乱はヴァンデーの反乱。ヴァルミーは，1792年9月にフランス軍がプロイセン軍に初めて勝利した戦いがおこなわれた村名。

④第1回対仏大同盟を提唱した首相は**ピット**。

⑤国民公会では急進的な**山岳派**（議場左翼の高い場所を占めていたことからの呼称）が台頭し，ジロンド派を追放した。ロベスピエールら山岳派を**ジャコバン派**ともいう。

⑥ロベスピエールが失脚したのは，1794年7月の**テルミドール9日のクーデタ**。ブリュメール18日のクーデタは，ナポレオンが総裁政府を倒して統領政府をたて，第一統領として事実上の独裁権を握った事件。

13 ③

革命政権は義勇兵や傭兵ではなく，徴兵制による国民軍の創設をめざした。これは近代国家の軍隊構成のモデルとなった。

14 ②

②1796年からおこなわれたイタリア遠征で，ナポレオンはオーストリアを撃破してカンポ＝フォルミオの和約（1797年）を結び，第1回対仏大同盟を解体させた。

①1795年の制限選挙制によって成立した総裁政府において，バブーフは，私有財産を廃止した平等社会の建設をめざして蜂起を計画した。

③第一統領となったナポレオンは，キリスト教を否定した革命以降に対立関係にあったローマ教皇と，1801年に**政教協約（コンコルダート）**を結んで和解した。

④アミアンの和約はイギリスとの講和条約。

a ナポレオンは1800年にフランス銀行を設立し，財政の安定化をめざした。これはのちに中央銀行に発展し，イングランド銀行に対抗していった。

b 1804年に制定された**フランス民法典**として，近代市民社会の法の諸原理を確立した。

16 (A)②

地図で示された地域は，**ア**がスペイン，**イ**がライン同盟，**ウ**がプロイセン，**エ**がワルシャワ大公国。1806年，ナポレオンの保護下に西南ドイツ諸国をあわせた**イ**の**ライン同盟**の結成を機に，フランツ２世は退位して神聖ローマ帝国は消滅した。ナポレオンは同年ベルリンで大陸封鎖令を発布している。また，**ウ**のプロイセンにおけるシュタイン・ハルデンベルクの改革は政治・経済分野にとどまらず，教育改革・軍制改革などにもおよんだ。この「上からの近代化」はプロイセンがドイツ統一の中心となる基盤となった。また，フィヒテはベルリンにおける連続講演「ドイツ国民に告ぐ」で民族意識の高揚につとめた。

(B)④

地図で示された戦場は，**A**がトラファルガー，**B**がワーテルロー，**C**がアウステルリッツである。**C**のアウステルリッツの戦いでは，ナポレオンがオーストリア・ロシアの連合軍を撃破した。ここでは３人の皇帝が相対したので，「三帝会戦」とも呼ばれる。

17 ③

aの諸国民戦争（ライプツィヒの戦い）は**1813年**10月，**b**のロシア遠征は**1812年**，**c**のルイ18世即位は**1814年**。ロシア遠征が失敗に終わると，翌13年からプロイセン・オーストリア・ロシアを中心とする諸国は**解放戦争**に立ちあがった。

▮▮▮ 史資料問題編 ▮▮▮

第1問

問1 ②

a 資料１は，国民議会において1789年８月４日に決議され，討議を経て11日に法令として成文化された**封建制廃止令**。７月末に全国に拡大していた**農民蜂起の沈静化**のために急がれた改革案である。

b 資料２は1792年７月11日に立法議会で宣言された布告「祖国は危機にあり」。直前にプロイセン軍が戦線に加わり，愛国主義の高揚を受けて，全国から**義勇兵の動員**が始まった。第１回対仏大同盟の結成は，**93年１月のルイ16世処刑とフランス軍のベルギー侵入**を受けたもの。

問2 ⑦

資料３は，1793年９月29日に採択された，日用品すべてを対象とした最高価格令。国民公会においてジャコバン派により進められた代表的な政策であるが，説明**X**にあるような失敗に終わり，市民の支持を失う原因となった。

問3 ②

風刺画で示されている**ヴァレンヌ逃亡事件**は，1791

年６月，ルイ16世一家が王妃マリ＝アントワネットの実家ハプスブルク家領への逃亡をはかったもの。国王に対する国民の信頼を損ねる結果となった。

第2問

問1 ②

地図の変化を読み解く問題。**a**の**ロシアの南下**に対しては，合衆国は独立後も強い警戒心を維持し，モンロー教書もこれを念頭においていたとされる。スペインはフロリダをイギリスに割譲したが，キューバは1902年の独立までスペイン領だった。

問2 ①

グラフと歴史事象を結びつける問題。**X**の時期とは1763年のパリ条約でフレンチ＝インディアン戦争が終結に向かった時であるが，**輸出・輸入とも振るわず**，イギリス本国は戦費の負担を求めて**重商主義政策を強化**していった。

17 ヨーロッパ近代国民国家の発展
(p.97〜p.102)

▮▮▮ 知識問題編 ▮▮▮

1 ②

①タレーランは**フランスの外相**。**正統主義**はフランス革命前の王朝と旧制度の復活をめざす理念で，この原則によりフランスは戦争責任を巧みに回避した。

③会議は**オスマン帝国を除く**全ヨーロッパの国々が参加した。

④ウィーン体制は**自由主義と国民主義（ナショナリズム）をおさえつける保守的な体制**であった。イギリスとロシアの二大強国を中心とする列強の協議によって勢力均衡と平和を維持するしくみを**列強体制**と呼ぶ。

2 ④

地図で示された各地域は，**a**が旧オーストリア領ネーデルラント，**b**が**ラインラント**，**c**が旧ワルシャワ大公国の**ポーランド王国**，**d**がヴェネツィア・ロンバルディア・ダルマティアである。**d**の北イタリアを中心とする地域はオーストリア領となった。

3 ③

③四国同盟は**ロシア・イギリス・プロイセン・オーストリア**で結成された。

①神聖同盟を提唱した皇帝は**アレクサンドル１世**。

②1820年代にイギリス外相をつとめたカニングは，自由貿易を推進するために**ラテンアメリカ独立運動を支持**し，**イギリス工業製品の市場**とすることをめざした。

④五国同盟に加わったのは**フランス**。

4 ①

①ブルシェンシャフトは1815年にイエナ大学で結成された**ドイツの大学生組合**で，メッテルニヒによるカールスバートの決議（1819年）で弾圧された。

②1820年，自由主義的憲法を掲げた**スペイン立憲革命**はリエゴを指導者にカディスでおきたが，フランス軍の介入で挫折した。

③カルボナリは**イタリアの秘密結社**。

④デカブリストの乱は，1825年に**ロシア**でニコライ1世の即位に際して，**貴族の青年将校が改革を求めておこした蜂起**。

5 ④

絵画はロマン主義を代表する**ドラクロワ**の「**民衆を導く自由の女神**」。オルレアン家のルイ＝フィリップは自由主義者として期待されていたが，七月王政は金融資本家を中心としたブルジョワが支配層を形成した。
①国王はルイ18世の弟である**シャルル10世**。
②出兵先はオスマン帝国下の**アルジェリア**。
③革命は**パリ**でおこり，市街戦がおこなわれた。

6 ②

①ポーランドの蜂起は**ロシア軍のワルシャワ占領**により鎮圧された。
③ドイツ各地で自由主義者の蜂起がおきたが，プロイセンの**憲法発布は1848年の三月革命**のとき。この蜂起はメッテルニヒに弾圧された。
④イタリアでは**カルボナリ**の最後の蜂起がおきたが，オーストリア軍に鎮圧された。青年イタリアはこの直後に成立している。

7 ⑦

イギリスは，バルカン地域での利害や国内の自由主義的世論，詩人バイロンの参戦などの影響を受けて，**b**のギリシアの独立運動を支援した。独立の国際的な承認は1830年のロンドン会議。「**う**」の反穀物法同盟は自由放任主義に立つマンチェスター学派のコブデン・ブライトらが結成し，アイルランドの**ジャガイモ飢饉**が穀物法廃止の世論を高めた。**オコネル**(オコンネル)はアイルランド人活動家で，1829年のカトリック教徒解放法の制定に尽力した。

8 ③

無政府主義は**プルードン**が定式化した思想。彼は『所有とは何か』(1840年)で，「所有とは盗みである」として私有財産を否定した。**サン＝シモン**は合理的な産業社会を追求したフランスの思想家。フーリエとともに初期社会主義の理論家の一人とされ，青年期にはアメリカ独立戦争にも参加している。

9 ②

aの選挙権拡大運動は**1848年2月以前**。**b**のルイ＝フィリップ亡命は48年2月24日(二月革命)。**c**のルイ＝ナポレオン大統領当選は48年12月。**d**の国立作業場設置は48年2月26日。
フランス二月革命の状況変化を問う設問。選挙法改正を求める運動は1847年から「改革宴会」と呼ばれる集会の拡大で高揚していた。ギゾー内閣がパリの集会を弾圧したことから48年2月に革命が勃発し，**国王ルイ＝フィリップはイギリスに亡命**した。成立した**第二共和政**のもとでおこなわれた4月の男性普通選挙で社会主義勢力は惨敗し，臨時政府が設置した**国立作業場**は5月に閉鎖された。これに抗議するパリの労働者は6月に蜂起したが，政府軍に徹底的に鎮圧された。革命運動の衰退のなかで実施された12月の大統領選挙では**ルイ＝ナポレオンが当選**した。その後1851年にクー

デタにより独裁権を掌握し，翌52年の国民投票で皇帝に即位して，**ナポレオン3世**と称した(第二帝政)。

10 ②

三月革命で**メッテルニヒは失脚**し，1848年革命と総称される一連の革命・民族運動により，ウィーン体制は崩壊した。しかし，プロイセン国王は**フランクフルト国民議会**が申し出たドイツ皇帝の地位を拒否し，ハンガリーの民族運動もロシアなどの武力によっておさえこまれ，諸国は反動体制に戻った。

11 ③

クリミア戦争はイギリス・フランスにオーストリア・サルデーニャが参戦したが，**プロイセンは参加していない**。1856年のパリ条約では，**黒海の中立化**を柱とする1840年のロンドン条約の取決めが再確認された。クリミア戦争関連ではクリミア半島の**セヴァストーポリ要塞**をめぐる攻防戦や，**ナイティンゲールの看護活動**もおさえておきたい。

12 ④

④クリミア戦争中のニコライ1世の急死を受けて即位した**アレクサンドル2世**は国内の改革を進めたが，テロリズム(暴力主義)に走ったナロードニキの一派に暗殺された。
①**農奴解放令**では土地の取得は有償であったため，多くは地縁的な農村共同体である**ミールに引き渡され**，自営農民の創出には結びつかなかった。
②ロシアの急進的な改革の担い手は，おもに**インテリゲンツィア**と呼ばれる都市の知識人階級であった。
③インテリゲンツィアは「**ヴ＝ナロード(人民のなかへ)**」を標語にミールに入り込んだが，**農民の支持は得られず**，一部は④にあるようにテロリズムに向かった。

13 (A)①

トリノを首都とするサルデーニャ王国は1848年革命でうまれた憲法や議会を維持し，王位を継いだ**ヴィットーリオ＝エマヌエーレ2世**のもとで，**イのカヴール**が首相となって近代化を進めた。その後カヴールは1858年にナポレオン3世とプロンビエールの密約を結び，翌年オーストリアと開戦した。

(B)⑤

地図の地域は，**A**がヴェネツィア，**B**がローマ教皇領，**C**がロンバルディア，**D**が中部イタリアである。
サルデーニャは1859年の**対オーストリア戦争**でロンバルディア(C)を獲得し，翌60年に**サヴォイアとニースをフランスに譲る**ことで中部イタリア(D)を併合した。61年3月のイタリア王国成立後，66年に**プロイセン＝オーストリア(普墺)**戦争に乗じてオーストリア領であった**ヴェネツィア(A)**を併合し，70年には**ローマ教皇領(B)**を占領して，首都をローマに移した。なお南部は，60年に**ガリバルディが両シチリア王国を征服**し，これをサルデーニャ王に譲っている。

(C)②

地域はそれぞれ**ア**が**サヴォイア**，**イ**が**南チロル**，**ウ**が**ニース**，**エ**が**トリエステ**である。**a**は(B)を参照。**b**の「**未回収のイタリア**」はイタリア系住民が多数に

かかわらず，オーストリア領に残った地域の呼称。

14 ④
　資料は「鉄血政策」として知られる，1862年におこなわれた**ビスマルクの議会演説**。
a　ユンカー出身の彼は**ヴィルヘルム1世**から直前に首相に任じられていた。
b　南ドイツのカトリック勢力を「**文化闘争**」で抑圧した。

15 ⑤
a　プロイセン＝オーストリア戦争は**1866年**。
b　ドイツ＝フランス戦争開始は**1870年**。
c　デンマーク戦争は**1864年**。
d　北ドイツ連邦成立は**1867年**。
　統一の過程を整理すると以下のようになる。プロイセンとオーストリアが，**シュレスヴィヒ・ホルシュタイン両州**をめぐる対立から**デンマークと開戦**→両州の処理問題から**プロイセン＝オーストリア戦争**→ドイツ連邦解体，プロイセンを盟主とする**北ドイツ連邦結成**→スペイン王位継承問題から**ドイツ＝フランス戦争**→**ドイツ帝国**成立。

16 ④
　④ドイツ・ロシア再保障条約など，ヨーロッパにおけるフランス包囲の同盟網は**ビスマルク体制**と呼ばれる。
①三帝同盟は**ドイツ・オーストリア・ロシア**。
②ロシアが利用したのは**パン＝スラヴ主義**。
③三国同盟は**ドイツ・オーストリア・イタリア**。

17 ②
　bのブルガリアは，ロシア＝トルコ戦争後の1878年，**サン＝ステファノ条約**によって**ロシアが保護下におく**ことを認めさせたが，設問の**ベルリン条約**により，領土を縮小した上で**オスマン帝国内の自治国**とされた。勢力拡大をおさえられたロシアは，バルカンでの南下政策を一時的にひかえ，**中央アジア・東アジアへの進出**に転換した。他の地域はそれぞれ，**a**がルーマニア，**c**がセルビア，**d**がボスニア・ヘルツェゴヴィナ，**e**がモンテネグロである。オーストリアによる**ボスニア・ヘルツェゴヴィナ領有はバルカン半島の大きな火種**となった。

18 ④
　第1回国際オリンピック大会は1896年にアテネで開かれた。国際的諸機関としては，他に万国郵便連合，国際電信連合が結成された。

||| 史資料問題編 |||

第1問

問1　③
　経済学者**リスト**が提唱した**ドイツ関税同盟**は，北ドイツ・中部ドイツ・南ドイツという三つの関税同盟を統合するもの。オーストリアは除外され，彼はメッテルニヒから敵視された。

問2　①
　リストはイギリスの自由主義経済に対して民族固有の**国民経済を重視**し，途上国ドイツにおける**国家による産業の育成と保護貿易**の必要性を主張した。

問3　①
　ナポレオン3世は「ナポレオン1世の栄光」を利用した国民統合をめざし，**農民層からブルジョアまでの広範な国民の支持**を得た。「大ナポレオン（1世）」にたとえられる人気を維持するため，アロー戦争・イタリア統一戦争・インドシナ出兵などの対外強硬政策を展開したが，**メキシコ遠征**に失敗した。図版にあるように，ローマ教会やオスマン帝国を援助する過程で**クリミア戦争**をおこした。

問4　③
　問3の解説にある「ナポレオン1世の栄光」を利用した国民統合の理念はボナパルティズムと呼ばれる。ウィーン会議後の**列強体制はクリミア戦争**で弛緩し，ドイツ帝国の成立とフランス第二帝政の崩壊へ向かった。

問5　④
　コブデン・ブライトらが結成した**反穀物法同盟**は，経済の自由放任主義を主張するアダム＝スミスの流れをくむ。保守党の**ピール内閣**で成立したことも重要。

問6　⑧
　典型的な議会政党政治を指導したのは，保守党の**ディズレーリ**と自由党の**グラッドストン**。
a　国債の残高は減少している。
b　一人当たりの国民所得の伸びは2倍弱である。
c　人口の2倍強に対し，国民所得の伸び率は4倍に達しており，伸び率が比例してはいない。
d　物価指数は半分以下に下がっており，所得の増加とともに国民生活は豊かになったと考えられる。

問7　③
　資料はアイルランド飢饉の状況についての報告書。アイルランドの大飢饉の原因はジャガイモの不作による。100万人以上の餓死者と**アメリカなどへの大量の移民**をうみだした。なお，このアイルランドへの自治法案は1886年，93年にグラッドストン自由党内閣のもとで提出されたが，自由党内部からも反対者が出て否決された。**自由党は分裂**し，反対派の**ジョゼフ＝チェンバレン**は保守党内閣の植民相に就任した。

18　南北アメリカの発展と19世紀欧米の文化
(p.103〜p.108)

||| 知識問題編 |||

1 ③
　サン＝ドマングと呼ばれていたイスパニョーラ島の西部が**b**の**ハイチ**である。**a**の島は**キューバ**。奴隷解放運動の指導者であった**トゥサン＝ルヴェルチュール**は「黒いジャコバン」と呼ばれた。この**ハイチ革命**は，イギリスにおける**奴隷貿易や奴隷制の廃止**など，諸外国の政策にも大きな影響を与えた。

2 ②
　②ベネズエラ出身の**シモン＝ボリバル**は，ラテンアメリカの統一を理念として掲げていたが，**b**の大コロンビア共和国は成立まもなく解体した。
①**a**のメキシコで独立運動の先駆者となったカトリック

司祭はイダルゴ。ディアスはのちに独裁政権を築いた政治家。

③cのブラジルは，亡命したポルトガル王子ペドロが帝位についてブラジル帝国として独立した。

④dのアルゼンチンやチリ・ペルーの独立を指導したのは，サン＝マルティン。

3 ③

「綿花王国」と呼ばれた南部では綿花の輸出が拡大し，**イギリスとの自由貿易と奴隷制の存続，州の自治**を求める声が強まった。

4 ⑤

aのカンザス・ネブラスカ法成立は**1854年5月**。**b**の共和党結成は**同54年7月**。**c**のミズーリ協定成立は**1820年**。**c**の**ミズーリ協定**は，1820年，ミズーリ州の南境界線である北緯36度30分以北には奴隷州をつくらないと定めたもの。その後，54年，カンザス・ネブラスカの両準州が自由州となるか奴隷州となるかは住民の投票で決定するという，**a**の**カンザス・ネブラスカ法**が成立して**ミズーリ協定**が否定されると，これを契機に**奴隷制反対**を唱える**共和党**が結成された。

5 ②

②アメリカ連合国は1861年に結成され，ジェファソン＝デヴィスを大統領に選出した。首都はリッチモンド。

①リンカンは**共和党**。

③『アンクル＝トムの小屋』は**開戦前の1852年に出版**された。

④奴隷解放宣言は**戦争中の1863年に，南部反乱地域**を対象として出された。南部の騒乱と内外世論の支持を集めることが目的であった。

6 ④

④南部諸州は1890年頃から州法や条例で黒人の投票権を制限したり，公共施設を人種別に分けるなど，ジム＝クロウ法と呼ばれる差別待遇のしくみをつくり上げていった。

①この演説は南北戦争の決戦の地であった**ゲティスバーグ**でおこなわれた。

②南部の多くの旧大農場主は，**民主党政権の支持基盤**となった。

③多くの黒人は，分益小作人とも呼ばれるシェアクロッパーとして貧しい生活をおくった。

7 ③

クー＝クラックス＝クラン（KKK）は**南部の白人による秘密結社**で，リンチ（私刑）などの非合法的手段で**黒人を迫害**した。

8 ②

②新移民はその多くが**低賃金の不熟練労働者**であり，イタリア人やポーランド人など宗教的にも**カトリック**が多かったため，様々な差別を受けた。

①日本の開国は**日米和親条約**による。

③石炭・石油・鉄鋼などの分野で**大企業の独占**が進んだ。石油王と呼ばれたロックフェラーや鉄鋼王カーネギーらが有名。

④アラスカはロシアから購入した。

9 ②

②バイロンは地中海地域の旅行記である『チャイルド＝ハロルドの遍歴』で名声を確立し，ギリシア独立戦争中に戦病死した。

①『ファウスト』は**ゲーテの作品**。他には『若きウェルテルの悩み』が有名。シラーの代表作には『ヴァレンシュタイン』，『ヴィルヘルム＝テル』などがある。

③『レ＝ミゼラブル』は**ユゴーの作品**。ゾラの代表作は『居酒屋』。フランス文学では，バルザック（「人間喜劇」）やモーパッサン（『女の一生』），フロベール（『ボヴァリー夫人』）らが名高い。

④『歌の本』の作者は**ハイネ**。グリム兄弟は童話集の編集で著名。

10 ②

トルストイの代表作は『戦争と平和』。『罪と罰』は**ドストエフスキーの代表作**。ロシアの文学では，デカブリストに共感し，「近代文学の父」とされる**プーシキン**（『大尉の娘』）や，ナロードニキに共鳴した**トゥルゲーネフ**（『父と子』）らもおさえておきたい。

11

アのショパンはポーランドの独立運動，オペラ作曲家のヴェルディは**イタリア統一運動**と関係があった。**シューベルト**は「野ばら」などの作品で「歌曲の王」とも呼ばれたオーストリアの作曲家。音楽分野ではフランスの**ドビュッシー**に始まる**印象派音楽**が，現代音楽の扉を開けたとされる。

12 ⑤

ドイツ観念論は19世紀のヨーロッパ哲学で大きな位置を占める。**カント**が18世紀末に経験論と合理論の統合につとめて確立した後，「ドイツ国民に告ぐ」でも知られる**フィヒテ**を経て**ヘーゲル**による**弁証法**の導入で大成された。そしてヘーゲルの後継者のなかから**弁証法的唯物論**を提唱する**マルクス**らが登場し，新しい歴史観や社会観をうちだした。

13 ④

a 「最大多数の最大幸福」は**功利主義を創始したベンサム**の言葉。スペンサーは**社会進化論を提唱した**思想家。

b ジョン＝ステュアート＝ミルは**経験論哲学**を受けつぎ，ベンサム主義に修正を加えて**幸福の「質」**を重視した。

14 ①

①ランケは**史料批判**をとおして，歴史は「それがいかにあったか」を叙述するものであると主張し，**近代歴史学の基礎**を確立した。

②リストは国民経済を重視して**保護貿易**を主張し，**ドイツ関税同盟**の成立を促した。

③サヴィニーらの歴史法学では，法の普遍性を否定し，法は**民族固有の精神の表現**であると規定した。

④リカードは**労働価値説**を主張した古典派経済学者。『人口論』で人口の増加と貧困を結びつけたのは**マルサス**。

15 ③

aのコントは**フランスの哲学者**。**b**の**ニーチェ**（主

著『ツァラトゥストラはかく語りき』)は，デンマークのキェルケゴールとともに実存哲学の先駆者とされる。

16 図は「尊敬すべきオランウータン」と題されたダーウィンの風刺画。博物学者であった彼はビーグル号で南半球を航海し，その収集品の研究などから進化論を構築した。**13**のスペンサーは適者生存の理論を現実の社会に当てはめた社会進化論を提唱したが，非科学的な人種差別に利用されることも多かった。メンデルは遺伝学で知られるチェコの植物学者。

17 ② ①ファラデーは電磁気学の基礎を確立した。量子力学は20世紀にアインシュタインらが確立した。③・④キュリー夫妻はラジウムなど放射性元素を発見した。X放射線の発見がレントゲン。

18 ① ②・③パストゥールが狂犬病の予防接種を開発し，コッホが結核菌を発見した。④ノーベルはスウェーデン人。彼の遺産を基金とするノーベル賞は1901年に創設された。レントゲンは第1回物理学賞，キュリー夫妻は第3回物理学賞（妻マリはのちに化学賞も受賞），コッホは第5回生理学・医学賞を受賞している。

19 ② ①のモース（モールス）（米）が電信機とモールス信号を，③のベル（米）が電話を，④のマルコーニ（伊）が無線電信をそれぞれ発明した。他にはドイツのダイムラーによる自動車や，ディーゼルによるディーゼル＝エンジンなども重要。

20 ④ 初めて南極点に到達したのはアムンゼン（ノルウェー）。スコットはわずかに遅れ，帰路遭難した。他の探検活動には，タスマン（蘭）のオーストラリア・南太平洋地域探検，クック（英）のニューギニア・ニュージーランド，ハワイ探検，スタイン（英）の敦煌の調査などがある。

21 ② 第二帝政下，ナポレオン3世は国家の威信を示すために，セーヌ県知事オスマンにパリ大改造をおこなわせた。ガルニエはパリ・オペラ座の設計者。

▌▌▌ 史資料問題編 ▌▌▌

第1問

問1 ⑥ アメリカ大陸とヨーロッパの相互不干渉を主張したのは，合衆国第5代大統領モンロー。ラテンアメリカ諸国の独立支持が目的であったが，合衆国による干渉権の主張が込められていた。この「孤立政策」は，その後長らくアメリカの外交政策の基本となった。

問2 ③ a のゴールドラッシュは1848〜49年，b のアメリカ＝イギリス戦争は1812〜14年，c のジャクソン大統領による強制移住法は1830年。アメリカ＝イギリス

（米英）戦争では「アメリカ人」としての自覚が高まり，イギリスからの工業製品の輸入途絶から，合衆国自体の工業化が促進された。ジャクソン大統領は西部出身で，独立13州以外から初めて大統領となり，先住民に厳しい態度で臨んだ。この強制移住法により，先住民をミシシッピ川以西に設定した保留地に移住させる政策を推進した結果，「西漸運動」と呼ばれた西部開拓が加速された。また，民主政治の基盤を拡大した彼の施策はジャクソニアン＝デモクラシーと呼ばれ，選挙の勝利に貢献した支持者に連邦政府の官職を与える「猟官制（スポイルズ＝システム）」を導入し，政党政治の基盤をつくった。その後西部開拓を神から与えられた使命とする「明白な天命」説が流布するなか，ゴールド＝ラッシュがおきた。

問3 ③ 資料2から読み取れるように，ブラジルやハイチのコーヒー，キューバの砂糖は輸出総額の6割を超えている。また，資料3からは，厳しい生活状況のなかで，奴隷から解放された人々によってプランテーション経営がおこなわれていることがわかる。ラテンアメリカ諸国は独立後にイギリスなど欧米先進諸国に原料・食料を輸出し，工業製品を輸入する自由貿易政策を採用したため，工業化は大幅に遅れた。

第2問

問1 ④ ロマン主義は人間の個性・感情や，歴史・民族文化の伝統を重んじる思潮で，ケルン大聖堂の工事再開もこの影響を受けている。モネの作品「印象・日の出」が，光と色彩を重んじる印象派の名称の起源となった。

問2 ② 問題文から，ウェストミンスター宮殿の建設工事は1834年から60年の間におこなわれていたことがわかる。それぞれの人物の生没年は，①のカントが1724〜1804年，②のマルクスが1818〜83年，③のヘーゲルが1770〜1831年，④のフロイトが1856〜1939年。マルクスはイギリス・ロンドンに1849年から亡命し，ドイツへの一時帰国以外，終生ここで暮らした。『資本論』などの著作作業，第1インターナショナル設立などもロンドンでおこなわれた。

問3 ③ ③の「ムーラン＝ド＝ラ＝ギャレット」は印象派のルノワールの作品。①の「ホラティウス兄弟の誓い」は，「ナポレオンの戴冠式」でも有名な古典主義を代表するダヴィドの作品。②の「落ち穂拾い」はフランス自然主義を代表するミレーの作品。④の「雲海の上の旅人」はドイツ・ロマン主義の画家フリードリヒの作品。

絵画芸術では，写実主義のクールベ（「石割り」），印象派の父とされるマネ（「草上の昼食」），ポスト（後期）印象派のセザンヌ（「サント＝ヴィクトワール山」），ゴーガン（「タヒチの女たち」），ゴッホ（「ひまわり」）をおさえておく。また近代彫刻ではロダン（「考える人」）が名高い。

問4　④

　aのショパンはポーランドの国民的作曲家。**b**の**ス
メタナ**は1848年のプラハの蜂起にも参加し、チェコ国
民楽派の創始者とされ、**ドヴォルザーク**らが継承した。
cの**チャイコフスキー**はロマン主義の音楽にロシア・
スラヴ的な技法や表現を取り入れた作曲家。

19　アジア諸地域の動揺
(p.109〜p.115)

▌▌▌知識問題編▌▌▌

1　②

①オスマン帝国は1683年に第2次ウィーン包囲に失敗し、
99年のカルロヴィッツ条約でハンガリーやトランシル
ヴァニアを**オーストリア**に割譲した。

③イギリス・フランスは、ロシアとともに**ギリシアの独
立運動を支援**した。

④ワッハーブ派は、イラン人やトルコ人がもたらした**神
秘主義(スーフィズム)と聖者崇拝がイスラーム教を堕
落させた**と批判した。

2　④

④ウラービーは「エジプト人のためのエジプト」をスロー
ガンに掲げ、立憲制の確立を求めた。しかし、1882年、
**イギリスが単独でこの反乱を鎮圧し、事実上エジプト
を保護下においた**。

3　③

①1839年、法治主義にもとづく近代国家建設をめざす改
革(タンジマート)を開始したのは**アブデュルメジト1
世**。**アブデュルハミト2世**は1878年、ロシア゠トルコ
戦争(1877〜78年)勃発を理由に**ミドハト憲法を停止し
た**スルタン。

③**クリミア戦争後**に立憲制を求める声が高まり、大宰相
ミドハト゠パシャの起草により、**ミドハト憲法が発布**
された。

④ベルリン条約はロシア゠トルコ戦争後に結ばれた条約。
この条約でオスマン帝国は**セルビア・ルーマニアなど
ヨーロッパ側領土を失った**。

4　②

①ガージャール朝の首都はテヘラン。イスファハーンは
アッバース1世が建設した、**サファヴィー朝の首都**。

③1848年に蜂起したのは**バーブ教徒**。バーブ教は救世主
(マフディー)の再臨を説く、**新宗教**。

④二度のアフガン戦争でアフガン王国の外交権を奪った
のは**イギリス**。イギリスは中央アジア経由で南進をは
かるロシアと対立していた。

5　④

④**d**は**イギリスの拠点ボンベイ**(現在のムンバイ)。**フラ
ンス東インド会社**は1672〜74年に**ポンディシェリ**、
1674年に**シャンデルナゴル**を拠点として建設した。ポ
ンディシェリはイギリスの拠点マドラス、シャンデル
ナゴルはイギリスの拠点カルカッタの近郊に位置する。

6　⑤

　イギリスは**c**の**カーナティック戦争**(1744〜63年)で

フランスを破り、つづいてインド内部の諸勢力にも支
配を広げた。南部で4次にわたる**d**の**マイソール戦争**
(1767〜99年)、西部で3次にわたる**a**の**マラーター戦
争**(1775〜1818年)、西北部で2次の**b**の**シク戦争**
(1845〜49年)に勝利し、インド全域を支配下においた。

7　②・⑤

①農民(ライヤット)に土地所有権を認めたのは**ライヤッ
トワーリー制**。ザミンダーリー制では、政府と農民の
あいだを仲介するものに徴税を任せ、その仲介者に土
地所有権を与えた。

③イギリスでは産業革命で産業資本が力をつけ、**東イン
ド会社の特権が批判される**ようになった。1813年には
インドとの貿易独占が廃止され、33年には茶の取引と
中国貿易の独占権が廃止され、さらに商業活動そのも
のの停止が定められた(翌34年に施行)。

④インド大反乱は、**シパーヒー**と呼ばれるインド人傭兵
の反乱を契機として始まった。

⑥反乱の鎮圧後、イギリスは**東インド会社を解散し**
(1858年)、本国に**インド省と担当大臣をおき、直接イ
ンドを統治**することになった。

8　(A)②・⑥

　aはスマトラ島、**b**はジャワ島、**c**はシンガポール、
dはマラッカ、**e**はペナン、**f**はビルマ、**g**はタイ、
hはベトナム、**i**はカンボジア、**j**はラオス、**k**はフ
ィリピン。

①**マタラム王国**は16世紀末から**ジャワ島東部に成立した**
イスラーム王国。1755年にマタラム王国の名は消滅し、
オランダはジャワ島の大半を支配下においた。

③1826年、シンガポール・マラッカ・ペナンをあわせて
結成されたのは**海峡植民地**。**マレー連合州**は1895年、
マレー半島の南部4州で形成されたイギリスの保護領。

④ラタナコーシン朝は1782年に成立し、今日まで続く**タ
イの王朝**。18世紀半ばに倒れたビルマの王朝は**タウン
グー朝**(1531〜1752年)。

⑤ビルマは3次にわたるビルマ戦争でイギリスに敗れ、
インド帝国に併合された。

　　　　　(B)④

①1802年、フランス人宣教師ピニョーやタイ・ラオスな
どの支援で、**阮福暎**が西山朝を倒して**阮朝**を建てた。
黒旗軍を率いてフランスに抵抗したのは**劉永福**。

②**ユエ(フエ)条約**は1883・84年、ベトナムをフランスの
保護国とした条約。これに対し、ベトナムに対する宗
主権を主張した清朝とフランスが戦ったのが清仏戦争
(1884〜85年)。清は**1885年の天津条約**でフランスによ
る**ベトナム保護権を承認**した。

③フランスは1887年にベトナムとカンボジアをあわせて
フランス領インドシナ連邦を結成した。ラオスが編入
されたのは1899年のこと。

9　①

①清代中期に領土の拡大もあり、人口は18世紀の100年
間でほぼ倍増した。

②イギリスは1792年にマカートニーを、1816年にはアマ
ーストを清に派遣し、自由貿易を要求した。

⑩ ①

①1838年，道光帝はアヘン厳禁論を唱える林則徐を，欽差大臣(全権大臣)として**広州に派遣**した。

②上海・寧波・福州・厦門・広州の5港を開港したほか，**行商(公行)の廃止**，賠償金の支払いを約した。

③**領事裁判権，関税自主権の喪失，片務的最恵国待遇**など，不平等な内容であった。

④同年，**フランスとも黄埔条約を結び**，イギリスと同様の権利を認めた。

⑪ ⑤

①英仏両国は批准書交換のために北京に公使を送った。しかし**清軍が公使の船を砲撃**したため，英仏両国は戦闘を再開し，北京を占領した。

②ロシアは1860年の**北京条約で沿海州を獲得**し，ウラジヴォストーク港を開いた。1858年のアイグン条約では黒竜江以北の地を獲得し，**沿海州は清との共同管理地**とされた。

③北京条約で九竜半島南部が**イギリスに割譲**された。また同条約では，外国公使の北京駐在，天津など11港の開港，外国人の中国内地での旅行の自由，キリスト教布教の自由なども認められた。

④ムラヴィヨフは1861年に東シベリア総督の職を辞しており，81年のイリ条約とは関係していない。ロシアはイスラーム教徒の反乱を機にイリ地方に出兵し，**イリ条約では清との国境を有利に取り決めている**。

⑫ ④

a ウズベク人は**トルコ系の遊牧民**。16世紀初めにシャイバーン朝を建て，ティムール朝を滅ぼした。ブハラ＝ハン国，ヒヴァ＝ハン国，コーカンド＝ハン国は，定住化したウズベク人が建てた国。

b コーカンド＝ハン国は18世紀初めに**ブハラ＝ハン国から自立**した。1876年にロシアに併合された。

⑬ ②・⑥

①科挙で失敗を重ねた洪秀全は，広東でキリスト教の伝導書に接したのを機に，**キリスト教的な要素**をもつ拝上帝会を組織した。

③「扶清滅洋」は義和団が掲げたスローガン。太平天国は，土地均分をめざす天朝田畝制度のほか，**男女の平等，纏足やアヘン吸飲の禁止**などの政策を掲げた。

④太平天国は，清が強制する**辮髪をやめて**長髪にした。このため清側からは「長髪族」とも呼ばれた。

⑤曾国藩が組織したのは湘軍。**淮軍は李鴻章**が組織した。

⑭ ②

②変法運動ではなく洋務運動。変法運動は1898年，光緒帝が康有為・梁啓超らを登用しておこなった政治改革。

①**同治帝**の時代，清朝は従来の排外主義を転換し，西欧の技術導入による近代化をはかった。

③中体西用は，西洋文明の導入を合理化するための思想。

④中国ではそれまで外国を対等の存在とみなしていなかったため，特別に外交を担当する役所を設けていなかった。

⑮ ④

①ペリーはアメリカの東インド艦隊司令官。彼が最初に来航したのは**浦賀**。**根室**には1792年，**ロシアのラクスマン**が日本人の漂流民大黒屋光太夫を伴って来航し，日本との通交を求めたが失敗に終わった。

②1854年の開国条約は**日米和親条約**。日米修好通商条約は58年で，江戸幕府がアメリカの駐日総領事ハリスと結んだ**不平等条約**。領事裁判権の承認，関税自主権の放棄などが定められた。

③倒幕運動の中心は**薩摩藩**や**長州藩**。

⑯ ⑥

a 大日本帝国憲法の発布は**1889年**。

b 日本は1872年に琉球藩をおき，**79年**には琉球藩を廃して沖縄県をおいた。

c 樺太・千島交換条約は**1875年**。樺太はロシア領，千島列島は日本領と定められた。

⑰ ④

①朝鮮の実権を握る摂政**大院君は強硬な攘夷政策**をとっており，列強の開国要求を拒んでいた。

②1875年の江華島事件を契機に朝鮮に圧力をかけ，翌76年に不平等条項を含む**日朝修好条規を結んだのは日本**。

③壬午軍乱は，**閔氏の政権**に対して，**軍人たちがおこした反乱**。これに乗じて大院君が政権についたが，清朝の介入で閔氏が再び政権を握った。

⑱ ②

①崔済愚は東学の創始者。東学のもとに多数の農民を結集し，**甲午農民戦争(東学の乱)を指導したのは全琫準**。

③下関条約で台湾・澎湖諸島・遼東半島の日本への割譲が定められたが，**ロシア・ドイツ・フランスの三国干渉**で遼東半島は清に返還された。

④日本は**台湾総督府を設置して**植民地支配をおこなった。

▮▮▮ 史資料問題編 ▮▮▮

第1問

問1 ③

ムハンマド＝アリーは**ギリシア独立戦争**でオスマン帝国を支援した見返りに，クレタ島・キプロス島を獲得し，さらに**シリアの行政権**を要求した。オスマン帝国がこれを拒否したために始まったのが，二度にわたるエジプト＝トルコ戦争である。

問2 ②

　ウ　にあてはまるのは**ワッハーブ王国**。bのイブン＝アブドゥル＝ワッハーブは，「コーランとスンナに戻れ」と説き，聖者崇拝など非イスラーム的要素を受容した**スーフィズムを排斥**し，またその一方で伝統に安住するウラマーも非難した。ワッハーブ運動は今日の**イスラーム原理主義的運動**の源流となった。

問3 ④

a フランスは二度の**エジプト＝トルコ戦争**で，ムハンマド＝アリーを支援した。

b 1839年に始まった第2回戦争では，ムハンマド＝アリーの強大化を警戒したイギリス・プロイセン・オーストリア・ロシアがオスマン帝国を支援したためエジプトは孤立した。ムハンマド＝アリーは，**1840年のロンドン会議**でスーダンなどの統治権とエジプト総督の

世襲権は認められたが，**シリアなど占領地を返還する**ことになった。

問 4　④

　　図 b は中国の官服姿の**ゴードン**。ゴードンは太平天国の乱鎮圧に活躍し，乱終結後に清朝から官職を受けたが，イギリスに帰国した。1877年にスーダン総督に就任したが，85年に**マフディーの勢力**によって**ハルツームで包囲**され，戦死した。

第 2 問

問 1　⑧

　　資料 1 は北京条約後に「総理各国事務衙門」が設置されたことの記録(1861年)。資料 2 は**日朝修好条規**(1876年)。資料 3 は李鴻章による**北洋海軍の状況**についての報告(1894年)。資料 4 は**アイグン条約**(1858年)。

問 2

②「朝鮮国ハ自主ノ邦ニシテ，日本国ト平等ノ権ヲ保有セリ」とある。日本が朝鮮の**外交権**を得たのは**1905年の第 2 次日韓協約**，内政権を得たのは**1907年の第 3 次日韓協約**でのこと。

③資料中には「日本はまことに狭苦しい小国ですが，それでも努力して経費を節約し，毎年巨艦を増加しています。しかるに中国は〔光緒〕一四年に北洋海軍を創設して以来，今日まで，いまだに一艦をも加えておらず，わずかに現有の大小二〇余隻の軍艦をもって訓練に努めているにすぎません。」とあり，報告者の李鴻章は**日本の海軍の増強を認める**一方，**清の海軍に不安を感じ**ていることが読み取れる。

④「黒竜江，松花江，ウスリー川の航行は，清とロシアにだけ認められ，他国には許されない」とあり，イギリスには**航行権を認めていない**。

20　帝国主義と世界分割
(p.116〜p.121)

‖‖‖ 知識問題編 ‖‖‖

1　④

①19世紀後半から近代科学の成果を生かした工業部門，新技術を発展させ，第 2 次産業革命を主導したのは**アメリカ合衆国とドイツ**。

②第 2 次産業革命では巨額の資本が必要となり，銀行と結びついた**少数の巨大企業による市場独占**の傾向がみられた。

③スエズ運河はフランスのレセップスにより1869年に開通した。ディズレーリは，1875年に**エジプトからスエズ運河会社の株式**を買収して運河の経営権を握った。

2

　　a はイギリス，**b** はロシア，**c** はフランス，**d** はアメリカ，**e** はドイツ，**f** は日本。イギリス・フランスは，はやくから広大な植民地を獲得しており，**ドイツ・日本などは植民地の再分割**を求めた。

3　①

②1867年に**カナダが最初の自治領**となった。オーストラリアは1901年，ニュージーランドが1907年，南アフリ

カ連邦が1910年に自治領となった。

③労働党は社会主義を目標に掲げたが，革命ではなく，議会主義をとり，**ゆるやかな改革を通じてその実現をめざす方針**をとった。

④1911年の議会法は，上院が予算案を否決できないことなどを定め，**下院の法案決定権が上院に優先すること**を確定した。

4　①

　　アイルランド自治法案は，自由党の**グラッドストン**が1886年と93年に提出した。しかし，自由党員のなかにも反対があって通過せず，1914年，**自由党のアスキス内閣**の時に成立した。

5　①

①フランスはドイツによるビルマスク体制のもとで国際的に孤立した。しかし，1894年に**露仏同盟**，1904年に**英仏協商**を結び，**ドイツに対抗**した。

②・③・④ブーランジェ事件(1887〜89年)，ドレフュス事件(1894〜99年)と，フランスでは**共和政攻撃の動き**がつづいたが，政府はこれをしのいだ。1905年に政教分離法が成立したことも，**共和国安定**につながった。また，同年**フランス社会党**が成立し，議会主義を否定して**労働組合の直接行動による社会革命**をめざす過激な**サンディカリズム**の動きをおさえた。

6　④

①・②1888年に即位したヴィルヘルム 2 世は，**社会主義者鎮圧法の延長やロシアとの再保障条約の更新に反対**し，90年にビスマルクを辞職に追い込んだ。再保障条約を更新しなかったため，ロシアはフランスに接近し，94年の露仏同盟締結につながった。

③ベルンシュタインは亡命先のイギリス社会の影響を受け，マルクス主義的社会革命ではなく，議会を通じての改革を説いた。

④ラサール派とベーベルらのアイゼナハ派(マルクス主義)が合同し，**ドイツ社会主義労働者党**が成立した。社会主義者鎮圧法で弾圧を受けたが勢力を伸ばし，**1890年**に社会主義者鎮圧法が失効したのを機に**社会民主党と改名**して，急速に勢力を伸ばした。

7　③

①「イギリスからの資本」は「フランスからの資本」の誤り。1894年に露仏同盟が結ばれ，**フランス資本がロシアに投下**されるようになった。シベリア鉄道は1891〜1904年に敷設された全長約9300km に及ぶ鉄道。帝政ロシアのシベリア開発や極東政策の手段となった。この鉄道にもフランス資本が投入された。

②社会革命党(エス = エル)は**ナロードニキ**の流れをくむ政党。

④立憲民主党は立憲君主政の確立をめざした。

8　②

①血の日曜日事件は，皇帝に貧困からの救済と平和を懇願した**民衆に，宮殿の警備隊が発砲した事件**。これにより民衆の皇帝への信頼は揺らいだ。

③この時の皇帝は**ニコライ 2 世**。十月宣言で国会(ドゥーマ)の開設や市民的自由を認め，自由主義者の**ウィ**

ッテを首相に登用した。

④革命運動が退潮に向かうとニコライ2世は専制的姿勢にもどった。**1906年にストルイピンが首相**となり，帝政の基礎を固めるために**農村共同体（ミール）を解体して独立自営農の育成**につとめたが，失敗した。

9　②・⑤

①アメリカ＝スペイン戦争は，**キューバの独立支援**と，ハバナ湾での米艦爆沈事件を口実に始まった。戦後，アメリカはキューバに「**プラット条項**」をおしつけ，保護国とした。また，スペインからフィリピン・グアム・プエルトリコを獲得した。**ハワイ王国はアメリカ＝スペイン戦争とは別に1893年にアメリカの圧力で**女王リリウオカラニが退位し，**98年にアメリカに併合**された。

③セオドア＝ローズヴェルトは，内政面では「**革新主義**」を掲げ，**大企業の市場支配の阻止や労働者保護**につとめた。

④中米への武力干渉をおこない（棍棒外交），1904年にパナマ運河建設に着手したのはセオドア＝ローズヴェルト。タフトは**中米や中国への投資を推進するドル外交**を展開した。

⑥ウィルソンは民主主義の道義的優位を説く「**宣教師外交**」を展開したが，1914年に完成した**パナマ運河の管理権を握り**，中米地域での覇権的地位を確立した。

10　③

①第2インターナショナルは**パリ**で結成された。

②**第2インターナショナルではマルクス主義が主流**であった。

④第2インターナショナルは国ごとの加盟組織の連合体で，第一次世界大戦勃発後，**各国の社会主義政党は自国政府の戦争政策を支持**した。そのため，第2インターナショナルは実質的に崩壊した。

11　①

a　スタンリーは，**宣教師リヴィングストン捜索**のために1871年にアフリカに入った。74年以降は**ベルギー王の支援でコンゴ地方を探検**した。**アムンゼン**はイギリスのスコットと競い，**1911年に南極点に初到達**した探検家。

b　1908年，王領のコンゴ自由国から**ベルギー領コンゴ**となった。また，ベルリン会議では「ある地域を植民地化する国は，その地域でのヨーロッパ人の安全や商業活動を保障できなければならない（**実効支配**）」という原則が定められ，以後またたくまにアフリカの分割が進んだ。

12　④

a　南アフリカ（ブール）戦争（1899〜1902年）でイギリスが勝利し，**トランスヴァール共和国・オレンジ自由国の領有権**を得た。

b　立憲制の確立などを求めるウラービー大佐の運動を，イギリスは1882年に鎮圧した。彼が掲げた「**エジプト人のエジプト**」は，その後のエジプトの民族運動のスローガンとなった。

c　「**マフディー**」は救世主の意味。**ムハンマド＝アフマ**ドはマフディーを名乗り，1885年にゴードン将軍（太平天国で常勝軍を指揮）を破った。

13　③

①ナイジェリアはイギリスの植民地。フランスは**1881年にチュニジアを保護国**とし，サハラ砂漠をおさえてアフリカを横断しようとした。

②縦断政策をとるイギリスと衝突した**フランスはイギリスに譲歩**し，ナイル上流一帯でのイギリスの優位を認めた。

④1905年の第1次モロッコ事件（タンジール事件），1911年の第2次モロッコ事件（アガディール事件）で**イギリスはフランスを支持**した。モロッコは1912年にフランスの保護国となった。

14　②

aはリビアでイタリアの植民地。**b**はエチオピア。**c**はコンゴでベルギーの植民地。**d**はリベリアで独立を維持した。**e**はアンゴラでポルトガルの植民地。**f**はドイツ領東アフリカでドイツの植民地。**エチオピアは1896年のアドワの戦いでイタリアを破り，独立を保った。リベリアは，アメリカ植民協会が解放奴隷を移住させて建てた国。**1847年に独立し，ヨーロッパの進出を受けずに独立を保った。

15　④

aはオーストラリア，**b**はニュージーランド，**c**はビスマルク諸島，**d**はグアム島。

①1770年，クックがオーストラリアを**イギリス領**と宣言した。オーストラリアでは**1851年に金鉱が発見されてゴールドラッシュ**がおこった。

②マオリ人は**ニュージーランドの先住民**。1840年のワイタンギ条約で**イギリス領**となると，マオリ人の抵抗が激化したが，イギリスはこれをおさえこんだ。

③ビスマルク諸島（メラネシアの一部）は**ドイツ領**。ドイツはこの他に，**カロリン・マリアナ・マーシャル・パラオの諸島（ミクロネシア）**を獲得した。

16　①

①ラテンアメリカ諸国では，政教分離を進める自由主義政党と，カトリックの権威を守ろうとする保守政党の対立が続き，時に**軍部のクーデタや地方軍閥の反乱**がおこるなど，**政情は不安定**であった。

17　④

メキシコ革命は，政権が長期化して独裁的になったディアス政権に対しておこされた。**サパタはマデロの呼びかけに呼応した農民運動の指導者**。南部で農民軍を組織したが，やがて農地改革の問題からマデロと対立し，離反した。**北部の農民運動ではビリャが指導者**として活躍した。1917年に憲法を制定し，大統領となったのは大地主層を基盤とした**カランサ**。

18　⑤

aはロシア，**b**はフランス，**c**はイギリス，**d**はオーストリア，**e**はドイツ，**f**はイタリア。イギリス・フランス・ロシアの三国協商と，ドイツ・オーストリア・イタリアの三国同盟が対立した。しかし，三国同盟は実質ドイツ・オーストリア二国の同盟であった。

第1問

問1　③

　a は北欧，西欧からの移民。**b** はカナダからの移民。**d** はアジアからの移民。西欧・北欧系の移民を「**旧移民**」と呼ぶのに対して，ポーランド人・ロシア人などの**東欧系**，イタリア人などの**南欧系**，それに**ユダヤ系**の移民をあわせて「**新移民**」と呼ぶ。1890年までは西欧・北欧からの移民が多かったが，1890年代から東欧・南欧からの移民が急増した。**中国系の移民（苦力）**は，黒人奴隷の代替労働力として，**カリフォルニアの金鉱開発**や**大陸横断鉄道建設**の労働力として用いられた。

問2　③

①資料中の，「ポーランド人・ロシア人などの東欧系の人々，中には帰郷して結婚式も執り行わずに結婚し，妻とともにアメリカに渡る者もいます。」，「自分は8日前にニューヨークから帰ったところです。向こうでは3年くらい働いていました。最初は絹織物の工場で働き，それから武器工場で働いて1日に1ドル半を稼ぎました。帰ってきたのはイタリアの方がましだと思ったからだけれども，こっちの方がやっぱりひどかった」などから，人々が**移民と帰郷を繰り返していた**ことが読み取れる。

②資料中にみられる都市がすべて南イタリアであるように，**経済力の低い，農業中心の南部からの移民が多数**であった。統一後のイタリアでは工業の発展した北部と，農業中心の南部の間に格差があった。

④資料中の，「貯金は何も持ち帰れなかった。もし渡航費用が工面できたら，もう一度移民しようと思います」から，**移民という行為は生活の一部として根付いて**おり，強い抵抗はなかった様子が読み取れる。

第2問

問1　②

　資料Aは，1896年のアドワの戦いの後に，イタリアとエチオピアの間で結ばれたアディスアベバ条約。この戦いで，**イタリアはフランスからの武器の支援を受けたエチオピアに敗れた**。資料Bはエジプトの軍人ウラービーが指導した，立憲制の確立，議会開設，ヨーロッパ列強の内政干渉排除などを求める**ウラービー運動**に関するもの。

　地図中の **a** は1905年と11年にドイツとフランスが衝突した**モロッコ**。**c** は1898年にアフリカ分割の過程でイギリスとフランスが軍事衝突しかけた**ファショダ**。**d** はケープタウン。

問2　①

②イブン＝サウードは，**サウジアラビア王国を建国した**アラビアの豪族サウード家の当主。

③ミドハト＝パシャは，**ミドハト憲法を起草した**オスマン帝国の宰相。

④ホセ＝リサールは平和的方法による独立を主張した**フィリピンの民族運動**の指導者。

第3問

問　④

　資料1は**露仏同盟**（1894年），資料2は**英仏協商**（1904年），資料3は**英露協商**（1907年）。

　資料1からは，　**A**　が　　　　・イタリアと対立していること，　**B**　が　　　　・オーストリアと対立していること，　**A**　と　**B**　が同盟関係にあること，　**A**　と　**B**　の協約は**三国同盟（ドイツ・イタリア・オーストリア）**と対立していることなどがわかる。これをもとに，イタリアと対立したのはフランスであるため，　**A**　はフランスであると判断できる。また，　**B**　はオーストリアと対立していることから，ロシアであると判断できる。なお，オーストリア・イタリアと三国同盟を結んでいる　　　　はドイツである。

　資料2からは，　**A**　が　**C**　のエジプト占領を容認していることや，　**C**　が　**A**　のモロッコでの権利を容認していることがわかり，　**A**　がフランスであるから，　**C**　はイギリスと判断できる。

　資料3からは，　**C**　と　**B**　はペルシア・アフガニスタンで，相手国の権益を認めていることがわかり，　**C**　はイギリスであるから，　**B**　はロシアであることが確定できる。

21　アジア諸国の改革と民族運動
(p.122～p.127)

■■■ 知識問題編 ■■■

1　④

①アヘン戦争後，**1842年の南京条約で清朝は a の香港島をイギリスに割譲した。**

②アロー戦争後，**1860年の北京条約で清朝は b の九竜半島南部をイギリスに割譲した。**

③1898年，イギリスは **c** の九竜半島の残り全域を**期限99年で租借した。**

④イギリスのサッチャー首相と中国の鄧小平が，**1984年に香港返還について合意に至り，97年に香港全域が中国に返還された。**

2　④

a　アメリカがフィリピンを獲得したのは，**1898年のアメリカ＝スペイン（米西）戦争**。これにより中国市場進出への機運が高まった。

b　国務長官ジョン＝ヘイは門戸開放について，2度提唱している。1899年の提唱は経済的な機会均等を訴えるもので，列強の中国分割については否定していない。**翌1900年，列強が義和団戦争に軍隊を派遣すると，中国の領土保全を掲げ，中国分割に反対した。**

3　②

①**康有為**は『春秋』の注釈書の一つである『公羊伝』を重視する**公羊学派**。孔子を改革推進者ととらえる説をとり，国会開設や憲法制定の必要性を説いた。

③戊戌の変法は，康有為らによる改革をめざす運動のこと（変法自強運動）。保守派が西太后と結んでおこした**クーデタは戊戌の政変**と呼ばれる。

④戊戌の政変で光緒帝は幽閉され，康有為・梁啓超は日本に亡命し，改革は挫折した。しかし，**康有為・梁啓超は亡命後も立憲運動を続け，孫文ら革命派とは立場を異にした。**

■4■　③
　東学は，1860年ころに**朝鮮でおこった新宗教**。崔済愚が朝鮮独自の思想体系の構築をめざし，**儒教・仏教・道教に民間信仰を加えて東学を創始**した。1894年におこった甲午農民戦争は，指導者に東学の幹部である全琫準らがいたため，東学の乱とも呼ばれる。

■5■　②・⑤
①義和団は宗教的武術集団。彼らの活動は，**反キリスト教を掲げる排外主義の仇教運動の代表例**である。
③出兵したのは，日本・ロシア・イギリス・フランス・アメリカ・ドイツ・オーストリア・イタリア。地理的に近い**日本とロシアが中心**となった。
④結ばれた講和条約は北京議定書(辛丑和約)。黄埔条約はアヘン戦争後，清がフランスと結んだ条約。

■6■　②・⑤
②イギリスはロシアの南下を警戒していたが，**南アフリカ戦争(1899〜1902年)のために極東に兵力をさく余裕がなかった**。そこで日本にロシアをおさえさせるため，日英同盟を結んだ。
⑤ペテルブルクで二月革命がおこったのは，第一次世界大戦中の1917年。**1905年におこったのは，血の日曜日事件を機におこった第1次ロシア革命。**

■7■　②
①日本は，ポーツマス条約で東清鉄道支線の長春・旅順口間の利権を得た。南満洲鉄道株式会社は，この鉄道と沿線経営のため，**1906年に日本が設立した会社。**
③イギリスは，軍事義務は解除したが，**日英同盟を維持**した。**日英同盟の解消**は，第一次世界大戦後の1921年，ワシントン会議で四カ国条約が成立した結果。
④日露戦争後，**アメリカは日本への警戒心を強め**，日本人移民排斥問題などがおこった。

■8■　④
①1905年，**第2次日韓協約**により漢城(現ソウル)に設置されたのは**統監府**。伊藤博文が初代統監となった。この条約で日本は韓国の外交権を奪い，保護国とした。04年の**第1次日韓協約**で韓国の**外交と財政に日本からの顧問をおく**ことを強制し，07年の**第3次日韓協約**で韓国の**軍隊を解散**させた。
②万国平和会議はオランダのハーグで開催された。
③列強は日本の韓国支配を黙認し，日本は民衆の義兵闘争を弾圧した。

■9■　①・③
②義和団戦争後，西太后ら清朝保守派も近代化改革の必要性を認めた。改革は多岐にわたったが，確立すべき政体は共和政ではなく**立憲君主政**であった。**憲法大綱は日本の明治憲法をモデル**とし，強大な皇帝権を規定した。
④孫文は**ハワイで興中会を組織**し，翌年広州で蜂起したが失敗した。

⑤1905年，各地の革命組織が東京に結集して設立したのは**中国同盟会**。孫文らの興中会，黄興・宋教仁らを中心とする華興会，章炳麟らの光復会などが集まった。
⑥華僑や留学生たちの**多くは革命運動を支持**し，海外で清朝打倒をめざす運動を展開した。

■10■　②
　孫文は中国同盟会の機関誌『民報』創刊号で「民族・民権・民生」の三民主義を説いた。
①**民族主義**の説明。辛亥革命後は，中国領土の分裂・分割を避けるため，立憲派の主張する五族共和が採用された。
②意識改革のための白話運動は，1910年代の中国でおこった**新文化運動のなかで展開された**，口語による文学を提唱する運動。1917年に雑誌『新青年』誌上で**胡適が提唱**した。
③**民権主義**の説明。
④**民生主義**の説明。

■11■　④
①1911年に成立したのは，**満洲の皇族を中心とした内閣**であった。
②列強によって奪われた鉄道や鉱山などの利権の**回収運動は大衆的基盤に立った運動**。そして利権回収後，**民間資本が鉄道や鉱山の経営**にあたっていた。
③1911年5月の鉄道国有化令に反対して四川でおこった暴動は，辛亥革命のきっかけとなった。1911年10月10日，武昌で新軍内の革命派が蜂起し，辛亥革命が始まったが，当時**孫文はアメリカに滞在中**であった。

■12■　②
①アメリカから帰国した孫文は，**臨時大総統に選出**された。
③袁世凱の専制に対し，1913年に第二革命がおこったが失敗し，国民党は解散させられた。孫文は亡命先の東京で，**秘密結社の中華革命党**を組織した。この結社が，1919年の五・四運動後に大衆政党の中国国民党に改編された。
④帝政を宣言したのは袁世凱。各地で反対運動がおこると，列強も帝政取消しを勧告し，16年3月，袁は帝政取消しを宣言し，まもなく死去した。袁世凱の死後は，**列国の支援を受けた軍閥が各地に分立**し，北京政府の実権を争奪する状況が続いた。

■13■　④
　中華民国は清朝の領域をその領土としたが，各地で独立をめざす運動がおこった。
a　布告を発したのは**ダライ＝ラマ13世**。ダライ＝ラマ14世は，1959年のチベット動乱時の宗教・政治指導者。反乱が中国に鎮圧されるとインドに亡命した。
b　内モンゴルではなく**外モンゴル**。内モンゴルは中華民国領にとどまった。外モンゴルは1911年に独立を宣言し，チョイバルサンらのモンゴル人民革命党は，ソヴィエト政府の支援を受けて21年に独立を達成し，**24年に人民共和国成立**を宣言した。

■14■　①・③
②インド国民会議は，当初は穏健な組織として出発した。

次第に民族運動の中心となっていったが、はっきりと**反英色を強めたのは、ベンガル分割令発布後である。**

④1906年の大会はカルカッタで開かれ、急進派の**ティラクは、英貨排斥・スワデーシ（国産品愛用）・スワラージ（自治獲得）・民族教育の4綱領**を決議した。**プールナ＝スワラージ（完全独立）は、ネルーらが1929年のラホール大会**で決議した。

⑤**全インド＝ムスリム連盟はイギリスの支援で結成され、当初は親英協力路線をとった。**

⑥イギリスは反英運動の中心であった**カルカッタから旧都デリーに首都を移した。**

15 ⑤

a 東遊（ドンズー）運動は、**日露戦争直後**、ファン＝ボイ＝チャウらの提唱で始まった。しかし、1907年に日仏協約が結ばれ、**日本はフランスの要請で留学生を国外に退去させ**、運動は挫折した。

b 東遊運動が挫折した後、中国の国民党の支援で、**1912年に広東でベトナム光復会が組織**された。

c ファン＝ボイ＝チャウらが、フランスからの独立と立憲君主制をめざす運動である**維新会を組織したのは1904年。**

16 ⑥

　ア　インドネシアを植民地とし、強制栽培制度をおこなったのはオランダ。

　イ　イスラーム同盟はジャワの商人の相互扶助を目的に設立され、やがて民族運動の中心となった。しかし、植民地政府の弾圧で組織は崩壊した。ブディ＝ウトモは1908年に知識人たちが結成した、**インドネシア最初の民族主義団体。**

17 ③

①1880年代から**言論運動を開始したのはホセ＝リサール。**平和的な方法による独立を主張した。今日もフィリピン独立の英雄として尊敬を集める人物である。

②**フィリピン共和国が独立を宣言したのは1899年。アギナルドが大統領**となった。

③アメリカはアメリカ＝スペイン戦争の結果フィリピンを領有し、**アメリカ＝フィリピン戦争（1899～1902年）**でフィリピンを破った。

④ホセ＝リサールはムスリム勢力とは関係ない。彼はフィリピン革命を主導したカティプーナンの蜂起への関与を口実に逮捕され、**1896年に処刑**されている。

18 ⑤・⑥

⑤タバコ＝ボイコット運動（1891～92年）は、ガージャール朝が**イギリス人業者に利権を与えたことに対し、**商人やウラマーたちがおこした。

⑥イラン立憲革命では、1906年に国会が開設され、翌年には憲法も制定された。しかしイランの分割をはかる**イギリスとロシアが介入し、**11年にはロシアが議会を閉鎖した。

第1問

問1 ①

　資料は日清戦争後に締結された**下関条約**（1895年）。第1条は**朝鮮の独立承認**を定めたもの。これにより清の朝鮮半島での影響力を排除し、日本は大陸進出の足がかりを手に入れようとした。

　第4条は**賠償金の支払い**について定めたもの。2億テール（両）は銀746万kg相当で、日本円に換算すると約3億円（当時）に相当した。

問2 ③

　ロシアは1896年に清と密約を結び、東清鉄道の敷設権を獲得した。鉄道は1901年に完成し、ロシアはこの鉄道により満洲に進出した。しかし、日露戦争の結果、長春以南の南部支線は南満洲鉄道として日本の大陸進出の足場となった。満洲事変後は日ソ間の交渉により**全鉄道が満洲国に売却**された。

問3 ②

　あが膠州湾で、**いは旅順**、**うは威海衛**。ドイツは1897年に宣教師殺害を口実に膠州湾を占領し、98年に租借して、**山東地方を勢力範囲**とした。**フランス**は99年に広州湾を租借し、**広東西部と広西地方を勢力範囲**とした。**イギリス**は威海衛と九竜半島を租借し、**長江流域と広東東部を勢力範囲**とした。**日本**は下関条約で台湾を獲得し、対岸の**福建地方を勢力範囲**とした。

第2問

問1 ⑤

　資料は中華革命党の結成に関するもの。孫文らは第二革命が弾圧されると、秘密結社中華革命党を組織した。袁世凱は李鴻章の死後、清朝最大の実力者となった。**北洋軍は袁世凱指揮下の新軍**で、李鴻章が統括した軍が起源。袁は1907年に失脚したが、辛亥革命が勃発すると総理に登用された。しかし、彼は清を見限って共和国側と取引し、**宣統帝の退位と共和政維持を条件に臨時大総統**となった。

あ　1905年に、東京で孫文が中心となって、**興中会・光復会・華興会**などを結集して組織した、**中国同盟会**の説明。

う　1894年に孫文がハワイで組織した興中会の説明。

問2 ②

　もとの文は、「専制政治を一掃し、完全な民国を建設することをもって」。

第3問

問1 ④

ア　19世紀初め、シリアでは、**アラブのキリスト教徒知識人のあいだに、アラブ文化復興運動**がおこった。これは言語を通じてアラブの民族意識を高め、19世紀末以降に展開する**アラブ民族主義運動**への道を開くものであった。

イ　**アブデュルハミト2世はロシア＝トルコ戦争の勃発を口実に、憲法を停止し、議会を閉鎖した。**資料の後半に「凍結直後の、立憲派による宮廷クーデタ〜」から「推進」ではなく「凍結」であることは判断できる。

問2 ④

① タバコ＝ボイコット運動は**1891～92年**。

② ウラービー運動は**1881～82年**。

③ 近代国家の形成の方法について，アフガーニーは「宗教」によるつながりを強めて近代的なイスラーム国家をつくろうと考えた。彼の思想は，**1884年にパリでム**ハンマド＝アブドゥフとともに刊行した評論誌『固き絆』により，広くイスラーム圏に影響をおよぼした。

④ ホー＝チ＝ミンがベトナム青年革命同志会を結成したのは**1925年**のこと。

---

22 第一次世界大戦とヴェルサイユ体制
(p.128～p.133)

▌▌▌ 知識問題編 ▌▌▌

1 ③

ビスマルク外交でフランスは孤立を余儀なくされたが，**皇帝ヴィルヘルム２世が再保障条約更新を拒否し**，孤立したロシアと同盟した（**b**の露仏同盟〈1894年〉）。**イギリス**は長く「光栄ある孤立」の外交姿勢をとったが，東アジアでの**ロシアの南下**に対抗して日本と同盟（**a**の日英同盟〈1902年〉）し，また**ドイツの台頭**にそなえてフランスと同盟（**c**の英仏協商〈1904年〉）を成立させた。

2 ②・⑤

① 第一次世界大戦勃発の引き金となったのは，1914年6月末の，ボスニアの州都サライェヴォにおける**オーストリア帝位継承者夫妻の暗殺**。

③ イタリアは1915年，イギリス・フランス・ロシアと**ロンドン秘密条約**を結んだ。この条約は「未回収のイタリア」割譲を条件に連合国側での参戦を約束するもので，これに従い5月にオーストリアに宣戦した。

④ アメリカが参戦したのは，1917年2月にドイツが**無制限潜水艦作戦**をとったため。1915年5月の**ルシタニア号事件**は，アメリカの対独世論を悪化させ，**アメリカ参戦の伏線**になった。

⑥ 戦争や経済恐慌などの危機に際し，**対立する政党の協力も得て内閣を形成することを挙国一致体制**という。第一次世界大戦期のイギリスのアスキス内閣やロイド＝ジョージ内閣，1931年のマクドナルド内閣などが有名。全体主義は**個人の自由を否定し，国家を一元的に統制する政治体制**。ドイツのナチズム，イタリアのファシズムなどが代表例。

3 ②

② スターリングラード（現ヴォルゴグラード）の戦いは，**第二次世界大戦中の1942～43年**にドイツとソ連の間でおこなわれた。初めドイツが優勢に戦いを進めたが，反攻に出たソ連がドイツ軍を包囲し，ドイツを降伏させた。この戦いは**独ソ戦の転換点**となった。

4 ①

ライト兄弟が初めて動力飛行機の飛行に成功したのが1903年。第一次世界大戦では当初は偵察用に用いられ，やがて戦闘機も開発された。ジェットエンジンを

動力とする飛行機は1910年に実験がおこなわれたが失敗し，実戦での投入は**第二次世界大戦の末期**である。

5 ③

① 連合国が**ロンドン秘密条約（1915年）を結んだのはイタリア**。イタリアは南チロル・ダルマティアなどの割譲を条件に，連合国側からの参戦を約束した。ハンガリーは1866年以来，オーストリア皇帝がハンガリー王を兼ねる，同君連合国家であった。

② サイクス＝ピコ協定は，1916年に英仏露の三国間で結ばれた秘密条約。ロシア革命後，革命政府がこの協定の内容を暴露した。

④ オスマン帝国は1918年10月に降伏した。11月，皇帝ヴィルヘルム2世がオランダに亡命し，共和国となった**ドイツが連合国と休戦協定**を結んで，第一次世界大戦は終わった。

6 ①

② 首都は1918年3月，ソヴィエト政権により**ペトログラードからモスクワ**に移された。24年，ペトログラードは**レニングラード**と改称され，91年に旧名の**サンクト＝ペテルブルク**に戻された。

③ 1919年に組織されたのは**コミンテルン**（第3インターナショナル）。コミンテルンは第二次世界大戦中の43年に解散され，戦後の47年に各国の共産党の情報交換機関として**コミンフォルム**が組織された。

④ 第一次世界大戦後，イタリアでは社会主義革命はおきていない。**1919年に社会主義政権を樹立**したが，短期間で倒されたのは**ハンガリー**。

7 ③

① 反革命政権を形成したのは，**旧軍人を主体とする帝政派**や，ボリシェヴィキに反対する政党など雑多な勢力であった。

② 連合国は革命の拡大を恐れ，**反革命政権を援助**した。

④ 戦時共産主義は，危機的な食料状況の解決のため，**農民から穀物を強制的に徴発**し，都市住民や兵士に配給する経済政策。

8 ④

アメリカがソ連を承認したのは**1933年，民主党のフ**ランクリン＝ローズヴェルト大統領。なお，ネップ期に入り，ソ連政権が安定する1920年代にイギリス・イタリア・フランス・日本などがソ連を承認している。

9 ④

① パリ講和会議時のイギリス首相は**ロイド＝ジョージ**（自由党）。ネヴィル＝チェンバレン（保守党）は第二次大戦前にドイツ・イタリアに宥和政策で対応した首相。

② この時期，ロシアは政治的混乱が続いていたこともあり，**会議に代表はまねかれなかった**。また，ドイツなど敗戦国も講和条約の案がまとまるまで会議にまねかれなかった。

③ 十四カ条に「社会主義との協調」はない。ウィルソンは**ロシア革命の波及を警戒**し，自由主義経済のもとで国際秩序を確立し，社会主義に対抗しようとした。

10 ②

① ドイツは**すべての海外植民地を失った**。また，アルザ

ス・ロレーヌをフランスに返還し，ポーランド回廊を
ポーランドに，国境地域の一部をベルギーに割譲した。
③ラインラントはライン川両岸地域のことで，**ドイツ・
フランス間の係争地**の一つ。
④アルザス・ロレーヌは**ドイツ＝フランス戦争（プロイ
セン＝フランス戦争）**の結果，1871年にドイツが獲得
している。

11　④

①**アメリカは**上院の反対によりヴェルサイユ条約を批准
せず，**国際連盟にも加盟していない。**理事国となった
のはイギリス・フランス・**イタリア**・日本である。
1926年にはドイツが加わった。
②安全保障理事会が設置され，拒否権が認められたのは
第二次世界大戦後に設立された**国際連合**でのこと。
③国際連盟の本部はジュネーヴにおかれた。また，常設
国際司法裁判所はオランダのハーグにおかれた。

12　④

①ワシントン会議を主催したのは**ハーディング**大統領
（任1921〜23）。クーリッジはその次の大統領（任1923
〜29）。
②海軍軍備制限条約は米・英・日・仏に**イタリアを加え
た五大国**が調印。主力艦の総トン数の比率を，5：
5：3：1.67：1.67と定めた。
③日英同盟は，**四カ国条約の発効とともに解消された。**
九カ国条約でアメリカが東アジアの国際関係で主導権
を握り，石井・ランシング協定廃棄，二十一カ条の一
部放棄など，**日本の中国政策を後退させた。**

13　②

①セーヴル条約は1920年にオスマン帝国が結んだ条約。
**ムスタファ＝ケマルの新政権が，1923年に連合国と結
んだ条約はローザンヌ条約。**この条約でトルコは，ト
ラキア・アナトリアなどの領土を回復し，不平等条約
であったセーヴル条約を撤廃した。
③ムッソリーニ政権のイタリアが，1924年にユーゴスラ
ヴィアと協定を結び，併合したのは**フィウメ。**
④ドイツの賠償不履行を口実に，ポワンカレ右派内閣が
ベルギーとともに武力占領したのは**ルール地方。**

14　④

a　補助艦の保有比率を定めたロンドン会議は1930年。
b　ロカルノ条約の締結は1925年。翌26年にドイツは国
際連盟に加盟した。
c　不戦条約が結ばれたのは1928年。この条約は戦争違
法化の先例となった。

15　③

①1922年，アイルランドは北部のアルスター地方を除き，
**自治領のアイルランド自由国となった。エールは，
1937年にイギリス王冠への忠誠宣言を廃止し，事実上
イギリス連邦を離脱した**ときに定められた国名。
②1923年の総選挙で労働党は第二党となり，**24年に自由
党と連立内閣を組織した。**第一党となって組閣したの
は1929年。
④1926年と30年のイギリス帝国会議の決議で成立したウ
ェストミンスター憲章で，各自治領はイギリス連邦の

一員として，**本国と対等の地位を得た。**

16　①

②フランスとベルギーによるルール占領（1923〜25年）に
対し，ドイツは**不服従で抵抗した。**
③1923年，レンテンマルクを発行してインフレーション
収拾につとめたのは**シュトレーゼマン**首相。エーベル
トはヴァイマル共和国初代大統領（任1919〜25）。
④ドーズ案は1924年，アメリカの銀行家ドーズを議長と
する専門委員会が提案した，ドイツ経済復興プラン。
**アメリカ資本がドイツに投入され，経済安定に貢献し
た。**

17　①

①労働者が工場を占拠したのは**工業の発達した北部**での
こと。政府はこの事態を平和的に解決し，以後左翼運
動は低退した。
②1922年，政府は「ローマ進軍」を阻止するために国王に
戒厳令を要請したが，国王は内乱を恐れて拒否し，ム
ッソリーニに組閣を命じた。
③ファシズム大評議会は1923年に設立されたファシスト
党の最高議決機関。28年に国家の最高機関となった。
④ラテラン条約によって，1870年以来の絶縁状態が解消
された。イタリアはヴァチカン市国を独立国と認め，
教皇はムッソリーニ内閣を承認した。

18　②

①1918〜19年の社会主義革命で**ソヴィエト政権が成立し
たのはハンガリー。**しかし，革命政権はまもなく倒さ
れ，ホルティの権威主義体制が続いた。
③ピウスツキは**ポーランド**の独立運動の指導者。1926年
にクーデタで政権を握った。
④ユーゴスラヴィアが**社会主義国となったのは第二次世
界大戦後。**1918年12月，セルビア・クロアティア・ス
ロヴェニアがオーストリアからセルブ＝クロアート＝
スロヴェーン王国として独立を宣言し，29年に国名を
ユーゴスラヴィアとした。

19　①

②スターリンは1922年に共産党書記長となり，24年のレ
ーニンの死後，党内の指導権争いでトロツキーを破っ
た。**トロツキーは29年に国外に追放され，40年に亡命
先で暗殺された。**
③土地や農具を共有するのは**コルホーズ（集団農場）**。ソ
フホーズ（国営農場）では土地・農具は国有で，農民は
賃金労働者となった。
④農業の集団化は形式的には完成したが，農民の労働意
欲低下で**生産は停滞し，**1932〜33年には多数の餓死者
も出た。

20　①

②自由放任政策をとったハーディング（任1921〜23）・ク
ーリッジ（任23〜29）・フーヴァー（任29〜33），3代の
大統領は**共和党。**
③テレビではなく**ラジオ。**テレビの技術的開発は1920年
代に成功しているが，実用放送が始まったのは第二次
世界大戦後のこと。
④第一次世界大戦後，アメリカでは伝統的な白人社会の

価値観が強調される**保守的傾向が強まり**，人種差別的秘密結社の**KKKが復活**した。**禁酒法は1919年に成立**したが，酒の密造・密売が横行し，**33年に廃止された**。

▮▮ 史資料問題編 ▮▮

第1問

地図1・2ともに**a**はセルビア，**b**はモンテネグロ，**c**はギリシア，**d**はルーマニア，**e**はブルガリア，**f**はアルバニア。

問1 ①

スラヴ系民族は**a**のセルビア，**b**のモンテネグロ。**c**のギリシアはギリシア人。**d**のルーマニアはラテン系ルーマニア人。**e**のブルガリアの**ブルガリア人**は南スラヴ人に同化したが，**もとはトルコ系**。**f**のアルバニアはアルバニア人。

問2 ②

①バルカン同盟を結成したのは**a**の**セルビア**，**b**の**モンテネグロ**，**c**の**ギリシア**，**e**の**ブルガリア**の4国。
③第1次バルカン戦争後，獲得した領土の配分をめぐる対立から，**ブルガリアと他のバルカン同盟国の間で第2次バルカン戦争がおこった**。
④**e**のブルガリアは，1908年の**青年トルコ革命中に独立を宣言**し，ブルガリア王国を建てた。なお，**f**のアルバニアは，1913年5月のロンドン条約で王国として独立が認められた。

問3 ⑤

第2次バルカン戦争に敗れたブルガリアは，マケドニアなどを失い，失地回復のためにドイツ・オーストリア陣営に接近した。

第2問

問1 ④

1917年3月に勃発したロシア革命(二月革命)により，ロシア皇帝ニコライ2世は退位し，ロシア帝国は打倒され，代わって新政府が樹立された。
資料**a**は**1917年10月のボリシェヴィキによる武装蜂**起への反対意見。資料**b**は**1917年2月**，二月革命前の，ドゥーマ議長による皇帝ニコライ2世あての電信。資料**c**は1917年4月の「四月テーゼ」。

問2 ①

ア タンネンベルクの戦いは**1914年**。ドイツがロシアを破り，東部戦線の主導権を握った。
イ ブレスト＝リトフスク条約は**1918年3月**。ソヴィエト政権がドイツなどと結んだ単独講和条約。

問3 ②

ア 血の日曜日事件は日露戦争中の**1905年**。
イ 中央アジア諸民族の蜂起は，第一次世界大戦中の**1916年**。

問4 ②

①「四月テーゼ」を発表したのはレーニン。
③下線部②はボリシェヴィキを指す。
④ボリシェヴィキが1917年11月7日の武装蜂起で権力を握り，新政権が成立したのちに，全交戦国に無併合・無償金・民族自決の原則による講和を呼びかける「平

和に関する布告」と，農民革命を認めた「土地に関する布告」が発表された。

第3問

問1 ①

aはラトヴィア，**b**はリトアニア，**c**はドイツ(東プロイセン)，**d**はポーランド，**e**はチェコスロヴァキア，**f**はオーストリア，**g**はハンガリー，**h**はセルブ＝クロアート＝スロヴェーン王国(のちユーゴスラヴィア)。
②**b**のリトアニアは，**a**のラトヴィアと同じくロシアから独立して共和国となった。
③ポーランド回廊がポーランドに割譲されたため，ドイツはドイツ本土と**c**の**東プロイセン**に分断された。
④**d**のポーランドは，ピウスツキを元首とする共和国となった。

問2 ④

①**e**のチェコスロヴァキアは**オーストリア＝ハンガリー帝国から独立**して共和国となった。
②**f**のオーストリアは，サン＝ジェルマン条約によりドイツ人中心の共和国となった。
③**g**のハンガリーは，**オーストリア＝ハンガリー帝国から分離**して共和国となった。

問3 ②・⑧

hのセルブ＝クロアート＝スロヴェーン王国は，1929年に**ユーゴスラヴィアと改称**した。

▮▮ 知識問題編 ▮▮

1 ④

①二十一カ条は，山東省のドイツ権益譲渡など，中国にとって極めて不利な内容の要求であった。袁世凱政権は抵抗し，内容は変更されたが，軍事力を背景とする**日本の圧力で承認**せざるを得なかった。
②大正デモクラシーのなか，1925(大正14)年に成立したのは，**男性普通選挙法**。
③日本は**対ソ干渉戦争(シベリア出兵)に参加**し，他国が撤兵した後も最後まで軍をとどめて批判をあびた。

2 ①

①カラハン宣言は，ソヴィエト連邦外務人民委員代理カラハンの名で出された文書。帝政ロシアが中国と結んだ**不平等条約の撤廃**を宣言し，パリ講和会議での列国の姿勢に落胆する中国で大きな反響を呼んだ。
③共産党員が個人として国民党に参加する第1次国共合作は「**党内合作**」と呼ばれる。一方，第2次国共合作は，国共両党が対等の立場で協力し，「**党外合作**」と呼ばれる。

3 ④

①1925年に**国民政府が樹立**されたのは広州。これは1923年に孫文が組織した広東軍政府を改組したものである。
②**孫文は1925年3月に死去**している。蔣介石は1926年には国民革命軍総司令官に就任し，7月に北伐を開始し

た。軍閥が割拠する状況の中，国民党が全国統一をめざしておこなった軍事行動を北伐と総称するが，とくに1926～28年の軍事行動を指すことが多い。

③勢力を伸ばす共産党を警戒し，1927年4月に**蔣介石**が**上海クーデタ**をおこして，**共産党を弾圧**した。

4 ③・⑥

①中国進出をはかる日本は，1927～29年に**北伐に対抗するため3度にわたって山東半島に出兵**した。

②奉天軍閥の**張作霖は北伐軍に敗れ**，奉天に撤退する際，北伐軍の中国東北地方への進出を嫌った日本の関東軍による列車爆破で暗殺された。

④蔣介石は浙江財閥と結び，**アメリカ合衆国とイギリスの支援**のもとに中国統一をめざした。

⑤国共分裂後，共産党は農村での活動を重視した。

5 ①

②州行政の一部をインド人に委ねたのは**インド統治法**。**ローラット法**は1919年，反英運動弾圧のためにインド政庁が発布した法。

③アムリットサール事件は，1919年，パンジャーブ州アムリットサールで開かれた**ローラット法に対する抗議集会に，イギリス軍が発砲**して多くの死傷者を出した事件。ガンディーはこうした植民地政府の圧制に対し，20年に非協力運動を提示した。

④ジンナーも1920年代初めまではヒンドゥー勢力との協調に努力した。彼が指導した全インド＝ムスリム連盟が**イスラーム国家パキスタンの建国を目標に掲げたのは1940年**。

6 ④

新インド統治法は連邦制と各州の自治権を認めた。しかし，**中央政府の財政・防衛・外交についてはイギリスが掌握**しつづけており，完全独立とはほど遠いものであった。

7 ①

「彼」にあたる図の人物はムスタファ＝ケマル。

②彼は**1922年にスルタン制を廃止**し，翌年にトルコ共和国を建て，大統領となった。

③彼はローザンヌ条約を結んで**治外法権を撤廃**するとともに，関税自主権を回復し，領土も回復した。

④彼はアラビア文字を廃止し，トルコ語表記に**ローマ字を採用**した。

8 ③

①**a**のアフガニスタンは1919年に独立し，**立憲君主制**をとった。

②**b**のイランで1925年に成立したのは**パフレヴィー朝**。

④**d**のエジプトは1922年に**イギリスから独立**した。しかし，イギリスは軍事支配権を温存しており，名目的な独立であった。36年の同盟条約で両国間の地位は改善されたが，イギリスはなお運河地帯の駐兵権を保持した。

9 ②

①イギリスが1917年に出したバルフォア宣言は，**パレスチナでのユダヤ人国家建設に同意**したもの。

③イラクとトランスヨルダンは**イギリスの委任統治領**。

④シリアは**フランスの委任統治領**。

10 ③

a パン＝アフリカニズムは19世紀末，北米・カリブ海地域の黒人の知識人によって始められた。1900年にはロンドンでパン＝アフリカ会議が開かれ，西欧植民地主義への抵抗と人種差別反対を表明した。

11 ③

①ニューヨーク株式市場（ウォール街）での**株価大暴落**から恐慌が始まった。大暴落が始まった1929年10月24日は「暗黒の木曜日」と呼ばれる。

②恐慌の原因としては，農業不況，アメリカの**高関税政策**や賠償・戦債支払いが国際貿易の流れを妨げたこと，資金がアメリカに集中して土地や株式への投資に使われたことなどがある。

④恐慌は資本主義国の経済を揺るがしたが，社会主義のソ連は資本主義世界との交流が少なかったので，**世界恐慌の影響をさほど受けなかった**。

12 ②・④

①農業調整法（AAA）は補助金と引きかえに作付けを制限し，**農産物価格を引き上げて農民の生活安定**をはかった。

③全国産業復興法が1935年に違憲とされたため，労働者の権利保護のために同年にワグナー法が制定され，**労働者の団結権・団体交渉権を認めた**。

⑤プラット条項は，アメリカ＝スペイン戦争後，アメリカが**キューバ憲法に盛りこませた**もの。これによりキューバはスペインから独立したものの，実質的にアメリカの保護国とされた。1934年に撤廃された。

⑥ロンドンで開催された世界経済会議で，アメリカ合衆国は**金本位制への復帰を拒否**し，経済ブロック化の流れをつくった。

13 ⑤

a オタワ連邦会議は1932年。イギリス連邦内での特権関税協定を結び，スターリング＝ブロック経済圏を形成した。

b 仏ソ相互援助条約は1935年。フランスとソ連は，ドイツの再軍備宣言に脅威をおぼえ，この条約に調印し，ヒトラーはこの条約を口実にロカルノ条約を破棄した。翌36年には社会党の党首ブルムを首班とする**人民戦線内閣が成立**した。

c 労働党は1929年の選挙で初めて第一党となり，**単独で内閣を組織**した。しかし，マクドナルドが支出削減のために失業保険の削減を提案すると，労働党はマクドナルドを除名した。

14 ④

①柳条湖は**奉天郊外**。1931年9月18日の夜に，関東軍が南満洲鉄道を爆破し，張学良に濡れ衣を着せ，軍事行動をとった。

②日本の軍部は，**1932年に上海で武力衝突事件**をおこした（上海事変）。

③満洲国執政（のちに皇帝）となったのは清朝最後の皇帝である溥儀。満洲国は日本の傀儡国家で，新京（長春）を首都とした。

15 ④

①長征の途上，1935年１月の遵義会議で毛沢東は**共産党内での指導権を強化**した。

②国民政府は**イギリス・アメリカの協力**で通貨を法幣という紙幣に統一した(幣制改革)。通貨統一は軍閥の力を弱め，国内の統一を進展させた。

③八・一宣言は，「抗日救国のため，全国同胞に告げる書」の通称。コミンテルン第７回大会で提起された人民戦線を受け，**内戦停止と民族統一戦線の結成**を呼びかけた。

16 ①

1937年７月，日本軍部が軍事行動を拡大する契機となったのは，北京郊外でおこった**盧溝橋事件**。ノモンハン事件は，39年５月に満洲国とモンゴル人民共和国の国境付近でおこった日本とソ連の武力衝突で，日本が大敗を喫した。

17 ②

b　1936年に発布された新憲法(スターリン憲法)は，ファシズムに対抗し，信教の自由や民族間の平等を認めるなど民主的な内容であった。しかし実際には，スターリン独裁のもとで市民の権利や自由は踏みにじられ，**共産党の一党支配も変わらなかった**。

18 ⑥

a　フランコが人民戦線政府を破り，**スペイン内戦が終結したのは1939年４月**。フランコは独裁政治体制を樹立した。

b　日独防共協定が成立したのは1936年。これにイタリアが加わり，**三国防共協定が成立したのは1937年**。

c　ムッソリーニ政権がエチオピアに侵攻したのは1935年，全土を征服したのは1936年。

■■■ 史資料問題編 ■■■

第1問

問1 ③

資料１は胡適の「文学改良芻議」。形式にこだわった内容の無い文章をやめ，**口語文学の重要性**を説いた。アメリカに留学した胡適は，口語の文章とマスコミの連携による民衆への影響力の大きさを重視した。

問2 ③

朝鮮の三・一独立運動は1919年の**３月１日**，中国の**五・四運動**は同年**５月４日**におこった。五・四運動後，大衆のもつエネルギーを認識した孫文は，秘密結社的な中華革命党にかわり，より大衆的な政党として中国国民党を結成した。

第2問

問1 ④

aはベトナム，bはビルマ，cはタイ。

問2 ③

dはインドネシア，eはフィリピン。**ウ**の1927年に成立したインドネシア国民党の党首はスカルノ。

第3問

問1 ③

資料の法律は**1933年３月**に可決された**全権委任法**。

①前文より，「ドイツ帝国議会」は，正しくは「**ドイツ国参議院**」。

②第２条より，大統領の権限はなんら変わることはなかった。

③第４条より，正しい。

④第２条より，制定される法が違憲的内容を含むことを認めた。

問2 ②

①仏ソ相互援助条約締結は**1935年**。

③ヒンデンブルク大統領の死は**1934年**。ヒトラーは大統領の権限もあわせて独裁権力を握った。

④徴兵制再開と再軍備宣言は**1935年**。

問3 ⑥

ア　ラインラント進駐は**1936年３月**。ドイツは進駐の理由として，フランスが同年２月に仏ソ相互援助条約を批准したことをあげていた。

イ　ドイツの国際連盟脱退は**1933年10月**。軍備平等権が認められないことを理由に脱退した。

24　第二次世界大戦と東西対立の始まり
(p.140〜p.145)

■■■ 知識問題編 ■■■

1 ②・③

②ソ連は1939年にフィンランドに宣戦して国際連盟から除名され，さらに翌40年にバルト３国を併合した。

③パリ陥落後，ドイツに降伏したのは**ペタンが組織した新政府**。フランスの北半はドイツに占領され，南半はペタンを首班とする**ヴィシー政府**の統治下に入った。**自由フランス政府**は，降伏を拒んだド＝ゴールらが，ロンドンで組織した亡命政府。

2 ②

ア　スターリングラードの戦いは，1942〜43年。ソ連がドイツ軍を破ったこの戦いは，独ソ戦の転換点となった。

イ　コミンフォルムは第二次世界大戦終了後，1947年に結成された**各国共産党の情報交換機関**。56年に解散した。

3 ③

①1940年９月，**フランスがドイツに敗北したことに乗じて**フランス領インドシナ北部に派兵した。フランス領インドシナ南部に軍を進めたのは，1941年４月に日ソ中立条約を結んでから。

②アメリカは1941年３月に**武器貸与法**を制定し，イギリス・ソ連などに武器・軍需品を送り，**反ファシズム諸国を支援**した。

④1941年12月８日，日本の陸軍はマレー半島に上陸し，海軍は真珠湾(パールハーバー)の米海軍基地を奇襲して，米英に宣戦した。シンガポール占領は1942年２月。

4 ①

②日本は**占領地域に親日政権や親日組織**をつくらせて統治した。また，**タイ**は1941年に**日本と同盟条約**を締結し，結果として日本軍による占領を免れた。

③開戦後，軍部の強大な権力により，**言論や報道は厳しく統制された**。

④東南アジアの占領地では，当初は日本を解放者として迎えたところもあった。しかし，日本の占領の目的は，**資源の収奪とそれに必要な治安の確保であった**。

5 **⑤**

a アメリカ軍が**沖縄本島に上陸**したのは**1945年4月**。

b ドイツが連合国に**無条件降伏**したのは**1945年5月**。ヒトラーはベルリン陥落直前の4月30日に自殺した。

c 1943年7月に連合国がシチリアに上陸すると，ムッソリーニは解任・逮捕された。**バドリオの新政権は43年9月**に連合国に**無条件降伏**した。

6 **⑥**

a 長崎への原爆投下は**1945年8月9日**。広島への投下は8月6日。

b ソ連がヤルタ会談の決定に従い，日本に宣戦したのは**1945年8月8日**。

c 連合国がアメリカ大統領・イギリス首相・中華民国総統の連名によりポツダム宣言を出したのは**1945年7月26日**。ソ連は後から加わり，追認した。

7 **①・③**

②国際連合憲章の草案をまとめたのは，アメリカ・イギリス・中国・ソ連の4大国。フランスは入っていない。

④拒否権が認められたのは**常任理事国**（アメリカ・イギリス・フランス・ソ連・中国）のみ。非常任理事国は2年の任期で選出される。当初は6カ国で，1966年から10カ国となった。

⑤国際連合の本部はアメリカの**ニューヨーク**におかれた。ジュネーヴに本部をおいたのは国際連盟。

⑥国際連盟は経済制裁のみを規定したが，国際連合はこれと異なり，経済制裁など非軍事的措置のほかに，**軍事制裁をおこなう権限をもつ**。

8 **②・⑤**

①国際軍事裁判所は**ニュルンベルク**に設置され，ナチス＝ドイツの指導者12名が死刑判決を受けた。なお，**東京にも極東国際軍事裁判所**が設置され，東条英機元首相ら7名が死刑判決を受けた。

③連合国は，イタリア・ハンガリー・ブルガリア・ルーマニア・フィンランドなどの旧枢軸国とは1947年にパリ講和会議を結んだ。しかし**オーストリアは**，1955年のオーストリア国家条約で主権を回復するまで，**アメリカ・イギリス・フランス・ソ連4カ国の分割管理**を受けた。

④イタリアは**1946年の国民投票**の結果，王政が廃止されて**共和政**となった。

⑥軍隊の規模縮小ではなく**軍隊の解散**。ポツダム宣言には日本軍隊の完全な武装解除が記されており，これが実行された。

9 **③・⑤**

①1945年7月の選挙で圧勝したのは**労働党**。チャーチルにかわってアトリーが首相となり，ポツダム会談も途中からアトリーが参加した。

②1946年に制定されたのは**第四共和国憲法**で，これによ

り第四共和政が発足した。第五共和国憲法は1958年。

④バルカン半島や東ヨーロッパの諸国は，**大戦中にソ連軍によって解放された国が多い**。また，ソ連が自国の安全保障確保をはかったこともあり，**親ソ的な政権**が樹立された。

⑥世界貿易機関（WTO）ではなく**関税と貿易に関する一般協定（GATT）**が締結された。世界貿易機関は，1995年に関税と貿易に関する一般協定を発展的に解消して設立された国際機関。

10 **②**

チャーチルは「バルト海の**シュテッティン**（ポーランド）からアドリア海の**トリエステ**（旧ユーゴスラヴィア）まで」鉄のカーテンがおろされていると演説した。

11 **④**

①1947年3月，内戦状態にあったギリシアと，ソ連と対立するトルコに軍事援助を与え，ソ連の拡大を封じ込める政策を宣言したアメリカ大統領は**トルーマン（トルーマン＝ドクトリン）**。

②1947年6月，ヨーロッパ経済復興援助計画を発表したのは，**アメリカの国務長官マーシャル（マーシャル＝プラン）**。ソ連と東欧諸国はその受け入れを拒否し，同年9月，**コミンフォルム（共産党情報局）**を結成した。

③ティトー率いる**ユーゴスラヴィア**はソ連に対して自主的な姿勢をとった。そのため，1948年に**コミンフォルムから除名**された。ソ連はスターリン死後の55年にユーゴスラヴィアと和解し，56年にはコミンフォルムを解散した。

12 **③**

①**イラク革命**でイラクが王政から**共和政**になったのは**1958年**。イラクが中東条約機構（バグダード条約機構）から脱退したため，同機構は中央条約機構と改称した。

②太平洋安全保障条約（ANZUS）の締結は1951年。

④オーストリア国家条約は**1955年**で，アメリカ・イギリス・フランス・ソ連の4カ国との間に結ばれた。アメリカとソ連が，**オーストリアを永世中立とする**ことで同意したので，東西に分断されることなく独立が認められた。

13 **②**

①ドイツの西側地区で通貨改革（新ドイツマルク導入）がおこなわれると，東側でも新東ドイツマルクが導入された。ベルリンでは二つの通貨が競合したため，**ソ連は東ドイツ通貨防衛のために西ベルリンを封鎖した**。

③1949年5月，**ドイツ連邦共和国（西ドイツ）の初代首相**となったのはキリスト教民主同盟の**アデナウアー**（任1949〜63）。アデナウアーのもとで，西ドイツは「奇跡の経済復興」をとげた。

④ボンはドイツ連邦共和国の首都。ドイツ民主共和国（東ドイツ）の首都は東ベルリン。

14 **①・⑥**

②台湾に逃れ，**中華民国政府を維持したのは蔣介石**（任1948〜49，50〜75）。周恩来は中華人民共和国の首相（任1949〜76）となった。

③国連の代表権が，中華民国から中華人民共和国に移っ

たのは**1971年**。

④朝鮮の独立が約束されたのは**1943年のカイロ会談**でのこと。

⑤アメリカから帰国し，1948年に大統領となったのは**李承晩**(任1948～60)。朴正熙は，1960年に李承晩が失脚した後，クーデタで権力を握り大統領(任1963～79)となった。

15 **(A)**③

aはフィリピン，**b**はベトナム，**c**はカンボジア，**d**はインドネシア，**e**はマレー半島，**f**はビルマ(ミャンマー)，**g**はパキスタン，**h**はインド連邦。

①**アギナルドはフィリピン革命**(1896～1902年)の指導者。1899年にフィリピン共和国建国を宣言し，これを認めないアメリカと戦争に突入したが，1901年に降伏した。

②1954年のジュネーヴ休戦協定で撤退したのはフランス。休戦協定では2年後の南北統一選挙を予定したが，アメリカが休戦協定調印を拒否し，55年に南部にベトナム共和国を樹立させて，ベトナムは南北に分断された。

④**独立に干渉したのは旧宗主国のオランダ。**

(B)②

①**イギリス領**だったが，1957年にマラヤ連邦として独立した。

③独立を指導したのは**全インド＝ムスリム連盟のジンナー**。ティラクは，イギリスのベンガル分割令(1905年)に対し，反対運動を展開した，**インド国民会議の指導者**。

④初代首相となったのは**ネルー**(任1947～64)。ガンディーは1948年にヒンドゥー教徒の急進派に暗殺された。

16 ①

②1951年，イランで**石油国有化**を宣言したのは**モサッデグ首相**。これは資源ナショナリズムの先駆となったが，財政難をまねいた。国王パフレヴィー2世(位1941～79)は，対英関係の悪化を恐れ，**クーデタでモサッデグを追放**した。

③パレスチナ分割案は，イギリスが委任統治を放棄したことを受けて1947年の**国連総会で提示・決議**された。

④イスラエルの建国にアラブ連盟が反対し，パレスチナ戦争(第1次中東戦争)が勃発した。イスラエルはアメリカの支持を得てアラブ側を圧倒し，**国際連合の調停で独立を確保**した。

‖‖‖ 史資料問題編 ‖‖‖

第1問

問1 ①

オーストリアが永世中立国となったのは，第二次世界大戦後の**1955年のオーストリア国家条約**でのこと。この条約でオーストリアは主権を回復し，ドイツとの合邦が禁止された。サン＝ジェルマン条約では，領内からチェコスロヴァキア・セルブ＝クロアート＝スロヴェーン王国(ユーゴスラヴィア)・ハンガリー・ポーランドが独立し，大戦前に比べて面積・人口が4分の1に減少した。また，軍備が制限され，ドイツとの合邦も禁止された。

問2 ④

ミュンヘン会談に**チェコスロヴァキア代表は出席していない**。イギリスのネヴィル＝チェンバレン首相は宥和政策をとり，フランスとともにヒトラーの要求を受けいれて，チェコスロヴァキア政府に割譲を勧告した。

問3 ④

①イギリス・フランスは，この同盟をソ連に勧めてはいない。ソ連がこの同盟に踏み切った背景には**イギリス・フランスへの不信**を強めていたことがある。反共を主張するナチス＝ドイツと，反ファシズムを標榜するソ連が同盟したことは，世界中を驚かせた。

②独ソ不可侵条約は1939年8月に**モスクワで調印**された。また，トロツキーは党内での主導権争いでスターリンに敗れ，**1929年に国外に追放**されている。

③日ソ中立条約は**1941年4月**。ソ連は独ソ戦，日本は南方進出に備えて調印した。

第2問

問1 ①

資料1は，対日戦争方針の明確化，対日領土問題，朝鮮の独立などを示した**カイロ宣言**(1943年11月)。資料2は，ソ連の対日参戦を取り決めた**ヤルタ協定**(1945年2月)。資料3は，米・英首脳がファシズムの打倒をめざし，戦後の平和構想を示した**大西洋憲章**(1941年8月)。資料4は，米・英・中が発表し，ヨーロッパの戦後処理，日本軍への無条件降伏の勧告・戦後処理を示した，**ポツダム宣言**(1945年7月)。

マカオは，1557年にポルトガルが明から居住を認められ，その後，1887年に同国によって併合された。**1999年にポルトガルから中国に返還**された。沿海州は1860年に，**ロシアが清と結んだ北京条約で獲得**した。

問2 ②

ヤルタ協定は，ソ連の南樺太・千島の領有を認めた。

問3 ⑥

資料1は1943年11月，資料2は1945年2月，資料3は1941年8月，資料4は1945年7月。

25 **第二次世界大戦後の欧米諸国**
(p.146～p.151)

‖‖‖ 知識問題編 ‖‖‖

1 ④

①1952年，イギリスが核兵器を保有したのは，**保守党のチャーチル内閣**の時代。

②1956年，イスラエル・フランスとともにエジプトに侵攻したのは**保守党のイーデン内閣**。スエズ戦争(第2次中東戦争)は，国際世論の非難により停戦となった。

③1954年はアルジェリア独立闘争が始まった年。フランス政府は問題を解決できず，第四共和政は崩壊した。新憲法を制定した**ド＝ゴール**が第五共和政を樹立し，**62年のエヴィアン協定で独立を承認**した。

2 ⑥

1953年のスターリンの死後，フルシチョフが第一書

記となり(58年から首相兼任)，外交政策の見直しを始め，資本主義国との**平和共存**を提唱した。ソ連の政策転換は「雪どけ」と呼ばれ，東欧社会主義諸国に衝撃を与え，中国との間に緊張関係をつくる契機ともなった。

3 ③
①ニクソンは台湾とは国交を樹立しておらず，1972年に北京を訪れ，**中華人民共和国と共同宣言を発表し，事実上の相互承認**をおこなった。その後，79年にカーター政権と華国鋒政権が米中国交正常化を実現した。
②1973年，パリで**ベトナム和平協定に調印**したのは**ニクソン**。フォードは74年にウォーターゲート事件でニクソンが辞任した後，副大統領から昇格した。
④レーガンは民間経済の活力再生を重視し，新自由主義の立場から「**小さな政府**」をうちだした。イギリスの**サッチャー**保守党政権，西ドイツの**コール**中道右派連合政権，日本の**中曽根**自民党政権でも同様の政策がとられ，国営企業の民営化や規制緩和が進められた。

4 ①
②1991年，湾岸戦争に出兵した時のイギリス首相は**保守党のメージャー**(任1990〜97)。労働党のブレア(任1997〜2007)は，アフガニスタン攻撃(2001年)・イラク戦争(03年)に参加した。
③1996年，包括的核実験禁止条約(CTBT)採択前に核実験を再開したのは**シラク大統領**(任1995〜2007)。
④サミット(先進国首脳会議)開催を提唱した大統領は**ジスカールデスタン**(任1974〜81)。第1回サミットは1975年にフランスのランブイエで開かれた。

5 ①
②1975年の全欧安全保障協力会議(CSCE)では，人権尊重を国際行動原則に取り入れ，東西間の関係改善をうたう**ヘルシンキ宣言が採択**された。UNCTAD(国連貿易開発会議)は1964年，発展途上国77カ国が，**南北経済格差の是正をめざして結成**した国連常設機関。
③**フランコ**はスペイン内戦以来，**スペインで独裁体制**を続けてきた政治家。ポルトガルでは**サラザール**が1968年まで独裁体制を続けていた。
④1975年にフランコが死去すると，後継者に指名されていた**ブルボン家のフアン＝カルロス1世**が国王となったが，78年に新憲法が制定され，スペインは民主的君主制に移行した。

6 ②
①**1979年12月，ソ連はアフガニスタン**の社会主義政権支援のために**軍事侵攻**した。この時のソ連の指導者は**ブレジネフ書記長**。アメリカはソ連の侵攻を非難し，「第2次冷戦」と呼ばれる緊張した状況がうまれた。**ゴルバチョフ書記長**は，1989年に**アフガニスタンからソ連軍を撤退**させた。
③1986年，ウクライナの**チェルノブイリ原子力発電所で深刻な事故**が発生し，原子力発電の将来についての問題が指摘されるようになった。
④1985年にソ連共産党書記長となったゴルバチョフは86年からペレストロイカ(たて直し)を進め，89年には冷戦の終結を宣言した。90年に大統領制を導入し，さらに

に改革を進めようとしたが，91年の**保守派のクーデタ**で指導力を失った。

7 ④
①第1次戦略兵器制限交渉(SALT I)は，**1969年**にニクソンとブレジネフがモスクワで開始した。**ブッシュ大統領(父，第41代)**は，1991年にゴルバチョフと**第1次戦略兵器削減条約(START I)**に署名した。
②初めは対ソ強硬路線をとり，のちに協調路線に転じたのはレーガン大統領。**クリントンが大統領となったのは，冷戦終結後の1993年**である。
③2001年9月11日にアメリカで**同時多発テロ事件**がおこった。ブッシュ大統領(子，第43代)は「テロとの戦い」を宣言し，同年アフガニスタンを攻撃し，2003年には**イラクを攻撃した**(イラク戦争)。

8 ③
a イスラーム系を中心とする北カフカスのチェチェン共和国がロシア連邦から分離・独立をはかり，これを認めないロシア(エリツィン大統領期)との間に紛争が勃発したのは**1994年**。
b 旧ソ連内の11の共和国が独立国家共同体(CIS)を形成したのは**1991年12月**。
c プーチンがエリツィンの後を受けてロシア連邦大統領に就任したのは**2000年**。

9 ①
①1989年12月，マルタ会談で冷戦終結を宣言したのはアメリカの**ブッシュ大統領(父，第41代)**と，ソ連の**ゴルバチョフ共産党書記長**。
④中央政府で強い権限をもつチェコにスロヴァキアが反発して分離した。**武力紛争を伴わない分離独立**は「ビロード離婚」と呼ばれた。

10 ①
1991年，**スロヴェニアとクロアティア**が独立を宣言し，それを認めない**セルビア**との内戦を経て独立し，同年マケドニアも独立を宣言した。92年，**ボスニア＝ヘルツェゴヴィナ**も独立を宣言して内戦に突入したが，アメリカの仲介で95年に終結した。98年，**コソヴォ**が独立を求めて内戦が勃発すると，NATO軍がセルビアを空爆し，セルビアは国連・ロシアの仲介で和平を受諾した。セルビアとモンテネグロは92年に**新ユーゴスラヴィア連邦**を形成し，2003年に**セルビア＝モンテネグロ**と改称，06年にはモンテネグロがセルビアから独立した。

11 ③
各国の核実験の成功年は次の通り。1945年：アメリカ，49年：ソ連，52年：イギリス，60年：フランス，64年：中国，74年：インド，98年：パキスタン，2006年：朝鮮民主主義人民共和国(北朝鮮)。

12 ③
①パグウォッシュ会議は**バートランド＝ラッセルとアインシュタインの提唱**により，1957年，核兵器の脅威や科学者の責任を議題にカナダで開かれた。以後，不定期に世界各地で開催されている。
②1963年，モスクワで部分的核実験停止条約に調印した

のは**米・ソ・英の3国**。フランスと中国は米・ソ・英による核の寡占であるとして参加しなかった。

④1996年に国連で採択されたのは**包括的核実験禁止条約**（**CTBT**）。地下実験を含むすべての核実験を禁止するが，発効要件国の批准が完了していないために未発効。**核拡散防止条約**（**NPT**）は，**1968年**に成立した。すでに核を保有する**米・ソ・英・仏・中以外**の核保有を禁止した条約。

13 ①

②1952年，**フランス・西ドイツ・イタリア・ベネルクス3国の計5カ国**がヨーロッパ石炭鉄鋼共同体（ECSC）を結成した。

③1993年にマーストリヒト条約が発効してEUが発足し，2002年にヨーロッパ共通通貨ユーロの全面的な使用が始まった。

④1960年，EECに対抗してイギリスが結成したのは**ヨーロッパ自由貿易連合**（**EFTA**）。ヨーロッパ原子力共同体（EURATOM）は，1958年にEECと同じ6カ国が原子力の平和利用を共同で研究するために結成した組織。

14 ①

ECへの新規加盟国の順序は次の通り。1973年：イギリス・デンマーク・アイルランド（拡大EC），81年：ギリシア，86年：スペイン・ポルトガル。

15 ①

マーストリヒトは，マース川沿いに位置し，ローマ時代に起源をもつ古い都市。現在はオランダ・リンブルク州の州都。1992年にEC構成国が，この都市でヨーロッパ連合条約に調印した。

16 ③

①アジア太平洋経済協力会議（APEC）はオーストラリア・日本・アメリカ・カナダ・ニュージーランド・韓国・ASEAN6カ国で結成。第1回の会議は，オーストラリアのホーク首相の提案によりキャンベラで開かれた。

②北米自由貿易協定（NAFTA）は**アメリカ・カナダ・メキシコの3国**が調印した貿易協定。

④1997年に**ロシアが加わって主要国首脳会議**となり，参加国はG8と呼ばれる。また，アジア通貨危機後の99年に中国・韓国・インド・ブラジルなど新興国とG8参加国の20カ国は金融に関する国際会議（**G20**）を開始した。

17 ②

a 「環境と開発に関する国連会議」は「**リオ宣言**」で環境保全の原則を示し，環境保護のプログラム「**アジェンダ21**」を採択した。

b 京都議定書は温室効果ガスの排出量などについての目標値を定めたが，大量排出国のアメリカは批准を拒否した。

18 ①

a **イスラーム主義組織**のターリバーンは1996年に首都カーブルを制圧して政権を握った。同時多発テロ事件後，実行者のビン=ラーディン引き渡しを拒否したと

して，アメリカの攻撃を受け，政権は崩壊した。

b アル=カーイダは，**ソ連のアフガン侵攻に対抗した義勇兵を主体**に構成されたイスラーム武装組織。

c サダム=フセインは2003年末に拘束され，06年に死刑となった。

19 ①

a 2008年の国際金融危機の契機となったのは，アメリカのサブプライム=ローン問題など。**アメリカの大手証券会社リーマン=ブラザーズ社が経営破綻した**ことから，リーマン=ショックとも呼ばれる。

b 2009年，ギリシアでは政権が交代したが，新政権が**国家財政の粉飾決算を認めた**ことからユーロの信用が低下した。

▌▌▌ 史資料問題編 ▌▌▌

第1問

問1 ③

リンカンの奴隷解放宣言から100年目の1963年8月28日，人種差別の撤廃を求めて米国ワシントンで大規模な政治集会が開かれた。「**ワシントン大行進**」と呼ばれるこの集会は，キング牧師を指導者として展開された黒人公民権運動の頂点を画した。資料1は，集会の最後に，**キング牧師がおこなった演説「私には夢がある」**の一節。その成果ともいえるのが，1964年にジョンソン大統領が制定した公民権法である。

問2 ④

資料2は1968年にブレジネフ書記長が発表した「**ブレジネフ=ドクトリン**」。チェコスロヴァキアで「**プラハの春**」と呼ばれた民主化運動がおこった時，ソ連などの軍事介入を正当化するために出された理論で，**制限主権論**とも呼ばれる。**b**のドプチェクは「プラハの春」で自由化運動を推進した共産党書記長。**a**のポズナニ暴動は1956年。**c**のナジ=イムレは1956年のハンガリー暴動の時のハンガリー首相。

資料3は1988年に**ゴルバチョフ書記長**がユーゴスラヴィアでおこなった演説「**新ベオグラード宣言**」（『読売新聞』1988年3月19日）。1955年にフルシチョフ第一書記が，ユーゴスラヴィア追放を誤りとして謝罪しているが（ベオグラード宣言），これに次ぐものである。そして，これはブレジネフ=ドクトリン否定への動きとして注目された。

X **自主管理労組「連帯」**は1980年に結成された。ポーランドの民主化運動で主導的役割を果たした。

Y **ホネカー**は東ドイツの共産党の指導者。1989年10月，体制改革や西ドイツへの出国を求める市民の動きが広がり，危機打開のため要職を解任された。その3週間後にベルリンの壁が開放された。

第2問

問1 ①

資料1は1947年7月に出されたアルゼンチンの経済的独立宣言。**a**のペロンは，民族主義的な政策を推進した**アルゼンチンの大統領**（任1946〜55，73〜74）。**b**のバティスタは**キューバの大統領**（任1940〜44，52〜

58)で，アメリカと結んで独裁体制をとったが，カストロらがおこしたキューバ革命に敗れた。

い 1982年に，1833年以来イギリスが実効支配を続けていた**マルビナス諸島(英：フォークランド諸島)**を占領したが，イギリスの反撃を受けて敗れた。

問2 ④

　資料2は，1970年1月のチリの**アジェンデ政権**成立・人民連合政府発足演説。**b**のアジェンデは1970年の選挙で大統領に当選し，**史上初の選挙による社会主義政権**樹立に成功した。しかし，**a**のピノチェトが73年9月，アメリカの支援を受け，クーデタでアジェンデ政権を倒し，90年まで大統領として軍政をしいた。

い 1970年の大統領選でアジェンデが少差で当選したが過半数に届かず，議会での決選投票ではキリスト教民主党の支持を得て大統領に就任した。また，資料からも，チリが一党体制をとっていないことが読み取れる。

問3 ⑤

　資料3はケネディ大統領の弟のロバート＝ケネディによる『13日間　キューバ危機回顧録』。キューバ危機でフルシチョフと対立したアメリカ大統領は**b**の**ケネディ**。**a**の**アイゼンハワー**は，1961年1月に**キューバと断交**した大統領。

あ キューバ革命にソ連は直接には関係していない。

う キューバは経済相互援助会議(コメコン)には加盟したが，ワルシャワ条約機構には加盟していない。

第3問 ②

あ アメリカ主導のイラク攻撃は2003年。

い **イラクのクウェート侵攻は1990年**。

う 同時多発テロ事件の発生は2001年。

え OAPECの石油戦略発動は1973年。

お イラン＝イスラーム革命の勃発は1979年。

か **イラン＝イラク戦争の勃発は1980年**。

第二次世界大戦後のアジア・アフリカ諸国
(p.152〜p.158)

▌▌▌ 知識問題編 ▌▌▌

1 ③・⑤

①1950年6月，**朝鮮民主主義人民共和国(北朝鮮)**が北緯38度線をこえて**侵攻**し，朝鮮戦争が勃発した。

②中国が人民義勇軍を派遣したのは，国連軍により**北側優位の戦局**が逆転してから。その後戦局は一進一退を繰り返し，結局38度線を境界とする休戦協定が結ばれた。

④第1次五カ年計画は1953〜57年。**人民公社**は58年に設立された「**大躍進**」実行のために編制された組織。「大躍進」自体が失敗に終わり，人民公社は85年に解体された。

⑥1963年，**キューバ危機でのソ連の譲歩や部分的核実験禁止条約を中国が批判**し，中ソ対立は両国共産党間での公開論争に発展した。中印国境紛争は，ダライ＝ラマ14世のインド亡命を機におきた。このとき，ソ連がインドの立場を支持したことは，中ソ関係を悪化させ

た。

2 ④

①インドとパキスタンは，インド北西部の**カシミール藩王国の帰属**をめぐって衝突した。衝突は1947年と65年におこり，2021年現在も解決していない。

②ガンディーはインド内で少数派のムスリムを擁護し，統一インドを構想していたが，**急進的なヒンドゥー教徒によって暗殺**された。

③スリランカは，**イギリス連邦内の自治領として独立**し，72年に古来のシンハラ語のスリランカに国名を改称して共和国となった。

3 ③

　aはベオグラード，**b**はジュネーヴ，**c**はバンドン，**d**はコロンボ。

①**1954年**にビルマ・インド・パキスタン・インドネシア・セイロンの**首脳はコロンボで会議**を開いた。インドシナ戦争の早期解決などを宣言した。

②ジュネーヴ会談の途中，**平和五原則**(1．領土・主権の尊重，2．相互不侵略，3．内政不干渉，4．平等互恵，5．平和的共存)を提唱したのは**ネルーと周恩来**。

④1961年，非同盟諸国首脳会議はユーゴスラヴィアの**ベオグラード**で開かれた。非同盟・反帝国主義・反植民地主義をうたった。

4 ②

　aはインドネシア，**b**はマレーシア，**c**はビルマ(ミャンマー)，**d**はフィリピン。

①1945年，スカルノらがインドネシア共和国の独立を宣言すると，**旧宗主国オランダはこれを認めず**に武力闘争となったが，49年のハーグ協定で独立を果たした。

③ビルマはビルマ連邦共和国として**イギリス連邦から完全独立**した。

④**1934年**，フランクリン＝ローズヴェルト大統領は**1946年時点でのフィリピン独立を約束**していた。第二次世界大戦中の日本の占領・降伏を経て，46年にアメリカから独立した。

5 ①

　aはイラン，**b**はエジプト，**c**はアフガニスタン，**d**はイラク。

②1952年，ナギブやナセルらの指導する将校団が王政を倒し，53年に共和国を樹立(エジプト革命)して，**ナギブが初代大統領**となった。しかし，54年には改革を進めようとするナセルがナギブにかわって大統領となった。

③パフレヴィー2世はイランの国王。対英関係の悪化を恐れ，53年のクーデタで政権を倒し，**民族運動をおさえこんだ**。

④1955年，イラクはトルコ・イラン・パキスタン・イギリスと**バグダード条約機構**(中東条約機構，METO)を結成したが，58年の**イラク革命**で成立した**イラク共和国は同機構から脱退**した。59年，イラク以外の国は中央条約機構(CENTO)を組織したが，79年のイラン＝イスラーム革命でイラン・トルコ・パキスタンが

脱退し，崩壊した。

6 **②**

　　aはチュニジア，**b**はモロッコ，**c**はリビア，**d**は
ガーナ，**e**はギニア。

①チュニジア，モロッコは**1956年**にフランスから独立し
た。

②リビアは1911年にイタリア植民地となり，第二次大戦
後は英・仏の共同統治領。51年に**リビア連合王国とし
て独立**し，63年にリビア王国となった。

③1957年に独立したガーナは，**最初の自力独立の黒人共
和国**となった。

④ギニア独立は**1958年**。

7 **①・⑤**

②1965年に**日韓基本条約を結んだ**のは朴正煕大統領（任
1963〜79）。全斗煥は朴正煕暗殺後，光州でおこった
民主化運動を鎮圧して大統領に就任（任1980〜88）し，
開発独裁を継続した。

③北朝鮮と同時に**国連加盟を実現した**のは盧泰愚大統領
（任1988〜93）。金泳三（任1993〜98）は32年ぶりとなる
文民大統領となった。

④プロレタリア文化大革命を開始したのは毛沢東。劉少
奇や鄧小平らを実権派と非難し，権力奪取をはかった。

⑥中華人民共和国が，台湾の中華民国にかわり国連代表
権を得たのは1971年。文化大革命は1966〜77年。国連
からも脱退はしていない。また，72年にはアメリカの
ニクソン大統領が訪中して米中関係を改善し，日本か
らは田中角栄首相が訪れ，日中国交正常化が実現した。

8 **②**

a　冷戦の進行とともに，アメリカの対日占領政策は変
化した。1951年，**社会主義国と一部のアジア諸国の不
参加・反対を押し切り**，サンフランシスコ講和条約で
日本は**独立を回復**した。

b　1956年，鳩山一郎首相とブルガーニン首相は**日ソ共
同宣言に調印**した。これにより国交が回復され，関係
も正常化したが，北方領土問題については棚上げされ
た。

9 **③**

①1959年，チベット反乱が鎮圧されると，チベットの最
高指導者ダライ＝ラマ14世は**インドに亡命**した。これ
を契機に**中印国境紛争**がおこった。

②1971年，東パキスタンの独立をめぐり，**インドは東パ
キスタンを支援**し，西パキスタンと戦った。この戦争
の結果，東パキスタンは**バングラデシュ**として独立を
果たした。

④インドが1974年に6番目の核保有国，**パキスタンが
1998年に7番目の核保有国**となった。

10 **④**

①「アフリカの年」には**サハラ以南**で17の独立国が成立し
た。

②コンゴは1960年にベルギーから独立し，ルムンバが初
代首相となった。コンゴ動乱は，**資源豊富な地域の分
離独立を狙うベルギーの介入**で始まった内戦。ルムン
バはこの動乱で殺害された。

③アルジェリアは1954〜62年のアルジェリア戦争で**フラ
ンスから独立**した。

11 **③・⑤**

①1960年に結成された南ベトナム解放民族戦線は，**北の
ベトナム民主共和国と連携**し，南ベトナムの解放をめ
ざした。

②ケネディ政権は南ベトナムへの本格的軍事援助を始め
たが，1965年に**北ベトナムへの爆撃（北爆）を開始した**
のは**ジョンソン政権**。

④カンボジアの独立は1954年のジュネーヴ休戦協定で国
際的に認められた。60年に**シハヌークが国家元首に就
任**し，**王政社会主義**をとったが，70年に**親米派ロン＝
ノルのクーデタ**で失脚した。

⑥**1991年にパリでカンボジア和平協定が調印**され，カン
ボジアは国連カンボジア暫定統治機構（UNTAC）の管
理下におかれ，**93年にカンボジア王国が成立**し，シハ
ヌークが国王に復位した。

12 **②**

①1976年，毛沢東の死後，「四人組」を逮捕したのは**華国
鋒**。鄧小平はプロレタリア文化大革命で失脚したのち，
73年に国務院副総理として復活したが，周恩来の死で
再失脚し，「四人組」の逮捕後に再復活した。

③天安門事件は，改革派の胡耀邦前総書記の死去を契機
とした**民主化運動を，人民解放軍が武力弾圧**した事件。
人民公社は1985年に解体されている。

④香港は**イギリスから返還**された。ポルトガルからは
1999年にマカオが返還された。

13 **②**

①1965年，**九・三〇事件で失脚した**のは**スカルノ**。スハ
ルトはこの事件で実権を握り，68年に大統領となった。
その後，スハルトは開発独裁を進めたが，97年の通貨
危機に対応できず，98年に辞任した。

③マルコス大統領（任1956〜86）は親米路線をとり，長期
政権を維持したが，**86年の選挙でコラソン＝アキノに
敗れ**，ハワイに亡命した。

④1990年の総選挙でスー＝チーが率いる国民民主連盟は
大勝したが，**軍政府は権力委譲を拒否した**。スー＝チ
ーはビルマ建国の父といわれるアウン＝サンの娘。

14 **①**

　　東南アジア諸国連合（ASEAN）は1967年に成立し，
当初は反共同盟の性格をもっていた。**原加盟国はイン
ドネシア・マレーシア・フィリピン・シンガポール・
タイ**。その後，ブルネイ（84年），ベトナム（95年），ラ
オスとミャンマー（97年），カンボジア（99年）が加盟し
た。

15 **③**

①この時のイランの王朝はパフレヴィー朝（1925〜79年）。
ガージャール朝はレザー＝ハーンのクーデタで倒され
たシーア派の王朝（1796〜1925年）。

②ホメイニは**シーア派の指導者**。革命後はイラン＝イス
ラーム共和国の最高指導者として，イスラーム法と国
政の一体化につとめた。

④イラクは革命の波及を恐れ，**イランに侵攻**した。イラ

ン＝イラク戦争は長期化し（1980～88年），両国の経済を疲弊させた。

16 ④

④マンデラは1994年に大統領となり，新憲法を制定して，**白人・黒人との対立や格差の是正**，黒人間の対立の解消につとめた。

17 ①

②湾岸戦争では，国連安全保障理事会の決議にもとづき，アメリカを中心にイギリス・フランス・アラブ諸国によって組織された多国籍軍が出動した。

③多国籍軍の攻撃を受け，イラクはクウェートから撤退したが，**フセイン政権は存続**した。

④2003年，イラクを攻撃したのはアメリカ軍を中心にイギリスなどが加わった有志連合。**国連は多国籍軍派遣を決議していない**。この戦争でフセイン政権は崩壊した。日本を含め攻撃を支持した国も多いが，フランス・ロシアなどは反対の立場をとった。

18 ①

①**ハイレ＝セラシエはエチオピア帝国皇帝**（位1930～74）。エチオピアは，1974年の革命で軍部がハイレ＝セラシエを退位させ，社会主義を宣言した。91年は反政府勢力によって社会主義政権が打倒された年。

②ソマリアの内戦は1988年に始まり，92年には初めて武力行使が認められた国連PKOが派遣された。しかし，**治安を回復することができず，PKOは撤退**した。

④東ティモールは元はポルトガル植民地。1975年に独立運動が高まったが，**76年にインドネシアに併合され**，2002年にその実効支配から独立した。

19 ③

③1997年のアジア通貨危機は，**タイの通貨バーツの急落を契機**に始まり，東南アジア諸国・韓国に広がった。

■■■ 史資料問題編 ■■■

第1問

資料1は**ジュネーヴ会議**の最終宣言。これによって，インドシナ戦争に終止符がうたれ，フランスはインドシナ3国の独立，主権・統一・領土保全の尊重を誓約し，インドシナの植民地を放棄した。

問1 ①

ベトナムに関しては，南北を二分する北緯17度線に**暫定軍事境界線**を設けることになった。この暫定軍事境界線が，政治的・領土的意味をもたないこと，および**2年後の1956年の南北統一一総選挙の実施**がうたわれた。しかし，アメリカはこの最終宣言への不参加を表明し，南ベトナムにおける反共政権維持をはかった。

問2 ③・⑤

ジュネーヴ会議には，フランス，イギリス，アメリカ，ソ連，中国（中華人民共和国），フランスと戦うベトナム民主共和国，フランス連合に加わったベトナム国，カンボジア王国，ラオス王国の代表が参加した。**ベトナム社会主義共和国は，ベトナム戦争終結後に成立**した国家。またジュネーヴ会議には，中華民国ではなく**中華人民共和国が参加**している。これは，1950年

から56年まで，中華人民共和国がベトナムに軍事・政治顧問団を派遣し，ホー＝チ＝ミン率いるベトナム民主共和国を支援して，ベトナムの軍事的勝利に一定の貢献をしたからである。

第2問

資料1は1993年の**パレスチナ暫定自治協定**（オスロ合意）。資料2は1979年の**エジプト＝イスラエル平和条約**。

問1 ③

aはゴラン高原，**b**はヨルダン川西岸地区，**c**はガザ地区，**d**はシナイ半島。パレスチナ自治区はヨルダン川西岸地区とガザ地区からなる。

イスラエルは，第2次中東戦争でシナイ半島を制圧したが，国際世論に押されて撤退した。第3次中東戦争で再び占領したが，1978年のキャンプ＝デービッド合意でエジプトに返還されることになり，**79年にエジプト＝イスラエル平和条約**が結ばれた。

問2 資料1－⑤，資料2－④

第1次中東戦争：1948～49年，第2次中東戦争：1956年，第3次中東戦争：1967年，第4次中東戦争：1973年，イラン＝イラク戦争：1980～88年，アラブの春：2010年。

問3 ②

資料1のパレスチナ暫定自治協定は**イスラエルのラビン首相**と**PLOのアラファト議長**が，オスロ合意にもとづき1993年に**アメリカのクリントン大統領の仲介**で結んだ。資料2のエジプト＝イスラエル平和条約は，**エジプトのサダト大統領**，**イスラエルのベギン首相**が，1979年に**アメリカのカーター大統領の仲介**で結んだ。しかし，サダト大統領は1981年に，ラビン首相は95年に暗殺された。

第3問

問1 ⑤

x 天安門事件は1989年6月，中国で民主化を求める学生や市民が，**人民解放軍に鎮圧**された事件。

y 1990年代，東南アジアは高度成長をとげていたが，**各国の地域通貨が暴落し**，アジア諸国に経済危機が波及した。

あ イラク戦争は，2003年にアメリカ・イギリスが，大量破壊兵器を所持しているとしてイラクを攻撃し，**フセイン政権を打倒**した戦争。

い 2008年，アメリカの大手証券会社・投資銀行リーマン＝ブラザーズの経営破綻が，**世界的な金融危機および世界同時不況を引き起こした**。

う 2009年，新疆ウイグル自治区でおこった騒乱の背景には，**漢族住民とウイグル人住民のあいだの経済的格差への不満**があるといわれる。

問2 ④

アジア通貨危機はタイの通貨バーツの暴落から始まった。

問3 ③

日本は1970年代まで急激な経済成長をとげたが，1991年の**バブル崩壊後，経済成長は低調**となった。

27 テーマ史① 諸地域世界の交流
(p.159〜p.163)

第1問

問1 ⑤

　　ア　にはモンゴルが入る。**b**のフレグがアッバース朝を滅ぼしたのは**1258年**。**e**のチンギス＝カンがホラズム＝シャー朝を破ったのは**1220年**（滅亡は1231年）。**f**の金の滅亡は**1234年**。**a**のティムール朝を倒した勢力は**遊牧ウズベク**。**c**の海禁政策をとったのは**明朝**。**d**のアグラに都を移したのは**ムガル帝国**。

問2 ⑥

　　イ　には駅伝が入る。資料1は『世界の記述』（『東方見聞録』）で，作者は**マルコ＝ポーロ**。牌符（パイザ）と呼ばれた通行証には西夏文字・女真文字・契丹文字・ペルシア文字といった**様々な民族の文字**が用いられた。『（大）旅行記』はムスリムの大旅行家イブン＝バットゥータの作品。

問3 ④

　　資料2は，14世紀に著された，行政知識を集めた書物の一部。アイユーブ朝やマムルーク朝の時代にインドやイタリアの商人たちを仲介する東西貿易に従事していたムスリム商人のグループは**カーリミー商人**と呼ばれ，カイロの繁栄に大きな役割を果たした。**ソグド商人**は8世紀頃からサマルカンドやブハラなどのオアシス都市で商業活動に従事したイラン系の人々。中国から船で運搬された国際商品は陶磁器。綿布はインドの特産品。

問4 ③

　　ムスリム商人による交易の特色は，金貨・銀貨といった貨幣の流通による**貨幣経済が発達**したことである。イスラーム社会で用いられたディナール金貨はインド洋交易でも盛んに使用された。

問5 ④

①日本の「鎖国」以降も，**中国との貿易は継続**していることがわかる。

②17世紀後半以降，朝鮮との交易はある程度増加しているが，**マニラに大幅な伸びはみられない**。

③北辺では，ロシア帝国との交易が1800年頃にかけて**増加**している。

第2問

問1 ③

　　ア　にはアレクサンドリアが入り，これを建設した人物は**アレクサンドロス大王**。ムセイオンでも名高いエジプトのアレクサンドリアは，ヘレニズム期の経済・文化の中心となった。

①**アケメネス朝ペルシア**を倒した。

②グプタ朝はギリシア系の王朝ではない。建てられた国は**バクトリア**。

④最も長く存在したのは**プトレマイオス朝**。

問2 ②

　　いのアフガニスタンへ1979年にソ連軍を駐留させたソ連書記長がブレジネフ。1989年に**撤退**させたのはゴ

問3 ③

　　サマルカンドは**お**のソグディアナ地方のオアシス都市。「ティムールが都して」から判断することができる。カーブルは**い**のアフガニスタンの中心都市。

問4 ⑤

　　ロシアはコーカンド＝ハン国の将軍ヤークーブ＝ベクが新疆で独立運動をおこすとイリ地域に進出し，1881年に**イリ条約**を結んだ。以後ウズベク人の3ハン国の併合や保護国化をおこなって**ロシア領トルキスタン**を築いていった。

問5 ④

a 西遼（カラキタイ）の建国は**1132年**。

b サーマーン朝の自立は**875年**。

c バクトリア王国の成立は**前255年頃**。

d カラハン朝の支配権確立は**940年頃**。

第3問

問1 ②

②**b**の高松塚古墳壁画からは，西域の開放的な服飾が唐から伝わったことがみてとれる。

①**a**は正倉院白瑠璃碗。イランの**ササン朝**から伝来したと考えられている。

③**c**は**鑑真和上像**。鑑真は中国から日本に渡って唐招提寺を創建した。

④**d**は**朝鮮王朝の亀船**。豊臣秀吉の侵攻を防いだ李舜臣が用いたことで知られる。

問2 ③

　　18世紀半ば以降，**乾隆帝**はヨーロッパ船の来航を**広州1港に制限**し，特定商人の組合である**公行（行商）**に貿易を管理させていた。この頃広州の対外貿易の大半を占めていたイギリスは，本国での茶の需要の増大による赤字を背景に清に自由貿易交渉をおこなったが，皇帝は中華の立場をくずさず，その要求を拒否した。

28 テーマ史② 文化史
(p.164〜p.168)

第1問

問1 ④

④ユゴー（1802〜85）はフランスのロマン主義を代表する詩人・作家。資料1は**ユゴー**の代表作『**レ＝ミゼラブル**』（豊島与志雄訳『レ・ミゼラブル　1』岩波書店）。この作品で，ナポレオンが没落した1815年から復古王政時代を経て，七月王政時代の最中の1833年までのフランスを描いた。①バルザックは，写実主義・自然主義を代表するフランスの小説家。「**人間喜劇**」は，バルザックが自身の90数編の小説につけた題。ダンテの「神曲」（原題「神聖喜劇」）に対してつけられた。②スタンダールは，写実主義の先駆者となったフランスの作家で，代表作は『**赤と黒**』（1830年）。赤は軍服，黒は僧服を意味し，野心的な青年を主人公として，軍人か僧侶になるしか出世の道がなかった王政復古期の社会を批判的に描いた。③ゾラは，フランスの自然主義の作

家。社会正義を貫こうとし，ドレフュス事件で**ドレフュスを擁護**したことで有名。

問2　③

リード文に「亡命中の1862年の作品です」とある。①「二月革命後は10年間の亡命生活」に従うと，1858年まで亡命したことになるので不適切。②「二月革命後に帰国して議員」に従うと，帰国したのは1858年となり不適切。④「ナポレオン3世失脚後に亡命」に従うと，亡命は1870年以降となり不適切。

問3　①

資料2は，中国の文学者**魯迅**(1881〜1936)の『**阿Q正伝**』(井上紅梅訳『魯迅全集』改造社)。②**老舎**(1899〜1966)は中国の小説家。ロンドン大学留学から帰国後，『**駱駝祥子**』などを発表。文化大革命で批判され自殺したが，1978年に名誉が回復された。③**胡適**(1891〜1962)は，中国の文学者・思想家。アメリカに留学してデューイに学び，帰国後は北京大学教授となり，**白話文学運動**を提唱した。④**郭沫若**(1892〜1978)は，中国の文学者・歴史学者・政治家。

問4　②

魯迅は1902年日本に留学し，仙台で医学を学んだが，国民国家を創造する力を文学に見出した。文学革命期に『**狂人日記**』を発表し，旧体制下の中国を批判し，21年に『阿Q正伝』を発表した。同書では，阿Qは意味もわからぬまま「革命」に便乗して騒いだ結果，無実の容疑で逮捕され，処刑された。魯迅は，**阿Qを無知蒙昧な愚民の典型**として描き，当時の中国社会を痛烈に告発した。

問5　②

②**ヘミングウェー**(1899〜1961)はアメリカの作家。代表作に『日はまた昇る』『武器よさらば』『老人と海』などがある。資料3はスペイン内戦に義勇軍として参加した経験をもとに書かれた『**誰がために鐘は鳴る**』(船山良一『ヘミングウェイとスペイン内戦の記憶——もうひとつの作家像』彩流社)。①**スタインベック**(1902〜68)はアメリカの作家。貧しい農民の生活を，共感をこめて描いた。代表作は『**怒りの葡萄**』『エデンの東』など。③**パール＝バック**(1892〜1973)はアメリカの作家。『**大地**』で中国の農民の苦闘を描いた。④**レマルク**(1898〜1970)はドイツ生まれの作家。『**西部戦線異状なし**』で戦争の残酷さをリアルに表現した。ナチス＝ドイツに迫害され，アメリカに亡命した。

問6　④

『誰がために鐘は鳴る』の主人公ロバート＝ジョーダンはアメリカ人で，大学でスペイン語の講師をしていたが，休暇をとって**スペイン内戦**に義勇兵として参加している。ヘミングウェーの他の作品同様，作者自身が投影されているといわれる。資料中のアンセルモは**共和国**のために戦うゲリラの一員。フランスのマルローは『**希望**』，イギリスのオーウェルは『**カタロニア賛歌**』で，ヘミングウェーと同様にスペイン内戦を描いている。

第2問
問1　③

図版1は，**サン＝ヴィターレ聖堂**のモザイク画。ビザンツ帝国に盛期をもたらしたユスティニアヌス帝が描かれている。図版2は，ミケランジェロがシスティナ礼拝堂に描いたフレスコ画の「**最後の審判**」。図版3は，ボッティチェリが描いたテンペラ画の「**春(プリマヴェーラ)**」。図版4は，オランダのフェルメールが描いた油彩画の「**真珠の耳飾りの少女(青いターバンの少女)**」。

問2　②

文章2中の「漆喰が乾ききらないうちに色を塗らなければならない」から判断できる。

問3　①

カンヴァスは，板絵に徐々に取って代わっていったが，板絵もイタリアでは16世紀，北欧では17世紀まで存続した。港町であるヴェネツィアで，画家たちは船用の帆布を用いるようになったといわれる。

第3問
問1　③

「歴史書」aは，**司馬光**が編纂した『**資治通鑑**』(歴史学研究会編『世界史史料4』岩波書店)。「政治に資する，為政者の鑑となる通史」，歴史を明らかにし，皇帝の政治の参考に供する意味で名づけられた。「歴史書」bは，**イブン＝ハルドゥーン**が著した『**世界史序説**』(江上波夫監修『新訳世界史史料・名言集』山川出版社)。遊牧民と定住民との関係を軸に国家・文明の興亡を説いた。

問2　①

「歴史書」cは，中小農民に土地の再配分を企図した**グラックス兄弟についての記述**(目賀田嘉夫編著『高校世界史史料集』研数書院)。

「歴史書」dは，『史記』の「始皇帝本紀」(同上)。

問3　①

「歴史書」aに「編年体の一つの書物を作り」とある。紀伝体は，皇帝の伝記である本紀，臣下の伝記を中心に記述する。『史記』『漢書』以降，正史を記述するために用いられた。編年体は年月を追って事実を記述する。『春秋』『資治通鑑』が代表。

第4問　a−①，b−④，c−⑤，d−②，e−③

a　**オーギュスト＝ペレ**(1874〜1954)は，「コンクリートの父」と呼ばれる建築家。ベルギーで生まれ，フランスで活躍した。「三廊形式のプラン，丸柱の連続によるアーケード，半円筒形のヴォールト天井という昔からの形式をそのまま受け継いでいる」の部分からゴシック建築の様式を受け継いでいる①を選ぶことができる。ノートルダムは「聖母マリア」を意味し，ノートルダムを冠する教会堂はフランス語圏の世界各地に建てられている。

b　ノートルダム礼拝堂を設計した**ル＝コルビュジエ**(1887〜1965)はスイス生まれの建築家。ペレのもとで鉄筋コンクリート構造を学び，現代建築の代表者の一人とされる。「ゆるやかな曲面を描く斜めの壁体や巨

大なきのこのような屋根など，コンクリートの持つ可能性を充分に利用した自由な造形性を見せるに至った」の部分から，④を選ぶことができる。

c アメリカのペンシルヴァニア州のカウフマン邸は，滝の真上に建てられた邸宅。アメリカを代表する建築家**フランク＝ロイド＝ライト**の1936年の作品。「何の支えもない部屋が空中に大きく突出するという大胆な表現」の部分から⑤を選ぶことができる。

d トランス・ワールド航空ターミナルビルは，アメリカのジョン・F・ケネディ国際空港，第5ターミナル。**エーロ＝サーリネン**（1910～61）は，アメリカで活躍したフィンランド生まれの建築家。「巨大な鳥の飛翔をイメージさせるような」の部分から②を選ぶことができる。

e ジョルジュ・ポンピドゥー国立芸術文化センターは，フランス大統領ジョルジュ＝ポンピドゥーの名にちなむ。建物の外観は，構造材や機能系のパイプラインがむき出しで，石油基地などを連想させる。イタリアの**レンゾ＝ピアノ**（1937～　）とイギリスの**リチャード＝ロジャーズ**（1933～　）が共同設計した。「敷地の半分を広場にあてて新しい機能創造をめざした」の部分から③を選ぶことができる。

29 テーマ史③　宗教史
(p.169～p.174)

第1問

問1 ①

資料1は，人シスマとベーメン（ボヘミア）の宗教紛争を解決するために，神聖ローマ皇帝ジギスムントの提唱で開かれた**コンスタンツ公会議**（1414～18年）に関するもの。資料中の「教会が直面するシスマの根絶」「信仰の統一とシスマの根絶」などから判断できる。同会議は**フス**を異端とし，火刑に処した。

資料2は，ブルボン朝の**アンリ4世**が発し，ユグノー戦争を終結させた**ナントの王令**（1598年）。資料中の「いわゆる改革派の者たちが，尋問されたり，迫害されたり，暴行されたり，自らの良心に反して宗教に関する強制を受けたりすることなく，余の王国と余に服する地域のいずれの都市にでも土地にでも住み，滞在することを許す。彼らはまた，この勅令に従い行動している限り，彼らが住もうと欲する家屋や土地で，宗教を理由として追及されることはない」から，ユグノーにカトリックと同等の権利を認めたナントの王令と判断できる。

資料3は，教皇カリクストゥス2世と神聖ローマ皇帝ハインリヒ5世の間で，**叙任権闘争に一応の妥協を見出した**ヴォルムス協約**（1122年）。資料中の「教皇カリクストゥスに対して，……神と神の聖なる使徒ペテロ，パウロ並びに聖なる正統教会に指輪と杖をもってするすべての叙任権を譲渡し」から，教皇に叙任権を認めたヴォルムス協約と判断できる。

問1に関しては，資料3は聖職叙任権闘争に関連す

るので，1077年に皇帝ハインリヒ4世を破門して「**カノッサの屈辱**」に関わった**教皇グレゴリウス7世**を選ぶ。

問2 資料1－**d**，資料2－**f**，資料3－**b**

東西教会の分裂：1054年，クレルモン宗教会議：1095年，第7回十字軍：1270年，アナーニ事件：1303年，フス戦争：1419～36年，イエズス会結成：1534年，三十年戦争勃発：1618年，審査法制定：1673年。

第2問

問1 ③

アにはムアーウィヤがあてはまる。彼は**ダマスクスを拠点として**シリア総督をつとめ，ウマイヤ朝を開いた。シャリーアはイスラーム法のことで，『コーラン』とムハンマドの言行録ハディースをあわせた規範。イクター制は，軍人や官僚へ俸給のかわりに分与地（イクター）の徴税権を与える制度で，ブワイフ朝で始まった。**イ**にはアリーがあてはまり，彼はイスラーム教徒によって選出された第4代カリフ。**スルタンの称号**は，1055年にバグダードに入城した**セルジューク朝のトゥグリル＝ベク**がアッバース朝カリフから授かった称号で，以後，**イスラーム世界の君主の称号**として用いられた。

問2 ③

ウにあてはまるのは，ムハンマドの娘でアリーの妻である**ファーティマ**。また，地図上の**X**はファーティマ朝，**Y**はブワイフ朝。

b ファーティマ朝はシーア派の分派イスマーイール派が909年，北アフリカのチュニジアに建国した。建国者はムハンマドの娘ファーティマとアリーの子孫と称し，**910年にカリフを称した**。969年にはエジプトを征服し，**新首都カイロを建設した**。

a アッバース朝のカリフから大アミールに任じられ，イスラーム法を施行する権限を与えられたのは，946年にバグダードに入城した**シーア派のブワイフ朝**。

c 1501年，神秘主義教団の教主**イスマーイール**（1世）がタブリーズを都にサファヴィー朝を建国した。

第3問

問1 ⑤

aはボロブドゥール，**b**はアンコール＝ワット，**c**は仏国寺の説明。

問2 **a**－④，**b**－③，**c**－①

②は法隆寺の五重塔。⑤はミャンマー，パガンのパゴダ（仏塔）群。

第4問

問1 ③

資料aは，資料中の「蒼天已に死す，黄天当に立つべし」から黄巾の乱に関するものと判断できる。**張角は太平道を創始し**，184年に反乱をおこした。五行思想では後漢は火の徳をもつが，これに代わるものとして，土の徳を示す黄色の頭巾を着けたので，黄巾の乱と呼ばれる。

問2 ②

資料bは**元末の紅巾の乱**に関するもの。弥勒菩薩は，

釈迦入滅後の56億7000万年後に下生し，衆生を救済するとされる救世主。下生のときにはすでに釈迦仏の代りとして菩薩ではなく仏となっているため，弥勒仏とも呼ばれる。

問3 ④

資料cは太平天国に関するもの。徽宗と欽宗は金に連行され，北の地で死去した。1848年時点の清の皇帝は道光帝（位1820〜50）。道光帝死後の1851年に太平天国の乱がおこった。太平天国の乱は，同治帝（位1861〜75）期の1864年に鎮圧された。

第5問

問1 ②

資料はマニ教に関するもの。②ハディースは「伝承」を意味し，**預言者ムハンマドの言行（スンナ）に関する伝承の記録**を指す。ムハンマド死後，宗教・倫理，法慣行についての判断の基準とされた。

問2 ②

　ア　例えば古代エジプトにみられるように，「霊魂の不滅，来世の存在」といった考え方は各地の宗教にみられる。
　イ　「自我の消滅と神との神秘的合一」をめざすのは，イスラーム神秘主義（スーフィズム）。

30 テーマ史④　時系列・同時代史
(p.175〜p.178)

第1問

問1 ③

那覇は貿易港。「琉球国都」などからも，都の首里城が判断できる。資料2からは中国・朝鮮・日本をつなぐ中継貿易立国としての気概が読み取れる。

問2 ①

申叔舟はおもに世宗に仕え，**1443年の通信使**の一行として渡日し，「訓民正音」の編纂にも貢献した。
②豊臣秀吉による侵攻である壬辰・丁酉倭乱（文禄・慶長の役）は1592〜93年，97〜98年。
③清の侵攻を受けて朝鮮が服属したのは1637年。
④李成桂が倭寇を撃退したのは1380年頃。

問3 ④

④サファヴィー朝の成立は1501年。①北欧におけるカルマル同盟の結成は1397年。②日本の南北朝合一は1392年。③マラッカ王国の成立は14世紀末。

問4 ④

資料3はオスマン帝国によるコンスタンティノープル征服に関するもので，資料4はスペインによるグラナダ占領の様子を記したもの。コルドバは後ウマイヤ朝の都。

問5 ①

アヤ＝ソフィヤ（ハギア＝ソフィヤ）教会（聖堂）を建立した「皇帝」は**ユスティニアヌス大帝（位527〜565）**。また，「資料3で征服された帝国」はビザンツ帝国。
a　軍管区制（テマ制）がしかれたのは，イスラーム勢力など異民族の侵入が強まった**7世紀以降**。

b　第4回十字軍によるラテン帝国建設は1204年。
c　聖像禁止令が出されたのは726年。

問6 a

a　イベリア半島のユダヤ教徒はイスラーム教徒と同様に改宗を強要され，異端審問にかけられるなど迫害が続いたため，北方のイェルサレムと呼ばれた**アムステルダムや，イスタンブルなどに移住**していった。

問7 ⑥

a　バーブルが奴隷王朝を建てたのは1206年。
b　『四庫全書』の完成は1782年。
c　百年戦争の終結は1453年。
d　コロンブスの第1回航海は1492年。
e　三十年戦争の終結は1648年。
f　鄭和の第1回航海は1405年。

問8 ①

a　「訓民正音」は1446年，朝鮮王朝の世宗によって施行された朝鮮の国字。20世紀に入り，ハングルと呼ばれた。
b　図はピサ大聖堂で，12世紀の完成。
c　図はタージ＝マハルで，17世紀にシャー＝ジャハーンにより建立された。
d　図は『リヴァイアサン』の表紙。同書はイギリスのホッブズにより1651年に発刊された。

問9 ②

a　マラッカ王国の占領は1511年。
b　ヴァスコ＝ダ＝ガマのカリカット到達は1498年。
c　バタヴィアに商館を設置したのはオランダ。
d　アンボイナ事件（1623年）をおこしたのはオランダ。
e　マカオに居住権を獲得したのは1557年。
f　マニラに拠点を築いたのはスペイン。

第2問

問1 ④

aは清代の雍正帝期，18世紀前半から実施された**地丁銀制**。**b**は唐代，780年に始まった**両税法**。**c**は隋の制度を継承した唐の**租調庸制**（7世紀前半）。**d**は明代の**一条鞭法**（16世紀中頃）。

問2 ④

資料は北宋の第6代神宗（位1067〜85）に登用された**王安石の新法**を記したもの。「青苗」「免役」「保甲」「市易」といった用語などから判断できる。時期としては**b**の唐代の両税法後，かつ**d**の明代の前になる。

問3 ③

aは隋の制度を継承した**唐の科挙**（選挙）。**b**は前漢の武帝が制定した**郷挙里選**。**c**は，20世紀初頭から開始された**光緒新政**と呼ばれた改革で実施された，**科挙の廃止**にともなう新たな学校制度。**d**は三国時代の魏から隋初にかけておこなわれた**九品中正**（法）。

問4 ③

10世紀後半から12世紀の都の所在地の移動とは，北宋の**開封**（汴）から南宋の**臨安**（杭州）へ都が移ったこと。**a**は長安，**b**は洛陽，**d**は南京。

大学入学共通テスト対応　30テーマ世界史問題集　解答・解説

2021年 8 月　初版発行

編　者　石井　栄二
　　　　仮屋園　巌
　　　　光森　佐和子
発行者　野澤　武史
印刷所　明和印刷株式会社
製本所　有限会社　穴口製本所
発行所　株式会社　山川出版社
　　　　〒101-0047　東京都千代田区内神田1-13-13
　　　　　電話　03-3293-8131(営業)　03-3293-8134(編集)
　　　　　https://www.yamakawa.co.jp/
表紙デザイン　水戸部　功

ISBN978-4-634-03208-8　　　　　　　　　　　　　　　NYZM0102